Giersig

EXCEL 5.0 in 3 Tagen

Hanser Software Schulung

herausgegeben von Jutta Giersig

Jutta Giersig

EXCEL 5.0 in 3 Tagen

Carl Hanser Verlag München Wien

Autor und Herausgeber:
Jutta Giersig
Systemanalyse, Softwareentwicklung, Schulung

Die Deutsche Bibliothek – CIP-Einheitsaufnahme
EXCEL in 3 Tagen / Jutta Giersig. – München ; Wien : Hanser.
(Hanser-Software-Schulung)
ISBN 3-446-18123-7
NE: Giersig, Jutta
Buch. – 1995

Die Deutsche Bibliothek – CIP-Einheitsaufnahme
EXCEL in 3 Tagen / Jutta Giersig. – München ; Wien : Hanser.
(Hanser-Software-Schulung)
ISBN 3-446-18123-7
NE: Giersig, Jutta
Diskette. – 1995

Gesamtlektorat: Roland Heine, München
Umschlaggestaltung: Nicola Vignjevic
Belichtung, Druck und Bindung: PDC, Paderborn
Printed in Germany

Als Autor und Herausgeber danke ich

Dipl.-Ing. Claus Holsteim
Dipl.-Ing. Wolfgang Lembeck
Dipl.-Ing. Jürgen Müller
und
der Firma HLM GmbH in Hannover

INHALTSVERZEICHNIS

EINFÜHRUNG

EXCEL-SCHULUNG

INHALTSVERZEICHNIS

INHALTSVERZEICHNIS

INHALTSVERZEICHNIS

INHALTSVERZEICHNIS

Einführung

LESETIPS UND ÜBERBLICK

DAS SEMINAR AUS DER PRAXIS

Was bietet diese Schulung ?

Der Besuch von Seminaren ist mit hohen Kosten verbunden. Diese Schulungs-Reihe bietet dem Anwender eine kostengünstige Alternative. Sie ist aus der Praxis entstanden und vollkommen identisch mit Seminaren, die in zahlreichen (dreitägigen) Maßnahmen - mit sehr guten Kritiken der Teilnehmer - durchgeführt worden sind. Schritt für Schritt werden Sie von erfahrenen Dozenten aus der Praxis durch die Schulung geführt.

Ziel der Schulung ist es, kompetentes Wissen in kürzester Zeit zu vermitteln, ohne dabei auf Details zu verzichten. Alle Themen werden ***umfassend*** behandelt. Nach Absolvieren der Schulung können Sie effizient mit ***EXCEL*** arbeiten. Sehr spezielle Themen werden für Interessierte in einem Fortgeschrittenenkurs behandelt. Nach Absolvierung des Grund- und des Fortgeschrittenenkurses kennen Sie ***alle*** Excel-Funktionen.

EHE SIE BEGINNEN ...

Vorkenntnisse :

Wenn Sie noch nie mit Programmen unter Windows gearbeitet haben, sollten Sie zuvor die eintägige Einsteiger-Schulung 'PC & Windows in 1 Tag' durcharbeiten, in der Grundlagen der Datenverarbeitung und die nötigen Windowskenntnisse vermittelt werden. Die Excel-Schulung setzt diese Vorkenntnisse voraus und baut lückenlos auf der Einsteiger-Schulung auf.

Theoretische Einführung und praktische Übungen im Wechsel :

Der Schwerpunkt der Schulungen liegt in den praktischen Übungen. Soweit die Übungen nicht selbsterklärend sind, ist ihnen ein Theorieteil vorangestellt, in dem die Grundlagen zum Verständnis des Themas vermittelt werden.
Wenn Sie die Schulung möglichst schnell durcharbeiten möchten und bereits Erfahrung mit Programmen unter Windows - vielleicht sogar mit anderen Tabellenkalkulations-Programmen haben - können Sie sich ggf. auf das Durcharbeiten der Übungen beschränken und die Theorieteile überspringen. Dem Anfänger wird auf jeden Fall empfohlen, die theoretischen Einführungen durchzulesen.

LESETIPS UND ÜBERBLICK

So können Sie Übungen überspringen :

Die Übungen bauen größtenteils aufeinander auf - die in einer Übung erstellte Datei wird i.d.R. in der nächsten Übung weiterbearbeitet. Dank der Begleitdiskette können Sie dennoch an jeder beliebigen Stelle in die Schulung einsteigen oder Übungen überspringen. Die Begleitdiskette enthält für jede Übung, für die die Bearbeitung der vorherigen Übung vorausgesetzt wird, den aktuellen Stand der gerade zu bearbeitenden Datei. Haben Sie einige Übungen übersprungen, laden Sie vor dem Fortsetzen mit einer anderen Übung die entsprechende Datei, um wieder auf dem aktuellen Stand zu sein.
Welche Datei für eine Übung relevant ist, erkennen Sie an der laufenden Numerierung, die mit der jeweiligen Übungs-Nummer übereinstimmt. Möchten Sie mit *Übung 5* weiterarbeiten, laden Sie zuvor die Datei *excel-5.xls*, möchten Sie mit der *Übung 10* fortsetzen, laden Sie die Datei *excel-10.xls*.

Die beiliegende Installationsdiskette :

Ehe Sie mit der Excel-Schulung beginnen, sollten Sie die Übungsverzeichnisse auf der beiliegenden Begleitdiskette installieren. Die Installation ist nachfolgend beschrieben.

Typographische Konventionen und Arbeiten mit der Maus :

Befehle werden grundsätzlich groß geschrieben und durch Kursivschrift hervorgehoben. Beispiel: ***EINFÜGEN*** / *ZELLEN* bedeutet, daß Sie das Menü ***EINFÜGEN*** aktivieren und dort den Befehl *ZELLEN* auswählen sollen.

Optionen von Befehlen werden kursiv, jedoch klein geschrieben. Beispiel: Die Option ***Ganze Zeile*** im Dialogfeld des Befehls ***EINFÜGEN*** / *ZELLEN*.

Von Ihnen zu machende **Eingaben** sind immer in der Schriftart `Courier` gedruckt.

Tasten werden so abgebildet : [↵]. Sollen zwei Tasten gleichzeitig betätigt werden, werden Sie durch ein Pluszeichen verbunden : [Strg]+[Pos 1]. In diesem Fall betätigen Sie die erste Taste und halten Sie noch gedrückt, während Sie auch die zweite Taste betätigen. Eine Übersicht über alle relevanten Tasten finden Sie im Anhang.

Beim Arbeiten mit der **Maus** betätigen Sie grundsätzlich die *linke* Maustaste, es sei denn, Sie werden explizit zur Betätigung der rechten Taste aufgefordert.

LESETIPS UND ÜBERBLICK

Systemvorraussetzungen :

Für die Installation von Excel benötigen Sie einen IBM-kompatiblen Computer mit einem 80286- oder höheren Prozessor und mindestens 4 MB Hauptspeicher. Auf dem PC muß Windows 3.1 oder eine höhere Windows-Version installiert sein.

Das Buch bezieht sich auf die neueste bei der Fertigstellung des Werkes auf dem Markt befindliche Windows-Version, d.h. auf Windows 3.1. Sollten Sie mit einer höheren Version arbeiten, kann es in den Kapiteln 'Excel starten und beenden' sowie im Kapitel 'Windows-Zeichentabelle' zu geringfügigen Abweichungen kommen, da es sich in diesen beiden Kapiteln nicht vermeiden läßt, auf den Programm-Manager von Windows Bezug zu nehmen.
Sofern Sie zuvor die Einsteiger-Schulung für die neue Windows-Version durchgearbeitet haben oder bereits über solide Windows-Kenntnisse verfügen, sollten Sie hiermit eigentlich keine Schwierigkeiten haben. Ansonsten lesen Sie beim Durcharbeiten des erstgenannten Kapitels ggf. in Ihrem Excel-Handbuch nach, wie Excel unter der neuen Windows-Version gestartet bzw. beendet wird und beim Durcharbeiten des letztgenannten Kapitels, wie die Zeichentabelle und die Task-Liste unter der neuen Windows-Version aufgerufen werden.

INSTALLATION

INSTALLATION DER BEGLEIT-DISKETTE

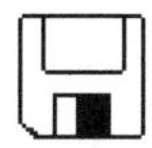

Die auf der beiliegenden Diskette enthaltenen Übungs-Verzeichnisse sollten vor Beginn der Windows-Schulung installiert werden.
Bei der Installation wird auf Laufwerk ***C:*** ein Verzeichnis namens ***Schulung*** mit diversen Unterverzeichnissen angelegt. Existiert bereits ein Verzeichnis dieses Namens, bleiben alle Daten dieses Verzeichnisses erhalten und die neuen Unterverzeichnisse werden zusätzlich angelegt.

Schalten Sie den Rechner ein. Während des Startvorgangs (Booten) darf sich keine Diskette in Laufwerk ***A:*** befinden, sonst erhalten Sie eine Fehlermeldung, weil das Betriebssystem nicht gefunden werden kann. Nehmen Sie in diesem Fall die Diskette aus dem Laufwerk und drücken Sie auf eine beliebige Taste, der Rechner startet dann erneut.

Der C-Prompt ***C:*** erscheint und zeigt Ihnen an, daß Sie sich im Hauptverzeichnis der Festplatte befinden. Legen Sie die mitgelieferte Begleitdiskette in das Diskettenlaufwerk und tippen Sie **`A:INST-A`** ein, sofern sich die Diskette in Laufwerk ***A:*** befindet - ist sie in Laufwerk ***B:***, tippen Sie **`B:INST-B`**, um das Installationsprogramm zu starten (Groß- oder Kleinschreibung spielt keine Rolle). Bestätigen Sie den Befehl, indem Sie auf die ***Return-Taste*** [↵] drücken. Die Übungs-Verzeichnisse werden angelegt.

INSTALLATION

INSTALLATION VON EXCEL 5.0

Schalten Sie den Rechner ein. Während des Startvorgangs (Booten) darf sich keine Diskette in Laufwerk ***A:*** befinden, sonst erhalten Sie eine Fehlermeldung, weil das Betriebssystem nicht gefunden werden kann. Nehmen Sie in diesem Fall die Diskette aus dem Laufwerk und drücken Sie auf eine beliebige Taste, der Rechner startet dann erneut.

Der C-Prompt ***C:*** erscheint und zeigt Ihnen an, daß Sie sich im Hauptverzeichnis der Festplatte befinden. Legen Sie die Installationsdiskette 1 in das Diskettenlaufwerk. Tippen Sie **`WIN A:SETUP`** ein, sofern sich die Diskette in Laufwerk ***A :*** befindet - ist sie in Laufwerk ***B:***, müssen Sie **`WIN B:SETUP`** eintippen, um das Installationsprogramm zu starten (Groß- oder Kleinschreibung spielt keine Rolle). Bestätigen Sie den Befehl, indem Sie auf die ***Return-Taste*** [↵] drücken.

(Wenn Sie sich bereits in Windows befinden, kann alternativ auch der Befehl ***DATEI*** / *AUSFÜHREN* aktiviert werden, um die Installation zu starten. Im Dialogfenster tippen Sie dann **`A:SETUP`** ein, sofern sich die Installationsdiskette in Laufwerk ***A :*** befindet bzw. **`B:SETUP`**, wenn die Diskette in Laufwerk ***B:*** ist.)

Der Installationsvorgang ist vollkommen menügesteuert und selbsterklärend. *Alle möglichen* Varationen zu beschreiben, ist weder nötig noch sinnvoll.

Sie werden zunächst nach dem Personen- und Firmennamen gefragt. Tippen Sie Ihren Namen ein. Falls Sie sich dabei vertippen, können Sie die Eingabe durch mehrmaliges Betätigen der ***Backspace-Taste*** [←] (bzw. der Entfernen-Taste [Entf]) wieder löschen und neu eintippen. Zeigen Sie ggf. zuvor mit dem Mauszeiger an die Stelle, an der etwas geändert werden soll - er verändert dabei seine Form in einen vertikalen Strich (Cursor) - und betätigen Sie einmal die linke Maustaste. Nun können Sie Zeichen einfügen oder löschen.

Das zweite Eingabefeld ist optional. Wenn Sie Ihre Firma eingeben möchten, betätigen Sie die ***Tabulator-Taste*** [⇆], um in das zweite Feld zu gelangen, oder Sie klicken mit der Maus in das Eingabefeld.

INSTALLATION

Das Setup-Programm fragt auf welchem Laufwerk und in welchem Verzeichnis ***EXCEL*** installiert werden soll. Es macht dazu einen Vorschlag, den Sie überschreiben können, wenn Sie in einem anderen Verzeichnis / Laufwerk installieren möchten. Geben Sie ein Verzeichnis an, das nicht existiert, wird es eingerichtet.

Nun können Sie wählen, ob Sie ***EXCEL*** *vollständig, benutzerdefiniert* oder in der *Minimalkonfiguration* installieren wollen. Nur bei der *vollständigen Installation* stehen Ihnen anschließend alle Funktionen von ***EXCEL*** zur Verfügung. Eine nicht vollständige Installation spart dafür Platz auf der Festplatte.

Wenn Sie sich für die *benutzerdefinierte Installation* entschieden haben, können Sie in einem Dialogfeld bestimmen, welche Komponenten installiert werden sollen. Indem Sie die entsprechenden Kontrollkästchen mit der Maus anklicken, setzen Sie ein Kreuz. Nochmaliges Anklicken entfernt das Kreuz wieder. Die angekreuzten Komponenten werden installiert. Es ist nicht weiter schlimm, wenn Sie an dieser Stelle nicht alle Optionen wählen, Sie können fehlende Teile später jederzeit nachinstallieren - *mindestens* sollte bei der Erstinstallation natürlich das ***Excel-Programm*** installiert werden. (Um Programmteile nachzuinstallieren aktivieren Sie das Installationsprogramm erneut - entweder wie oben *oder* ***einfacher*** durch einen Doppelklick auf das ***Setup-Symbol*** in dem bei der Erstinstallation eingerichteten Excel-Gruppenfenster im Programm-Manager. Dieses Gruppenfenster enthält die unten abgebildeten Symbole - das zweite Symbol ist das ***Setup-Symbol***, das erste Symbol startet das Excel-Programm, das dritte Symbol gibt aktuelle Informationen zu MS-Excel aus, das vierte Symbol startet das zugehörige Programm MS-Query.)

Am Ende des Installationsvorgangs wird gefragt, ob die Datei ***Autoexec.bat*** modifiziert werden soll. Sie sollten die Frage bejahen, damit der Pfad des Excel-Programmverzeichnisses dort eingetragen wird (*MS-DOS*-Befehl *PATH*). Dann kann Excel von jedem Laufwerk und Verzeichnis aus aufgerufen werden.

Anwender-Schulung

Excel 5.0

THEORETISCHE GRUNDLAGEN

BILDSCHIRM-KOMPONENTEN

Das Excel-Fenster :

Wie Sie in der Abbildung sehen, hat das ***Excel-Fenster*** große Ähnlichkeit mit dem Fenster des ***Programm-Managers***. So finden Sie z.B. Komponenten wie Menüleiste, Bildlaufleisten und Systemmenüfeld wieder. *Alle* Anwendungsprogramme unter ***WINDOWS*** haben diese *einheitliche* Oberfläche und weichen nur in *programmspezifischen* Elementen voneinander ab. Die *Excel-spezifischen* Elemente werden nun erläutert.

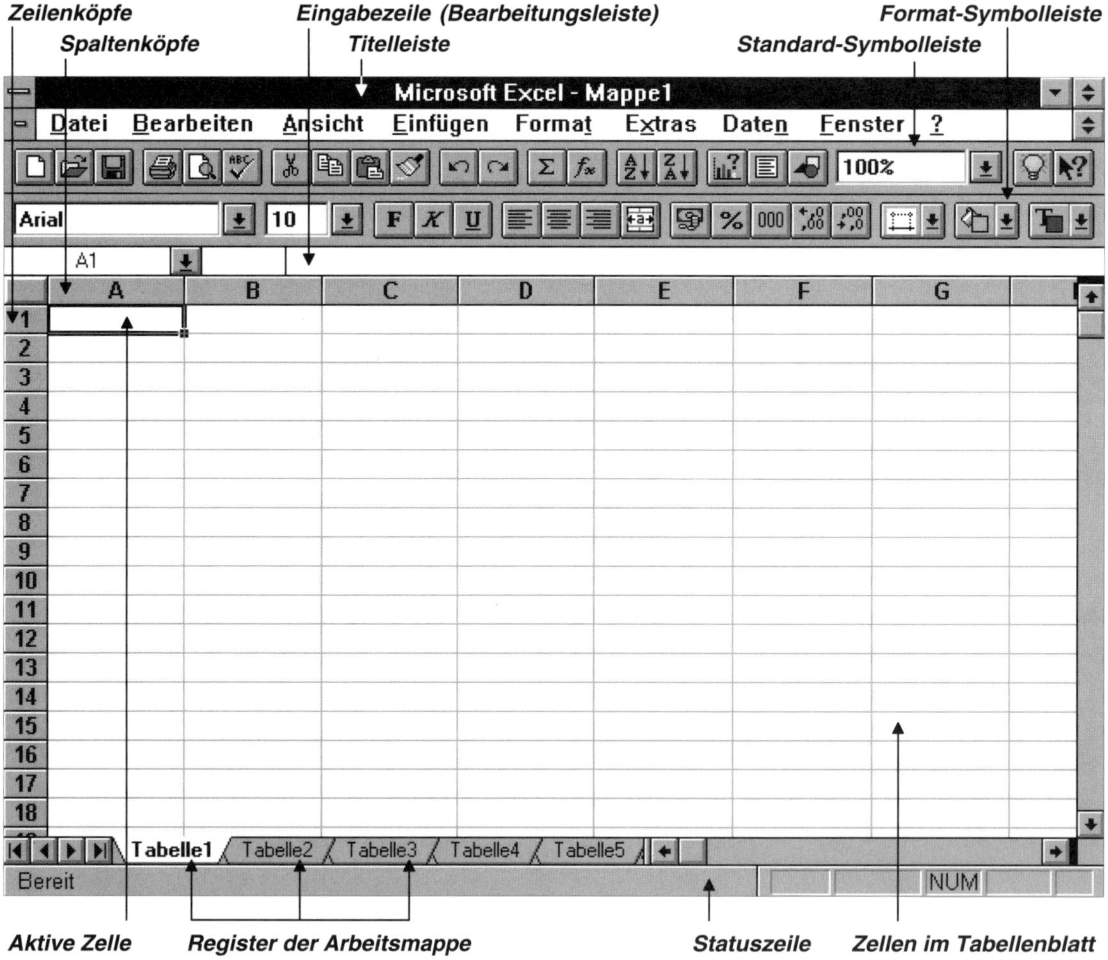

In *EXCEL* stehen mehrere ***Symbolleisten*** zur Verfügung, z.B. die ***Standard-*** und die ***Format-Symbolleiste***. Durch Anklicken eines Symbols wird ein Befehl aufgerufen / ausgeführt. *Jeder* dieser Befehle kann alternativ auch über die Menüleiste ausgewählt werden - der Aufruf über eine Symbolleiste geht jedoch schneller.

THEORETISCHE GRUNDLAGEN

In der ***Statuszeile*** werden Informationen zur aktuellen Arbeitssituation angezeigt, *NUM* bedeutet z.B., daß der numerische Tastaturblock aktiv ist. Im Anhang finden Sie eine Übersicht über alle Meldungen.

Die wichtigste Komponente des ***EXCEL-Fensters*** ist das ***Tabellenblatt***. Durch Zeilen und Spalten wird es in ***Zellen*** unterteilt. Die Spalten sind alphabetisch beschriftet (mit den ***Spaltenköpfen A***, ***B***, ***C***...), die Zeilen numerisch (mit den ***Zeilenköpfen 1***, ***2***, ***3***...). Insgesamt stehen ca. 16300 Zeilen und 256 Spalten zur Verfügung. Nach der Spalte ***Z*** wird mit ***AA***, ***AB***... weitergezählt.
Eine ***Zelle*** ist jeweils die Schnittstelle zwischen einer Zeile und einer Spalte. Die Schnittstelle zwischen der ***Zeile 15*** und der ***Spalte G*** wird z.B. als ***Zelle G15*** bezeichnet.

Eine Zelle ist immer ***aktiv***. In diese Zelle können Text, Zahlen oder Formeln (für Berechnungen) eingetragen werden. Die ***aktive Zelle*** ist durch einen verdickten Rahmen gekennzeichnet und wird außerdem ganz links in der Eingabezeile angezeigt. Durch einen Mausklick kann jede beliebige Zelle ***aktiv*** gemacht werden.
In der Abbildung auf der vorigen Seite ist die Zelle ***A1***, im Beispiel unten die Zelle ***B2*** aktiv. In die Zelle ***B2*** wurde bereits das Wort 'Tabellenkalkulation' eingetragen. Die Eingabe wird auch in der ***Eingabezeile*** angezeigt. Nachträgliche Korrekturen können *wahlweise* direkt in der Zelle *oder* in der Eingabezeile vorgenommen werden.

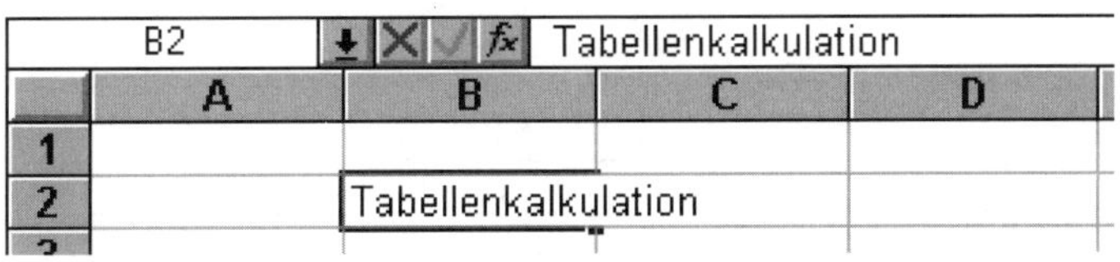

Während der Dauer einer Eingabe oder Korrektur erscheinen in der ***Eingabezeile*** die Symbole , **Fehler! Es ist nicht möglich, durch die Bearbeitung von Feldfunktionen Objekte zu erstellen.** und .

Durch einen Klick auf das Stornier-Kreuz oder Betätigen von [Esc] kann die begonnene Eingabe wieder storniert werden, durch einen Klick auf den Haken oder Betätigen von [↵] wird die Eingabe bestätigt und *endgültig* in die ***aktive Zelle*** eingetragen.
(Auf das Symbol wird später eingegangen.)

Ist die aktive Zelle nicht breit genug für den Eintrag (vgl. obere Abb.), wird die Nachbarzelle überschrieben - im Bsp. die Zelle ***C2***. Ist in der Nachbarzelle jedoch bereits ein an-

THEORETISCHE GRUNDLAGEN

derer Eintrag (vgl. Abb. unten), wird das Ende des Wortes abgeschnitten :

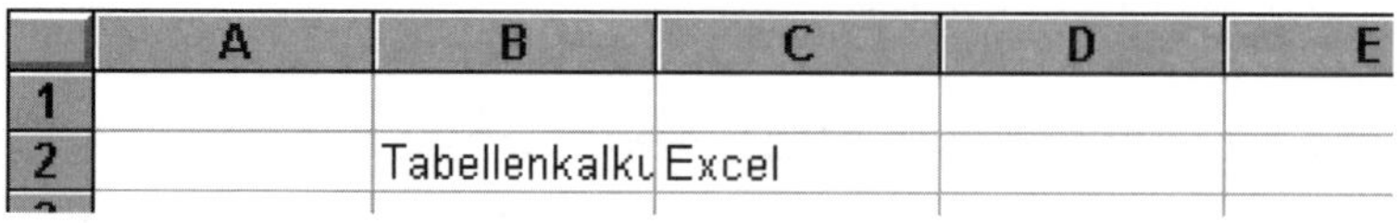

Der Rest des Textes ist natürlich nicht verloren, er wird lediglich nicht angezeigt. Die Spalte ***B*** kann im nachhinein jederzeit verbreitert werden, damit das Wort wieder *vollständig* angezeigt wird.

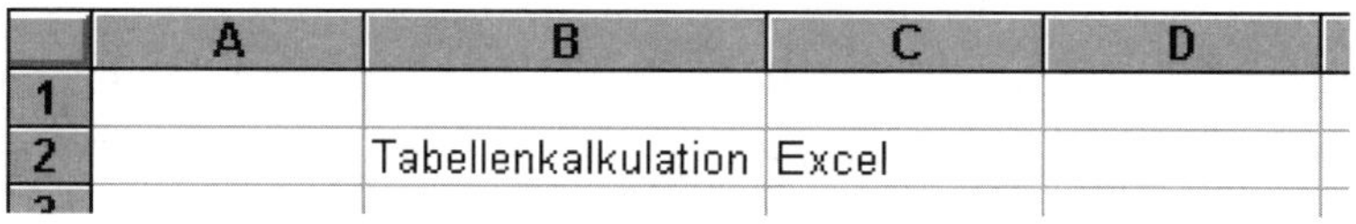

Ist eine Zelle nicht breit genug, um eine <u>Zahl</u> *ganz* anzuzeigen, wird die Zahl nicht abgeschnitten dargestellt, sondern es werden nur Lattenzäune ### in der Zelle angezeigt - unabhängig davon, ob in der Nachbarzelle ein Eintrag ist oder nicht.
Erst wenn die Spalte ausreichend verbreitert wird, wird wieder die Zahl angezeigt.

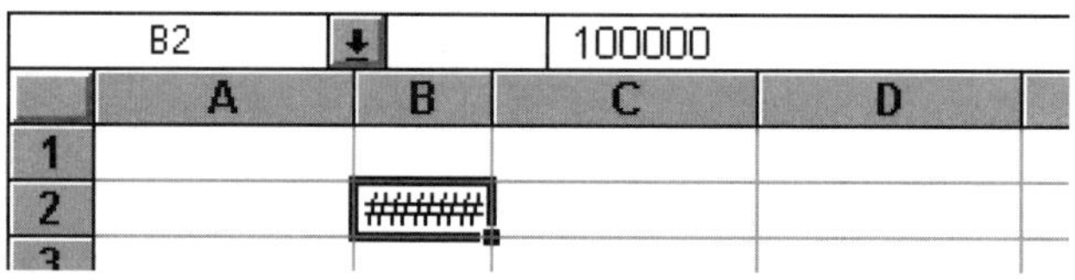

Die ***Register der Arbeitsmappe*** sind verschiedene Tabellen- oder Arbeitsblätter in ein und derselben Datei. Ähnlich wie eine Mappe mehrere Register enthalten kann, um den Ordner in verschiedene Abschnitte oder Kapitel zu unterteilen, enthält auch eine Excel-Datei mehrere Register. Jedes dieser Register kann - wie in einer Mappe - wiederum mehrere Seiten enthalten, die beschrieben werden können.

Im Grundkurs wird jeweils nur mit dem ersten Tabellenblatt gearbeitet, die weiteren Register werden außer Acht gelassen, um nicht unnötig zu verwirren.

THEORETISCHE GRUNDLAGEN

Mauszeiger, Markierung (Cursor) und Textcursor :

Analog zu jeder Bewegung der Maus bewegt sich der ***Mauszeiger*** über den Excel-Bildschirm. Je nach Arbeitssituation nimmt er eine unterschiedliche Form an. Zeigen Sie auf das Tabellenblatt, hat er die Form eines *Kreuzes*, zeigen Sie auf die Eingabezeile, nimmt er die Form eines *Striches* an, in der Menüleiste erhält er die Form eines *Pfeiles*.

Wenn Sie mit dem Mauszeiger auf eine Zelle zeigen und einmal auf die linke Maustaste klicken, setzen Sie die ***Markierung / den Cursor*** (verdickter Rahmen um die Zelle) auf diese Zelle, sie ist dann aktiv.

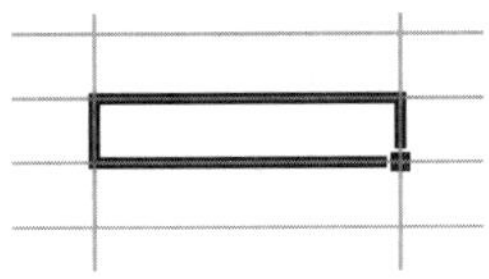

Markieren Sie *mehrere* Zellen, werden diese Zellen invers dargestellt (also schwarz) und die aktive Zelle innerhalb der Markierung weiß.

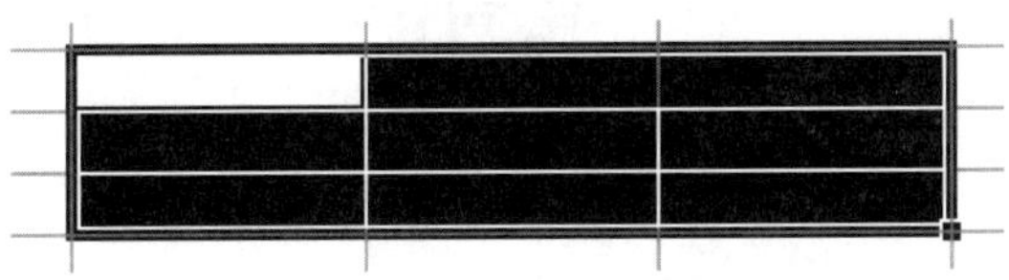

Zeigen Sie mit dem Mauszeiger in die Eingabezeile und klicken einmal (im unteren Beispiel zwischen ***k*** und ***a***), sehen Sie dort einen blinkenden Strich - das ist der ***Textcursor***. An der Cursorposition können jeweils Zeichen eingegeben oder gelöscht werden.

EXCEL ÜBUNGEN

ÜBUNG 1

Excel starten und beenden

1. Excel starten :

Öffnen Sie die Programmgruppe, in der sich Excel befindet, indem Sie auf das entsprechende Gruppensymbol doppelklicken. Sofern Sie bei der Installation keinen abweichenden Namen für die Programmgruppe von Excel angegeben haben, ist dies die Gruppe *Microsoft Office*. (Alternative: Klicken Sie das Symbol nur einmal an und wählen Sie im sich öffnenden Menü den Befehl *WIEDERHERSTELLEN*.)

Starten Sie Excel, indem Sie im Gruppenfenster auf das Programmsymbol von Excel doppelklicken. (Alternative: Klicken Sie das Symbol nur einmal an und betätigen Sie die Taste [↵].)

2. Excel beenden :

Sie beenden Excel wie jedes Windows-Programm mit einem Doppelklick ins Systemmenüfeld [-]. (Alternativen: Klicken Sie nur einmal ins Systemmenüfeld und wählen Sie den Befehl *SCHLIESSEN* oder aktivieren Sie den Befehl *DATEI / BEENDEN*.)

3. Starten Sie Excel wieder, um mit den folgenden Übungen fortzufahren :

Starten Sie Excel wie oben beschrieben. Excel stellt ein leeres Arbeitsblatt zur Verfügung, in das Sie Text oder Zahlen eintragen können. In der Titelleiste wird der vorläufige Name der Datei *Mappe1* angezeigt. Beim Speichern können Sie später einen anderen Namen angeben.

EXCEL ÜBUNGEN

ÜBUNG 2

Eintragen von Text und Zahlen

1. **Eingaben können nur in aktive Zellen gemacht werden.**

   Die aktive Zelle erkennen Sie an dem dicken Rahmen um die Zelle (Markierung). Zu Beginn ist die Zelle ***A1*** aktiv.

2. **Geben Sie in die Zelle *A1* die Überschrift `Terminplan Projektierung` ein:**

   Beginnen Sie zu tippen - die Zeichen erscheinen in der Zelle und in der Eingabezeile.

3. **Falls Sie sich vertippen**,

   können Sie das zuletzt eingegebene Zeichen durch Betätigen der Backspace-Taste [←] wieder löschen. Außerdem können Sie (fast) jeden Befehl durch einen Klick auf das Symbol [↶] wieder rückgängig machen !

4. **Bestätigen Sie die Eingabe, wenn sie korrekt ist :**

   Falls die Eingabe nicht korrekt ist, kann sie durch Anklicken des Stornierkreuzes [☒] oder durch Betätigen der Esc-Taste [Esc] wieder storniert und neu eingegeben werden.

   Ist die Eingabe korrekt, klicken Sie das Symbol [✓] in der Eingabezeile an oder betätigen die Return-Taste [↵].

   Mit [↵] können Befehle grundsätzlich bestätigt, mit [Esc] meist storniert werden. Eine Eingabe wird auch bestätigt, wenn Sie mit der Maus eine andere Zelle anklicken oder eine Cursor-Taste betätigen!

5. **Geben Sie in die Zelle *A3* den Text `Projekt:` ein.**

   Dazu müssen Sie die Zelle erst aktiv machen, indem Sie sie mit der Maus anklicken (betätigen Sie immer die linke Maustaste, sofern nicht anders angegeben!). Bestätigen Sie die Eingabe, wenn sie korrekt ist.

EXCEL ÜBUNGEN

6. **Geben Sie auf dieselbe Weise** folgenden Text in die Zelle ***C3*** ein :

   `Stellwerke Vorsfelde / Dingelshausen`

7. **Alternativ zur Maus können Sie die Markierung auch mit den Cursortasten [↑] [↓] [→] [←] zu einer anderen Zelle weiterbewegen, um sie aktiv zu machen :**

   Bewegen Sie die Markierung (den Cursor) mit den Cursortasten [↓] und [←] zu der Zelle ***A5*** und geben Sie **`lfd.Nr.`** ein.

   Setzen Sie den Cursor mit der Taste [→] eine Zelle nach rechts, um die Zelle ***B5*** zu aktivieren - die vorherige Eingabe wird dadurch automatisch bestätigt. Geben Sie in die Zelle ***B5*** **`Firma`** ein.

   Bewegen Sie den Cursor in die Zelle **C5** und geben Sie **`Vorgang`** ein.

8. **Effiziente Eingabe in nebeneinanderliegende Zellen :**

   Wenn Sie in *mehrere nebeneinanderliegende* Zellen etwas eingeben möchten, müssen Sie *nicht* jede Zelle *einzeln* aktivieren. ***Markieren*** Sie stattdessen den *gesamten* Eingabebereich (genauere Beschreibung s. u.) und bestätigen Sie jede Eingabe mit [↵]. Die aktive Zelle - zu Beginn links oben - springt innerhalb der Markierung nach jedem Return je um eine Zelle nach unten. Danach wird die nächste Spalte in der Markierung von oben nach unten abgearbeitet.

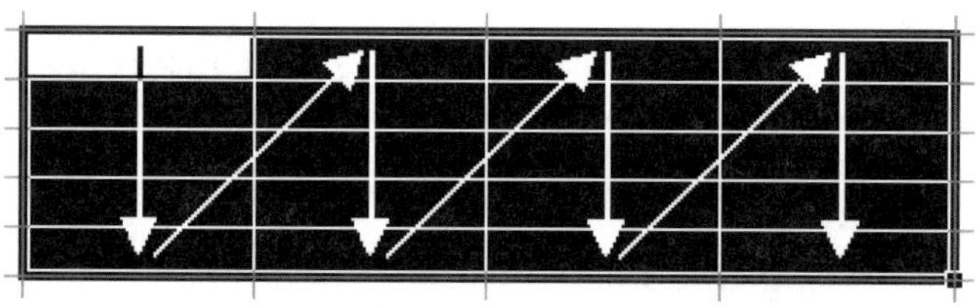

Markieren Sie die Zellen ***B7* bis *C17***, indem Sie mit dem Mauszeiger auf ***B7*** zeigen, mit gedrückt gehaltener Maustaste zu ***C17*** fahren, und dann loslassen. Der markierte Bereich ist dunkel, die *aktive Zelle* in der Markierung ist *hell* unterlegt.

Machen Sie die folgenden Eingaben (s. nächste Seite) und bestätigen Sie jede Eingabe mit Return [↵], dadurch wird jeweils automatisch die nächste Zelle in der Markierung aktiv.

EXCEL ÜBUNGEN

B7:	DB	C7:	Revision
B8:	H&H	C8:	Entwurf M 1:150
B9:	DB	C9:	Entwässerungsantrag
B10:	H&H	C10:	Fachplaner
B11:	DB	C11:	Koordinationstermine
B12:	H&H	C12:	Fachplaner
B13:	HLM	C13:	CAD-Stunden
B14:	H&H	C14:	Planbearbeitung
B15:	H&H	C15:	Detailerklärung
B16:	Steiner	C16:	Wärmeschutznachweis
B17:	H&H	C17:	EG-Plan M 1:50

☞ Wenn Sie statt mit Return mit der Tabulatortaste [⇤⇥] bestätigen, wandert die aktive Zellen in der Markierung nicht *von oben nach unten*, sondern ***von links nach rechts***. Betätigen Sie ***gleichzeitg*** mit der Return- oder Tabulatortaste die Shift-Taste [⇧], bewegt sich die aktive Zelle ***nach oben*** statt nach *unten* bzw. nach ***links*** statt nach *rechts*.

ÜBUNG 3

Zellinhalte nachträglich korrigieren / ergänzen

1. *Überschreiben* Sie den Inhalt der Zelle *C10* mit dem Text `Planung` :

Klicken Sie die Zelle ***C10*** an. Tippen Sie das Wort **`Planung`** ein. Sobald Sie die Eingabe bestätigen, enthält die Zelle den neuen Text, der alte Inhalt wurde überschrieben.

2. *Ändern* Sie die Zahl `150` in der Zelle *C8* in `100` um :

Wenn nur einige Zeichen zu korrigieren sind, kann es sinnvoller sein, nicht den kompletten Inhalt zu überschreiben, sondern nur die entsprechenden Zeichen zu ändern.

Klicken Sie die Zelle ***C8*** an. Der Inhalt der Zelle erscheint in der Eingabezeile und kann dort korrigiert werden. Setzen Sie den Cursor an die Stelle in der Eingabezeile, an der

EXCEL ÜBUNGEN

Zeichen gelöscht oder eingefügt werden sollen, also vor oder hinter die **5** (mit dem Mauszeiger an die entsprechende Position zeigen und einmal die linke Maustaste betätigen). Sie können sich in der Eingabezeile auch mit den Cursortasten bewegen!

Zeichen rechts vom Cursor können mit der Entfernen-Taste [Entf], Zeichen links vom Cursor mit der Backspace-Taste [←] gelöscht werden. Löschen Sie die **5** !

Ehe Sie nun die **0** einfügen, achten Sie darauf, daß *nicht* der *Überschreibmodus* eingeschaltet ist, was Sie an der Anzeige *ÜB* in der Statuszeile erkennen. In diesem Modus werden bereits bestehende Zeichen durch neu eingegebene Zeichen überschrieben, während im Einfügemodus bestehende Zeichen beim Einfügen neuer Zeichen nach rechts gerückt werden. Sofern Sie also die Anzeige *ÜB* sehen, betätigen Sie einmal die Einfügen-Taste [Einfg], die zwischen beiden Modi umschaltet.

Nun können Sie die Ziffer **0** eintippen. Bestätigen Sie die Änderung.

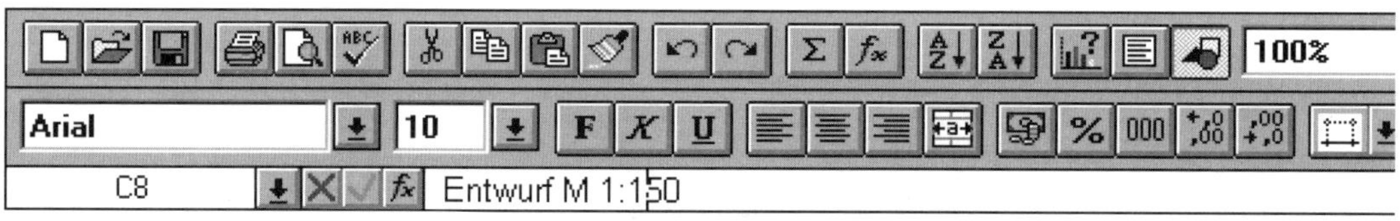

3. **Ändern Sie in der Zelle *C7* das Wort `Revision` in `Planrevision` um :**

Auch hier ist es sinnvoller, nicht das ganze Wort zu überschreiben, sondern nur das **R** zu löschen und **Planr** davor einzufügen.

4. **Sie können *Zeichen* auch *überschreiben*, *ohne* sie vorher zu löschen, wenn Sie die zu überschreibenden Zeichen zuvor markieren :**

Ändern Sie in der Zelle ***C15*** **Detailerklärung** in **Detailvorklärung** um : Wiederum wäre es nicht sinnvoll, das ganze Wort neu einzugeben. Aktivieren Sie die Zelle ***C15***.

Markieren Sie **er** in Detailerklärung (mit Maus in der Eingabezeile vor das **e** zeigen und mit gedrückter Maustaste bis zum **r** ziehen) und tippen Sie stattdessen **vor** ein.

EXCEL ÜBUNGEN

Die markierten Zeichen werden durch die neue Eingabe überschrieben. So haben sich die Arbeit gespart, die fehlerhaften Zeichen erst zu löschen.

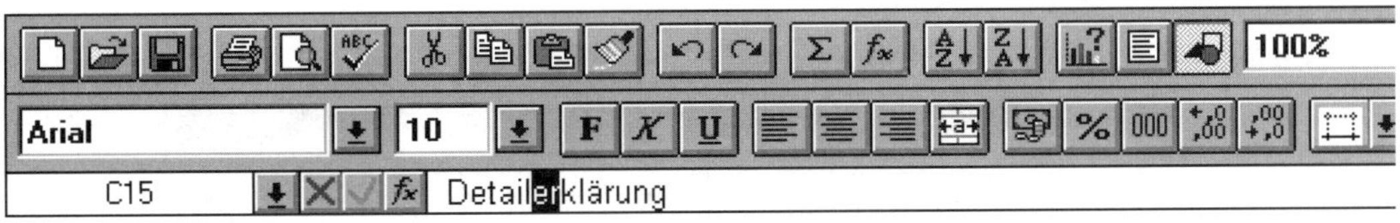

Wenn in ***EXTRAS*** / *OPTIONEN* in der Kategorie ***BEARBEITEN Direkte Zellbearbeitung*** angekreuzt ist (Voreinstellung), können Sie Änderungen statt in der Eingabezelle auch direkt in den Zellen vornehmen. Doppelklicken Sie dazu mitten in die Zelle, deren Inhalt geändert werden soll, und nehmen Sie die gewünschte Änderung vor.

Sollte in dieser Kategorie ***Markierung nach dem Drücken der Eingabetaste verschieben*** angekreuzt sein, rückt die aktive Zelle nach jedem Bestätigen der Returntaste nach unten, was meist gar nicht sinnvoll ist. Diese Option können Sie ruhig ausschalten (das Kästchen mit dem Kreuz anklicken, um das Kreuz zu entfernen).

Die Option ***Feste Dezimalstelle*** sollte normalerweise auch nicht eingeschaltet sein. Ist sie aktiviert, werden numerische Eingaben in eine Zahl mit den angegebenen Nachkommastellen umgewandelt (z.B. die Zahl 1000 bei der Stellenanzahl 2 in die Zahl 10,00). Wie in jedem Dialogfenster müssen Sie nach erfolgter Einstellung aller gewünschten Optionen mit der Returntaste oder einem Klick auf *OK* bestätigen.

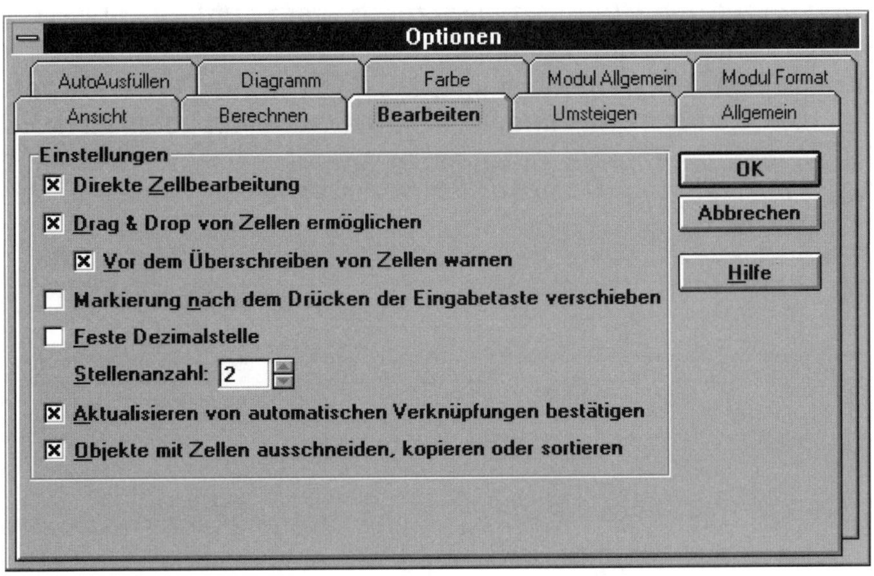

EXCEL ÜBUNGEN

☞ ***Sollte auf Ihrem Bildschirm einmal irgendeine Komponente fehlen*** (Bearbeitungszeile, Bildlaufleiste, Statuszeile usw.), sehen Sie in ***EXTRAS*** / *OPTIONEN* in der Kategorie ***ANSICHT*** nach, ob die Komponente dort vielleicht nicht angekreuzt ist, und setzen Sie das fehlende Kreuz ggf. durch einem Mausklick in das entsprechende Kästchen.

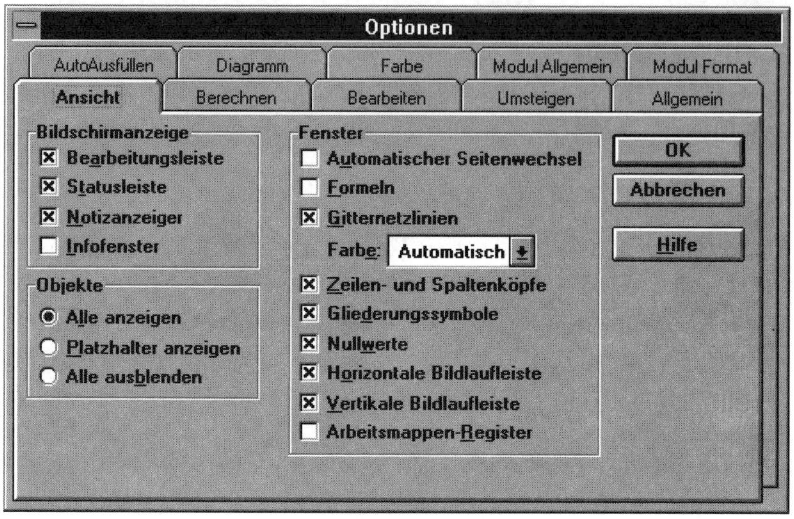

Auch wenn etwas anderes nicht so funktioniert, wie in der Schulung beschrieben, könnte die Ursache in einer Einstellung im Menü ***EXTRAS*** / *OPTIONEN* liegen. In *allen* Kategorien dieses Menüs können Voreinstellungen getroffen werden! Alle für den Grundkurs relevanten Voreinstellungen werden an der entsprechenden Stelle im Verlauf des Kurses vorgestellt. Eine Übersicht finden Sie außerdem im Anhang.

☞ ***Damit in den folgenden Übungen alles reibungslos abläuft***, sollten Sie im Menü ***EXTRAS*** / *OPTIONEN* in der Kategorie ***UMSTEIGEN*** vorsichtshalber kontrollieren, daß ***Microsoft Excel-Menüs*** gewählt ist und daß ***Alternative Bewegungstasten*** *nicht* angekreuzt ist. (Die ***Lotus 1-2-3-Hilfe*** ist für Umsteiger von Lotus nach Excel gedacht, ***Alternative Bewegungstasten*** belegen die Bewegungstasten [Pos 1], [Ende] usw. mit einer anderen Funktion.)

THEORETISCHE GRUNDLAGEN

Dateiverwaltung unter Excel

Verzeichniswechsel :

Ob Sie eine Datei öffnen oder speichern wollen - Sie müssen zunächst das Verzeichnis einstellen, aus dem die Datei geladen bzw. in das sie gespeichert werden soll.

Diese Einstellungen nehmen Sie in einem Dialog-Fenster wie in der Abbildung vor. Im Listen-Fenster ***Laufwerke*** stellen Sie das gewünschte Laufwerk ein. Im Fenster ***Verzeichnisse*** werden die Verzeichnisse dieses Laufwerkes angezeigt. Unterverzeichnisse zu einem Verzeichnis werden etwas nach rechts versetzt angezeigt. Die Verzeichnisse ***dos***, ***excel***, ***schulung*** usw. sind demnach Unterverzeichnisse des Hauptverzeichnisses ***c:***. Die Markierung steht auf dem Hauptverzeichnis ***c:***, es ist das *aktuelle Verzeichnis.* Im Fenster ***Dateiname*** werden alle im aktuellen Verzeichnis gespeicherten Dateien angezeigt - sofern sie die Endung *.xl* haben. Möchten Sie auch andere Dateitypen sehen, müssen Sie diesen Eintrag ändern, z.B. in *.*.

Ein anderes Verzeichnis können Sie mit einem Doppelklick öffnen. Ein Doppelklick auf ***excel*** zeigt z.B. im rechten Fenster die Unterverzeichnisse und im linken Fenster die Dateien des Verzeichnisses ***excel*** an (rechte Abb.). Daß ***excel*** nunmehr das aktuelle Verzeichnis ist, erkennen Sie wiederum an der Markierung und daran, daß daß Köfferchen geöffnet ist. Haben Sie versehentlich nur einmal auf ***excel*** geklickt, springt zwar die Markierung auf ***excel***, solange der Koffer nicht geöffnet ist, können Sie jedoch nicht den Inhalt von ***excel*** sehen. ***Achten Sie also beim Verzeichniswechsel immer darauf, daß das Köfferchen aufspringt !***
In das aktuelle Verzeichnis kann eine weitere Datei gespeichert werden - jede der angezeigten Dateien kann durch einen Doppelklick auf die Datei geöffnet werden

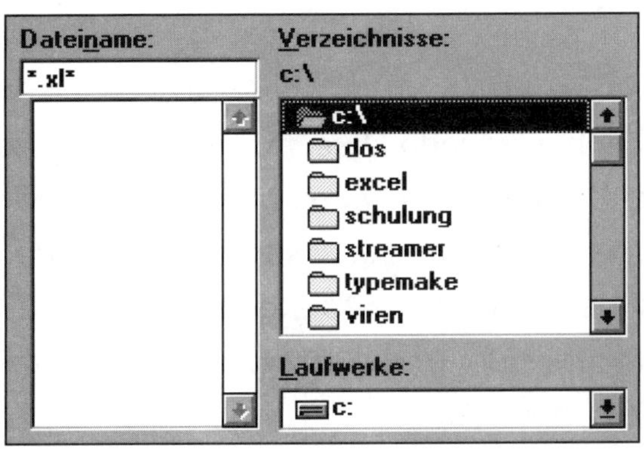

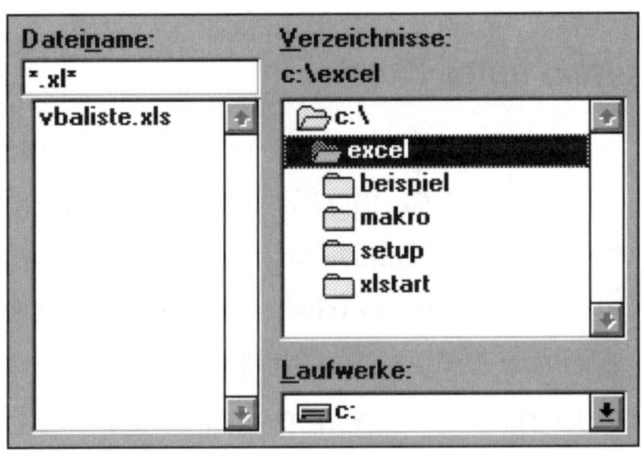

THEORETISCHE GRUNDLAGEN

Mit einem Doppelklick kann nun z.B. das Unterverzeichnis ***beispiel*** geöffnet werden (linke Abb.). Wie Sie sehen, entsprechen die geöffneten Koffer jeweils dem Pfad zu dem aktuellen Verzeichnis.
Möchten Sie anschließend in das Verzeichnis ***schulung***, müssen Sie mit einem Doppelklick zunächst wieder ***c:*** zum aktuellen Verzeichnis machen (rechte Abb.), da ***schulung*** ein Unterverzeichnis von ***c:*** ist. Denn ansonsten können Sie ***schulung*** nicht sehen und somit auch nicht öffnen.

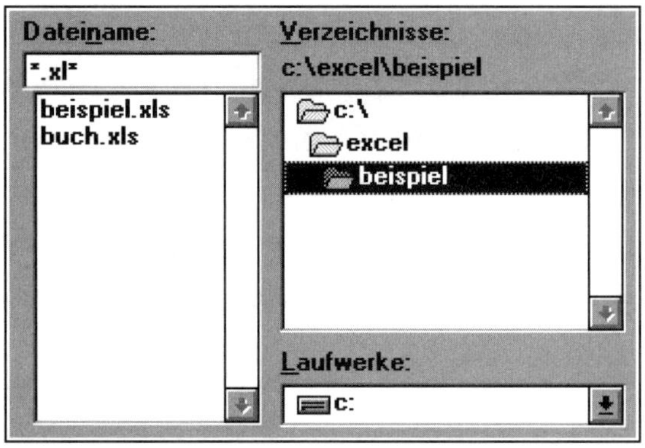

Mehrere Dateien im Arbeitsspeicher :

Excel kann *mehrere Dateien parallel* im Arbeitsspeicher verwalten. Sie müssen also, ehe Sie eine neue Datei öffnen, nicht erst die vorherige schließen.
Die *zuletzt* geöffnete Datei ist jeweils am Bildschirm zu sehen. Jede andere noch im Arbeitsspeicher befindliche Datei kann im Menü ***FENSTER*** jederzeit durch einen Mausklick ausgewählt und in den Vordergrund geholt werden.
Erst, wenn Sie mit einer Datei in der aktuellen Arbeitssitzung gar nicht mehr arbeiten möchten, sollten Sie sie mit dem Befehl ***DATEI*** / *SCHLIESSEN* aus dem Arbeitsspeicher entfernen. Für eine spätere Bearbeitung muß sie dann erst wieder geladen werden.

Dateitypen unter Excel :

Sofern Sie keine abweichende Angabe machen, wird jede Datei mit der Endung ***.xls*** gespeichert (Endung für Arbeitsmappendateien). Die Endung wird automatisch angehängt, braucht also bei der Eingabe des gewünschten Dateinamens nicht angegeben werden.
Im Grundkurs werden wir ausschließlich mit dem Dateityp ***.xls*** arbeiten.
Weitere Dateitypen sind Mustervorlagen mit der Endung ***.xlt***, Arbeitsbereichsdateien mit der Endung ***.xlw*** und Add-In-Dateien mit der Endung ***.xla***.

EXCEL ÜBUNGEN

ÜBUNG 4

Speichern, Schließen und Öffnen von Dateien

1. **Speichern Sie die Datei im Verzeichnis *c:\schulung\tabellen* unter dem Namen** TER-9305 (die Begleitdiskette muß zuvor installiert werden, s. Einführung) **:**

   Klicken Sie das Symbol zum Speichern in der Standard-Symbolleiste an (oder wählen Sie den Befehl ***DATEI*** */ SPEICHERN*). Sollte die Standard-Symbolleiste nicht eingeblendet sein, wählen Sie zunächst den Befehl ***ANSICHT*** */ SYMBOLLEISTEN*, setzen dort ein Kreuz vor ***Standard*** und bestätigen mit *OK* oder Return.

   Excel schlägt den Dateinamen ***mappe1.xls*** vor. Auf diesem Dateinamen steht zu Beginn die Markierung. Da Sie einen anderen Namen vergeben möchten, tippen Sie den gewünschten Dateinamen **TER-9305** (für Terminplan 1993) ein, die Markierung wird überschrieben. Die Endung ***.xls*** wird nachher beim Speichern *automatisch* angehängt.

   Nun müssen Sie noch das o.g. Verzeichnis einstellen. Sofern ein anderes Laufwerk als ***c:*** eingestellt ist, öffnen Sie zunächst durch einen Klick auf den 'Pfeil nach unten' das Listenfeld ***Laufwerke*** und wählen Laufwerk ***c:*** aus. Klicken Sie im Fenster ***Verzeichnisse c:*** doppelt an, um die Unterverzeichnisse und Dateien von ***c:*** anzuzeigen. Doppelklicken Sie auf das Unterverzeichnis ***schulung*** und anschließend auf das Unterverzeichnis ***tabellen***. Sie haben das richtige Verzeichnis eingestellt. Bestätigen Sie mit *OK* oder Return. Während der Dauer des Speicherns sehen Sie eine Sanduhr.

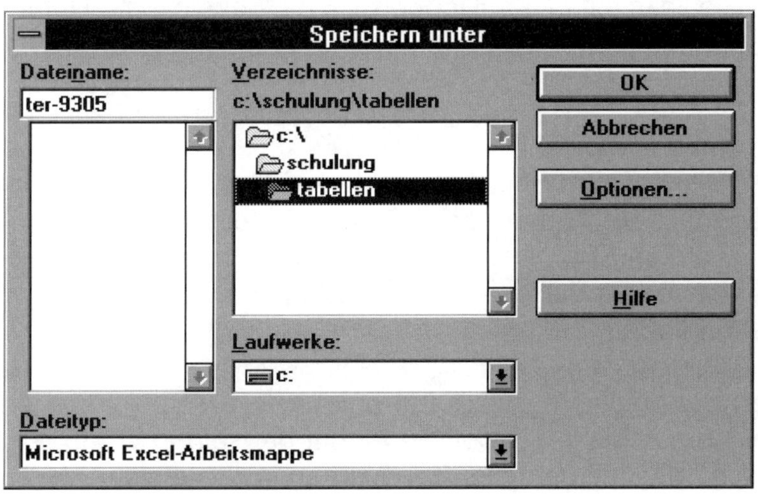

EXCEL ÜBUNGEN

Das Fenster ***DATEI-INFO*** erscheint, in dem Sie Anmerkungen zu der Datei machen können. Möchten Sie grundsätzlich keine Anmerkungen machen, können Sie das Fenster in Zukunft unterdrücken, indem Sie in ***EXTRAS*** / *OPTIONEN* in der Kategorie ***ALLGEMEIN*** das Kreuz vor ***Automatische Anfrage für Datei-Info*** entfernen!

2. Wenn Sie mit der Datei vorerst nicht mehr arbeiten möchten,

können Sie sie mit dem Befehl ***DATEI*** / *SCHLIESSEN* aus dem Arbeitsspeicher und damit vom Bildschirm entfernen. Probieren Sie es aus! Da noch nicht gespeicherte Daten beim Schließen verloren gehen, werden Sie - wenn Sie noch nicht gespeichert haben - von Excel vorsichtshalber gefragt, ob Sie vor dem Schließen speichern möchten.

Haben Sie *mehrere* Dateien geöffnet, können Sie mit dem Befehl ***DATEI*** / *ALLES SCHLIESSEN* *alle* geöffneten Dateien zugleich schließen. Der Befehl wird nur angezeigt, wenn Sie bei Aufruf des Menüs ***DATEI*** die Shift-Taste gedrückt halten.

3. Öffnen Sie die Datei wieder,

indem Sie das Symbol zum Öffnen anklicken (oder den Befehl ***DATEI*** / *ÖFFNEN* wählen). Rechts muß das Verzeichnis eingestellt werden, in dem die Datei gespeichert ist. Da Sie gerade eben in diesem Verzeichnis gespeichert haben, ist es bereits eingestellt. Wählen Sie links mit einem Doppelklick die gewünschte Datei ***TER-9305*** aus (Alternative: nur einmal anklicken und mit *OK* bestätigen).

Sie sollten das Symbol zum Speichern ruhig zwischendurch manchmal anklicken, nachdem Sie umfangreichere Änderungen an einer Datei vorgenommen haben, damit diese Änderungen bei einem Stromausfall oder anderen unvorhergesehenen Ereignissen nicht verloren gehen! In jedem Fall aber müssen Sie immer speichern, ehe Sie Excel beenden oder die Datei schließen.

Das ***Dialogfenster*** erscheint jeweils nur beim ***ersten*** Speichern einer Datei. Bei jedem späteren Speichern speichert Excel wieder mit *denselben* Vorgaben, die beim ersten Mal gemacht wurden, also mit dem gleichen Namen in das gleiche Verzeichnis.

EXCEL ÜBUNGEN

Beim Speichern und Öffnen von Dateien ist im Dialogfenster zunächst immer das Verzeichnis ***excel*** voreingestellt, und Sie müssen sich erst zum gewünschten Verzeichnis durchhangeln.
Im Menü ***EXTRAS*** / *OPTIONEN*, Kategorie ***ALLGEMEIN***, haben Sie im Feld ***Standardverzeichnis*** die Möglichkeit, ein anderes Verzeichnis als Voreinstellung anzugeben, z.B. ***c : \ meier***, wenn Sie häufig in diesem Verzeichnis arbeiten.

Ebenso ist im Feld ***Dateiname*** des Dialogfensters ***DATEI*** / ÖFFNEN der Dateityp ∗**.xl**∗ voreingestellt - daher werden im zugehörigen Listenfeld standardmäßig nur die Dateien aufgelistet, deren Endung mit 'xl' beginnt.
Möchten Sie Dateien mit einer anderen Endung anzeigen lassen, so wählen Sie den entsprechenden Dateityp entweder im Listenfeld ***Dateityp*** aus, oder Sie tippen die gewünschte Endung im Feld ***Dateiname*** ein und bestätigen mit Return.

☞ Die Schaltfläche ***OPTIONEN*** im Dialogfenster des Menüs *SPEICHERN* öffnet folgendes Dialogfenster:

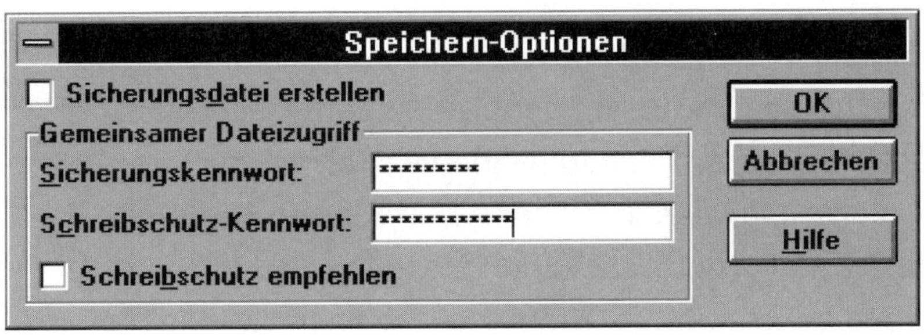

Kreuzen Sie die Option ***Sicherungsdatei erstellen*** an, so wird beim Speichern vorgenommener Änderungen in der Datei jeweils zusätzlich eine Datei gleichen Namens, jedoch mit der Endung .BAK erstellt. In dieser Sicherungsdatei wird jeweils die letzte Version der Datei *vor* den vorgenommenen Änderungen festgehalten, auf die Sie ggf. wieder zurückgreifen können.
Wenn Sie ein ***Sicherungskennwort*** eintragen, so wird dieses Kennwort bei jedem Öffnen der Datei abgefragt. Nur wenn es korrekt eingegeben wird, wird die Datei geöffnet. Sie dürfen das Kennwort also auf keinen Fall vergessen, sonst haben Sie keinen Zugriff mehr auf die Datei!
Vergeben Sie lediglich ein ***Schreibschutz-Kennwort***, so kann die Datei ohne Kenntnis dieses Kennwortes geöffnet, jedoch nicht geändert werden. Wurde das Kennwort nicht oder falsch eingegeben, muß die Schaltfläche *Schreibschutz* angeklickt werden, damit die Datei geöffnet wird.
Schreibschutz empfehlen stellt bei jedem Öffnen zur Auswahl, ob die Datei schreibgeschützt geöffnet werden soll.

EXCEL ÜBUNGEN

ÜBUNG 5

Neue Datei öffnen

1. **Öffnen Sie zu Übungszwecken eine neue Datei,**

indem Sie das Symbol  anklicken (oder den Befehl ***DATEI / NEU*** wählen). Eine neue leere Tabelle erscheint am Bildschirm. Excel nennt sie vorläufig *Mappe*, da noch kein Name für die Datei vergeben wurde. Sofern Sie die Übungen nicht zwischenzeitlich unterbrochen und die Datei *TER-9305* geschlossen haben, werden nun beide Dateien - die neue Datei *Mappe* und die Datei *TER-9305* - von Excel parallel im Arbeitsspeicher verwaltet

2. **Alle geöffneten Dateien** werden jeweils unten im Menü ***FENSTER*** angezeigt und mit ***1, 2, 3...*** durchnumeriert.

Jede Datei, die Sie öffnen, wird in diese Liste aufgenommen, jede Datei, die Sie schliessen, wird aus der Liste entfernt. Die Datei, mit der Sie gerade arbeiten, ist durch einen Haken vor der laufenden Numerierung gekennzeichnet. Durch einen Mausklick auf eine andere Datei in der Liste kannn diese Datei jederzeit in den Vordergrund geholt werden. Probieren Sie es, holen Sie aber zuletzt wieder die leere Datei in den Vordergrund.

3. **Im Menü *DATEI* gibt es eine ähnliche Liste.**

Dort werden die ***vier*** Dateien angezeigt, mit denen in der letzten Arbeitssitzung mit Excel ***zuletzt gearbeitet*** wurde - an erster Stelle die zu allerletzt geschlossene Datei Diese Dateien befinden sich *nicht* im Arbeitsspeicher, lediglich ihre Namen werden angezeigt.

Wenn Sie in der nächsten Arbeitssitzung mit einer dieser Dateien weiterarbeiten möchten, klicken Sie einfach den Dateinamen in der Liste an und die Datei wird automatisch geöffnet, ohne daß Sie erst das richtige Verzeichnis einstellen und die Datei heraussuchen müssen. Ausprobieren können Sie das natürlich erst in Ihrer nächsten Arbeitssitzung mit Excel. Verwechseln Sie diese Liste nicht mit der Liste im Menü ***FENSTER***. Je-

EXCEL ÜBUNGEN

desmal, wenn Sie einen Dateinamen im Menü ***DATEI*** anklicken, wird die Datei *geöffnet*, in den Arbeitsspeicher geladen und *belegt dort Speicherplatz*! Sehen Sie also immer erst im Menü ***FENSTER*** nach, ob sich die Datei nicht bereits im Arbeitsspeicher befindet und lediglich in den Vordergrund geholt werden muß.

Die Liste im Menü ***DATEI*** wird nur dann angezeigt, wenn in ***EXTRAS*** / *OPTIONEN* in der Kategorie ***Allgemein*** ***Liste zuletzt geöffneter Dateien*** angekreuzt ist.

ÜBUNG 6

Zahlenreihen mit der Autofill-Funktion

1. Sie können Zahlen oder Datumsangaben *automatisch* hochzählen lassen,

wenn Sie nicht jede Ziffer einzeln eintippen möchten. Geben Sie in die neue leere Datei die Startwerte **1** und **2** ein (vgl. Abbildung auf der folgenden Seite) und markieren Sie beide Zahlen , indem Sie auf Zelle ***A1*** zeigen und mit gedrückter Maustaste bis zur Zelle ***B2*** ziehen.

Sie sehen in der rechten unteren Ecke der Markierung einen 'Anfasser'. Zeigen Sie mit dem Mauszeiger darauf - er nimmt die Form eines Fadenkreuzes **+** an - und ziehen Sie mit gedrückter Maustaste nach rechts bis zur Zelle ***F1***. Sobald Sie loslassen, wird die Zahlenreihe bis dorthin fortgesetzt.

Um die Markierung wieder zu entfernen, klicken Sie auf eine beliebige Stelle des Tabellenblattes.

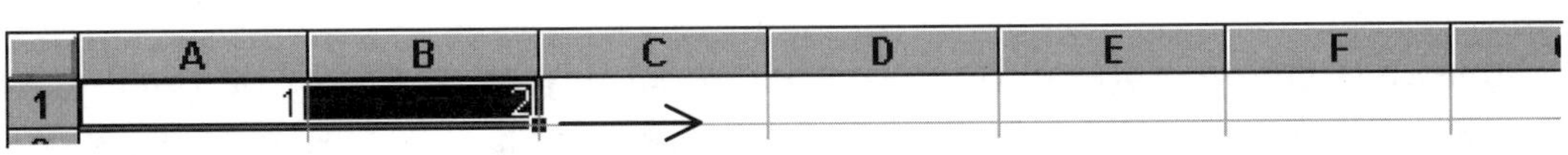

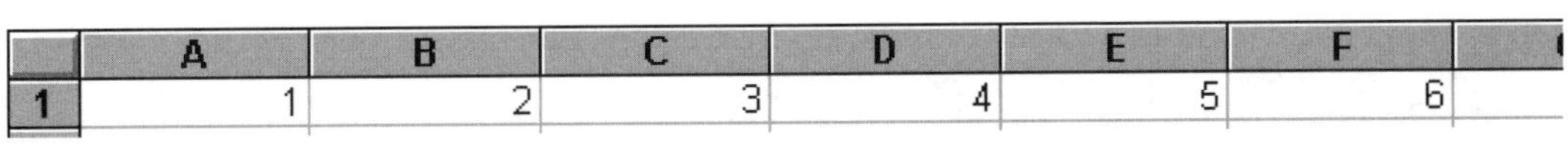

EXCEL ÜBUNGEN

2. **Geben Sie nur einen Startwert vor**, wird der Wert **kopiert** statt hochgezählt :

	A	B	C	D	E	F
2	1					

	A	B	C	D	E	F
2	1	1	1	1	1	1

3. **Besteht eine Differenz zwischen den Startwerten, wird sie beim Weiterzählen berücksichtigt :**

Geben Sie z.B. die Startwerte **`10`** und **`15`** ein und erweitern Sie die Reihe :

	A	B	C	D	E	F
3	10	15				

	A	B	C	D	E	F
3	10	15	20	25	30	35

4. **Probieren Sie es einmal mit einem Datum als Startwert :**

Excel betrachtet auch als Text geschriebene Monatsangaben und Wochentage als Datum! Bei Datumsangaben genügt grundsätzlich die Angabe nur *eines* Startwertes:

	A	B	C	D	E	F
4	01.03.1994	02.03.1994	03.03.1994	04.03.1994	05.03.1994	06.03.1994
5	Januar	Februar	März	April	Mai	Juni
6	Montag	Dienstag	Mittwoch	Donnerstag	Freitag	Samstag
7	Mo	Di	Mi	Do	Fr	Sa

Wenn Sie jeweils einen Zeitraum überspringen möchten, müssen Sie natürlich wieder *zwei* Startwerte (z.B. **`01.04.1994`** und **`01.05.1994`**) vorgeben, damit Excel die Differenz zwischen den Werten erkennt :

	A	B	C	D	E	F
8	01.04.1994	01.05.1994	01.06.1994	01.07.1994	01.08.1994	01.09.1994
9	Januar	April	Juli	Oktober	Januar	April

EXCEL ÜBUNGEN

5. Text wird immer kopiert.

Geben Sie **Text *und* Zahlen** in die Startzelle ein, wird der Text kopiert und die Zahl hochgezählt. *Ein* Startwert genügt.

	A	B	C	D	E	F
10	Herr	Herr	Herr	Herr	Herr	Herr
11	Spalte 1	Spalte 2	Spalte 3	Spalte 4	Spalte 5	Spalte 6

Sie können auch *zwei* Startzellen vorgeben, von denen in der einen Text und in der anderen Zahlen- oder Datumswerte stehen, im ersten Beispiel wurde **Monat:** und **Januar**, im zweiten Beispiel **Annahme 1** und eine *Leerzelle* vorgegeben :

	A	B	C	D	E	F
12	**Monat:**	Januar	**Monat:**	Februar	**Monat:**	März
13	Annahme 1		Annahme 2		Annahme 3	

Selbstverständlich können Sie Zahlenreihen nicht nur nach ***rechts***, sondern auch nach ***links***, ***unten*** oder ***oben*** erweitern, indem Sie den Anfasser in diese Richtung ziehen. Eine (***markierte!***) Reihe kann ***wieder verkürzt*** werden, wenn Sie den Anfasser ***nach*** links bei einer horizontalen Reihe bzw. nach oben bei einer vertikalen Reihe ziehen.

Noch ein Trick: Mit Hilfe der Steuerung-Taste Strg können Sie Weiterzählen und Kopieren umkehren. Z.B. werden die Startwerte **Montag** und **Dienstag** normalerweise mit **Mittwoch** *weitergezählt*. Möchten Sie die beiden Werte stattdessen *kopieren*, halten Sie beim Erweitern der Zahlenreihe die Taste Strg gedrückt.

	A	B	C	D	E	F
14	Montag	Dienstag	Montag	Dienstag	Montag	Dienstag

Das Ausfüllen von Zahlenreihen *mit der Maus* ist nur möglich, wenn in ***EXTRAS*** / *OPTIONEN* in der Kategorie ***BEARBEITEN*** die Option ***Drag&Drop von Zellen ermöglichen*** angekreuzt ist !

EXCEL ÜBUNGEN

Zahlenreihen mit dem Befehl *BEARBEITEN / AUSFÜLLEN*

1. Größtenteils stellt dieser Befehl eine Alternative zum (einfacheren) Arbeiten mit der Maus dar, er bietet jedoch auch einige *zusätzliche* Funktionen, auf die nun eingegangen werden soll. Für diesen Befehl genügt immer *ein* Startwert.

Eine sehr lange Zahlenreihe mit der Maus zu erweitern ist mühselig. Hier bietet der Befehl eine sinnvolle Alternative, da ein Endwert angegeben werden kann. Geben Sie den Startwert **1** ein und bestätigen Sie die Eingabe. Aktivieren Sie ***BEARBEITEN*** / *AUSFÜLLEN* ***Reihe***. Möchten Sie die Reihe horizontal ausfüllen, lassen Sie ***Zeilen*** 'angekreuzt', für eine vertikale Reihe wählen Sie ***Spalten***. Soll zu dem Wert jeweils ***1*** hinzuaddiert werden, lassen Sie bei ***Inkrement*** die Vorgabe **1** stehen, ansonsten geben Sie einen größeren Wert ein. Geben Sie als Endwert **250** an (in das Feld klicken, eintippen). Die Reihe wird bis 250 erweitert, sobald Sie bestätigen.

2. **Um eine *geometrische* Reihe zu erhalten,**

wählen Sie ebenfalls diesen Befehl, denn mit der Maus können nur *arithmetische* Reihen erzeugt werden. Bei *arithmetischen* Reihen wird das Inkrement zum Startwert *addiert*, bei *geometrischen* Reihen wird der Startwert mit dem Inkrement *multipliziert*.

Geben Sie den Startwert **3** ein. Kreuzen Sie im Menü ***REIHE*** die Option ***Geometrisch*** an (in den Kreis klicken), geben Sie als Inkrement **2** (in das Feld klicken, die Ziffer **1** entfernen und **2** eintippen) und als Endwert z.B. **100** ein. Bestätigen Sie.

	A	B	C	D	E	F
16	3	6	12	24	48	96

EXCEL ÜBUNGEN

3. Wenn Sie als Startwert ein *Datum* eingeben,

ist im Menü ***REIHE*** automatisch der *Reihentyp* ***Datum*** angekreuzt und die Optionen *Tag*, *Monat*, *Jahr* und *Wochentag* stehen zusätzlich zur Verfügung.

Neues bietet nur die Option ***Wochentag***. Sie zählt das Datum entsprechend dem Inkrement Tag für Tag weiter, ***überspringt*** dabei jedoch ***Samstage und Sonntage*** (*Tag* würde alle Tage weiterzählen, *Monat* den Monat erhöhen usw.)

Als Endwert müssen Sie natürlich auch ein *Datum* angeben! Sie können Sich die Angabe eines Endwertes aber auch ganz sparen, wenn Sie vor Aufruf des Menüs den gesamten Bereich (einschließlich der Startzelle) markieren, der ausgefüllt werden soll.

	A	B	C	D	E	F	(
17	01.03.1994	02.03.1994	03.03.1994	04.03.1994	07.03.1994	08.03.1994	09.0

4. Trendberechnung :

Für *mehrere* Startwerte kann Excel einen ***arithmetischen*** oder einen ***geometrischen Trend*** (je nachdem, was Sie im Menü ankreuzen) berechnen und fortsetzen.

Geben Sie z.B. die Zahlenwerte **2**, **4**, **7** und **6** als Startwert an und markieren Sie bis zur Spalte ***G***. Kreuzen Sie im Menü ***REIHE*** die Option ***Trend*** an. Sie erhalten folgendes Ergebnis für den arithmetischen Trend :

	A	B	C	D	E	F	G
18	2	4	7	6			

	A	B	C	D	E	F	G
18	2,5	4	5,5	7	8,5	10	11,5

Erweitern Sie *mehrere* Zahlenwerte mit *ungleichmäßigem* Abstand mit mit der *Maus*, erhalten Sie einen ebenfalls einen Trend, und zwar einen ***linearen Trend***

EXCEL ÜBUNGEN

☞ Noch nicht erläutert wurde die Option ***Autoausfüllen***. Sie kopiert lediglich den Startwert in alle zuvor markierten Zellen. Diese Operation kann mit der Maus jedoch schneller ausgeführt werden.

Anwendung von Zahlenreihen in der Datei *TER-9305*

1. **Holen Sie die Tabelle *TER-9305* wieder in den Vordergrund :**

Wählen Sie sie im Menü ***FENSTER*** aus.

Sollten Sie zwischenzeitlich den Rechner ausgeschaltet oder die Tabelle geschlossen haben, wird sie hier nicht mehr angezeigt, kann aber durch einen Mausklick auf den Dateinamen in der Liste des Menüs ***DATEI*** schnell wieder geöffnet werden.

2. **Lassen Sie die Wochentage für den Monat Mai automatisch hochzählen :**

Geben Sie in die Zelle ***E5*** den Startwert `Mo` für Montag ein, und bestätigen Sie mit Return.

Der Monat Mai hat 31 Tage. Die Wochentage sollen also in den nächsten 30 Zellen ausgefüllt werden. Mit den alphabetischen Spaltenüberschriften (A, B, C, ...) müßten Sie erst auszählen, bis zu welchem Buchstaben Sie mit der Maus ziehen müssen. Erleichtern Sie sich daher die Arbeit, indem Sie die Spaltenüberschriften *numerisch* anzeigen lassen :

Kreuzen Sie in der Kategorie ***Allgemein*** im Menü ***EXTRAS** / OPTIONEN* ***Z1S1*** an. und bestätigen Sie. Die Spaltenköpfe ***A***, ***B***, ***C...*** werden durch die Ziffern ***1***, ***2***, ***3...*** ersetzt.

(Die Option ***Z1S1*** zeigt ***Zeilen- und Spaltenköpfe numerisch***, die Option ***A1 Zeilenköpfe numerisch*** und ***Spaltenköpfe alphabetisch*** an.)

Füllen Sie die Wochentage von der Zelle ***5;5*** (Zeile; Spalte) bis zur Zelle ***5;35*** mit Hilfe der Autofill-Funktion aus (Zelle ***5;5*** markieren, mit gedrückter Maustaste den Anfasser bis zur Spalte ***35*** ziehen).

EXCEL ÜBUNGEN

Sollten Sie dabei mit der Markierung zu weit nach rechts kommen, einfach die Maus wieder etwas nach links bewegen, ehe Sie loslassen.

Um wieder an den Zeilenanfang zu kommen, drücken Sie die Taste [Pos 1].

3. **Füllen Sie die Zellen *6;5* (Zeile; Spalte) bis *6;35* mit den Datumswerten für den Monat Mai aus :**

   Geben Sie in die Zelle ***6;5*** den Startwert `1.5.93` ein und füllen Sie die Zahlenreihe mit der Autofill-Funktion bis zur Spalte ***35*** aus. Mit [Pos 1] gelangen Sie wieder an den Zeilenanfang. Schalten Sie im Menü ***EXTRAS*** / *OPTIONEN* in der Kategorie ***Allgemein*** wieder die Option ***A1*** ein.

4. **Füllen Sie in den Zellen *A7 bis A18* jede *zweite* Zelle mit einer laufenden Nr. aus:**

   Geben Sie in die Zelle ***A7*** den Startwert `1` ein, die Zelle ***A8*** lassen Sie frei. Markieren Sie beide Zellen. Ziehen Sie den Anfasser mit gedrückter Maustaste nach unten bis zur Zelle ***A18***. Jede zweite Zelle wird fortlaufend numeriert.

5. **Füllen Sie die Zellen *D7* bis *D18* *abwechselnd* mit `Soll` und `Ist` aus :**

   Geben Sie in die Zelle ***D7*** **`Soll`** und in die Zelle ***D8*** **`Ist`** ein. Markieren Sie beide Zellen und füllen Sie mit der Autofill-Funktion bis zur Zelle ***D18*** aus. Da es sich weder um Zahlen noch um Datumsangaben handelt, werden die Werte nicht hochgezählt, sondern kopiert.

6. **Vergrößern Sie die Spalte *C*, da ihr Inhalt zum Teil durch den Inhalt der Spalte D überschrieben wurde:**

   Führen Sie den Mauszeiger auf die Linie zwischen den Spaltenköpfen ***C*** und ***D***. Der Mauszeiger verwandelt seine Form in einen Strich mit Pfeilen. Halten Sie die linke Maustaste gedrückt und ziehen Sie soweit nach rechts, bis die Spalte ***C*** groß genug ist, um den kompletten Inhalt anzuzeigen.

   Ihre Tabelle müßte nun aussehen wie in der Abbildung. Sollte irgendetwas schiefgelau-

EXCEL ÜBUNGEN

fen sein, markieren Sie die betroffenen Zellen und drücken auf die Taste [Entf]. Die Zellinhalte werden gelöscht und können neu eingegeben werden.

	A	B	C	D	E	F
1	Terminplan Projektierung					
2						
3	Projekt		Vorsfelde / Dingelshausen			
4						
5	lfd.Nr.	Firma	Vorgang		Mo	Di
6					01.05.1993	02.05.
7	1	DB	Revision	Soll		
8		H&H	Entwurf M 1:100	Ist		
9	2	DB	Entwässerungsantrag	Soll		
10		H&H	Planung	Ist		
11	3	DB	Koordinationstermine	Soll		
12		H&H	Fachplaner	Ist		
13	4	HLM	CAD-Stunden	Soll		
14		H&H	Planbearbeitung	Ist		
15	5	H&H	Detailvorklärung	Soll		
16		Steiner	Wärmeschutznachweis	Ist		
17	6	H&H	EG-Plan M 1:50	Soll		
18				Ist		

THEORETISCHE GRUNDLAGEN

FORMATIERUNG

Was heißt formatieren ?

Unter Formatierung versteht man die Gestaltung der Tabelle: Sie können verschiedene Schriftarten und -größen einstellen, Textteile durch Fettschrift oder Kursivschrift hervorheben und die Tabelle mit Rahmen und Linien versehen oder mit einem Raster unterlegen. Und Sie können Text bzw. Zahlen innerhalb der Zellen ausrichten, z.B. in der Mitte der Zelle, links oder rechts, oben oder unten. *Standardmäßig* werden Zahlen rechtsbündig und Text linksbündig ausgerichtet :

	A	B
1	Text	10,3

Proportionale und nicht proportionale Schriften :

Bei den Schriftarten unterscheidet man *Proportionalschriften* und *nicht proportionale Schriften*. Bei einer nicht proportionalen Schrift nehmen alle Zeichen den gleichen Raum ein, während die Zeichen bei einer proportionalen Schrift nur den Raum einnehmen, den Sie benötigen. Z.B. benötigt das Zeichen **W** viel mehr Platz als das Zeichen **I**. Proportionalschriften wirken daher ausgewogener, haben aber folgenden Nachteil: Angenommen, Sie möchten untenstehende Eingaben machen und wünschen, daß die Doppelpunkte und Uhrzeiten jeweils auf einer Linie beginnen. Aufgrund der unterschiedlichen Zeichenbreiten wird Ihnen das bei einer ***Proportionalschrift*** (linke Abb.) nicht gelingen, obwohl jeweils die gleiche Anzahl Zeichen vor dem Doppelpunkt steht! Sie können die Differenz durch die Eingabe zusätzlicher Leerzeichen - z.B. hinter dem Doppelpunkt nach Freitag - zwar etwas geringer machen, jedoch nie *genau* ausgleichen.
Bei einer ***nicht proportionalen*** Schrift (rechte Abb.) ist das kein Problem. Hier kann auch *genau* mit Leerzeichen ausgeglichen werden, da alle Zeichen dieselbe Breite haben und somit immer genau untereinander stehen. Z.B. wurde hinter den Uhrzeiten **8.00** und **9.00** ein Leerzeichen eingefügt, weil sie ein Zeichen weniger haben als **10.00**.

Freitag : 8.00 Uhr	**`Freitag: 8.00  Uhr`**
Samstag : 9.00 Uhr	**`Samstag: 9.00  Uhr`**
Sonntag : 10.00 Uhr	**`Sonntag: 10.00 Uhr`**

THEORETISCHE GRUNDLAGEN

Sie können sich bei einer *Proportionalschrift* nur damit behelfen, daß Sie den Wochentag, die Uhrzeit und das Wort **Uhr** jeweils in eine separate Zelle schreiben. Die *meisten* Schriften sind *proportional*, *nicht proportional* ist die Schriftart ***COURIER***.

Wie wird formatiert ?

Wenn Sie den Inhalt einer oder mehrerer Zellen formatieren möchten, müssen Sie die Zellen ***immer zuvor markieren***. Anschließend wählen Sie den entsprechenden Befehl zum Formatieren, z.B. den Befehl für Fettschrift.

Möchten Sie Zeichen *innerhalb einer Zelle unterschiedlich* formatieren - z.B. einige Zeichen durch Fettschrift hervorheben - aktivieren Sie die Zelle und markieren die zu formatierenden Zeichen in der Eingabezeile (oder direkt in der Zelle). Dann wählen Sie den gewünschten Befehl für die Formatierung der markierten Zeichen.

In den nächsten Übungen lernen Sie daher zunächst effizientes Markieren. Z.B. kann eine ganze Zeile oder Spalte und sogar das gesamte Tabellenblatt mit einem einzigen Mausklick markiert werden. Außerdem können beim Markieren Bewegungstasten eingesetzt werden und die Arbeit erleichtern.

Die Bewegungstasten :

Mit den Bewegungstasten können Sie sich schnell innerhalb des Tabellenblattes bewegen. Sie stellen eine Alternative zum Blättern mit den Bildlaufleisten dar.

Zu den Bewegungstasten gehören u.a. die Tasten [Pos 1] und [Ende], durch deren Betätigung die Markierung bzw. der Cursor an den ***Zeilenanfang*** bzw. das ***Zeilenende*** gesetzt wird. Das funktioniert in der *Eingabezeile* und in den *Eingabefeldern* von Menüs, in der *Tabelle* mit u.g. Einschränkungen.

Drücken Sie zugleich [Strg]+[Pos 1] oder [Strg]+[Ende], bewegen Sie die Markierung an den ***Tabellenanfang*** bzw. das ***Tabellenende***, d.h. in die erste oder letzte beschriebene Zelle im Tabellenblatt.

Durch Betätigung der Tasten [Bild ↓] und [Bild ↑] bewegen Sie den Cursor jeweils um eine

THEORETISCHE GRUNDLAGEN

Bildschirmseite vor bzw. zurück, mit den Cursortasten [↑] [↓] [→] [←] bewegen Sie den Cursor jeweils um eine Zelle (bzw. in der Eingabezeile um ein Zeichen) weiter.

Zwei Einschränkungen gibt es in *Tabellen:*

1. Möchten Sie die Markierung an das Zeilenende in einer Tabelle bewegen (d.h. in die letzte beschriebene Zelle der aktuellen Zeile), genügt nicht wie in der Eingabezeile und in Dialogfeldern die Eingabe von [Ende], sondern Sie müssen [Ende]+[←┘] betätigen.

2. Haben Sie den Eintrag aus einer Zelle am Zeilenende wieder gelöscht, wird diese Zelle von Excel trotzdem noch als *letzte* Zelle betrachtet. Möchten Sie die Markierung mit [Ende]+[←┘] in die letzte Zelle einer Zeile bewegen, wird nicht die letzte beschriebene Zelle markiert, sondern die ehemals letzte Tabellenzelle, auch wenn sie gar keinen Eintrag mehr enthält.
Das gleiche gilt, wenn Sie die Markierung mit [Strg]+[Ende] an das Tabellenende bewegen.

Die Bewegungstasten (vollständige Übersicht im Anhang) können auch beim Markieren eingesetzt werden. Z.B. können Sie eine Zelle festlegen, in der die Markierung beginnen soll und die Markierung dann z.B. durch das Betätigen der Bewegungstaste [Ende] bis zum Zeilenende erweitern (in Kombination mit einer Markierungserweiterung genügt das Betätigen der Ende-Taste allein).

EXCEL ÜBUNGEN

ÜBUNG 7

Markieren und Sprungbefehle

1. **Für viele Aufgabenstellungen müssen Tabellenbereiche markiert werden.**

Das können Sie bereits :
Eine einzelne Zelle markieren Sie, indem Sie sie anklicken oder sich mit den Cursortasten dorthinbewegen. Sie ist dann durch einen verdickten Rahmen gekennzeichnet.
Einen Bereich von mehreren Zellen markieren Sie, indem Sie mit dem Mauszeiger auf die erste zu markierende Zelle zeigen und mit gedrückter Maustaste bis zur letzten zu markierenden Zelle ziehen (Alternative: Sie tippen die zu markierenden Zellen ganz links im Listenfeld in der Eingabezeile ein). Ein Mausklick hebt die Markierung wieder auf.

2. **Markieren Sie eine ganze Spalte :**

Um eine Spalte zu markieren, müssen Sie deren **Spaltenkopf** anklicken. Markieren Sie beispielsweise die Spalte ***D***, indem Sie auf das ***D*** klicken. Die erste Zelle in der Markierung ist aktiv (weiß unterlegt).

Beachten Sie, daß eine Spalte über 16.000 Zellen umfaßt, die von einem nachfolgenden Befehl alle betroffen werden !

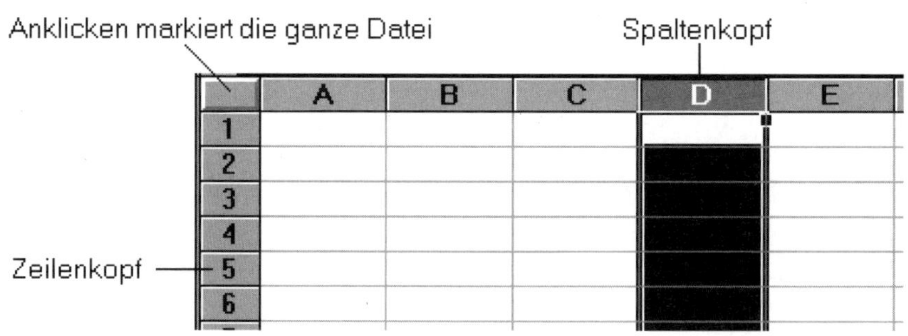

3. **Markieren Sie eine ganze Zeile :**

Um eine Zeile zu markieren, müssen Sie deren **Zeilenkopf** anklicken. Markieren Sie z.B. die Zeile ***5***, indem Sie die ***5*** anklicken. Beachten Sie, daß eine Zeile *256* Zellen umfaßt !

EXCEL ÜBUNGEN

4. Markieren Sie *mehrere* Zeilen oder Spalten :

Um *mehrere* Zeilen zu markieren, zeigen Sie mit dem Mauszeiger auf einen Zeilenkopf und ziehen mit gedrückter Maustaste über weitere Zeilenköpfe.

Markieren Sie z.B. die ***Zeilen 7 und 8***, indem Sie auf den ***Zeilenkopf 7*** zeigen, mit gedrückter Maustaste bis zum ***Zeilenkopf 8*** ziehen und dann die Maustaste loslassen.

Mehrere Spalten markieren Sie analog, indem Sie über die Maus über mehrere Spaltenköpfe ziehen.

5. Markieren Sie das gesamte Tabellenblatt (die ganze Datei) :

Klicken Sie in das Kästchen in der linken oberen Ecke (vgl. Abb. vorige Seite).

6. Markieren Sie mehrere <u>nicht</u> zusammenliegende Zellbereiche :

Normalerweise wird eine bestehende Markierung aufgehoben, sobald Sie eine Zelle anklicken oder eine neue Markierung erstellen. Durch Betätigen der Steuerung-Taste können Sie das Aufheben einer bestehenden Markierung verhindern.

Markieren Sie die **Zeile *1*** (Zeilenkopf *1* anklicken). Halten Sie die [Strg]-Taste gedrückt, während Sie anschließend die **Zeile *3*** markieren (Zeilenkopf *3* anklicken). Halten Sie wieder die [Strg]-Taste gedrückt, während Sie schließlich die **Spalte *C*** markieren (Spaltenkopf *C* anklicken).

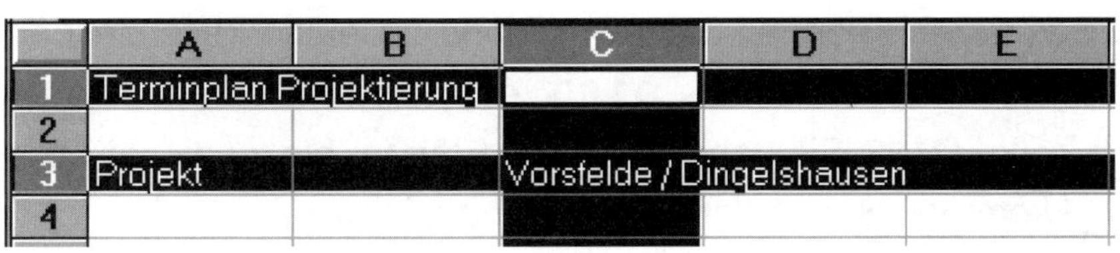

7. Markierungs-Anker setzen :

Ein Markierungsanker ist der *Startpunkt* einer Markierung. Wird er in eine Zelle gesetzt

EXCEL ÜBUNGEN

und anschließend eine andere Zelle aktiviert, so wird eine Markierung von der Zelle mit dem Markierungsanker bis zu der anschließend aktivierten Zelle erstellt.

Angenommen, Sie möchten eine Markierung von der Zelle ***D5*** bis zur Zelle ***F8*** erstellen: Klicken Sie die Zelle ***D5*** an und betätigen Sie die [F8]-Taste, um in dieser Zelle einen Markierungs-Anker (Beginn der Markierung) zu setzen. Klicken Sie anschließend die Zelle ***F8*** an. Eine Markierung wird von der Startzelle ***D5*** bis zu der zuletzt aktivierten Zelle ***F8*** erstellt.

Klicken Sie die Zelle ***G10*** an. Der Markierungs-Anker in der Zelle ***D5*** ist nach wie vor aktiv. Die Markierung wird von der Startzelle ***D5*** bis zu der zuletzt angeklickten Zelle ***G10*** erweitert.

Sie können die Markierung vom Anker an in jede Richtung, sowohl vor- wie auch rückwärts erweitern. Klicken Sie z.B. die Zelle ***A2*** an, um die Markierung von der Startzelle ***D5*** bis zur Zelle ***A2*** zu erweitern.

8. Deaktivieren Sie den Anker wieder :

Betätigen Sie die Stornier-Taste [Esc]. Sobald Sie nun auf eine beliebige Stelle des Tabellenblattes klicken, ist die Markierung aufgehoben.

Während die Return-Taste fast alle Befehle bestätigt, können Sie mit Escape fast alle Befehle wieder abbrechen.

9. Der Sprungbefehl *BEARBEITEN* / *GEHE ZU* :

Mit Hilfe dieses Befehls können Sie schnell jede beliebige Zelle 'anspringen'. Aktivieren sie den Befehl und geben Sie z.B. `D100` ein. Sobald Sie bestätigen, springt die Markierung auf die Zelle ***D100***. Sie haben sich das Blättern bis zu dieser Zelle gespart. Mit [Strg]+[Pos 1] kommen Sie an den Dateianfang zurück.

Sie können den Befehl auch in Kombination mit einem Markierungsanker einsetzen: Setzen Sie z.B. einen Anker (Taste F8) in der Zelle ***B5*** und geben Sie in ***FORMEL*** / *GEHE ZU* die Zelle ***D10*** an (lassen Sie sich nicht durch den von vorhin noch im Eingabefeld stehenden Eintrag irritieren - er wird überschrieben, sobald Sie den neuen Wert

EXCEL ÜBUNGEN

eintippen). Der Bereich von ***B5*** bis ***D10*** wird markiert. Deaktivieren Sie den Anker anschließend wieder (Esc).

Ebenso können Sie einen Markierungsanker in Kombination mit Bewegungstasten (z.B. Ende-Taste, Position1 usw.) einsetzen. Die Markierung wird dann von dem Anker bis zu der mit der Bewegungstaste angesprungenen Zelle erweitert. Probieren Sie es aus !

☞ Die gleiche Wirkung wie mit dem Befehl ***BEARBEITEN*** / *GEHE ZU* erzielen Sie, wenn Sie ganz links in der Eingabezeile einen Zellbezug eintippen. Klicken Sie hierfür den aktuellen Zellbezug (der aktiven Zelle) in der Eingabezeile an und überschreiben Sie die Markierung mit dem neuen Bezug, z.B. mit ***C50***. Die Markierung springt augenblicklich zu dieser Zelle.

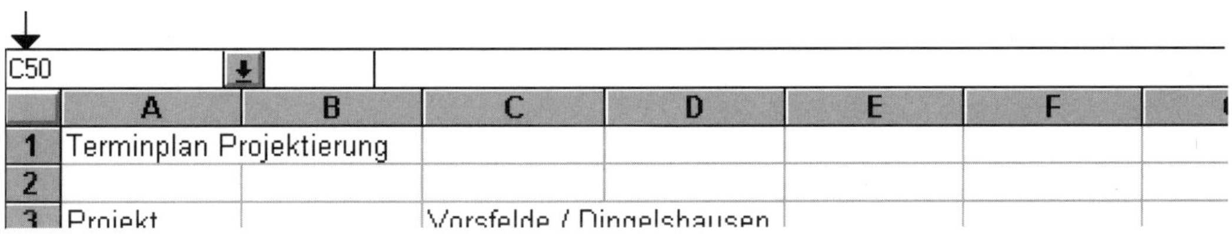

EXCEL ÜBUNGEN

ÜBUNG 8

Formatieren

1. **Gestalten Sie im folgenden die Tabelle,**

indem Sie bestimmte Schriftarten und -größen wählen, Bereiche durch Fettschrift hervorheben usw. Sollte die Format-Symbolleiste, die im folgenden benötigt wird, nicht eingeblendet sein, wählen Sie zunächst den Befehl ***ANSICHT*** / *SYMBOLLEISTEN*, setzen dort ein Kreuz vor ***Format*** und bestätigen mit *OK* oder Return.

2. **Stellen Sie für das gesamte Tabellenblatt die Schriftgröße *8* Punkt ein :**

Da von jeder Formatierung immer nur die markierten Zellen betroffen werden, markieren Sie das gesamte Tabellenblatt. Wissen Sie noch wie es geht? Ansonsten siehe vorige Übung.

Öffnen Sie die Liste aller verfügbaren Schriftgrößen, indem Sie den 'Pfeil nach unten' im Schriften-Listenfeld anklicken (vgl. Abb.). Wählen Sie die Schriftgröße ***8*** (anklicken).

3. **Stellen Sie für die Überschriften einen größeren Schriftgrad ein :**

Markieren Sie die Zelle ***A1*** und stellen Sie die Schriftgröße **12** ein. Markieren Sie die **dritte Zeile** (Zeilenkopf *3* anklicken) und wählen Sie die Schriftgröße **10**.

4. **Wählen Sie für die Zeilen *5* und *6* Fettschrift :**

Markieren Sie die beiden Zeilen (auf Zeilenkopf ***5*** zeigen und mit gedrückter Maustaste

EXCEL ÜBUNGEN

bis Zeilenkopf ***6*** ziehen) und klicken Sie das Symbol für Fettschrift an (s.Abb.). Machen Sie auch die Überschrift **`Terminplan Projektierung`** fett.

5. **Wählen Sie für die Spalte *B* Kursivschrift :**

Markieren Sie die Spalte ***B*** und klicken Sie das Symbol für Kursivschrift an. Durch nochmaliges Anklicken eines Symboles kann jede Formatierung für die markierten Zellen wieder ausgeschaltet werden. Schalten Sie die Kursivschrift für die Zelle ***B5*** wieder aus, indem Sie die Zelle ***B5*** markieren und das Symbol für Kursivschrift nochmals anklicken.

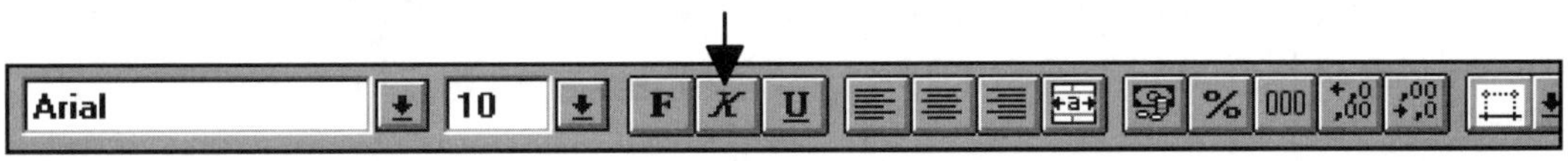

6. **Unterstreichen Sie die Überschrift `Terminplan Projektierung` :**

Markieren Sie die Zelle ***A1*** und wählen Sie das Symbol für Unterstreichung.

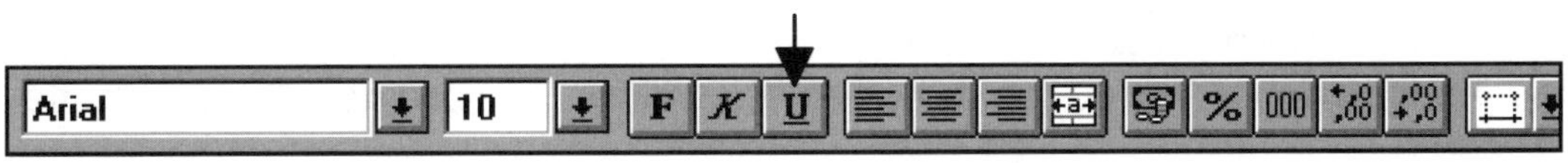

7. **Experimentieren Sie mit Schriftarten und Schriftfarben :**

Markieren Sie ein oder mehrere Zellen, klappen Sie das Listenfeld für die Schriftarten auf (s. Abb.) - mit den Bildlaufpfeilen können Sie blättern - und wählen Sie eine Schrift, die Ihnen gefällt. Der Autor arbeitet in der gesamten Tabelle mit der Schrift ***Arial*** weiter.

Wenn Sie das Listenfeld 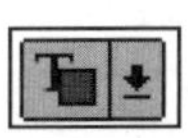 ganz rechts in der Format-Symbolleiste aufklappen, können Sie für die zuvor markierten Zellen eine andere Schriftfarbe auswählen.

EXCEL ÜBUNGEN

☞ ***Alle bisherigen Einstellungen können auch für einzelne Zeichen*** innerhalb einer Zelle vorgenommen werden. Dazu müssen Sie die Zelle aktivieren und die zu formatierenden Zeichen in der Eingabezeile markieren. Wenn Sie beispielsweise in der Zelle *C8* nur das Wort **`Entwurf`** fett formatieren möchten, aktivieren Sie die Zelle *C8*, markieren **`Entwurf`** in der Eingabezeile und klicken das Symbol für Fettschrift an.

☞ ***Wenn Ihnen keine der zur Auswahl stehenden Schriftgrößen zusagt***, können Sie selbst einen Schriftgrad in das Schriften-Listenfeld eintippen. Möchten Sie z.B. Zellen mit dem Schriftgrad *6* formatieren, markieren Sie die Zellen, klicken auf den Wert im Listenfeld, tippen eine **6** ein und bestätigen mit Return. Auch Kommastellen sind zulässig.

☞ Im Menü ***FORMAT*** / *ZELLEN* in der Kategorie ***SCHRIFTART*** können Sie die gleichen Formatierungen vornehmen wie mit der Symbolleiste. Darüberhinaus können Sie hier im Listenfeld ***Unterstreichung*** zwischen verschiedenen Unterstreichungen wählen und Sie können Zeichen ***durchstreichen***, ***hoch-*** oder ***tiefstellen***, indem Sie die entsprechende Option ankreuzen. Im Feld ***Vorschau*** wird jeweils angezeigt, wie das Ergebnis aussehen wird. Wenn Sie ***Standardschriftart*** ankreuzen, erhalten Sie wieder die voreingestellte Schriftart *ARIAL, 10 Punkt.*

☞ ***Wenn Sie standardmäßig mit einer anderen Schriftart als ARIAL, 10 Punkt arbeiten möchten***, können Sie im Menü ***EXTRAS*** / *OPTIONEN* in der Kategorie ***ALLGEMEIN*** in den Listenfeldern ***Standardschriftart*** und ***-größe*** die gewünschten Optionen auswählen. Die vom Autor empfohlene Standardschriftgröße sind *12 Punkt* - bei 10 Punkt erlebt man beim Ausdruck leicht die Überraschung, daß die Tabelle kleiner ausfällt als erwartet.

8. Formatieren Sie die Zellinhalte in den Zeilen *5* und *6 zentriert*:

Markieren Sie beide Zeilen und klicken Sie auf das Symbol zum *Zentrieren*.

EXCEL ÜBUNGEN

Die Zellinhalte werden jeweils mittig ausgerichtet. *Zentrieren* Sie ebenfalls die Spalten ***A***, ***B*** und ***D***. Wissen Sie noch, wie Sie mehrere nicht nebeneinander liegende Spalten zugleich markieren können? Sie müssen dabei die Steuerung-Taste gedrückt halten !

Die Zellen ***A1*** und ***A3*** wurden ungewollterweise auch von dem Vorgang betroffen. Richten Sie diese beiden Zellen mit dem Symbol wieder ***linksbündig*** aus.

Das Symbol richtet Zellinhalte ***rechtsbündig*** aus. Mit dem Pinsel-Symbol können Sie ***Formatierungen auf andere Zellen übertragen***, indem Sie die Zelle mit dem gewünschten Format markieren, das Pinsel-Symbol aktivieren - der Mauszeiger verändert seine Form in einen Pinsel - und die Zelle anklicken, auf die das Format übertragen werden soll. Probieren Sie es einmal! Sie können die Formatierung auch auf mehrere Zellen zugleich übertragen, wenn Sie mit gedrückter Maustaste über die Zellen ziehen.

Welche Formatierung eine Zelle hat, sehen Sie, wenn Sie die Zelle aktivieren. In der Symbolleiste werden die Einstellungen für die aktive Zelle hervorgehoben dargestellt. Jede Formatierung kann durch nochmaliges Anklicken des hervorgehobenen Symbols wieder aufgehoben werden. Natürlich können Sie die Formatierung auch ablesen, wenn Sie das Menü ***FORMAT*** / *ZELLEN* aufrufen, die angekreuzten Optionen gelten für die gerade aktive Zelle.

In ***FORMAT*** / *ZELLEN* - ***AUSRICHTUNG*** kann ebenfalls die *horizontale* Ausrichtung (linksbündig, rechtsbündig, zentriert) eingestellt werden, schneller geht es aber mit den o.g. Symbolen. Im Menü stehen jedoch noch weitere Optionen zur Verfügung:

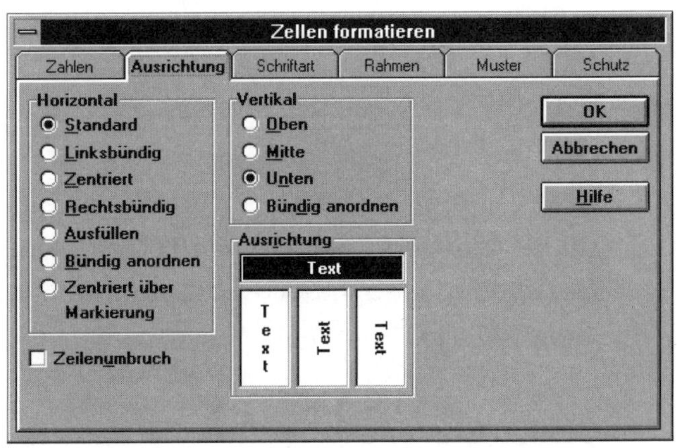

Ausfüllen füllt die *ganze* Zelle mit dem bereits darinstehenden Wert aus.

Die *vertikale* Ausrichtung kann bestimmt werden, also ob der Zellinhalt ***oben***, ***unten*** oder ***mittig in der Zelle*** ausgerichtet werden soll.

Sie können Text oder Zahlen in den Zellen sogar ***senkrecht*** stellen, indem Sie eine der entsprechenden Ausrichtungen im Feld ***Ausrichtung*** wählen.

(Die weiteren Optionen werden später behandelt.)

EXCEL ÜBUNGEN

ÜBUNG 9

Spaltenbreite und Zeilenhöhe

1. Zeilenhöhen und Spaltenbreiten mit der Maus verändern :

Wie Sie die ***Spaltenbreite*** *einer* Spalte mit der Maus verändern können, wissen Sie bereits: Sie zeigen mit der Maus auf die Linie zwischen zwei Spaltenköpfen und ziehen mit gedrückter Maustaste nach links, um die Spalte zu verkleinern bzw. nach rechts, um die Spalte zu vergrößern.
Wenn Sie *mehrere* Spalten markiert haben und die Breite einer dieser Spalten mit der Maus verändern, erhalten *alle* markierten Spalten diese Breite. Probieren Sie es aus! (Mehrere Spalten markieren Sie, indem Sie den Mauszeiger bei gedrückter linker Maustaste über mehrere Spaltenköpfe ziehen).

Die ***Zeilenhöhe*** kann ebenfalls verändert werden, indem Sie mit der Maus die Linie zwischen zwei Zeilenköpfen verschieben. Auch hier können zuvor mehrere Zeilen markiert werden, die dieselbe Breite erhalten sollen. Vergrößern Sie z.B. die Höhe der Zeile ***8*** !

2. Zeilenhöhen oder Spaltenbreiten übernehmen :

Das Pinsel-Symbol  haben Sie bereits kennengelernt - es übernimmt Formatierungen. Auch die Breite von Zeilen und Spalten gehört hierzu.

Stellen Sie für die Zeile ***8*** wieder die Standardhöhe ein, indem Sie die Höhe einer anderen Zeile übernehmen. Markieren Sie die Zeile ***7*** (Zeilenkopf anklicken) und aktivieren Sie das Pinsel-Symbol. Klicken Sie auf den Kopf der Zeile ***8*** - sie erhält dieselbe Breite wie die Zeile ***7***.

3. Stellen Sie für alle Spalten die *optimale* Breite ein :

Doppelklicken Sie mit der Maus auf die Linie zwischen zwei Spaltenköpfen, wird für die linke Spalte die *optimale* Breite eingestellt, d.h. die Spaltenbreite wird dem längsten Eintrag in dieser Spalte angepaßt. Probieren Sie es mit Spalte ***A*** oder ***C*** aus!

Wenn Sie zuvor *mehrere* Spalten markieren, erhalten *alle* markierten Spalten die

EXCEL ÜBUNGEN

optimale Breite! Markieren Sie daher das ganze Tabellenblatt (Klick in das Kästchen links oben) und doppelklicken Sie auf eine beliebige Linie zwischen zwei Spaltenköpfen. Für die komplette Tabelle werden die optimalen Spaltenbreiten eingestellt.

Ein Doppelklick zwischen zwei Zeilenköpfe stellt analog die optimale Zeilenhöhe für alle markieren Zeilen ein.

4. Geben Sie für die Spalten *A* und *C* ein *genaues* Maß ein :

Die Spalte ***A*** ist durch die Anpassung sehr breit geworden. Markieren Sie die Spalte, aktivieren Sie das Menü ***FORMAT*** / *SPALTE* / ***BREITE*** und wählen Sie für Spalte ***A*** die Breite **5,5**. Leider können keine ***cm*** eingegeben werden, sondern nur die Anzahl Zeichen, die in der Standardschriftart in die Zelle passen. Für Spalte ***C*** stellen Sie die Breite **18,5** ein.
Für Zeilen stehen im Menü ***FORMAT*** / *ZEILE* / ***HÖHE*** dieselben Befehle zur Verfügung. Das Maß für die Zeilenhöhe sind *Punkte* (Maß aus dem Schriftsatz, 1 Punkt = ca. 0,35 mm).

☞ Wenn Sie eine Spalte versehentlich so weit verkleinern, daß sie vom Bildschirm verschwindet, kann sie mit dem Befehl ***FORMAT*** / *SPALTE* / ***EINBLENDEN*** wieder eingeblendet werden. Wie immer muß die betreffende Spalte vor Aufruf des Befehles markiert werden. Da eine *verschwundene* Spalte nicht markiert werden *kann*, markieren Sie vor Aufruf des Befehls stattdessen die Spalten links und rechts von der verschwundenen Spalte.
Ist Spalte ***A*** verschwunden, ist auch das nicht möglich, denn links von ***A*** kann keine Spalte markiert werden. Letzter Ausweg: der Befehl ***BEARBEITEN*** / *GEHE ZU*. Geben Sie im Dialogfeld dieses Befehls eine beliebige Zelle der verschwundenen Spalte an, z.B. die Zelle ***A1***. Die Zelle wird markiert, der Befehl ***EINBLENDEN*** wirkt sich auf die gesamte Spalte aus, in der die Markierung steht.

Der Befehl ***FORMAT*** / *SPALTE* / ***AUSBLENDEN*** blendet die markierten Spalten oder Zeilen aus, setzt also die Spaltenbreite auf ***0***.

Die Befehle ***EIN-*** und ***AUSBLENDEN*** stehen auch im Menü ***FORMAT*** / *ZEILE* zur Verfügung.

FORMAT / *SPALTE* / ***STANDARDBREITE*** stellt wieder die Standardspaltenbreite ein.

EXCEL ÜBUNGEN

ÜBUNG 10

Rahmen und Linien

1. Erstellen Sie ein senkrechtes Linienraster links und rechts von jeder Spalte :

Die Zellen müssen wie gewohnt vorher markiert werden. Da die Überschrift von dem Linienraster nicht betroffen werden soll, markieren Sie von der Zelle ***A5 bis*** zum ***Tabellenende***. Entweder ziehen Sie die Markierung mit der Maus auf - oder Sie setzen einen Markierungs-Anker in die Zelle **A5** (Taste F8) und erweitern Sie die Markierung durch Eingabe der Tastenkombination [Strg]+[Ende] bis zum Tabellenende.

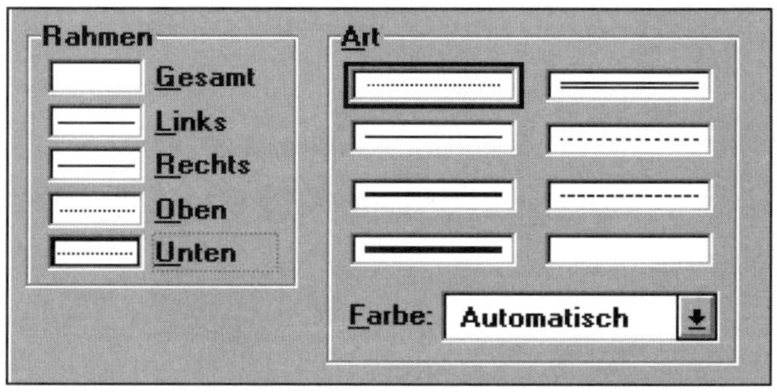

Aktivieren Sie ***FORMAT*** / *ZELLEN* / *RAHMEN*. Wählen Sie bei ***Art*** die *zweite* Strichstärke und klicken Sie anschließend ***Links*** und ***Rechts*** an. Aktivieren Sie nun die Zelle ***Oben***. Wählen Sie die *erste* Linienart und klicken Sie noch die Zelle ***Unten*** an. Bestätigen Sie. Alle Zellen in dem markierten Bereich werden links und rechts mit der dickeren, oben und unten mit der dünnen Linie versehen. (***Gesamt*** gilt nicht wie die Optionen ***Links***, ***Rechts...*** für jede einzelne Zelle innerhalb der Markierung, sondern umrahmt den *gesamten* markierten Bereich !)

2. Schalten Sie das Bildschirmraster aus :

Das Raster stellt grundsätzlich eine Arbeitserleichterung dar. Die erstellten Rahmen können Sie aber ohne Bildschirmraster besser sehen. Entfernen Sie deshalb in ***EXTRAS*** / *OPTIONEN* ***ANSICHT*** das Kreuz vor der Option ***Gitternetzlinien***.

3. Jede *zweite* horizontale Linie soll etwas dicker werden :

Wenn Sie wieder die *gesamte* Tabelle markieren, ehe Sie die dickere Linienart einstellen, werden *alle* unteren Linien dicker. Sie müssen also entweder jede zweite Linie mit Hilfe der Steuerung-Taste markieren, ehe Sie die Linien setzen, oder Sie nehmen die Einstellung für jede Linie einzeln vor. Am schnellsten geht es wahrscheinlich so :

EXCEL ÜBUNGEN

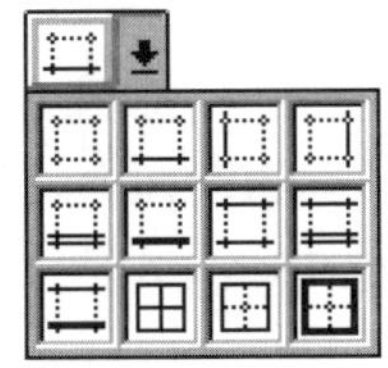

Aktivieren Sie die erste Zelle in der Zeile **6**. Setzen Sie einen Markierungs-Anker mit der Taste [F 8] und aktivieren Sie [Ende], um die Markierung bis zum Zeilenende zu erweitern. Setzen Sie den Rahmen - entweder wieder im Menü ***FORMAT*** / *ZELLEN* / *RAHMEN* (*zweite* Linienstärke, ***Unten***) oder schneller durch Auswahl des Symbols für einen unteren Rahmen im Rahmen-Listenfeld der Format-Symbolleiste. Die wichtigsten Rahmenarten stehen in diesem Listenfeld zur Auswahl.

Markieren Sie nun in der Zeile ***8*** wie zuvor von der ersten bis zur letzten Zelle. Klicken Sie diesmal einfach das Symbol zum Wiederholen des letzten Befehls an (entspricht dem Befehl ***BEARBEITEN*** / *WIEDERHOLEN*). Da Sie mit dem letzten Befehl einen unteren Rahmen setzten, wird für die aktuelle Markierung ebenfalls ein unterer Rahmen gesetzt.

Mit den Zeilen **10**, **12**, **14**, **16**, **18** verfahren Sie genauso, d.h. Sie markieren jeweils die relevanten Zellen und klicken dann das Symbol zum Wiederholen an.

☞ Hätten Sie die Zeilen jeweils *durch einen Klick auf die Zeilenköpfe* markiert (was schneller gegangen wäre), wären alle *256* Zellen jeder Zeile markiert worden - die Rahmen hätten bis zur Spalte *256* gereicht. Beim Ausdruck hätten Sie etliche Seiten erhalten, auf denen lediglich Rahmen (der hinteren Zellen) zu sehen sind.

Beachten Sie beim Markieren daher immer, ob der nachfolgende Befehl eine *sichtbare* Auswirkung auf die Zellen hat, wie das bei Rahmen der Fall ist. Stellen Sie lediglich eine andere Schriftgröße ein, können Sie unbesorgt die schnelle Methode wählen und alle *256* Zellen markieren.

4. Umrahmen Sie abschließend die ganze Tabelle von der Zelle *A5* bis zur Zelle *Ai 18* mit einem Rahmen der *Strichstärke 3* :

Markieren Sie den Bereich. Wählen Sie das Symbol im Rahmen-Listenfeld in der Symbolleiste *oder* öffnen Sie das Menü ***FORMAT*** / *ZELLEN* / *RAHMEN* und wählen Sie für die Option ***Gesamt*** die ***Strichstärke 3***. (Beim Öffnen des letztgenannten Menüs fällt auf, daß die Option ***Unten*** grau unterlegt ist: Unten. Das liegt daran, weil im markierten Bereich für einen Teil der Zellen unten die dicke und für einen Teil die dünnere Linie gewählt wurde - Excel kann daher keine eindeutige Linienstärke anzeigen.)

EXCEL ÜBUNGEN

5. So löschen Sie Linien und Rahmen wieder :

Vielleicht hat ja beim Umrahmen nicht alles geklappt und Sie möchten einige Rahmen oder Linien wieder entfernen. Markieren Sie die betreffenden Zellen und klicken Sie das erste Symbol aus dem Rahmen-Listenfeld an, um ***alle Linien zu entfernen***. Möchten Sie nicht alle, sondern ***nur bestimmte Linien entfernen***, z.B. die unteren Linien, müssen Sie das Menü *RAHMEN* aufrufen, bei ***Art*** das Feld ohne Linie wählen und anschließend die Felder anklicken, bei denen die Linien entfernt werden sollen (z.B. das Feld ***Unten***, um die unteren Linien zu entfernen).

Terminplan Projektierung

Projekt Stellwerke Vorsfelde / Dingelshausen

lfd.Nr.	Firma	Vorgang		Mo	Di	Mi	Do	
				01.05.1993	02.05.1993	03.05.1993	04.05.1993	05.0
1	*DB*	Planrevision	Soll					
	H&H	Entwurf M 1:100	Ist					
2	*DB*	Entwässerungsantrag	Soll					
	H&H	Planung	Ist					
3	*DB*	Koordinationstermine	Soll					
	H&H	Fachplaner	Ist					
4	*HLM*	CAD-Stunden	Soll					
	H&H	Planbearbeitung	Ist					
5	*H&H*	Detailvorklärung	Soll					
	Steiner	Wärmeschutznachweis	Ist					
6	*H&H*	EG-Plan M 1:50	Soll					
			Ist					

☞ ***Wenn Sie farbige Rahmen setzen möchten***, können Sie im Menü *RAHMEN* eine Farbe aus dem Listenfeld ***Farbe*** auswählen.

☞ Die Befehle ***Wiederholen*** und ***Rückgängig*** sollten Sie sich merken. Sie sparen oft viel Arbeit.

EXCEL ÜBUNGEN

ÜBUNG 11

Schraffieren

1. Unterlegen Sie die Samstage und Sonntage mit einer Schraffur :

Blättern Sie mit den Bildlaufleisten bis zur Spalte ***J*** und markieren Sie den zu unterlegenden Bereich (***J5*** - ***K18***). Aktivieren Sie ***FORMAT*** / *ZELLEN* / ***MUSTER***. Sie sehen ein Angebot verschiedener Hintergrund-Farben, mit denen die markierten Zellen unterlegt werden können.
Klappen Sie das Listenfeld ***Muster*** auf. Sie sehen diverse Schraffuren und eine Auswahl von Schraffur-Farben. Wählen Sie die ***fünfte*** Schraffur in der oberen Reihe aus und bestätigen Sie. Die markierten Zellen werden mit dieser Schraffur gefüllt. Da keine Schraffur-Farbe gewählt wurde, ist das Muster schwarz-weiß.

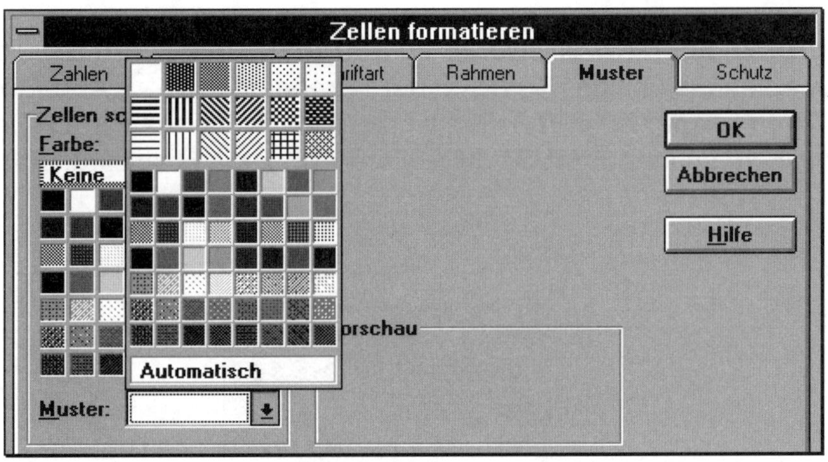

Unterlegen Sie die weiteren Sonn- und Samstage, indem Sie die entsprechenden Bereiche markieren und jeweils das Symbol  zum Wiederholen des Befehls anklicken.

☞ Wenn Sie eine ***bunte Schraffur*** haben möchten, müssen Sie im Menü ***MUSTER*** das Listenfeld ***Muster*** zweimal aktivieren und das erste Mal die Schraffur, das zweite Mal die Schraffur-Farbe auswählen.

Sie können die Farben der beiden Farbpaletten auch mischen. Angenommen Sie möchten als Gesamtwirkung die Farbe ***Orange*** erzielen, dann stellen Sie nach dem Öffnen des Menüs in der ersten Farbpalette die ***Hintergrund-Farbe Gelb*** ein, öffnen dann

EXCEL ÜBUNGEN

das Listenfeld ***Muster*** und wählen eine ***Schraffur*** aus, aktivieren das Listenfeld ***Muster*** nochmals und wählen die ***Schraffur-Farbe Rot***. Die Gesamtwirkung ist je nach Dichte des gewählten Musters ein mehr oder weniger kräftiges ***Orange***.

☞ ***Wenn Sie Zellen nur mit einer Hintergrund-Farbe unterlegen möchten***, geht es schneller, wenn Sie auf das ***Listenfeld Farbe*** in der ***Format-Symbolleiste*** zurückgreifen. Es bietet die gleiche Farbpalette wie das Menü. Probieren Sie es ruhig einmal aus, Sie können den Befehl mit dem Symbol ja anschließend wieder rückgängig machen.

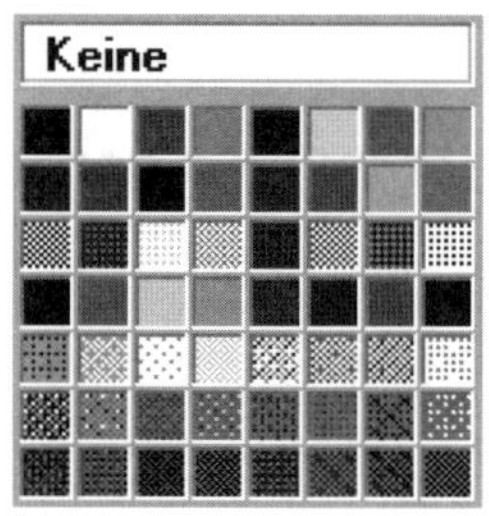

☞ ***Um Farben und Schraffuren wieder zu entfernen***, markieren Sie die betreffenden Zellen und wählen die Option ***Keine*** in der Farbpalette (obere Abb.). Möchten Sie nur die ***Schraffuren wieder zu entfernen***, wählen Sie für die markierten Zellen das ***leere Schraffuren-Feld*** im Menü ***MUSTER*** (untere Abb.), die Hintergrundfarbe bleibt dabei erhalten.

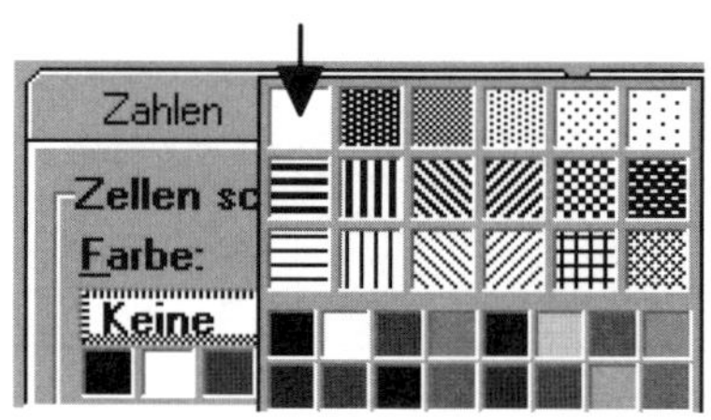

EXCEL ÜBUNGEN

ÜBUNG 12

Zellen und Zellinhalte löschen

1. Löschen Sie die *Inhalte* der Zellen *B7* und *C7*:

Markieren Sie die zu löschenden Zellen und betätigen Sie die Entfernen-Taste [Entf].

	A	B	C	D
5	lfd.Nr.	Firma	Vorgang	
6				
7	1	*DB*	Planrevision	Soll

	A	B	C	D
5	lfd.Nr.	Firma	Vorgang	
6				
7	1			Soll

Tippen Sie in die Zelle *B7* stattdessen **`HLM`** und in die Zelle *C7* den Text **`CAD-Stunden`** ein. Das Wort **`HLM`** ist automatisch wieder kursiv. Beim Betätigen der Entfernen-Taste wurde nur der Text aus der Zelle entfernt, nicht aber die Formatierung.

2. Löschen Sie *Inhalte* und *Formatierung* aus der Zelle *B10*:

Markieren Sie die Zelle und wählen Sie den Befehl ***BEARBEITEN*** / *INHALTE LÖSCHEN*. Ein Menü erscheint, in dem Sie zwischen verschiedenen Befehlen wählen können. Wählen Sie ***Alles***, um den Inhalt *und* die Formatierung zu löschen!

Alles
Formate
Formeln
Notizen

Geben Sie als neuen Text **`HLM`** ein - das Wort erscheint unformatiert, da *auch* die Formatierung der Zelle gelöscht wurde. Nachdem Rahmen und Muster ebenfalls zur Formatierung gehören, werden auch sie bei dem Vorgang entfernt - so die untere fette Linie in der Zelle ***B10***. (Die Linien, die in der Zelle noch zu sehen sind, gehören nicht zur Formatierung der Zelle, sondern sind obere, linke und rechte Linien der *Nachbarzellen*.)

	A	B
9	2	*DB*
10		*H&H*

	A	B
9	2	*DB*
10		

	A	B
9	2	*DB*
10		HLM

3. Sie können auch nur die *Formatierung* löschen:

Markieren Sie die Zelle ***B9*** und aktivieren Sie wieder den Befehl ***BEARBEITEN*** / *INHALTE LÖSCHEN*. Wählen Sie diesmal ***Formate***. Der Text **`DB`** steht nach wie vor in der Zelle, jedoch unformatiert. Auch die Rahmen wurden wieder entfernt.

EXCEL ÜBUNGEN

(Der Befehl ***Formeln*** im Menü ***BEARBEITEN*** / *INHALTE LÖSCHEN* hat dieselbe Wirkung, wie das Betätigen der Entfernen-Taste, welches erheblich schneller geht. ***Notizen*** werden im Grundkurs nicht behandelt, daher auch nicht der entsprechende Menübefehl.)

4. Löschen Sie die Zeilen *9* und *10*:

Bisher wurden immer nur die *Inhalte* von Zellen gelöscht, in die Zellen konnte anschließend wieder Text eingegeben werden. Diesmal sollen die Zellen ganz entfernt werden, nämlich alle Zellen der Zeilen ***9*** und ***10***.

Markieren Sie beide Zeilen und aktivieren Sie ***BEARBEITEN*** / *ZELLEN LÖSCHEN*. Die Zeilen werden aus der Tabelle entfernt, die anderen Zeilen rücken entsprechend auf. Markierte Spalten können mit demselben Befehl gelöscht werden.

	A	B	C	D
7	1	*HLM*	CAD-Stunden	Soll
8		*H&H*	Entwurf M 1:100	Ist
9	2	DB	Entwässerungsantrag	Soll
10		HLM	Planung	Ist
11	3	*DB*	Koordinationstermine	Soll
12		*H&H*	Fachplaner	Ist

	A	B	C	D
7	1	*HLM*	CAD-Stunden	Soll
8		*H&H*	Entwurf M 1:100	Ist
9	3	*DB*	Koordinationstermine	Soll
10		*H&H*	Fachplaner	Ist

☞ **Haben Sie** nicht ganze Zeilen bzw. Spalten, sondern nur ***einzelne Zellen* markiert**, erscheint ein Menü, in dem Sie wählen können, ob die Nachbarzellen nach links oder nach oben verschoben werden sollen oder ob die *ganze* Zeile oder Spalte gelöscht werden soll.

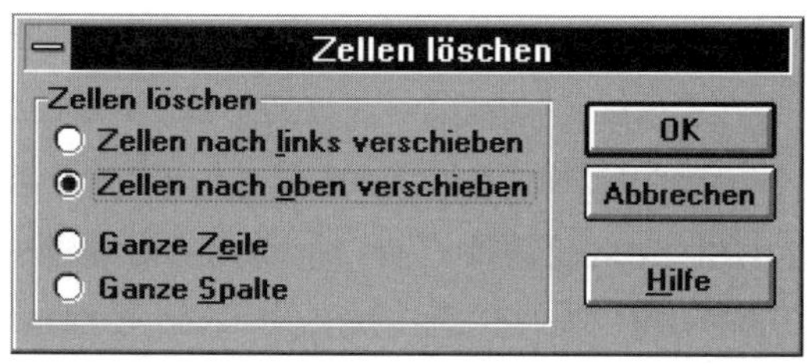

Im Beispiel unten wurde *Zellen nach oben verschieben* gewählt.

	A	B	C	D
9	3	*DB*	Koordinationstermine	Soll
10		*H&H*	Fachplaner	Ist
11	4	*HLM*	CAD-Stunden	Soll
12		*H&H*	Planbearbeitung	Ist
13	5	*H&H*	Detailvorklärung	Soll
14		*Steiner*	Wärmeschutznachweis	Ist
15	6	*H&H*	EG-Plan M 1:50	Soll
16				Ist

	A	B	C	D
9	3	*DB*	Koordinationstermine	Soll
10		*H&H*	Fachplaner	Ist
11	4	*HLM*	Detailvorklärung	Soll
12		*H&H*	Wärmeschutznachweis	Ist
13	5	*H&H*	EG-Plan M 1:50	Soll
14		*Steiner*		Ist
15	6	*H&H*		Soll
16				Ist

EXCEL ÜBUNGEN

ÜBUNG 13

Zellen einfügen

1. Vor der Zeile *13* sollen *zwei* neue Zeilen eingefügt werden :

Für das Einfügen neuer Zeilen (oder Spalten) muß jeweils ***die*** Zeile (oder Spalte) markiert werden, ***vor*** der die neue Zeile (Spalte) eingefügt werden soll. Möchten Sie mehrere Zeilen (Spalten) zugleich einfügen, markieren Sie mehrere Zeilen (Spalten)

Um vor der Zeile ***13*** zwei Zeilen einzufügen, markieren Sie die Zeilen 13 und 14. Aktivieren Sie anschließend den Befehl ***EINFÜGEN*** / *ZELLEN*.

	A	B	C	D	E	F	G	H
11	4	*HLM*	CAD-Stunden	Soll				
12		*H&H*	Planbearbeitung	Ist				
13	5	*H&H*	Detailvorklärung	Soll				
14		*Steiner*	Wärmeschutznachweis	Ist				
15	6	*H&H*	EG-Plan M 1:50	Soll				
16				Ist				

	A	B	C	D	E	F	G	H
11	4	*HLM*	CAD-Stunden	Soll				
12		*H&H*	Planbearbeitung	Ist				
13								
14								
15	5	*H&H*	Detailvorklärung	Soll				
16		*Steiner*	Wärmeschutznachweis	Ist				
17	6	*H&H*	EG-Plan M 1:50	Soll				
18				Ist				

Haben Sie nicht *ganze* Zeilen bzw. Spalten, sondern nur *einzelne Zellen* markiert, erscheint wie beim Löschen ein Menü, in dem Sie wählen können, ob die Nachbarzellen nach links (Beispiel s. untere Abb.) oder nach oben verschoben werden sollen oder ob Sie vielleicht doch die *ganze* Zeile oder Spalte löschen möchten.

	A	B	C	D	E
7	1	*HLM*	CAD-Stunden	Soll	
8		*H&H*	Entwurf M 1:100	Ist	
9	3	*DB*	Koordinationstermine	Soll	
10		*H&H*	Fachplaner	Ist	
11	4	*HLM*	CAD-Stunden	Soll	
12		*H&H*	Planbearbeitung	Ist	

	A	B	C	D	E
7	1	*HLM*	CAD-Stunden	Soll	
8		*H&H*	Entwurf M 1:100	Ist	
9	3		*DB*	Koor	Soll
10			*H&H*	Fach	Ist
11	4	*HLM*	CAD-Stunden	Soll	
12		*H&H*	Planbearbeitung	Ist	

EXCEL ÜBUNGEN

2. Machen Sie in den neuen Zeilen folgende Eingaben :

Passen Sie die laufende Numerierung in der Spalte ***A*** neu an. Am schnellsten geht es, wenn Sie die Zellen ***A11*** und ***A12*** wie in der Abbildung markieren und als Zahlenreihe mit der Autofill-Funktion nach unten erweitern. Das fehlende `Soll` und `Ist` in der Spalte ***D*** können Sie ebenso ergänzen.

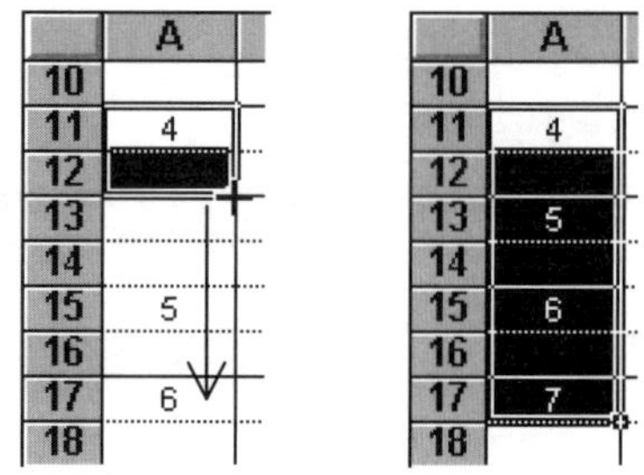

Normalerweise wird beim Einfügen von Zeilen (Spalten) jeweils die Formatierung der Zeile oberhalb (Spalte links von) der Markierung übernommen. Bezüglich der Rahmen scheint dies jedoch nicht korrekt zu funktionieren (Programmfehler?). Die fette untere Linie der Zeile ***14*** fehlt.

Markieren Sie daher die betreffenden Zellen und setzen Sie die fehlende Linie erneut (markieren Sie nicht durch einen Klick auf den Zeilenkopf, sonst erhalten alle 256 Zellen dieser Zeile einen Rahmen! Am schnellsten markieren Sie die betreffenden Zellen, indem Sie in der ersten Zelle mit *F8* einen Markierungs-Anker setzen und die Markierung mit der Ende-Taste bis zum Zeilenende erweitern).

Machen Sie in die neue Zeile schließlich noch die Eingaben wie in der Abbildung.

	A	B	C	D	E	F	G	H
13	5	*DB*	Entwässerungsantrag	Soll				
14		*DB*	Koordination	Ist				

3. Erweitern Sie die Tabelle um einige Zeilen am Ende :

Ersetzen Sie zunächst die dicke untere Abschlußlinie in der letzten Tabellenzeile durch eine dünnere Linie (Zellen der unteren Zeile markieren und das Symbol ⬚ wählen).

Nun können Sie die Tabelle wie in der unteren Abbildung auf der folgenden Seite erweitern.

Sie brauchen sich nicht die Mühe machen, alle Texte einzutippen und die umfangreichen Formatierungen für Schrift, Schraffuren und Rahmen neu zu erstellen.

EXCEL ÜBUNGEN

Erweitern Sie die Tabelle stattdessen mit der Autofill-Funktion: Markieren Sie die letzten beiden Zeilen und erweitern Sie die Tabelle mit der Autofill-Funktion zwei Zeilen nach unten. Rahmen, Muster und formatierter Text werden übernommen, die Zahlen werden weitergezählt.

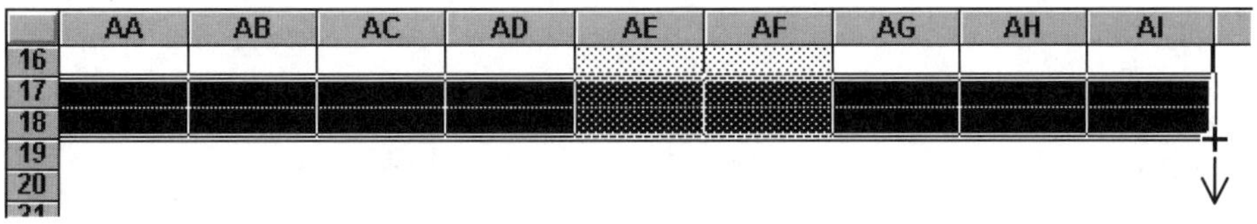

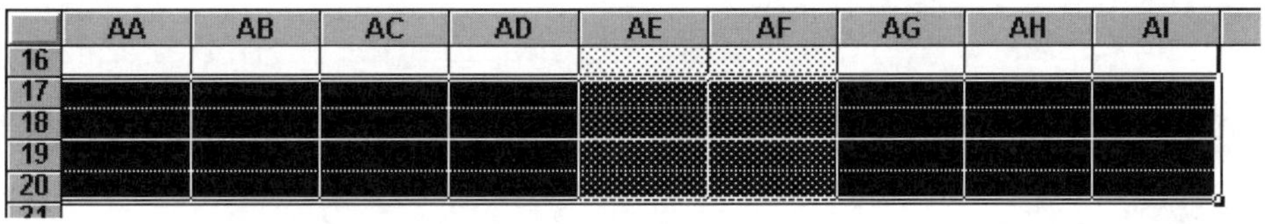

Bewegen Sie sich mit [Pos 1] an den Zeilenanfang. Ersetzen Sie den Text **`EG-Plan M 1:51`** in der Zelle ***C19*** durch den Text **`Ansicht 1`**.

Markieren Sie abermals die beiden letzten Zeilen, erweitern Sie die Tabelle mit der Autofillfunktion nochmals um 10 Zeilen nach unten und setzen Sie in der letzten Zeile wieder eine untere fette Abschlußlinie !

Terminplan Projektierung

Projekt Stellwerke Vorsfelde / Dingelshausen

lfd.Nr.	Firma	Vorgang		Mo	Di	Mi	Do
				01.05.1993	02.05.1993	03.05.1993	04.05.199
1	HLM	CAD-Stunden	Soll				
	HöH	Entwurf M 1:100	Ist				
3	DB	Koordinationstermine	Soll				
	HöH	Fachplaner	Ist				
4	HLM	CAD-Stunden	Soll				
	HöH	Planbearbeitung	Ist				
5	DB	Entwässerungsantrag	Soll				
	DB	Koordination	Ist				
6	HöH	Detailvorklärung	Soll				
	Steiner	Wärmeschutznachweis	Ist				
7	HöH	EG-Plan M 1:50	Soll				
			Ist				
8	HöH	Ansicht 1	Soll				
			Ist				
9	HöH	Ansicht 2	Soll				
			Ist				
10	HöH	Ansicht 3	Soll				
			Ist				
11	HöH	Ansicht 4	Soll				
			Ist				
12	HöH	Ansicht 5	Soll				
			Ist				
13	HöH	Ansicht 6	Soll				
			Ist				

EXCEL ÜBUNGEN

ÜBUNG 14

Zoomen, Tabelle teilen, Überschriften fixieren

1. **Die Tabelle ist inzwischen so groß geworden, daß sie unübersichtlich ist.**

In dieser Übung werden einige Hilfsmittel vorgestellt, die einen besseren Überblick verschaffen sollen.

2. **Verkleinern Sie die Tabelle :**

Aktivieren Sie das Listenfeld zum Zoomen (oder das Menü ***ANSICHT*** */ ZOOM*) und wählen Sie 25%.

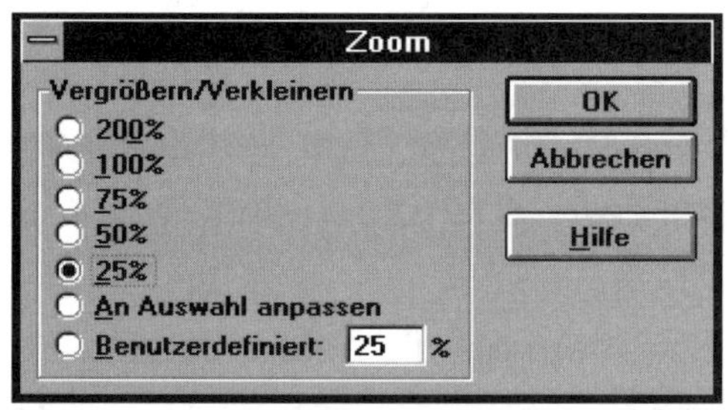

Sie können nun in der Tabelle zwar nichts mehr lesen, erhalten aber eine Übersicht über die gesamte Tabelle. Die gestrichelten Linien begrenzen jeweils die Seiten. Beim Drucken erhalten Sie also insgesamt 5 Seiten. Um die Seitenumbrüche anzuzeigen, müssen Sie in ***EXTRAS*** */ OPTIONEN / ANSICHT* die Option ***Automatischer Seitenwechsel*** aktivieren.

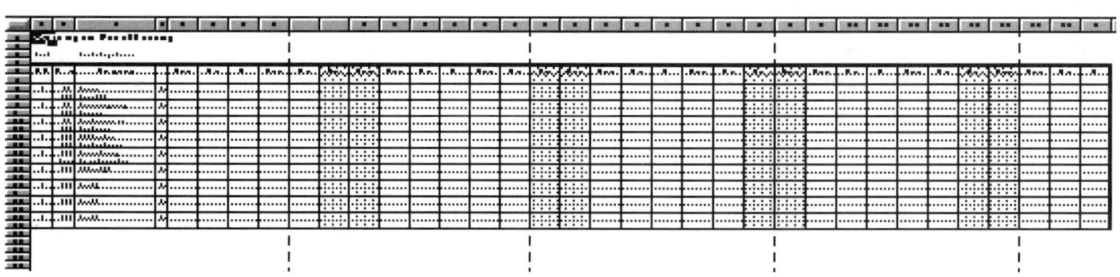

Im Feld ***Benutzerdefiniert*** des Menüs ***ANSICHT*** */ ZOOM* können Sie einen beliebigen Prozentwert für die Größe angeben. Wenn Sie im Menü die Option ***An Auswahl anpassen*** wählen (bzw. die Option ***Markierung*** im Listenfeld), wird ein zuvor markierter Bereich bildschirmfüllend dargestellt. Stellen Sie abschließend wieder 100% ein!

3. Teilen Sie die Tabelle in verschiedene Ausschnitte :

Sie können zugleich zwei oder maximal vier unterschiedliche Ausschnitte Ihrer Tabelle ansehen. Bewegen Sie die Maus in der unteren Bildlaufleiste auf den schwarzen Balken rechts neben dem rechten horizontalen Bildlaufpfeil - der Cursor verändert seine Form daraufhin in einen horizontalen Strich mit Pfeilen. Ziehen Sie ihn mit gedrückter Maustaste bis zur Bildschirmmitte nach links. Sobald Sie loslassen, erhalten Sie zwei Tabellenausschnitte. In jedem der beiden Ausschnitte können Sie einen anderen Teil der Tabelle ansehen, indem Sie jeweils mit den horizontalen Bildlaufpfeilen blättern. Wenn Sie Einträge am Beginn der Tabelle mit Einträgen am Ende der Tabelle vergleichen möchten, sparen Sie auf diese Weise das Hin- und Herblättern zwischen Tabellenbeginn und -ende. In der Abbildung wurde im rechten Ausschnitt nach rechts geblättert. Sollte Sie im linken Ausschnitt die Anzeige der Register stören, so können Sie den grauen Balken links neben dem linken Bildlaufpfeil mit der Maus ganz nach links ziehen - die Bildlaufleiste wird daraufhin dargestellt wie in der Abbildung.

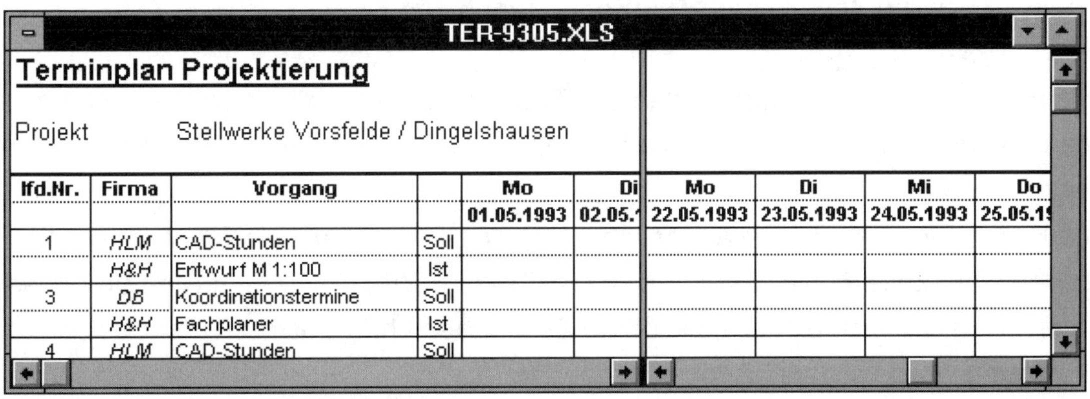

Die Unterteilung kann nachträglich mit der Maus verschoben werden, indem Sie den schwarzen Balken mit der Maus nach links oder rechts ziehen. Heben Sie die Unterteilung wieder auf, indem Sie den Balken *ganz* nach links oder rechts bewegen!

Mit dem waagrechten schwarzen Balken über dem oberen Bildlaufpfeil der vertikalen Bildlaufleiste können Sie die Tabelle *horizontal* unterteilen. Bei senk- *und* waagerechter Unterteilung erhalten Sie maximal 4 unterschiedliche Ausschnitte.

EXCEL ÜBUNGEN

☞ Die Befehle ***FENSTER** / TEILEN* und ***FENSTER** / TEILEUNG AUFHEBEN* haben die gleiche Funktion.

Eine weitere Alternative zum Teilen einer Tabelle besteht im Öffnen eines zweiten Arbeitsfensters. Da das Prinzip dasselbe ist, wie beim Öffnen eines weiteren Arbeitsfensters im Windows Datei- oder Programm-Manager (vgl. Einsteigerschulung 'PC & Windows in 1 Tag'), wird an dieser Stelle nur kurz darauf eingegangen.
Mit dem Befehl ***FENSTER** / NEUES FENSTER* kann ein weiteres Fenster der aktiven Tabelle geöffnet werden. Mit ***FENSTER** / ANORDNEN* werden beide Fenster nebeneinander am Bildschirm angeordnet. Mit Hilfe der Bildlaufleisten können Sie in den Fenstern wiederum verschiedene Ausschnitte einstellen.

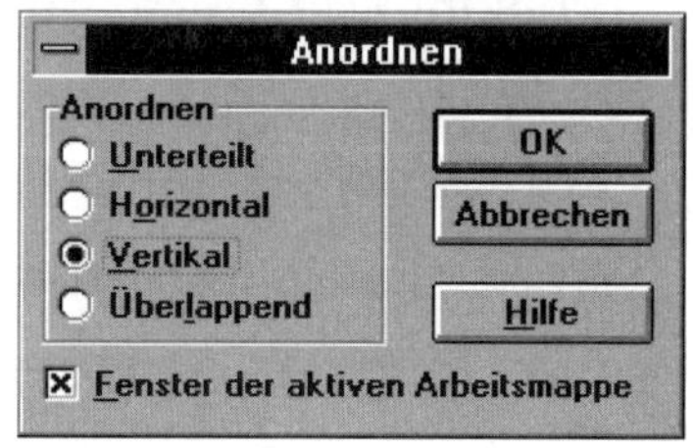

Sind mehrere Dateien geöffnet, sollten Sie die Option ***Fenster der aktiven Arbeitsmappe*** ankreuzen, damit nur die Fenster der aktuellen Datei angeordnet werden, denn der Befehl ***FENSTER** / ANORDNEN* ordnet *alle* geöffneten Dateien am Bildschirm an.

Der Befehl ***FENSTER** / AUSBLENDEN* bewirkt, daß das aktive Fenster (erkennbar an der hervorgehobenen Titelleiste) wieder ausgeblendet wird. Wenn Sie wieder mit nur einem Fenster weiterarbeiten möchten, vergrößern Sie es wieder zum Vollbild .

4. Fixieren Sie die Zeilen- oder Spaltenüberschriften :

Wenn Sie mit den Bildlaufpfeilen in der Tabelle nach unten blättern, bewegen sich auch die Uberschriften aus dem Bild heraus. Das können Sie vermeiden, indem Sie sie fixieren.
Markieren Sie dazu die Zeile *unterhalb des zu fixierenden Bereiches*, hier sinnvollerweise die Zeile **7**. Aktivieren Sie ***FENSTER** / FIXIEREN*. Wenn Sie nun mit den vertikalen Bildlaufleisten blättern, bleibt die Zeilenüberschrift trotzdem immer sichtbar (in der Abbildung wurde bis zur 'Ansicht 4' geblättert).

	A	B	C	D	E	F	G	H	I
1	Terminplan Projektierung								
2									
3	Projekt		Stellwerke Vorsfelde / Dingelshausen						
4									
5	lfd.Nr.	Firma	Vorgang		Mo	Di	Mi	Do	F
6					01.05.1993	02.05.1993	03.05.1993	04.05.1993	05.0
24				Ist					
25	11	H&H	Ansicht 4	Soll					
26				Ist					
27	12	H&H	Ansicht 5	Soll					
28				Ist					
29	13	H&H	Ansicht 6	Soll					
30				Ist					

EXCEL ÜBUNGEN

5. Heben Sie die Fixierung wieder auf :

Aktivieren Sie den Befehl ***FENSTER*** */ FIXIERUNG AUFHEBEN.*

6. Fixieren Sie die Spaltenüberschriften bis einschließlich zur Spalte *D* :

Markieren Sie die Spalte *links von der* fixiert werden soll, also die Spalte ***E*** und aktivieren Sie wieder den Befehl ***FENSTER*** */ FIXIEREN.* Wenn Sie nun horizontal in der Tabelle blättern, bleiben die fixierten Spalten immer sichtbar.

Die aktuelle Fixierung wird durch eine Linie angedeutet - diese Linie erscheint natürlich nicht auf dem Ausdruck.

7. Fixieren Sie Zeilen- und Spaltenüberschriften :

Im Beispiel ist es am sinnvollsten, Spalten- und Zeilenüberschriften zu fixieren. Hierfür markieren Sie nicht eine ganze Zeile oder Spalte, sondern nur eine *einzige* Zelle, ehe Sie den Befehl zum Fixieren aufrufen. Es werden dann die Zeilen oberhalb und die Spalten links von der aktiven Zelle fixiert.

Heben Sie zuerst die bestehende Fixierung auf - sonst ist der Befehl zum neu Fixieren nicht verfügbar - und markieren Sie die Zelle ***E7***. Aktivieren Sie den Befehl zum Fixieren. Sie können nun sowohl horizontal wie auch vertikal blättern, im ersten Fall bleiben die Spaltenüberschriften fixiert, im zweiten Fall die Zeilenüberschriften.

☞ Wenn Sie *vor* dem Fixieren in der Tabelle geblättert haben, so daß einige Zeilen oder Spalten nicht mehr am Bildschirm angezeigt werden, erscheinen diese Zeilen/Spalten auch nach dem Fixieren nicht in der Anzeige! Angenommen, Sie möchten die Spalte ***D*** fixieren und die Spalten ***A*** bis ***C*** ganz ausblenden, so blättern Sie horizontal so weit, bis die Spalten ***A*** bis ***C*** nicht mehr angezeigt werden, und fixieren anschließend die Spalte ***D***.

THEORETISCHE GRUNDLAGEN

SEITENLAYOUT UND DRUCK

Die Seitenränder :

Eine Seite wird normalerweise nicht vom linken bis zum rechten Papierrand beschrieben, die Seitenränder bleiben i.d.R. frei. Im Menü ***DATEI*** / *SEITE EINRICHTEN* können Sie einstellen, wie breit der linke, rechte, obere und untere Seitenrand sein soll. Diese Einstellungen gelten für alle Seiten der Tabelle.

Beim Eingeben der Daten ins Tabellenblatt brauchen Sie sich um die Seitenränder nicht zu kümmern - sie sind hier nicht einmal sichtbar. Sie bleiben *automatisch* unbeschrieben, der eingegebene Text wird beim Druck *automatisch zwischen* den eingestellten Rändern ausgerichtet.

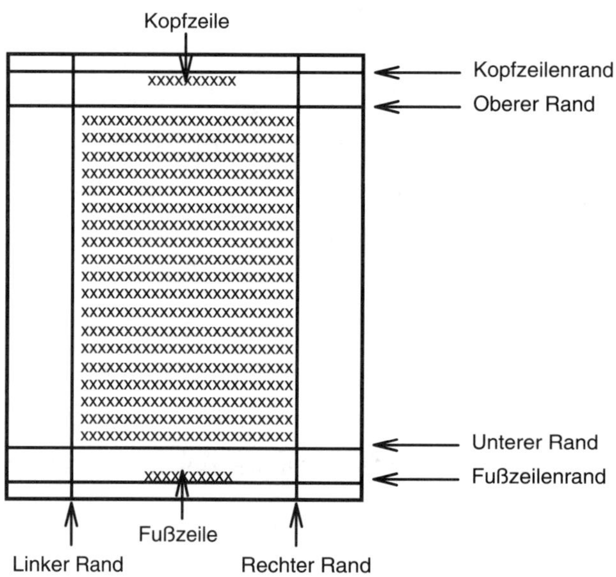

Kopf- und Fußzeile :

Unter einer ***Kopfzeile*** versteht man Text, der im 'Kopf' (oben) auf *jeder* Seite der Datei gedruckt wird. Die Kopfzeile braucht im Menü ***DATEI*** / *SEITE EINRICHTEN* nur ein *einziges* Mal angegeben werden, Sie gilt dann für alle Seiten der Datei - Sie müssen den gewünschten Text also nicht auf jeder Seite neu eintippen, das wäre bei einem mehrseitigen Dokument viel zu mühsam.

Der ***Kopfzeilenrand*** bestimmt den Abstand der Kopfzeile vom oberen Papierrand. Unter

THEORETISCHE GRUNDLAGEN

einer ***Fußzeile*** versteht man analog Text, der im 'Fuß' (unten) auf *jeder* Seite erscheint. Das Prinzip ist das gleiche wie bei der Kopfzeile.

Der ***Fußzeilenrand*** bestimmt den Abstand der Fußzeile vom unteren Papierrand.

Kopf- und Fußzeilen können auch aus mehreren Zeilen bestehen.

Excel erstellt für jede Datei automatisch eine Kopfzeile mit dem Namen des Arbeitsblattes und eine Fußzeile mit der laufenden Seitennummer. Selbstverständlich können Sie beide variieren oder löschen.

Kopf- und Fußzeilen sind - wie die Seitenränder - im normalen Tabellenblatt nicht sichtbar.
Sie können sich aber in der ***Seitenansicht*** ansehen, wie die Tabelle später gedruckt wird. Hier sind auch die Kopf- und Fußzeilen sowie die Seitenränder sichtbar.

Was gehört noch zum Seitenlayout ?

Im Seitenlayout können Sie u.a. das Papierformat (z.B. DIN A4) und die Ausrichtung der Seite (Hoch- oder Querformat) einstellen. Sie können bestimmen, mit welcher Zahl die laufende Seitennumerierung beginnen soll und ob die Gitternetzlinien und die Zeilen- und Spaltenköpfe im Druck erscheinen sollen.

Für den Druck von Gitternetzlinien und Zeilen- und Spaltenköpfen ist *allein* die Einstellung im Menü ***DATEI*** / *SEITE EINRICHTEN* ausschlaggebend und nicht etwa, ob Sie diese mit dem Befehl ***EXTRAS*** / *OPTIONEN* / ***ANSICHT*** am Bildschirm ein- oder ausgeblendet wurden.

Weiterhin können Sie einen ***Drucktitel*** einstellen. Ein Drucktitel erscheint wie eine Kopf- oder Fußzeile auf jeder ausgedruckten Seite, ist im Gegensatz zu Kopf- oder Fußzeilen jedoch ein Bestandteil der Tabelle. So, wie Sie Überschriften der Tabelle am Bildschirm fixieren können, so daß diese immer zu sehen sind, können Sie auch bestimmen, daß bestimmte Überschriften (Drucktitel) auf jeder Druckseite abgebildet werden.

EXCEL ÜBUNGEN

ÜBUNG 15

Die Seitenansicht

1. Rufen Sie die Seitenansicht auf,

um zu kontrollieren, wie das Druckbild der Tabelle aussehen wird. Aktivieren Sie das Symbol [Seitenansicht-Symbol] (oder den Befehl ***DATEI / SEITENANSICHT***). Die erste Seite wird angezeigt. Oberhalb der Tabelle sehen Sie auf jeder Seite den Dateinamen, unten die laufende Seitennumerierung. Diese Kopf- und Fußzeilen werden automatisch eingefügt. Wie Sie sie ändern oder löschen können, erfahren Sie etwas später.

2. Vergrößern Sie einen Ausschnitt :

Der Mauszeiger hat die Form einer Lupe angenommen. Wenn Sie ihn auf eine beliebige Stelle bewegen und einmal die linke Maustaste betätigen, wird diese Stelle vergrößert dargestellt (Alternative: Klick auf die Schaltfläche ***ZOOM*** in der Menüleiste). Mit Hilfe der Bildlaufleisten kann der Ausschnitt verschoben werden.
Ein nochmaliger Mausklick in das Bild (oder ein Klick auf ***ZOOM***) verkleinert den Ausschnitt wieder.

3. So blättern Sie in der Seitenansicht :

Wenn Sie die Schaltfläche ***WEITER*** anklicken (oder die Taste [Bild ↓]) betätigen, blättern Sie eine Seite weiter. Mit der Schaltfläche ***VORHER*** (oder mit der Taste [Bild ↑]) blättern Sie eine Seite zurück.

Sie können auch mit den Bildlaufleisten blättern. Bewegen Sie den Schieberegler ganz nach unten, wird die letzte Seite der Tabelle angezeigt, bewegen Sie ihn ganz nach oben, so sehen Sie die erste Seite.

4. Verändern Sie die Seitenränder :

Blenden Sie die Seitenränder mit der Schaltfläche ***RÄNDER*** ein. Bewegen Sie die Maus auf einen Seitenrand - der Cursor verändert seine Form in ein Kreuz mit zwei Pfeilen - und verschieben Sie den Rand mit gedrückter Maustaste.

EXCEL ÜBUNGEN

5. Die Schaltflächen *LAYOUT* und *DRUCKEN*

werden in den nachfolgenden Kapiteln näher erläutert. ***LAYOUT*** ruft das Menü ***DATEI*** / *SEITE EINRICHTEN* auf - hier können weitere Einstellungen bzgl. des Druckbildes vorgenommen werden - ***DRUCKEN*** ruft das Menü ***DATEI*** / *DRUCKEN* auf - hier können Einstellungen für den Druck vorgenommen und der Ausdruck ausgelöst werden.

6. Beenden Sie die Seitenansicht wieder :

Aktivieren Sie die Schaltfläche ***SCHLIESSEN*** oder betätigen Sie die Abbruchtaste [Esc].

ÜBUNG 16

Das Seitenlayout

1. Rufen Sie das Menü für das Seitenlayout auf :

Aktivieren Sie das Menü ***DATEI*** / *SEITE EINRICHTEN*, Kategorie ***Seite*** :

2. Stellen Sie für die Seite das Papierformat Querformat, Din A4 ein :

Klicken Sie die Option ***Querformat*** an. Die ***Papiergröße A4*** ist bereits voreingestellt, in

EXCEL ÜBUNGEN

diesem Feld können bei Bedarf auch andere Papiergrößen gewählt werden - sofern Ihr Drucker in der Lage ist, andere Formate als A4 zu bedrucken.

Im Listenfeld ***Druckqualität*** kann die Qualität des Ausdrucks bestimmt werden. Bei niedriger Druckqualität wird der Druckvorgang beschleunigt, mit einem Tintenstrahldrucker zudem Tinte gespart, doch der Ausdruck sieht natürlich nicht so schön aus wie bei hoher Druckqualität.

Im Feld ***Erste Seitenzahl*** kann bestimmt werden, mit welcher Ziffer die laufende Seitennumerierung beginnen soll - sofern in der Kopf- oder Fußzeile eine Seitennumerierung eingefügt wurde (die Bearbeitung von Kopf- und Fußzeilen folgt noch).
Der Standardeintrag ***Automatisch*** läßt die Seitennumerierung mit der Ziffer ***1*** beginnen. Wünschen Sie eine andere Startzahl, müssen Sie diesen Eintrag löschen und die gewünschte Ziffer eintippen.

Bestätigen Sie die Einstellungen des Dialogfensters. Sehen Sie sich das Ergebnis in der Seitenansicht an und blättern Sie bis zur letzten Seite weiter. Auf der letzten Seite ist nur noch ein Teil der Seite bedruckt.

3. Verkleinern Sie die Tabelle so weit, daß sie auf zwei Seiten paßt :

Aktivieren Sie nochmals das Menü *SEITE EINRICHTEN* - Sie können es durch Anklicken der Schaltfläche LAYOUT aufrufen, wenn Sie sich noch in der Seitenansicht befinden - und wählen Sie im Feld ***Skalierung*** der Kategorie *Seite* die Option ***Anpassen***. Stellen Sie ***2*** Seiten breit ein (Sie können den bestehenden Wert entweder durch Anklicken der Pfeile verändern oder den Wert markieren und mit einer *2* überschreiben).

Bestätigen Sie und kontrollieren Sie das Ergebnis in der Seitenansicht, blättern Sie wieder bis zur letzten Seite weiter. Wenn Sie wieder die Originalgröße haben möchten, müssen Sie im Menü bei ***Verkleinern/Vergrößern*** wieder 100% einstellen (jedes andere Maß ist natürlich auch möglich).

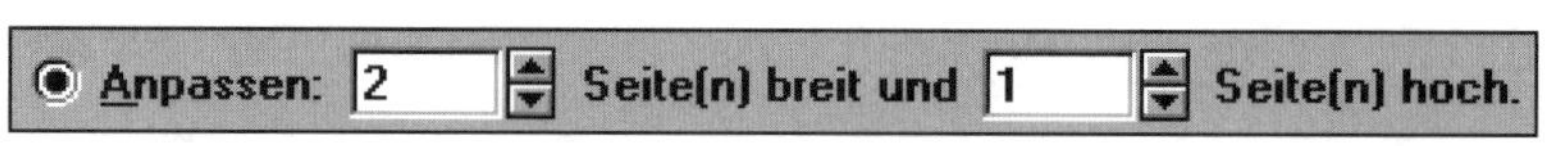

EXCEL ÜBUNGEN

4. Richten Sie die Tabelle mittig zwischen linkem und rechtem Seitenrand aus :

Wählen Sie im Menü ***SEITE EINRICHTEN*** die Kategorie ***Ränder***. Stellen Sie die Seitenränder wie in der Abbildung ein und wählen Sie bei Zentrierung ***Horizontal***. Das bewirkt, daß die Tabelle auf jeder Seite horizontal zwischen den eingestellten Seitenrändern (das muß nicht mittig zwischen den Papierrändern sein, falls die Seitenränder nicht die gleiche Breite haben!) zentriert wird. Kontrollieren Sie wieder das Ergebnis.

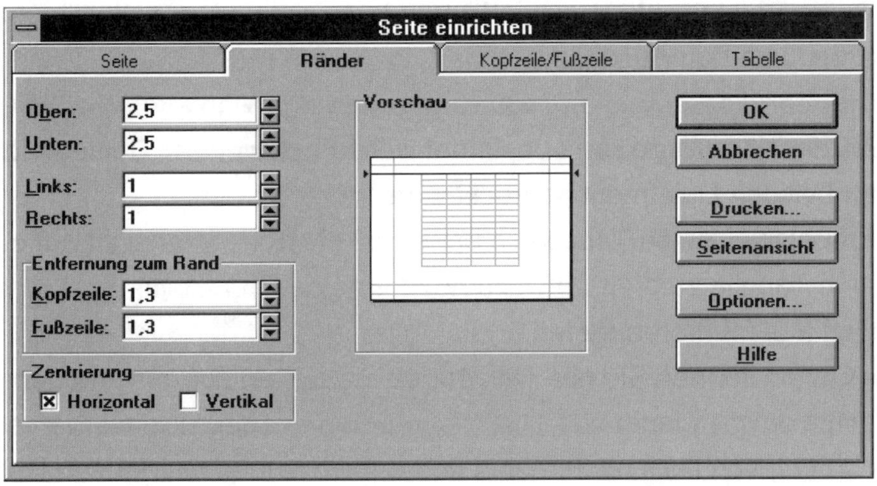

5. Die Optionen der Kategorie *Tabelle* :

Mit der Option ***Gitternetzlinien*** können Sie bestimmen, ob diese im Druck erscheinen sollen oder nicht. Als Sie die Gitternetzlinien vom Bildschirm entfernt haben, hat Excel

automatisch auch das Kreuz vor dieser Option im Menü ***SEITE*** / *EINRICHTEN* gelöscht.

Die Option ***Zeilen- und Spaltenköpfe*** in dem Dialogfenster blendet ähnlich wie die Option ***Gitternetzlinien*** die Zeilen- und Spaltenköpfe für den Druck ein und aus.

Die Option ***Schwarzweißdruck*** bewirkt, daß farbige Bildschirmseiten in ein schwarzweißes Bild (leider ohne Graustufen!) umgesetzt werden.

Die Option ***Entwurfsqualität*** schließlich unterdrückt beim Druck alle Grafiken und beschleunigt dadurch den Ausdruck.

Bei der ***Seitenreihenfolge*** kann bestimmt werden, in welcher Reihenfolge die Seiten bei einem mehrseitigen Dokument gedruckt werden.
In unserem Beispiel ist die Tabelle so breit, daß sie horizontal nicht auf eine einzige Seite paßt. Ist eine Tabelle zu breit *und* zu hoch für eine Druckseite, besteht sie horizontal *und* vertikal aus mehreren Seiten.
Mit dieser Option können Sie nun wählen, ob die Seiten zuerst von oben nach unten und danach rechts davon wieder von oben nach unten ausgedruckt werden sollen, oder ob die Seiten zuerst von links nach rechts und dann darunter wieder von links nach rechts gedruckt werden sollen.

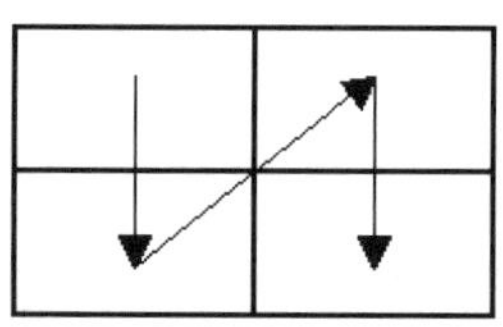

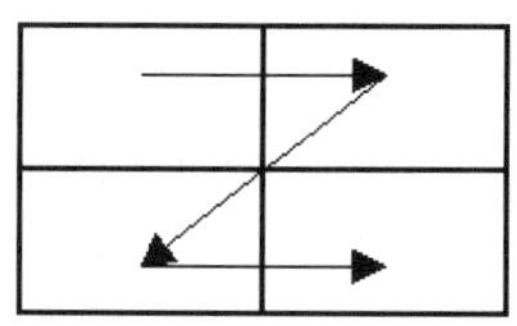

Die Optionen ***Drucktitel*** und ***Druckbereich*** werden in einem späteren Kapitel gesondert behandelt, die Option ***Notizen*** ist Thema des Fortgeschrittenenkurses.

Mit den Schaltflächen ***DRUCKEN*** und ***SEITENANSICHT*** im Menü ***DATEI*** / *SEITE EINRICHTEN* gelangen Sie in die entsprechenden Menüs, die mit den Befehlen ***DATEI*** / *DRUCKEN* bzw. ***DATEI*** / *SEITENANSICHT* auch direkt aufgerufen werden können.
Die Schaltfläche ***OPTIONEN*** aktiviert ein Dialogfenster, in dem Einstellungen für den Drucker getroffen werden können, die angebotenen Optionen sind druckerspezifisch und können dem Druckerhandbuch entnommen werden.

EXCEL ÜBUNGEN

ÜBUNG 17

Kopf- und Fußzeilen

1. Gestalten Sie die Kopfzeile :

Aktivieren Sie im Menü ***DATEI*** */ SEITE EINRICHTEN* die Kategorie ***KOPFZEILE / FUSSZEILE***. Sie sehen im Dialogfenster die Einträge, die Excel automatisch für Kopf und Fuß erstellt hat: ***Tabelle1*** für den Kopf, für den Fuß den Text ***Seite*** gefolgt von der laufenden Seitennumerierung.

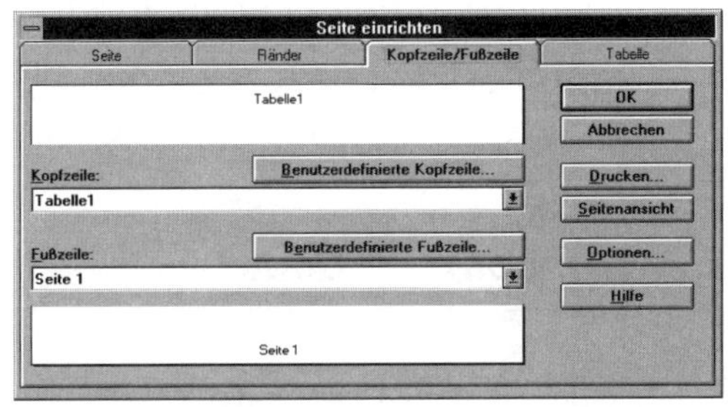

Wenn Sie die Listenfelder aufklappen, stellt Excel noch eine weitere Auswahl solcher Standardeinträge zur Verfügung. Wir möchten die Kopfzeile im folgenden aber lieber individuell gestalten. Aktivieren Sie deshalb die Schaltfläche ***Benutzerdefinierte Kopfzeile***. Folgendes Fenster erscheint :

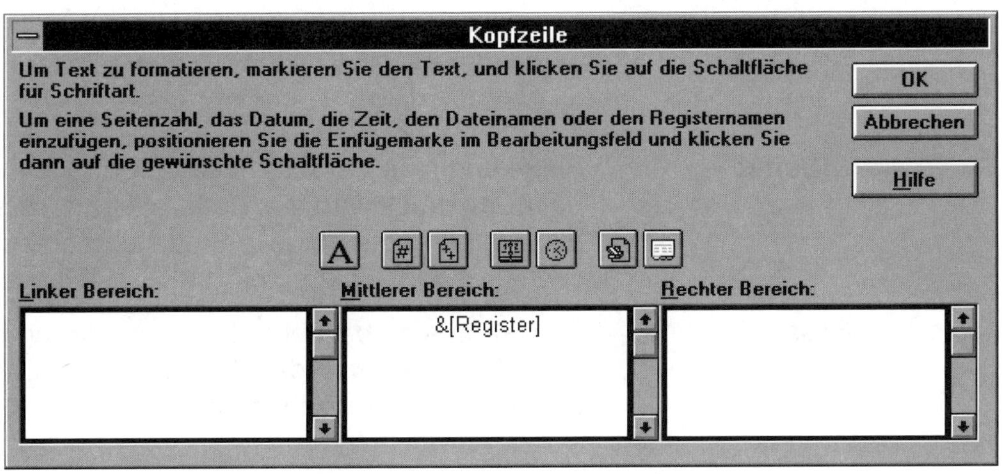

Sie sehen drei Bereiche, in die Text und/oder Codes eingegeben werden können. Der Text im linken Bereich wird links oben auf jeder Seite gedruckt, der Text im mittleren und rechten Bereich in der Mitte bzw. rechts oben auf jeder Seite.

Im mittleren Bereich hat Excel bereits den Code **&[Register]** eingefügt. Was die einzelnen Codes bedeuten, erfahren Sie auf der nächsten Seite.

EXCEL ÜBUNGEN

Codes können eingetippt werden oder durch Anklicken des zugehörigen Symbols an der Cursorposition in einen der Bereiche eingefügt werden.

Beim Druck wird nicht der Code selbst gedruckt, sondern er wird je nach Bedeutung ersetzt :
Anstelle des o.g. Codes **&[Register]** wird z.B. der Register-Name gedruckt, andere Codes werden beim Druck durch den Dateinamen, die aktuelle Seitenzahl oder das aktuelle Datum ersetzt usw. Folgende Symbole und zugehörige Codes stehen zur Verfügung :

Symbol	*Code*	*Wirkung beim Ausdruck*
	**&[Datei]**	wird durch den Dateinamen ersetzt
	**&[Register]**	wird durch den Registernamen ersetzt
	**&[Datum]**	wird durch das aktuelle Datum ersetzt
	**&[Zeit]**	wird durch die aktuelle Uhrzeit ersetzt
	**&[Seiten]**	wird durch die Gesamtanzahl Seiten ersetzt
	**&[Seite]**	wird auf jeder Seite durch die aktuelle Seitenzahl ersetzt
	&[Seite] + x	für x kann eine beliebige Zahl angegeben werden, beim Ausdruck wird der Code auf jeder Seite durch die um x erhöhte aktuelle Seitenzahl ersetzt
	&[Seite] - x	für x kann eine beliebige Zahl angegeben werden, beim Ausdruck wird der Code auf jeder Seite durch die aktuelle Seitenzahl ersetzt
	&&	druckt ein Kaufmanns-Und (&)

Das Symbol  fügt keinen Code ein, sondern öffnet ein Menü zum Formatieren der zuvor markierten Zeichen - die Befehle und Symbole zum Formatieren aus der Menü- und der Symbolleiste sind bei der Arbeit innerhalb eines Dialogfeldes nicht aktivierbar.

EXCEL ÜBUNGEN

2. Machen Sie im linken Bereich die Eingaben wie in der Abbildung :

Setzen Sie den Cursor in den 'linken Bereich' und tippen Sie **`Datei`**: und ein Leerzeichen ein. Klicken Sie das Symbol zum Drucken des Dateinamens an - der entsprechende Code wird eingefügt. Auf der ausgedruckten Seite wird später stehen: **`Datei: TER-9305`**.

Erzeugen Sie einen Zeilenumbruch, indem Sie [↵] betätigen. Geben Sie in die neue Zeile **`Anzahl Seiten:`** und ein Leerzeichen ein. Klicken Sie das Symbol zum Drucken der Gesamtseitenanzahl an.

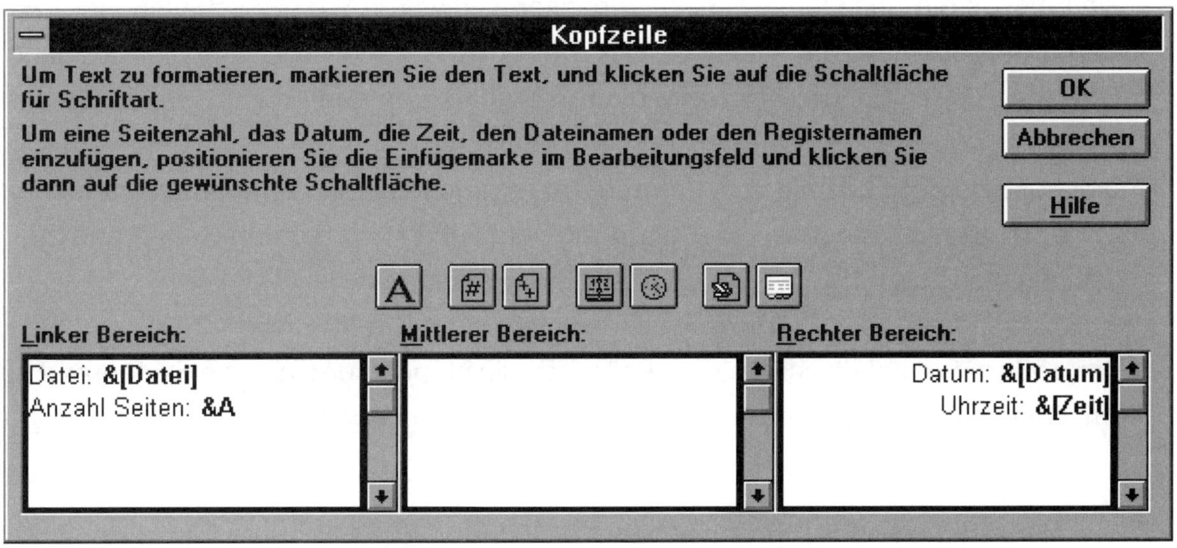

Löschen Sie den Eintrag im mittleren Bereich, dort soll im Ausdruck nichts stehen (markieren und die Entfernen-Taste betätigen).

Setzen Sie den Cursor in den rechten Bereich und fügen Sie Texte und Codes wie in der Abbildung ein. In die nächste Zeile kommen Sie wieder durch Betätigen von Return. Beim Ausdruck werden die Codes immer durch das dann aktuelle Datum und die dann aktuelle Uhrzeit ersetzt.

3. Formatieren Sie alle Codes mit Fettschrift :

Markieren Sie den ersten Code **&[Datei]**und wählen Sie das Symbol [A] zum Formatie-

EXCEL ÜBUNGEN

ren. Wählen Sie im Dialogfenster den Schriftstil Fettschrift und bestätigen Sie. Verfahren Sie ebenso mit den weiteren Codes.

4. Sehen Sie sich das Ergebnis in der Seitenansicht an :

Bestätigen Sie das Dialogfenster und rufen Sie die Seitenansicht auf. Blättern Sie auch zur zweiten Seite weiter. Vergrößern Sie die Ansicht ggf., um Kopf und Fuß gut erkennen zu können.

5. Verändern Sie den Abstand der Kopfzeile vom oberen Papierrand :

Sie müssen die Seitenansicht nicht verlassen, aktivieren Sie die Schaltfläche ***LAYOUT***, es aktiviert ebenfalls das Menü *SEITE EINRICHTEN*. Aktivieren Sie die Kategorie ***RÄNDER*** und tippen Sie bei ***Kopfzeile*** die Entfernung zum oberen Papierrand ***0,8 cm*** ein.

Der Abstand der Fußzeile vom unteren Papierrand kann hier ebenfalls verändert werden. Leider ist es nicht möglich, die Entfernung vom linken und rechten Seitenrand zu beeinflussen.

Vergrößern Sie bei dieser Gelegenheit auch gleich noch den oberen Seitenrand auf 4,0 cm. Sobald Sie bestätigen, sehen Sie das Ergebnis in der Seitenansicht.

☞ Die Fußzeile kann genauso gestaltet werden wie die Kopfzeile. Es stehen die gleichen Dialogfenster, Codes und Symbole zur Verfügung.

☞ Kopf-/Fußzeilen über die gesamte Seitenbreite können Sie folgendermaßen erstellen:

Setzen Sie den Cursor in den linken Bereich und schreiben Sie einfach immer weiter (ohne die Return-Taste zu betätigen) bis der Text in die nächste Zeile umgebrochen wird. Der eingegebene Text, der über die Breite des linken Bereiches hinausgeht, überschreibt dann den mittleren und rechten Bereich.

Geben Sie Text auf dieselbe Weise im mittleren Bereich ein, haben Sie denselben Effekt, doch der Text ist dann nicht linksbündig sondern mittig im Kopf ausgerichtet.

EXCEL ÜBUNGEN

ÜBUNG 18

Drucken

1. Drucken Sie die Tabelle :

Wenn Sie noch in der Seitenansicht sind, können Sie gleich die Schaltfläche ***DRUCKEN*** aktivieren, haben Sie die Seitenansicht bereits verlassen, wählen Sie den Befehl ***DATEI / DRUCKEN***. In beiden Fällen öffnet sich folgendes Dialogfenster :

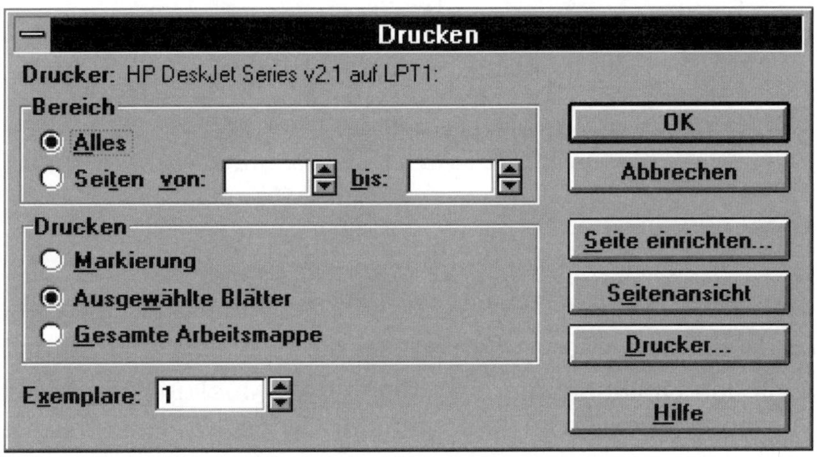

Bei *Bereich* können Sie wählen, ob Sie alle Seiten (Option ***Alles***) oder nur einige Seiten drucken möchten, die bei ***Seiten von bis*** angegeben werden können.

Wenn Sie mit mehreren Registern arbeiten, können Sie bei *Drucken* bestimmen, ob die ***Gesamte Arbeitsmappe***, also alle Register der Arbeitsmappe oder nur ***Ausgewählte Blätter***, also bestimmte Register, gedruckt werden sollen. Voreinstellung ist das letztere, es wird dann das derzeit aktive Arbeitsblatt gedruckt. Da Sie im Grundkurs nur mit einem Register arbeiten, ist diese Option für Sie jedoch irrelevant.

Haben Sie einige Zellen der Tabelle markiert und wählen im Menü die Option ***Nur Markierung***, so werden nur die zuvor markierten Zellen ausgedruckt.

Bei ***Exemplare*** schließlich können Sie die Anzahl der gewünschten Exemplare eintragen.

EXCEL ÜBUNGEN

Da die komplette Tabelle ausgedruckt werden soll, können Sie alle Optionen so lassen. Bestätigen Sie das Dialogfeld, um den Druck zu starten. Falls Sie vergessen haben, Ihren Drucker einzuschalten, oder der Drucker auf *Offline* geschaltet ist, erhalten Sie von Excel eine entsprechende Fehlermeldung.

Sie haben während des Druckens noch die Möglichkeit, den Ausdruck wieder abzubrechen, indem Sie die Schaltfläche ***ABBRECHEN*** anklicken.

Alternativ zum Befehl ***DATEI*** / *DRUCKEN* können Sie auch das Symbol zum Drucken anklicken. Wählen Sie dieses Symbol, wird das Dialogfenster *nicht* geöffnet, sondern es wird mit den Optionen gedruckt, die in der aktuellen Arbeitssitzung dort zuletzt eingestellt wurden. Sofern Sie im Dialogfenster *DRUCKEN* noch keine Einstellungen vorgenommen haben, werden alle Seiten der Datei ausgedruckt.

Mit Schaltflächen ***SEITE EINRICHTEN*** und ***SEITENANSICHT*** im Dialogfenster *DRUCKEN* können Sie die entsprechenden Menüs aufrufen.

Die Schaltfläche ***DRUCKER*** aktiviert die Druckereinrichtung. Dort können Sie in einem Dialogfenster einen Druckertreiber auswählen und bestimmte Eigenschaften für den Drucker einstellen, z.B. einen Papierschacht wählen, die Auflösung bestimmen, wenn Sie einen Farbdrucker haben, zwischen Schwarzweiß- und Farbdruck wählen usw. Da die Optionen dieses Dialogfensters je nach angeschlossenem Drucker variieren, müssen Sie detaillierte Informationen Ihrem Druckerhandbuch entnehmen.

Möchten Sie bestimmte Zeilen oder Spalten nicht mit ausdrucken, können Sie diese vor dem Ausdruck aus- und danach wieder einblenden.

EXCEL ÜBUNGEN

ÜBUNG 19

Drucktitel und Druckbereich

1. Legen Sie einen Druckbereich fest :

Sie müssen nicht immer die komplette Tabelle ausdrucken, Sie können auch einen Bereich auswählen, der gedruckt werden soll.

Aktivieren Sie im Menü ***DATEI*** / *SEITE EINRICHTEN* die Kategorie ***TABELLE***. Setzen Sie den Cursor in das Feld ***Druckbereich*** (hineinklicken). Nun können Sie in der Tabelle die Zellen markieren, die gedruckt werden sollen :

Dazu schieben Sie zweckmäßigerweise zunächst das Dialogfenster wie in der Abbildung möglichst weit nach unten (mit der Maus in die Titelleiste des Fensters zeigen und mit gedrückter Maustaste nach unten ziehen), damit Sie einen Überblick über die Tabelle haben. Zuvor müssen Sie in der Tabelle ggf. mit den Bildlaufleisten blättern, um den richtigen Bereich anzeigen zu lassen!

Markieren Sie den Bereich ***A5*** bis ***K30***. Die Zellen werden bei der Markierung des Druckbereiches nicht invers angezeigt sondern durch einen gestrichelten Rahmen gekennzeichnet. Im Dialogfeld wird der markierte Bereich ***A5 : K30*** eingetragen. Lassen Sie sich nicht durch die Dollarzeichen irritieren, die Excel automatisch eingefügt.

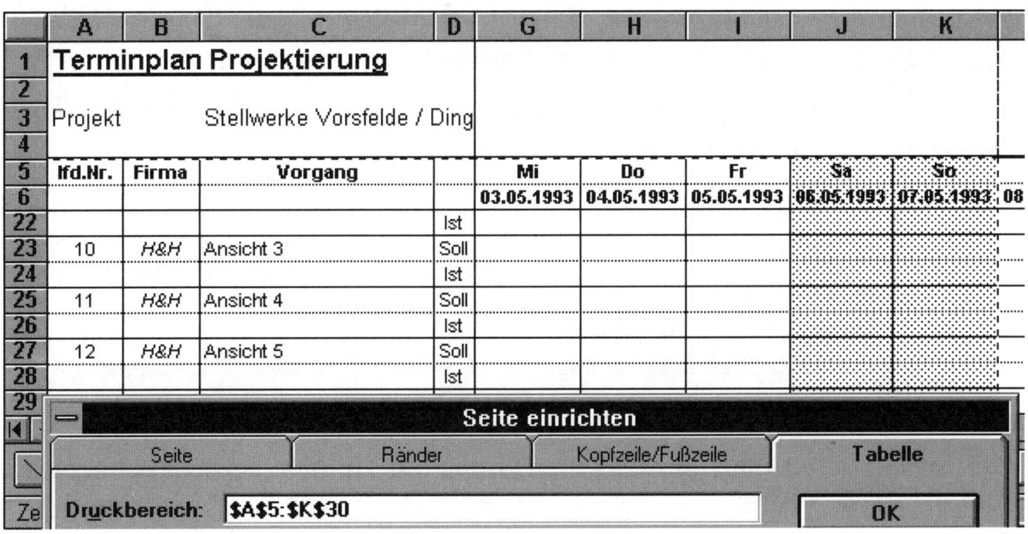

EXCEL ÜBUNGEN

Sie können den Druckbereich durch eine erneute Markierung jederzeit ändern - die neuen Werte werden sofort in das Dialogfeld eingetragen.

Bestätigen Sie, und sehen Sie sich das Ergebnis in der Seitenansicht an. Es erscheinen nur noch die zuvor markierten Zellen auf dem Ausdruck.

2. Heben Sie den Druckbereich wieder auf :

Aktivieren Sie nochmals das Menü und löschen Sie den Eintrag im Feld Druckbereich wieder (markieren und die Entfernen-Taste betätigen).

☞ ***Auch nicht zusammenhängende Bereiche können als Druckbereich festgelegt werden.*** Hierfür müssen Sie mehrere Markierungen festlegen. Da eine neue Markierung normalerweise die alte Markierung wieder aufhebt, müssen Sie während des Festlegens der neuen Markierung die Steuerung-Taste gedrückt halten - Sie erinnern sich, diese Taste bewirkt, daß die vorherige Markierung jeweils bestehen bleibt.

Im Dialogfeld werden die unterschiedlichen Markierungen durch Semikola getrennt, im Ausdruck erscheint jeder markierte Bereich auf einer separaten Seite.

3. Legen Sie die Spalten A-D als Drucktitel fest :

So, wie bestimmte Zeilen- oder Spaltenüberschriften am Bildschirm fixiert werden können, können Sie auch festlegen, daß bestimmte Zeilen oder Spalten auf jeder Seite des Ausdrucks erscheinen sollen.

Aktivieren Sie wieder die Kategorie ***TABELLE*** im Menü ***DATEI*** / *SEITE EINRICHTEN* und setzen Sie den Cursor in das Feld ***Wiederholungsspalten***. Schieben Sie das Dialogfenster ggf. wieder etwas zur Seite und markieren Sie die Spalten ***A - D*** (die *ganzen* Spalten, also die Spaltenköpfe markieren!).

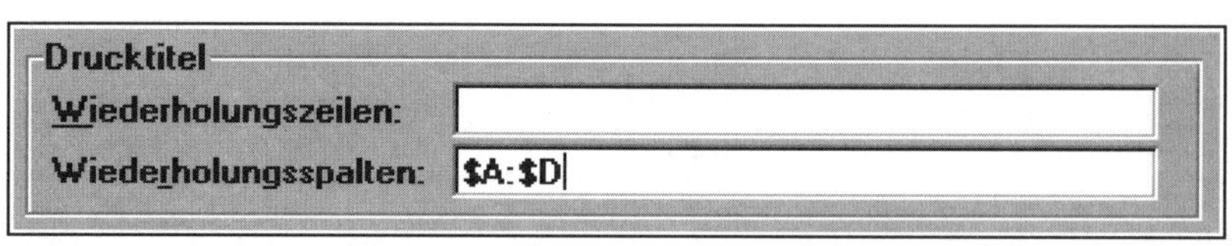

Die Wiederholungsspalten, die im folgenden auf jeder Seite erscheinen werden, nehmen natürlich zusätzlichen Platz in Anspruch. Damit die Tabelle nicht zu winzig wird, sollten

EXCEL ÜBUNGEN

Sie die Option ***Anpassen*** auf ***2 Seiten*** wieder ausschalten, indem Sie bei ***Verkleinern/Vergrößern*** wieder ***100%*** wählen (Kategorie ***SEITE***).

Bestätigen Sie abschließend das Dialogfenster und blättern Sie in der Seitenansicht von der ersten bis zur letzten Seite. Die markierten Spalten werden auf *jeder* Seite angezeigt (vorher nur auf der ersten Seite).

Aufheben können Sie einen Drucktitel wieder, indem Sie den Befehl nochmals aufrufen und den Eintrag im Dialogfenster wieder entfernen.

☞ ***Wiederholungszeilen*** sind Zeilen, die auf jeder Seite erscheinen. Sinn macht das natürlich nur in einer Tabelle, die *vertikal* nicht auf eine Seite paßt, was bei dieser Tabelle nicht der Fall ist

Genauso machen ***Wiederholungsspalten*** nur Sinn bei einer Tabelle, die *horizontal* aus *mehreren* Seiten besteht - hätten Sie horizontal nur *eine* Seite, würden die Spalten ohnehin, also auch ohne Festlegung von Wiederholungsspalten, auf dieser ersten und einzigen Seite gedruckt.

4. Tragen Sie noch einige Termine in den Terminplan ein :

Sie planen für den 2. Mai 5 und für den 3. Mai 6 CAD-Stunden ein. Tragen Sie daher in die Zelle ***F11*** eine **5** und in die Zelle ***G11*** eine **6** ein. Zentrieren Sie beide Zahlen. Am 1.5. haben Sie einen Termin bei der Firma DB. Tragen Sie in die Zelle ***E9*** den Text **bei DB** und in die Zelle ***E10*** den Text **14.00 Uhr** ein. Zentrieren Sie die Zellen. Für die Tage vom 3.5. - 5.5. planen Sie den Entwässerungsantrag ein. Schraffieren Sie daher die Zellen ***G13*** bis ***I13*** mit dem senkrechten Muster aus dem Menü ***FORMAT*** / *ZELLEN* / ***MUSTER***.

Terminplan Projektierung

Projekt Stellwerke Vorsfelde / Dingelshausen

lfd.Nr.	Firma	Vorgang		Mo	Di	Mi	Do	Fr
				01.05.1993	02.05.1993	03.05.1993	04.05.1993	05.05.1993
1	*HLM*	CAD-Stunden	Soll					
	H&H	Entwurf M 1:100	Ist					
3	*DB*	Koordinationstermine	Soll	bei DB				
	H&H	Fachplaner	Ist	14.00 Uhr				
4	*HLM*	CAD-Stunden	Soll		5	6		
	H&H	Planbearbeitung	Ist					
5	*DB*	Entwässerungsantrag	Soll					
	DB	Koordination	Ist					

Datei: **EXCEL-20.XLS**
Anzahl Seiten: **3**

Datum: **16.12.1994**
Uhrzeit: **15:37**

Terminplan Projektierung

Projekt Stellwerke Vorsfelde / Dingelshausen

lfd.Nr.	Firma	Vorgang		Mo	Di	Mi	Do	Fr	Sa	So	Mo	Di	Mi	Do
				01.05.1993	02.05.1993	03.05.1993	04.05.1993	05.05.1993	06.05.1993	07.05.1993	08.05.1993	09.05.1993	10.05.1993	11.05.1993
1	*HLM*	CAD-Stunden	Soll											
	H&H	Entwurf M 1:100	Ist											
3	*DB*	Koordinationstermine	Soll	bei DB										
	H&H	Fachplaner	Ist	14.00 Uhr										
4	*HLM*	CAD-Stunden	Soll		5	6								
	H&H	Planbearbeitung	Ist											
5	*DB*	Entwässerungsantrag	Soll											
	DB	Koordination	Ist											
6	*H&H*	Detailvorklärung	Soll											
	Steiner	Wärmeschutznachweis	Ist											
7	*H&H*	EG-Plan M 1:50	Soll											
			Ist											
8	*H&H*	Ansicht 1	Soll											
			Ist											
9	*H&H*	Ansicht 2	Soll											
			Ist											
10	*H&H*	Ansicht 3	Soll											
			Ist											
11	*H&H*	Ansicht 4	Soll											
			Ist											
12	*H&H*	Ansicht 5	Soll											
			Ist											
13	*H&H*	Ansicht 6	Soll											
			Ist											

THEORETISCHE GRUNDLAGEN

Kopieren und Verschieben

Verschieben von Zellinhalten :

Zellinhalte ***verschieben*** heißt, sie an einer Stelle wegzunehmen und an einer anderen Stelle wieder einzufügen. Nach dem Vorgang befinden sich die Zellinhalte ***nur noch an der neuen Stelle.***
Im Beispiel wurden die Inhalte der Zellen ***A2*** und ***A3*** an die Position ***C2*** verschoben. Die zu verschiebenden Zellen müssen immer zuvor markiert werden.

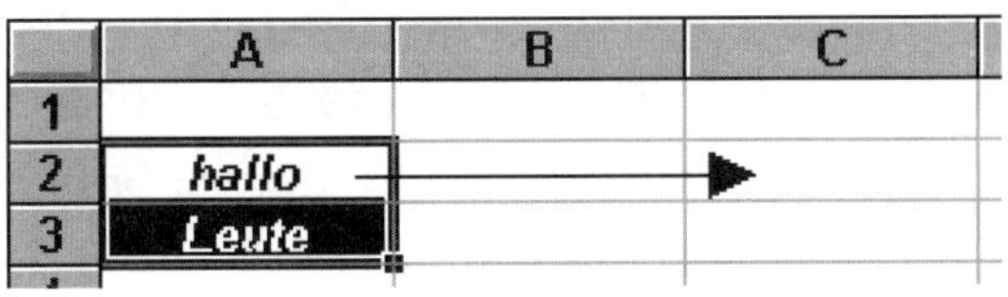

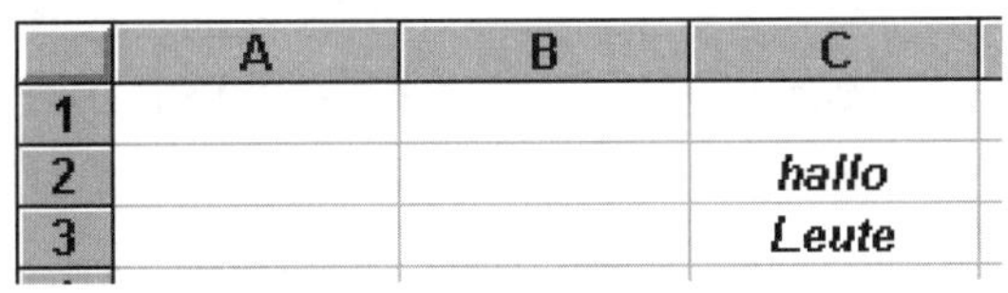

Kopieren von Zellinhalten mit der Maus :

Zellinhalte ***kopieren*** heißt, ein Duplikat der Zellen zu erzeugen und dieses Duplikat an einer anderen Stelle zusätzlich einzufügen. Nach dem Vorgang befinden sich die Zellinhalte ***noch an der alten und zusätzlich an der neuen Stelle.***
Im Beispiel wurden die Inhalte der Zellen ***A2*** und ***A3*** an die Position ***C2*** kopiert. Die zu kopierenden Zellen müssen immer zuvor markiert werden.

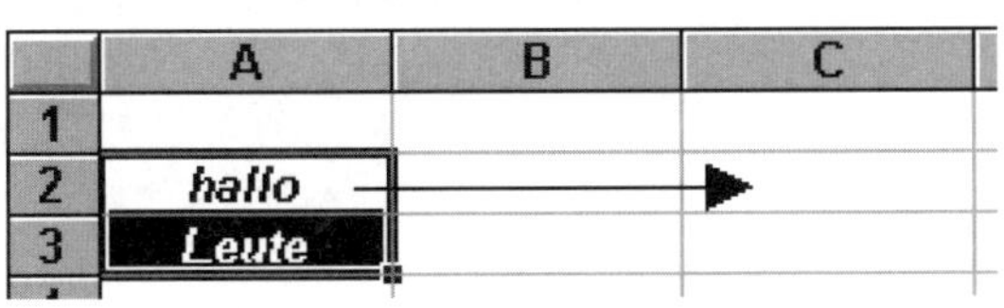

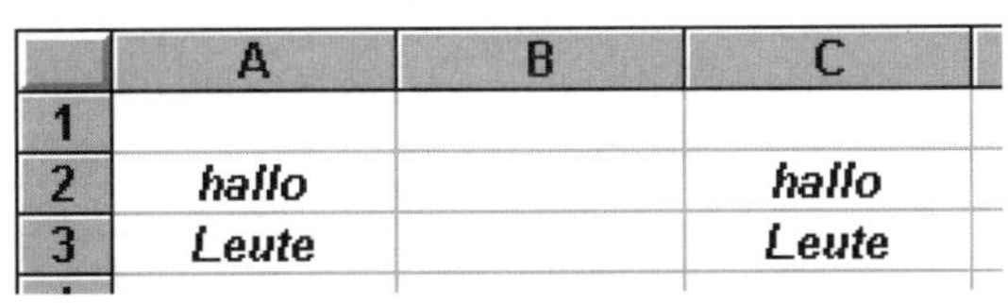

Wie wird kopiert oder verschoben ?

Es gibt zwei Möglichkeiten :

1) ***Über eine geringe Entfernung*** verschieben oder kopieren Sie Zellinhalte am einfachsten mit der ***Maus***: Sie markieren die entsprechenden Zellen und ziehen Sie mit gedrückt gehaltener Maustaste an die neue Stelle, um sie zu verschieben. Halten Sie bei dem Vorgang gleichzeitig die [Strg]-Taste gedrückt, erzeugen Sie eine Kopie.

THEORETISCHE GRUNDLAGEN

2) ***Über größere Entfernungen*** - z.B. auf eine andere Bildschirmseite - ist das Verschieben und Kopieren mit der Maus nicht zu empfehlen, die gewünschte Position kann leicht verfehlt werden. Hier gehen Sie besser den Umweg über die ***Zwischenablage***. Die Zwischenablage ist ein Teil des Arbeitsspeichers, in dem die Inhalte der zu verschiebenden bzw. zu kopierenden Zellen nach Aktivierung des entsprechenden Menü-Befehls zunächst zwischengespeichert werden, ehe sie an der endgültigen Position eingefügt werden.

Das ***Verschieben*** über die Zwischenablage funktioniert folgendermaßen :

1. Die Inhalte der markierten Zellen werden mit dem Befehl ***BEARBEITEN*** / *AUSSCHNEIDEN* in die Zwischenablage eingefügt. Die Zwischenablage ist nicht sichtbar, da sie ein Teil des Arbeitsspeichers ist, Sie erkennen jedoch an der gestrichelten Linie um die Zellen, daß sich deren Inhalt in der Zwischenablage befindet.

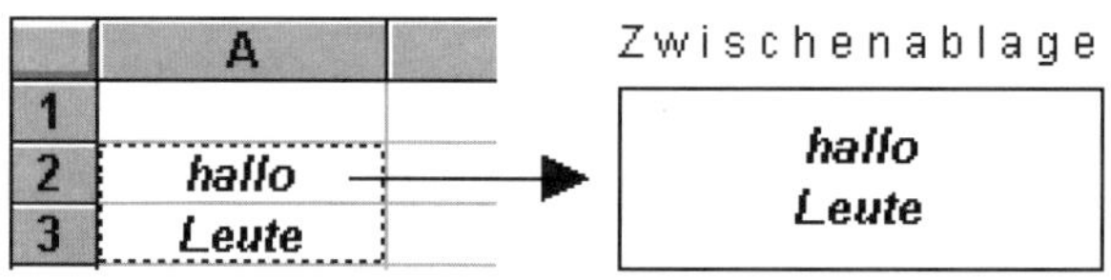

2. Der Cursor wird an die Position gesetzt, an die die Zellinhalte verschoben werden sollen. Im Beispiel ist das die Position ***B41***.

3. Der Inhalt der Zwischenablage wird durch den Befehl ***BEARBEITEN*** / *EINFÜGEN* an der aktuellen Cursorposition eingefügt.

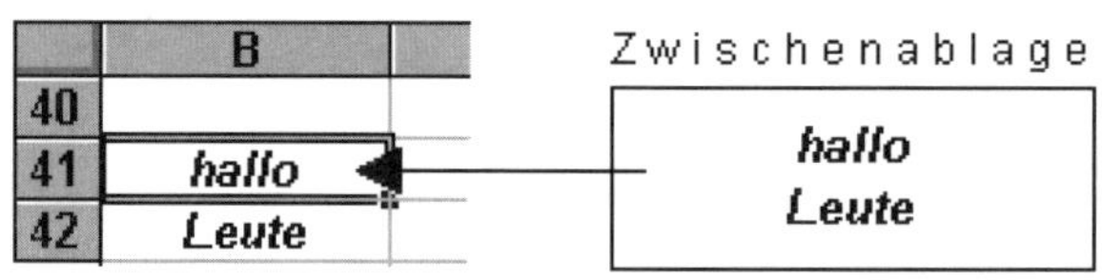

In diesem Moment werden die Zellinhalte an der ehemaligen Position entfernt und die Zwischenablage geleert.

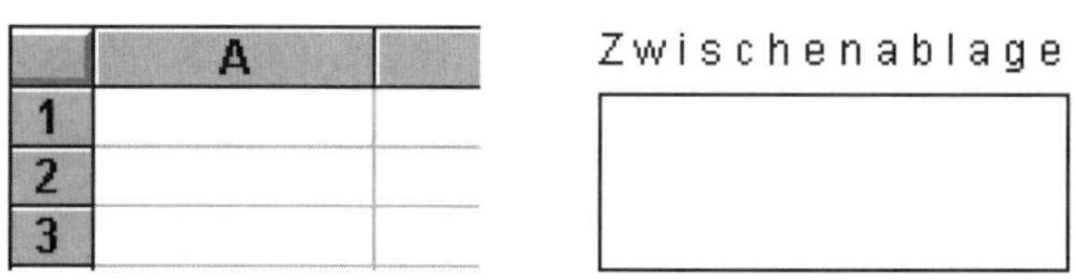

THEORETISCHE GRUNDLAGEN

Das ***Kopieren*** über die Zwischenablage funktioniert so :

1. Die Inhalte der markierten Zellen werden mit dem Befehl ***BEARBEITEN*** / *KOPIEREN* (als Kopie) in die Zwischenablage eingefügt. Sie erkennen wieder an der gestrichelten Linie um die Zellen, daß sich deren Inhalt in der Zwischenablage befindet.

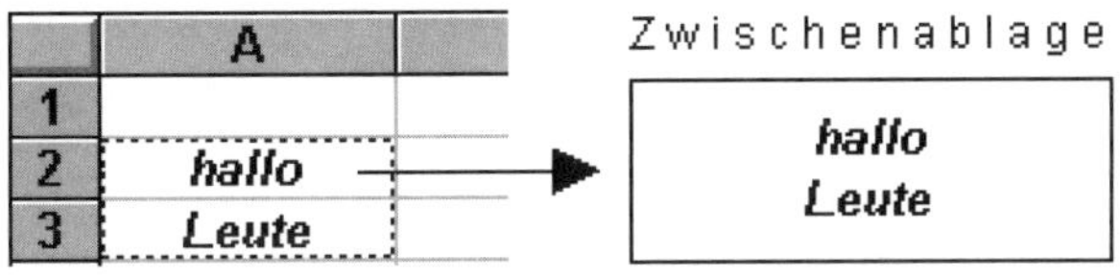

2. Der Cursor wird an die Position gesetzt, an die die Zellinhalte kopiert werden sollen. Im Beispiel ist das die Position ***B41***.

3. Der Inhalt der Zwischenablage wird durch den Befehl ***BEARBEITEN*** / *EINFÜGEN* an der aktuellen Cursorposition *als Kopie* eingefügt.

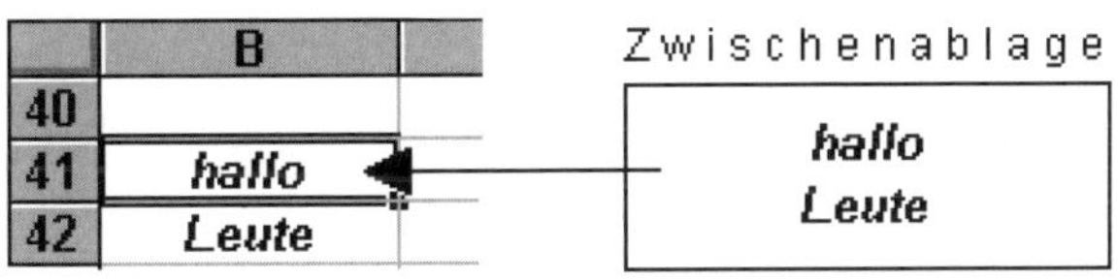

Die kopierten Zellinhalte sind nach wie vor an der ursprünglichen Position, die Kopie bleibt weiterhin in der Zwischenablage und kann mit dem Befehl ***BEARBEITEN*** / *EINFÜGEN* an weiteren Positionen *als Kopie* eingefügt werden.

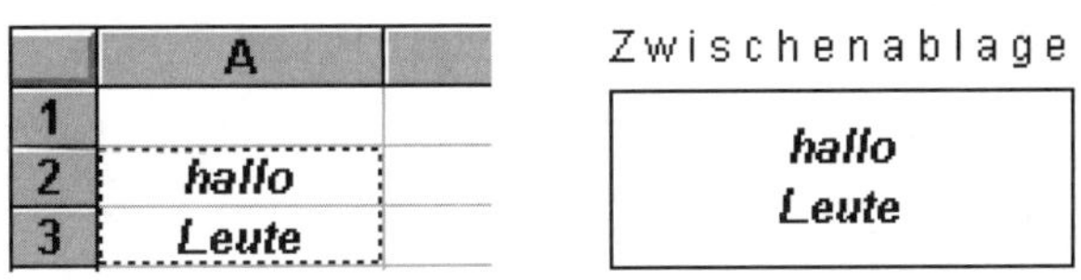

Werden neue Zellinhalte in die Zwischenablage kopiert, werden die alten Zellinhalte überschrieben und der Rahmen um die kopierten Zellen verschwindet wieder. Durch einen Klick auf ▭ kann die Zwischenablage ganz geleert werden.

Die Vorgehensweise unterscheidet sich also nur durch die Wahl des Befehles *KOPIEREN* anstelle von *AUSSCHNEIDEN* und der Tatsache, daß die Inhalte weder von der ursprünglichen Position noch aus der Zwischenablage entfernt werden.

EXCEL ÜBUNGEN

ÜBUNG 20

Verschieben und Kopieren mit der Maus

1. **Öffnen Sie zum Üben eine neue Datei,** indem Sie auf das Symbol klicken. Prüfen Sie in ***EXTRAS*** / *OPTIONEN* / ***BEARBEITEN***, ob die Option ***Drag & Drop ...*** aktiviert ist - nur dann können Zellinhalte mit der Maus verschoben werden. Ist ***Vor dem Überschreiben...*** aktiviert, erhalten Sie beim Verschieben von Zellinhalten in eine Zelle, die bereits einen anderen Eintrag enthält, vor dessen Überschreiben eine Warnung.

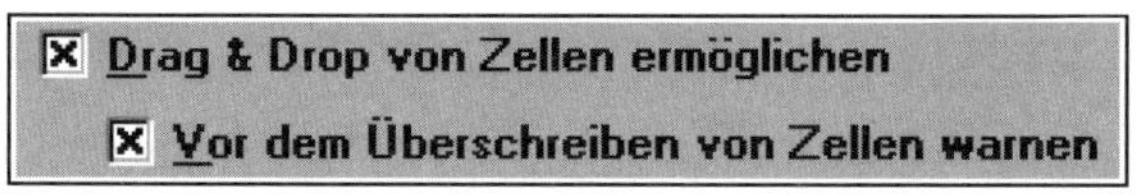

2. **Geben Sie** in die Zelle ***A2*** den Text **`Hallo`** und in die Zelle ***A3*** den Text **`Leute`** ein. Formatieren Sie die Eingaben ***fett***, ***kursiv*** und ***zentriert*** (beide Zellen markieren und die Symbole **F**, *K* und anklicken).

3. **Verschieben** Sie die Zellen ***A2*** und ***A3*** an die Position ***C2*** **:**

   Markieren Sie beide Zellen, zeigen Sie mit dem Mauszeiger auf den Rand der Markierung - er verwandelt seine Form in einen Pfeil - und ziehen Sie mit gedrückter linker Maustaste bis zur Zelle ***C2***. Ein gestrichelter Rahmen deutet die neue Position an. Sobald Sie die Maustaste loslassen, werden die Zellen an die neue Position verschoben.

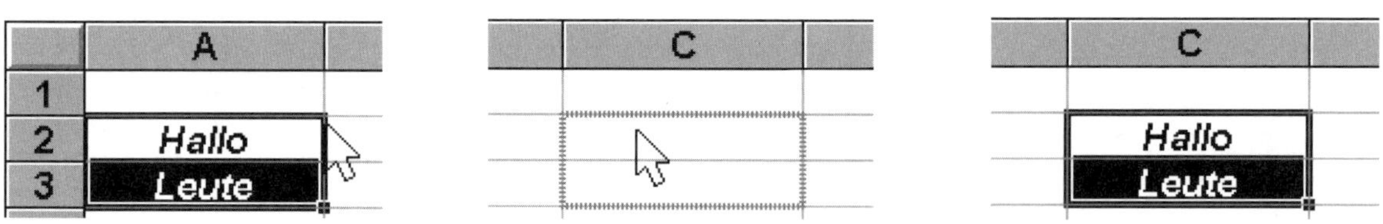

4. **Kopieren** Sie die Zelle ***C2*** an die Position ***A1*** **:**

   Verfahren Sie genauso wie eben (Zelle ***C2*** markieren, mit der Maus auf den Rand zeigen und - sobald Sie den Pfeil sehen - zur gewünschten Position ***A1*** ziehen), jedoch halten Sie diemal während dieses Vorgangs die [Strg]-Taste gedrückt. Die Steuerungtaste bewirkt, daß die Zelle nicht verschoben sondern kopiert wird. Der Pfeil-Cursor ist beim Kopieren durch ein Pluszeichen gekennzeichnet.

EXCEL ÜBUNGEN

Sie haben gesehen, daß jeweils auch die Formatierung mit verschoben bzw. kopiert wurde (hier Fettschrift, Kursivschrift und Zentrierung). Zur Formatierung gehören auch Rahmen, Muster und Farben, die in der Zelle enthalten sind.

Üben Sie das Verschieben und Kopieren mit der Maus (Drag & Drop-Funktion), bis Sie es beherrschen!

5. Sie können Zellinhalte auch *zwischen* Zellen einfügen :

Machen Sie dazu in beliebigen Zellen der Testdatei die Eingaben wie in der linken Abbildung. Die Formatierung brauchen Sie nicht neu zu erstellen, sie kann mit dem Pinsel-Symbol von den bereits formatierten Zellen schnell übernommen werden. Aktivieren Sie dazu eine dieser Zellen an, klicken Sie auf das Pinsel-Symbol und fahren Sie mit gedrückter Maustaste über die gleichermaßen zu formatierenden Zellen.

Das Wort ***Februar*** soll nun zwischen ***Januar*** und ***März*** geschoben werden. Verfahren Sie wie gewohnt, nur halten Sie diesmal beim Verschieben die Shift-Taste ⇧ gedrückt. Eine Linie (mittlere Abbildung) zeigt die neue Position an.

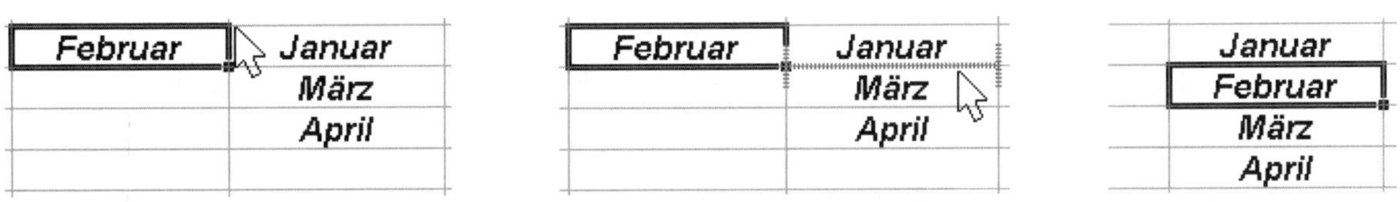

☞ Halten Sie bei dem Vorgang die Steuerung- *und* die Shifttaste gedrückt, wird eine *Kopie* zwischen den Zellen eingefügt.
Sie können eine Zelle selbstverständlich auch *vertikal* zwischen zwei andere Zellen schieben :

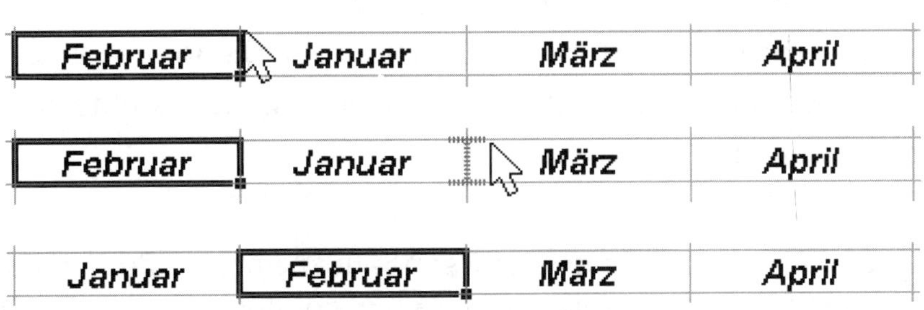

EXCEL ÜBUNGEN

Verschieben und Kopieren mit Menübefehlen

1. **Öffnen Sie nochmals eine neue Datei** .

2. **Machen Sie die gleichen Eingaben wie vorhin** (linke Abb.) **!**

3. **Verschieben** Sie die Zellen ***A1*** und ***A2*** an die Position ***C2*** **:**

   Markieren Sie beide Zellen und wählen Sie auf das Symbol zum Ausschneiden der Zellinhalte (oder den Befehl ***BEARBEITEN*** / *AUSSCHNEIDEN*). Die Zellinhalte befinden sich nun in der Zwischenablage - das erkennen Sie an dem gestricheltem Rahmen um die Zellen. Klicken Sie die neue Position ***C2*** an. Fügen Sie den Inhalt der Zwischenablage mit dem Symbol zum Einfügen (oder dem Befehl ***BEARBEITEN*** / *EINFÜGEN*) wieder ein. Die Inhalte an der ehemaligen Position werden hierbei entfernt.

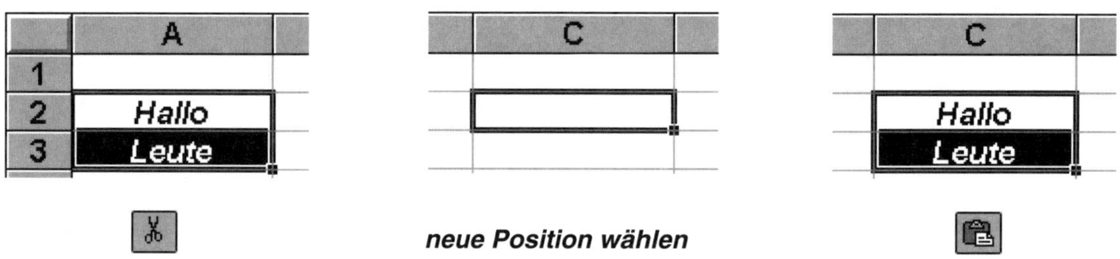

4. **Kopieren** Sie die Zelle ***C2*** an die Position ***A1*** **:**

   Verfahren Sie *genauso* wie eben, nur wählen Sie diesmal anstelle des Befehls zum Ausschneiden den Befehl zum *Kopieren*: Markieren Sie die Zelle ***C2*** und wählen Sie auf das Symbol zum Kopieren der Zellinhalte (oder den Befehl ***BEARBEITEN*** / *KOPIEREN*). Die Zellinhalte befinden sich nun in der Zwischenablage - das erkennen Sie wieder an dem gestricheltem Rahmen um die Zellen. Klicken Sie die neue Position ***A1*** an und fügen Sie den Inhalt der Zwischenablage mit dem Symbol zum Einfügen (oder dem Befehl ***BEARBEITEN*** / *EINFÜGEN*) wieder ein. Die Inhalte an der ehemaligen Position bleiben bestehen. Der Inhalt der Zwischenablage kann noch an weiteren Positionen eingefügt werden.

☞ Wenn Sie als Zielposition nicht nur *eine* sondern *mehrere* Zellen markieren, wird die Kopie in jede dieser Zellen eingefügt. Die Zielzellen müssen aber auf jeden Fall ein

EXCEL ÜBUNGEN

Vielfaches der kopierten Zellen sein, sonst erhalten Sie eine Fehlermeldung.

☞ Wenn Sie das Einfügen der Kopie nicht mit dem Befehl zum Einfügen sondern stattdessen mit Return [↵] bestätigen, wird dabei automatisch der Inhalt aus der Zwischenablage entfernt. Ansonsten können Sie die Zwischenablage jederzeit durch Eingabe von Escape [Esc] löschen.

5. Zellinhalte *zwischen* Zellen einfügen :

Stellen Sie in beliebigen Zellen wieder die Ausgangssituation her wie in der linken Abbildung. Das Wort ***Februar*** soll wieder zwischen ***Januar*** und ***März*** geschoben werden.

Markieren Sie die Zelle mit dem Inhalt ***Februar*** und wählen Sie auf das Symbol [✂] zum Ausschneiden der Zellinhalte. Die Zellinhalte befinden sich nun in der Zwischenablage. Klicken Sie die Zelle an, *vor* der der Inhalt der Zwischenablage eingefügt werden soll, also die Zelle mit dem Inhalt ***März***. Würden Sie nun den normalen Befehl zum Einfügen verwenden, würde der Inhalt dieser Zelle überschrieben.
Wählen Sie daher stattdessen den Befehl ***EINFÜGEN*** / *AUSGESCHNITTENE ZELLEN*, der ebenfalls den Inhalt der Zwischenablage einfügt, jedoch links oder oberhalb von der aktuellen Zelle, die aktuelle Zelle wird bei dem Vorgang entsprechend verschoben. In einem Dialogfenster werden Sie gefragt, ob die aktuelle Zelle nach rechts oder nach unten verschoben werden soll, wählen Sie 'unten'.

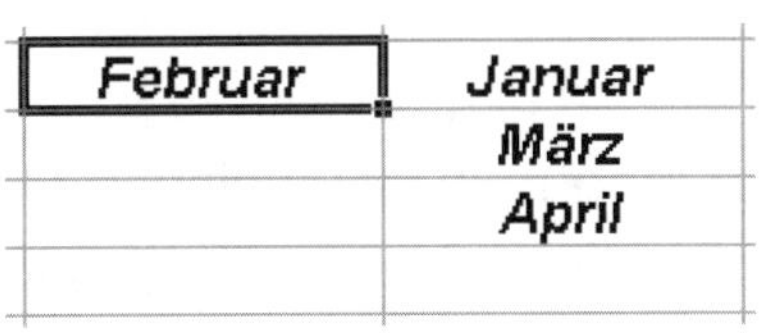

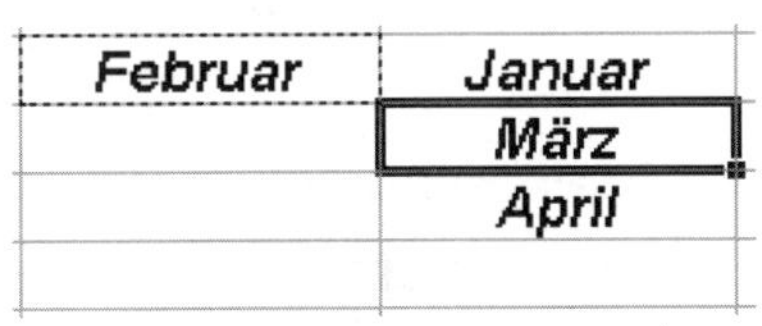

neue Position wählen

AUSGESCHNITTENE ZELLEN EINFÜGEN

Selbstverständlich können Sie Zellen nicht nur zwischen andere Zellen *verschieben* sondern auch *kopieren*. Die Vorgehensweise ist genau dieselbe - abgesehen davon, daß Sie zu Beginn natürlich den Befehl zum Kopieren aufrufen und nicht den Befehl zum Ausschneiden.

☞ Sie haben nun zwei Alternativen kennengelernt, um Zellinhalte zu verschieben oder zu kopieren.

EXCEL ÜBUNGEN

Sie sollten sich auf jeden Fall *beide* Wege merken, da beide ihre Vor- und Nachteile haben: Über kurze Strecken geht es schneller, mit der Maus zu arbeiten, über größere Entfernungen - wie auf eine andere Bildschirmseite - ist es einfacher, die Menübefehle zu verwenden, um nicht die gewünschte Position zu verfehlen.

Wenn Sie sich noch nicht ganz fit fühlen, üben Sie noch ein wenig, ehe Sie mit den weiteren Übungspunkten fortfahren.

Im folgenden lernen Sie noch, daß auch *dateiübergreifendes* Kopieren und Verschieben möglich ist, und wie nur Teile einer Kopie - z.B. der Wert *ohne* Formatierung - wieder eingefügt werden können.

6. Dateiübergreifende Kopien :

Kopieren Sie ein oder mehrere Zellen in die Zwischenablage ein. 

Holen Sie mit Hilfe des Menüs ***FENSTER*** die vorherige Übungs-Datei in den Vordergrund - sie hat - wie die aktuelle Datei - den vorläufigen Namen *Mappe* zuzüglich einer Nummer, da sie noch nicht gespeichert und mit einem individuellen Namen versehen wurde. In diese Datei soll die Kopie eingefügt werden. .

Wählen Sie eine beliebige Position in der Datei, an der die Kopie eingefügt werden soll, indem Sie eine Zelle anklicken.

Fügen Sie die Kopie aus der Zischenablage ein. 

Sie sehen, der Ablauf ist genau derselbe, als würden Sie innerhalb der gleichen Datei kopieren, nur daß Sie zwischendurch die Datei wechseln. Selbstverständlich können Sie Zellinhalte auch dateiübergreifend *verschieben*, wenn Sie anstelle des Symbols zum Kopieren das Symbol zum Ausschneiden wählen.

7. So fügen Sie Zellinhalte *ohne Formatierung* ein :

Kopieren Sie den Inhalt einer beliebigen Zelle in die Zwischenablage und setzen Sie den Cursor an die Stelle, an der Sie die Kopie einfügen möchten.

Rufen Sie nun anstelle des Befehles *BEARBEITEN / EINFÜGEN* den Befehl ***BEARBEITEN / INHALTE EINFÜGEN*** auf.

EXCEL ÜBUNGEN

Ein Dialogfenster öffnet sich. Die Option ***Alles*** ist voreingestellt, sie fügt Werte und Formatierung ein. Aktivieren Sie die Option ***Werte***, um *nur* die Werte einzufügen.

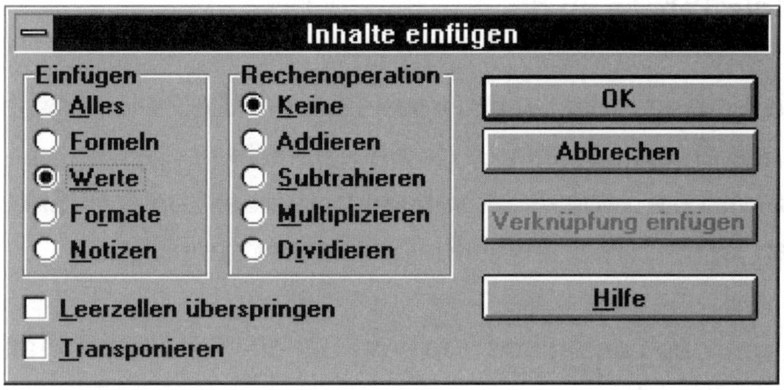

Sie können auch den umgekehrten Weg gehen und *nur* die Formatierung ohne Werte einfügen, indem Sie die Option ***Formate*** wählen. Steht in der Zelle, in die die Formatierung eingefügt wurde, bereits Text, erhält dieser die eingefügte Formatierung, ist die Zelle leer, wird die Formatierung sichtbar, sobald Text eingegeben wird. Einfacher können Sie eine Formatierung jedoch mit dem Pinsel-Symbol auf andere Zellen übertragen. (Die weiteren Optionen aus diesem Menü werden im Grundkurs nicht benötigt.)

☞ Die Befehle zum Verschieben und Kopieren können auch in der Eingabezeile angewandt werden!

Verschieben und Kopieren : Anwendung

1. Öffnen Sie die Datei *UMSATZ94.XLS* (Verzeichnis *c:\schulung\hanser*) :

Falls Sie die Begleitdiskette noch nicht installiert haben, müssen Sie das zuvor tun (s. Einführung). Öffnen Sie die Datei! Sie sehen eine Tabelle mit Umsatzzahlen für das erste Quartal 94. Die Tabelle wurde mit unterschiedlichen Farbtönen, Schriftfarben und Rahmen mit Hilfe der Listenfelder  aus der Format-Symbolleiste gestaltet.

Im folgenden sollen im Tabellenblatt drei weitere Tabellen mit den Umsätzen für die anderen Quartale des Jahres 94 erstellt werden. Natürlich sparen Sie sich die Arbeit, alles

EXCEL ÜBUNGEN

noch einmal neu einzutippen und zu formatieren, sondern kopieren die vorhandene Tabelle und modifizieren sie anschließend entsprechend.

2. **Kopieren Sie die Tabelle an die Position *A13* :**

Verwenden Sie entweder die Drag&Drop-Funktion (die Zellen ***A4*** bis ***D9*** markieren und mit der Maus an die Position ***A13*** ziehen, nicht vergessen, die Steuerung-Taste zu drücken, sonst wird die Tabelle nur verschoben) oder kopieren Sie über die Zwischenablage (markieren, , Cursor an die Zielposition setzen,).

Blättern Sie etwas nach unten und kopieren Sie die Tabelle noch an die Positionen ***A22*** und ***A31***

3. **Ändern Sie die Nummern vor den Quartalen und die Monate**

so daß bei der ersten Tabelle **1. Quartal**, in der zweiten **2. Quartal** steht usw.
In der zweiten Tabelle müssen entsprechend die Monate in **April**, **Mai Juni**, in der dritten in **Juli**, **August**, **September** usw. umgeändert werden. Es genügt, wenn Sie jeweils den ersten Monat eintippen, danach können Sie mit der Autofill-Funktion erweitern!
Höchstwahrscheinlich sind auch die Umsatzzahlen in jedem Quartal anders - die Zahlen zu ändern, wollen wir uns hier aber schenken.

4. **Richten Sie die Tabelle noch etwas schöner auf der Seite aus :**

Lassen Sie den Seitenwechsel anzeigen, indem Sie im Menü ***EXTRAS*** / *OPTIONEN* in der Kategorie ***ANSICHT Automatischer Seitenwechsel*** ankreuzen. Das Seitenende wird nun durch eine gestrichelte Linie gekennzeichnet.

Wenn Sie eine neue Tabelle erstellen, sollten Sie den Seitenwechsel immer gleich zu Beginn einblenden - sonst erleben Sie hinterher leicht die Überraschung, daß nicht alles, was Sie am Bildschirm sahen, auch tatsächlich auf einer Seite ausgedruckt wird!

Fügen Sie vor Spalte ***A*** eine Leerspalte ein, um die Tabelle in die Mitte zu rücken (Wissen Sie noch, wie es geht? Den Spaltenkopf, vor dem die neue Spalte eingefügt

EXCEL ÜBUNGEN

werden soll, markieren; ***EINFÜGEN*** / *ZELLEN*). Alternativ könnten Sie auch im Menü *SEITE EINRICHTEN* die Option ***Horizontal zentrieren*** einstellen.

Fügen Sie zwischen der Überschrift und der ersten Tabelle zwei weitere Leerzeilen ein, um den Abstand etwas zu vergrößern (Um *zwei* Leerzeilen auf einmal einzufügen, müssen Sie auch *zwei* Spalten markieren, ehe Sie den Befehl zum Zellen einfügen aktivieren!)

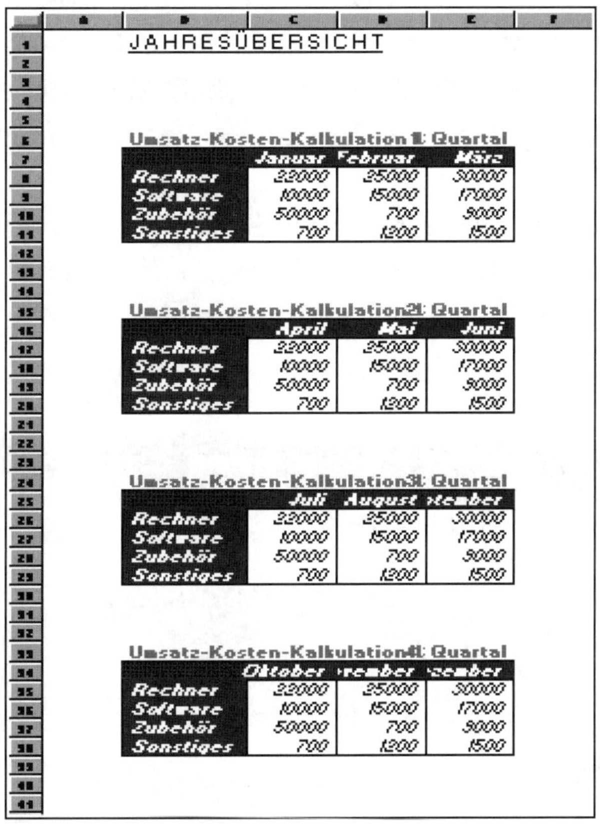

Speichern Sie die Tabelle !

EXCEL ÜBUNGEN

ÜBUNG 21

Autoformatierung

1. **So lassen Sie von Excel automatisch Muster und Rahmen für eine Tabelle erzeugen :**

Markieren Sie die Tabelle für das erste Quartal inclusive der Überschrift (Zellen ***B6*** bis ***B11***) und wählen Sie den Befehl ***FORMAT*** / *AUTOFORMAT*. Links im Dialogfenster steht eine Liste mit automatischen Mustern zur Auswahl. Im Feld ***Vorschau*** wird jeweils angezeigt, wie das ausgewählte Muster aussieht. Wählen Sie ein Muster aus, das Ihnen gefällt und bestätigen Sie das Dialogfenster. Die Tabelle wird mit dem Muster formatiert.

Manche Autoformatierungen verändern die Spaltenbreite - das wirkt sich natürlich auf die weiteren Tabellen im Tabellenblatt aus. Ist eine Spalte zu eng, um Zahlen ganz darstellen zu können, werden nur noch Lattenzäune ### angezeigt, bis die Spalte wieder verbreitert wird.

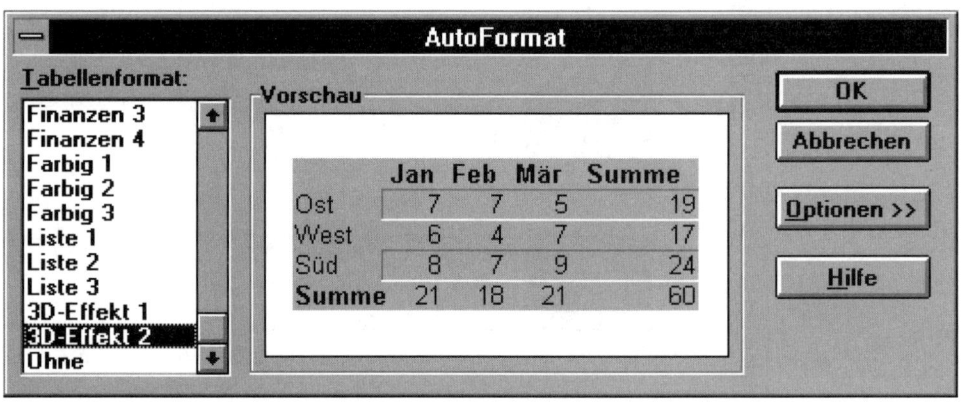

2. **Schließen Sie einige bestehende Formatierungen von der Autoformatierung aus :**

Markieren Sie die Tabelle für das zweite Quartal und aktivieren Sie nochmals das Menü zur Autoformatierung. Wählen Sie ein Muster aus und aktivieren Sie anschließend die Schaltfläche ***OPTIONEN***. Das Menü wird um einige Optionsfelder erweitert.
Möchten Sie z.B., daß Schriftart und Ausrichtung erhalten bleiben, deaktivieren Sie diese beiden Optionen, indem Sie die Kreuze entfernen (in das entsprechende Optionsfeld klicken).

EXCEL ÜBUNGEN

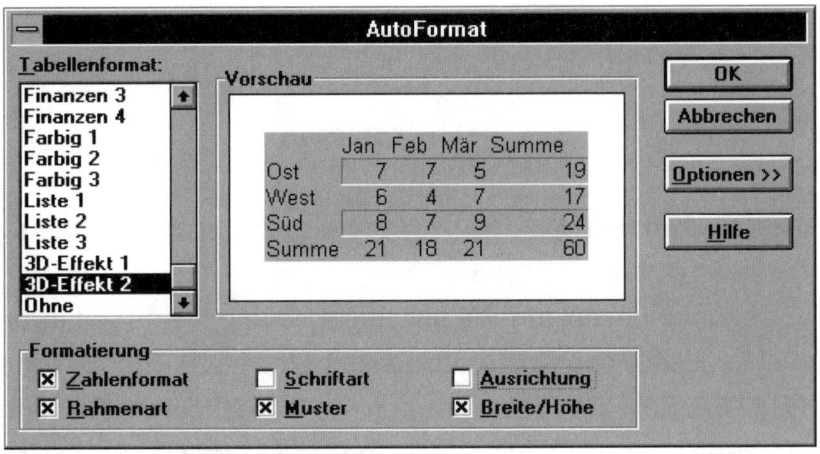

Das Ergebnis des Musters *3D-Effekt 2* sieht nun z.B. folgendermaßen aus :

Umsatz-Kosten-Kalkulation 1994:			3. Quartal
	Juli	*August*	*September*
Rechner	*22000*	*25000*	*30000*
Software	*10000*	*15000*	*17000*
Zubehör	*50000*	*700*	*9000*
Sonstiges	*700*	*1200*	*1500*

Werden die Optionen nicht deaktiviert, sieht das Ergebnis hingegen so aus :

Umsatz-Kosten-Kalkulation 1995:			**2. Quartal**
	April	**Mai**	**Juni**
Rechner	22000	25000	30000
Software	10000	15000	17000
Zubehör	50000	700	9000
Sonstiges	700	1200	1500

☞ Die Option ***Zahlenformate*** im Menü *AUTOFORMAT* lernen Sie in einem der nächsten Kapitel noch kennen - sie betrifft die Formatierung von Zahlen (Nachkommastellen, Tausenderpunkt usw.)

Wenn Sie das Tabellenformat ***Ohne*** als Muster in wählen, werden sämtliche Formatierungen wieder gelöscht. Falls Sie auf diese Weise die Autoformatierung gelöscht haben und die Tabellen wieder mit dem ursprünglichen Muster versehen möchten, fahren Sie mit dem Pinselsymbol zunächst über alle Zellen einer noch unveränderten Tabelle (z.B. vom 3. Quartal) und anschließend über alle Zellen der ebenso zu formatierenden Tabelle.

EXCEL ÜBUNGEN

ÜBUNG 22

Dateien kopieren

1. Datensicherung auf Diskette :

Bei wichtigen Dokumenten sollten Sie sich nicht auf die Daten auf Ihrer Festplatte verlassen, sondern eine zusätzliche Kopie des Dokumentes, z.B. auf Diskette, speichern. Mit dem Befehl ***DATEI*** / *SPEICHERN* kommen Sie hier jedoch nicht weiter, da er eine einmal auf der Festplatte gespeicherte Datei immer wieder dort speichert - ohne nochmals das Dialogfenster zu öffnen, in dem Sie eine Möglichkeit hätten, das Verzeichnis zu ändern. Verwenden Sie deshalb stattdessen den Befehl ***DATEI*** / *SPEICHERN UNTER* - hier stehen genau dieselben Optionen zur Verfügung wie in ***DATEI*** / *SPEICHERN* - der einzige Unterschied - er öffnet das Dialogfenster *SPEICHERN* immer!

Legen Sie eine Diskette in das Diskettenlaufwerk. Falls Sie die Datei ***UMSATZ94.XLS*** zwischenzeitlich geschlossen haben, öffnen Sie sie wieder, um eine Kopie der Datei auf der Diskette zu speichern. Aktivieren Sie den Befehl ***DATEI*** / *SPEICHERN UNTER* und stellen Sie das Laufwerk ***a:*** bzw. ***b:*** ein. Bestätigen Sie den Befehl.

Eine Kopie der Datei wird unter dem gleichen Namen auf der Diskette abgelegt (natürlich hätten Sie für die Kopie im Dialogfenster auch noch einen anderen Namen angeben können). Die Original-Datei wird bei dem Vorgang automatisch geschlossen. Am Bildschirm sehen Sie nun die Kopie auf Diskette! Schließen Sie die Kopie (*DATEI / SCHLIESSEN*) und öffnen Sie wieder die Originaldatei - sie wird in der Dateinamens-Liste im Menü ***DATEI*** mit ihrem vollständigen Pfad angezeigt und braucht dort nur angeklickt werden. Der Pfad wird jeweils bei den Dateien angezeigt, die sich nicht im aktuellen Verzeichnis befinden, welches zuletzt im Menü *SPEICHERN* oder *ÖFFNEN* eingestellt wurde.

☞ Auch wenn Sie ***Daten auf einen anderen Rechner übertragen*** möchten, müssen Sie sie - sofern die Rechner nicht vernetzt sind - auf Diskette zwischenspeichern.
Möchten Sie eine ***Datei*** nicht auf ein anderes Laufwerk, sondern ***in ein anderes Verzeichnis*** kopieren, gehen Sie ebenso vor, nur daß Sie im Dialogfenster statt eines anderen Laufwerkes ein anderes Verzeichnis einstellen.

EXCEL ÜBUNGEN

2. Erstellen Sie einen Umsatzplan für 1995 :

Erstellen Sie hierfür eine Kopie des Umsatzplanes von 94' und überarbeiten Sie diesen entsprechend: Speichern Sie die Datei ***UMSATZ94*** mit dem Befehl ***DATEI*** / *SPEICHERN UNTER* unter dem Namen ***UMSATZ95***. Sie brauchen im Dialogfenster diesmal nur den Dateinamen zu ändern. Eine Kopie der Datei wird auf demselben Laufwerk und im gleichen Verzeichnis abgelegt, wie die Originaldatei.
Nun brauchen Sie nur noch die Jahreszahlen zu ändern und der Umsatzplan ist fertig (abgesehen davon, daß die Umsatzzahlen 1995 sicherlich anders sein werden als 1994 - doch in der Übung wollen wir uns diese Änderung ruhig wieder sparen).

JAHRESÜBERSICHT

Umsatz-Kosten-Kalkulation 1995: 1. Quartal

	Januar	Februar	März
Rechner	22000	25000	30000
Software	10000	15000	17000
Zubehör	50000	700	9000
Sonstiges	700	1200	1500

Umsatz-Kosten-Kalkulation 1995: 2. Quartal

	April	Mai	Juni
Rechner	22000	25000	30000
Software	10000	15000	17000
Zubehör	50000	700	9000

☞ Sie können mit Hilfe des Befehles *SPEICHERN UNTER* also eine Kopie auf einem anderen Laufwerk, in einem anderen Verzeichnis oder unter einem anderen Namen speichern und weiterbearbeiten. Natürlich können Sie auch den Namen *und* den Speicherort zugleich ändern.

Außerdem können Sie die für das Speichern eingestellten Optionen wieder ändern: Angenommen, Sie haben beim erstmaligen Speichern einer Datei ein Kennwort vergeben und möchten das Kennwort im nachhinein ändern oder löschen. Mit dem Befehl *SPEICHERN* kommen Sie wiederum nicht weiter, da sich das Dialogfenster bei wiederholtem Speichern nicht mehr öffnet. Sie müssen also auch hier den Befehl *SPEICHERN UNTER* wählen, damit das Dialogfenster zur Verfügung steht und Sie dort die Einstellungen für das Kennwort ändern können.
In diesem Fall lassen Sie Dateiname, Laufwerk und Verzeichnis natürlich unverändert - denn sie möchten ja keine Kopie erstellen. Eine Kopie wird nur erstellt, wenn eine dieser drei Angaben geändert wird.

THEORETISCHE GRUNDLAGEN

RECHNEN MIT EXCEL

Der Unterschied zwischen Formeln und Funktionen :

Auf einem Taschenrechner lösen Sie ***einfache Rechenoperationen*** mit Hilfe von ***Formeln***. Eine Formel setzt sich aus Operanten (Zahlen) und Operatoren (+, -, ÷ usw.) zusammen. Beispiel für eine Formel: *3 + 7*.

Komplexe Rechenoperationen lösen Sie mit Hilfe von ***Funktionen*** (Sin, Cos, Wurzel usw.). In einer Funktion sind alle Rechenschritte bereits zusammengefaßt, die zum Ergebnis führen. Wenn Sie eine Funktion eingeben (z.B. die Wurzel aus einer Zahl ziehen) werden alle nötigen Rechenschritte automatisch ausgeführt - Sie selbst brauchen den Rechenweg nicht zu kennen, die Funktion liefert Ihnen das Endergebnis.

Formeln in Excel :

Excel stellt folgende ***Rechen-Operatoren*** zur Verfügung :

+	Addition	/	Division	( )	Klammern
-	Subtraktion	^	Potenzierung		
*	Multiplikation	%	Umrechnung in Prozent		

Außerdem gibt es folgende ***Vergleichs-Operatoren*** :

=	gleich	<>	ungleich
>	größer	<	kleiner
>=	größer oder gleich	<=	kleiner oder gleich

Jede Formel beginnt mit einem Gleichheitszeichen. Vergessen Sie dieses Zeichen einzugeben, wird die Formel nicht ausgerechnet, sondern lediglich als Text in die Zelle geschrieben.
Ansonsten gelten die gleichen Rechenregeln wie auf dem Taschenrechner: Punktrechnung geht vor Strichrechnung, gesetzte Klammern werden immer zuerst ausgewertet.

Als ***Operanten*** können Sie in Excel nicht nur ***Zahlen*** sondern auch ***Zellen*** angeben.

THEORETISCHE GRUNDLAGEN

Geben Sie in einer Formel z.B. die Zelle ***A7*** als Operant an, wird mit dem Inhalt dieser Zelle gerechnet. Natürlich muß in der Zelle eine Zahl stehen, enthält sie Text, bekommen Sie eine Fehlermeldung.

Beispiele für Formeln :

= 1 + 2	Die Ziffern ***1*** und ***2*** werden addiert
= B7 + 5	Zum Inhalt der Zelle ***B7*** wird der Wert ***5*** addiert
= (C2 - A8) * 5	Der Inhalt der Zelle ***A8*** wird vom Inhalt der Zelle ***C2*** subtrahiert, das Zwischenergebnis wird mit ***5*** multipliziert.
= ***2 ^ 3***	Die Zahl ***2*** wird mit ***3*** potenziert, das Ergebnis ist ***8***
= ***200 * 50%***	Von der Zahl ***200*** werden ***50%*** ausgerechnet, das Ergebnis ist ***100***

Funktionen in Excel :

Jede Funktion beginnt mit einem ***Gleichheitszeichen***, danach folgt der ***Funktionsname*** (z.B. *SIN*, *COS*, *WURZEL*) und schließlich in ***Klammern*** die ***Funktionsargumente***.

Eine Funktion kann ein oder mehrere ***Funktionsargumente*** verlangen. Die Funktionsargumente liefern der Funktion die Werte, mit denen sie rechnen soll. Im einfachsten Fall ist dies nur der Operator. Manchmal sind aber zusätzliche Angaben nötig, z.B. auf wieviel Stellen das Ergebnis gerundet werden soll. ***Mehrere Funktionsargumente*** werden jeweils ***durch Semikola voneinander getrennt***. Es gibt auch Funktionen, die keine Funktionsargumente benötigen, z.B. die Funktion *PI*.

Beispiele für Funktionen :

= WURZEL (9)	Die Wurzel aus ***9*** wird gezogen, das Ergebnis ist 3
= SIN (B10)	Der Sinus des Inhaltes der Zelle ***B10*** wird berechnet
= RUNDEN (3,519843 ; 2)	Die Zahl ***3,519843*** wird auf ***2*** Stellen gerundet, das Ergebnis lautet ***3,52***
= PI ( )	Die Funktion liefert den Wert der Zahl ***PI*** (***3,141592654***)

THEORETISCHE GRUNDLAGEN

Formeln und Funktionen können kombiniert werden :

= 2 * ***PI ( )***	Die Zahl ***2*** wird mit ***PI*** multipliziert
= WURZEL (9) + A8	Die Wurzel aus ***9*** wird mit dem Inhalt der Zelle ***A8*** addiert

Jede Funktion kann als *Funktionsargument* in eine andere Funktion eingesetzt werden :

= ***RUNDEN (SIN(A9) ; 1)***	Der Sinus aus ***A9*** wird berechnet, anschließend wird das Ergebnis auf ***1*** Nachkommastelle gerundet.

So werden Formeln und Funktionen eingegeben :

Formeln werden in *die* Zelle eingetippt, in der das Ergebnis stehen soll. Sobald Sie die Eingabe bestätigen, wird sie in der Zelle durch das Ergebnis der Berechnung ersetzt - in der Eingabezeile wird nach wie vor die Formel angezeigt und kann dort ggf. noch korrigiert werden.

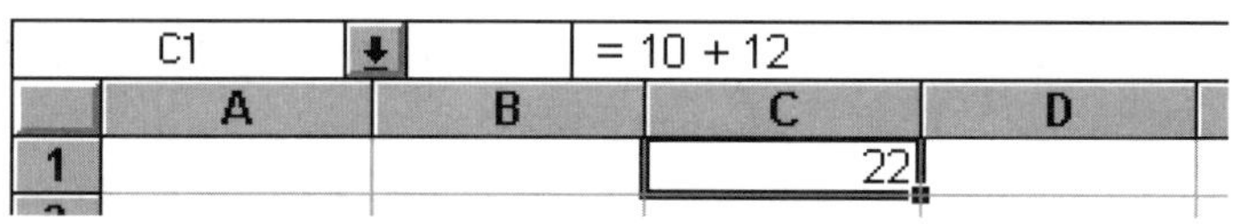

Funktionen können ebenfalls *eingetippt* werden. Wenn Sie die Syntax der Funktion nicht auswendig wissen, können Sie sie alternativ auch über ein *Menü* einfügen lassen. In dem Menü stehen verschiedene Kategorien von Funktionen zur Auswahl, z.B. ***Statistische Funktionen***, ***Finanzmathematische Funktionen***, ***Mathematische*** und ***Trigonometrische Funktionen*** usw. Im rechten Fenster werden jeweils alle zu der ausgewählten Kategorie gehörigen Funktionen angezeigt.

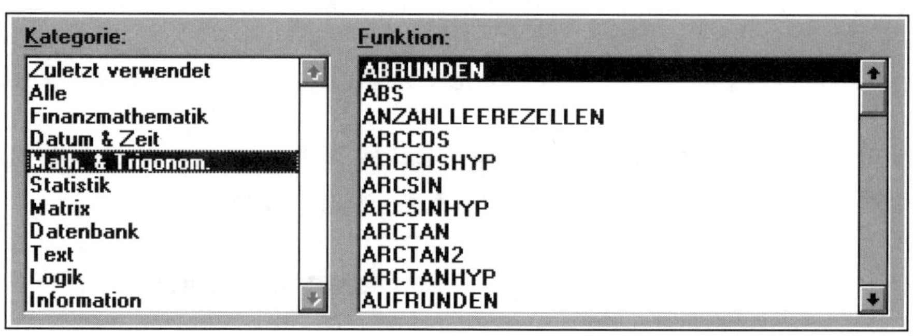

EXCEL ÜBUNGEN

ÜBUNG 23

Formeln und Funktionen

1. **Öffnen Sie zur Übung eine neue Datei.**

2. **Geben Sie zunächst folgenden Text und Zahlen ein :**

   Markieren Sie den Bereich von ***A1*** bis ***E2*** und bestätigen nach jeder Eingabe mit der Return-Taste. Der Cursor springt dann jeweils zur nächsten Zelle weiter.

   A1: **Länge** *B1*: **Breite** *C1*: **Höhe** *D1*: **Radius** *E1*: **Winkel**

   A2: **100** *B2*: **200** *C2*: **50** *D2*: **90** *E2*: **80**

   Geben Sie folgende Überschriften zu den späteren Berechnungen ein (am besten wieder den ganzen Bereich von A6 bis A18 vorher markieren) :

   A6: **Vorgang :**
   A7: **A2 mal B2 :**
   A8: **C2 hoch 3 :**
   A9: **A2 mal (minus 2) :**
   A10: **Wurzel aus Zelle A2 :**
   A11: **Wurzel aus Zelle C2 :**
   A13: **Fläche Dreieck :**
   A14: **Fläche Kreis :**
   A15: **Fläche Raum :**
   A16: **Wurzel aus C2 gerundet :**
   A17: **Summe von A2 und C2 :**
   A18: **Summe der Zellen A2 bis E2 :**

   A12: **Absolutwert von D9 :**
   D6: **Ergebnis :**

   Formatieren Sie die Zellen ***A6*** und ***D6*** fett. Nun können Sie mit den Berechnungen beginnen.

	A	B	C	D	E
1	Länge	Breite	Höhe	Radius	Winkel
2	100	200	50	90	80
3					
4					
5					
6	**Vorgang**			**Ergebnis**	
7	A2 mal B2 :				
8	C2 hoch 3 :				
9	A4 mal (minus 2) :				

EXCEL ÜBUNGEN

3. Mutiplizieren Sie die Inhalte der Zellen *A2* und *B2* :

Das Ergebnis soll in der Zelle ***D7*** stehen, aktivieren Sie daher diese Zelle. Tippen Sie die Formel **`=A2*B2`** ein - für das Malzeichen nehmen Sie den Stern oder das Multiplikationszeichen auf dem numerischen Tastenblock. Formeln und Funktionen müssen immer mit einem Gleichheitszeichen beginnen, sonst wird die Formel nur als Text in die Zelle eingetragen und nicht das Ergebnis ausgerechnet!

D7 | =A2*B2

	A	B	C	D	E	F
1	Länge	Breite	Höhe	Radius	Winkel	
2	100	200	50	90	80	
3						
4						
5						
6	**Vorgang**			**Ergebnis**		
7	A2 mal B2 :			=A2*B2		

Sobald Sie die Eingabe bestätigen, erscheint das Ergebnis in der Zelle ***D7***. In der Eingabezeile können Sie nach wie vor ablesen, welche Formel hinter dem Ergebnis steckt.

D7 | =A2*B2

	A	B	C	D	E	F
1	Länge	Breite	Höhe	Radius	Winkel	
2	100	200	50	90	80	
3						
4						
5						
6	**Vorgang**			**Ergebnis**		
7	A2 mal B2 :			20000		

4. Rechnen Sie '*C2* hoch *3*' aus :

Aktivieren Sie die Zelle ***D8*** - diese Zelle soll das Ergebnis aufnehmen.

Sie können die *komplette* Formel **`=C2^3`** wieder eintippen - Sie können sich aber auch ein wenig Tipparbeit sparen: Geben Sie zunächst das Gleichheitszeichen ein.

EXCEL ÜBUNGEN

Statt nun ***C2*** *einzutippen*, klicken Sie die Zelle ***C2*** einfach an - ***C2*** wird daraufhin *automatisch* in der Eingabezeile hinter dem Gleichheitszeichen eingetragen, Sie haben sich das Eintippen gespart. Das Zeichen zum Potenzieren und die Ziffer ***3*** müssen Sie wieder eintippen. (Das Zeichen zum Potenzieren finden Sie in der linken oberen Ecke auf der Tastatur. Es wird erst angezeigt, sobald Sie das nachfolgende Zeichen eingegeben haben.) Das Ergebnis ist 125000.

5. **Multiplizieren** Sie die Zelle ***A2*** mit ***(-2)*** :

Aktivieren Sie die Zelle ***D9***, sie soll das Ergebnis aufnehmen.

Die Formel lautet **=A2*(-2)**, also genauso, wie Sie sie auch in einen Taschenrechner eingeben würden. Beginnen Sie wieder mit dem Gleichheitszeichen und klicken Sie dann die Zelle ***A2*** an, damit sie in der Eingabezeile eingetragen wird. Tippen Sie den Rest der Formel ein. Das Ergebnis ist -200.

6. **Übersicht** über die im folgenden verwendeten **Funktionen :**

SIN*(Zahl)*	berechnet den Sinus einer Zahl
COS*(Zahl)*	berechnet den Cosinus einer Zahl
TAN*(Zahl)*	berechnet den Tangens einer Zahl
ABS*(Zahl)*	ergibt den Absolutwert einer Zahl
WURZEL*(Zahl)*	berechnet die Wurzel einer Zahl
SUMME*(Zahl; Zahl...)*	berechnet die Summe mehrerer Zahlen
PI( )	liefert die Zahl Pi: 3,14159265358979
RUNDEN*(Zahl, Stellen)*	rundet eine Zahl auf die angegebenen Nachkommastellen auf / ab

Eine umfassende Übersicht finden Sie im Anhang, detaillierte Informationen zu jeder Funktion können Sie im Dialogfenster des Funktionsassistenten (s.8.) abrufen, indem Sie die entsprechende Funktion markieren und die Schaltfläche ***HILFE*** aktivieren.

7. **Ziehen Sie die Quadratwurzel aus der Zelle *A2* :**

Geben Sie in die Zelle ***D10*** die Funktion **=WURZEL(A2)** ein und bestätigen Sie.

EXCEL ÜBUNGEN

8. Ziehen Sie die Wurzel aus der Zelle *C2* :

Aktivieren Sie die Zelle ***D11***, die das Ergebnis aufnehmen soll. Tippen Sie die Funktion diesmal *nicht* ein, sondern lassen Sie sie automatisch einfügen :

Klicken Sie das Symbol fx zum Aufrufen des Funktions-Assistenten an (oder wählen Sie den Befehl ***EINFÜGEN*** / *FUNKTION*). Untenstehendes Dialogfenster erscheint :

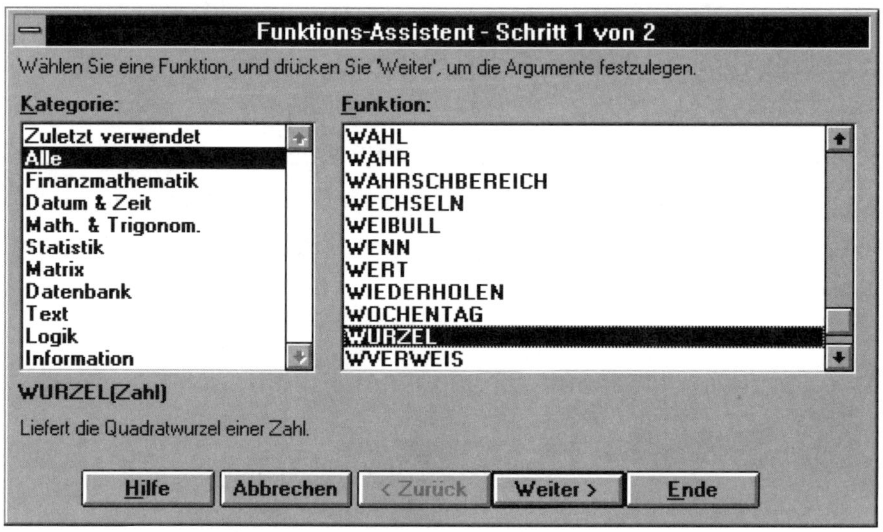

Wählen Sie die Kategorie ***Alle***, damit im rechten Listenfeld *alle* Funktionen angezeigt werden. Klicken Sie in das rechte Listenfeld und tippen Sie ein **`w`** ein - die Markierung springt auf die erste Funktion, die mit **`w`** beginnt. Blättern Sie bis zur Funktion Wurzel weiter und markieren Sie die Funktion. Schließen Sie das Dialogfenster mit ***ENDE***. Die Funktion wird mit dem Funktionsargument ***Zahl*** in die Eingabezeile eingefügt:

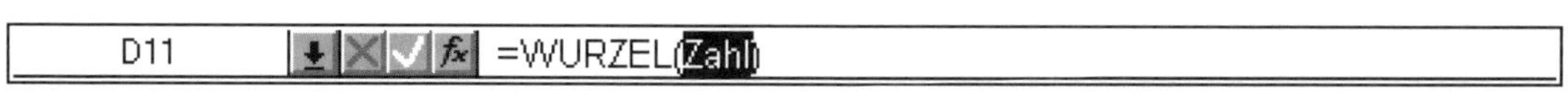

Das Funktionsargument muß nun noch durch die Zahl ersetzt werden, aus der die Wurzel gezogen werden soll. Klicken Sie daher die Zelle ***C2*** an (oder tippen Sie **`c2`** ein), die Markierung wird mit ***C2*** überschrieben. Sobald Sie bestätigen, wird das Ergebnis 7,07106781 in die Zelle ***D11*** eingetragen.

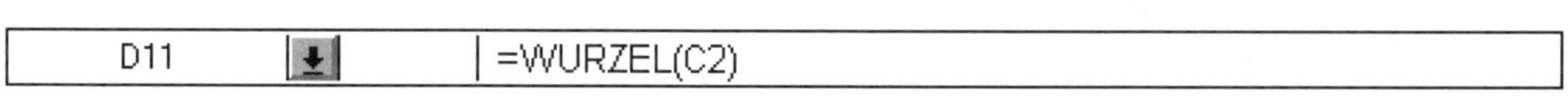

EXCEL ÜBUNGEN

Alternativ zum Vorgehen eben hätten Sie, statt das Dialogfenster nach der Auswahl der Funktion *WURZEL* zu beenden, auch die Schaltfläche ***WEITER*** anklicken können. Dann wäre das folgende Dialogfenster erschienen. Sie hätten das Dialogfenster etwas beiseite schieben müssen, um die Zelle ***C2*** anklicken zu können. Nach Beendigung des Dialogfensters hätten Sie dasselbe Ergebnis wie zuvor.

Ob Sie lieber so, oder wie zuvor gezeigt vorgehen, oder sogar vorziehen, die Formel per Hand einzutippen, bleibt letztendlich Ihnen überlassen. Bei einfachen Funktionen geht das Eintippen sicherlich am schnellsten - bei schwierigeren Funktionen mit mehreren Funktionsargumenten ist der Funktions-Assistent hilfreich.

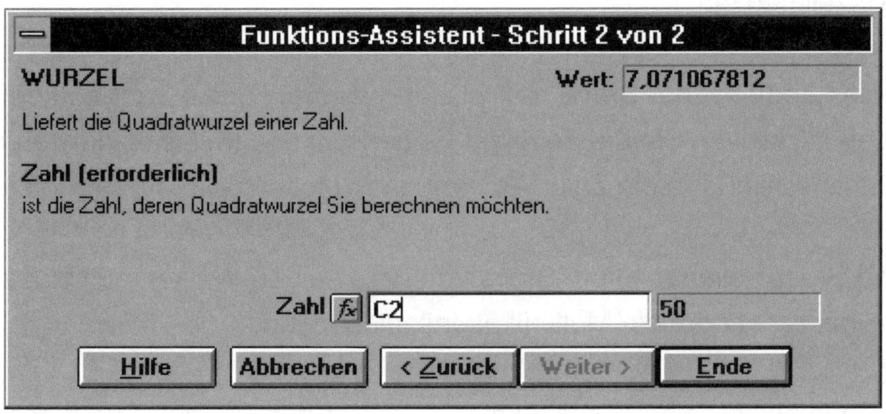

In der Abbildung im linken Fenster auf der vorigen Seite sehen Sie verschiedene Kategorien. Die Voreinstellung ***Alle*** zeigt im rechten Fenster alle Funktionen alphabetisch aufgelistet an, wählen Sie eine andere Kategorie, werden nur noch die dieser Kategorie zugehörigen Funktionen aufgelistet. Nachdem Sie die Kategorie gewechselt haben, müssen Sie den Cursor erst wieder in das rechte Fenster setzen, ehe Sie den Anfangsbuchstaben der gewünschten Funktion eintippen, sonst sprint die Markierung nämlich nicht auf die erste Funktion sondern auf die erste Kategorie mit diesem Buchstaben.

9. Bilden Sie den Absolutwert der Zelle *D9*:

Das Ergebnis soll in der Zelle ***D12*** stehen, aktivieren Sie die Zelle daher.

Rufen Sie wieder den Funktions-Assistenten auf, setzen Sie die Markierung auf die Funktion ***ABS*** und aktivieren Sie die Schaltfläche *ENDE*. Die Funktion wird in die

EXCEL ÜBUNGEN

Eingabezeile eingetragen, das Funktionsargument ***Zahl*** muß wieder durch die Zelle ersetzt werden, von der der Absolutwert gebildet werden soll. Klicken Sie daher die Zelle ***D9*** an und bestätigen Sie. Das Ergebnis 200 wird in die Zelle ***D12*** eingetragen.

10. Berechnen Sie in der Zelle *D13* die Fläche eines Dreieckes nach der Formel Länge * Breite * Sinus(Winkel / 2) :

Zur Berechnung einer Dreiecksfläche gibt es leider keine fertige Funktion - Sie müssen die Formel selbst eingeben.

Aktivieren Sie zunächst die Ergebniszelle ***D13*** und geben Sie als Beginn der Formel ein Gleichheitszeichen ein.

Nun soll die Länge mit der Breite multipliziert werden. Da die Länge in der Zelle ***A2*** eingetragen ist, klicken Sie die Zelle an. Geben Sie das Multiplikationszeichen ein und klicken Sie anschließend die Zelle ***B2*** an, da in dieser Zelle die Breite steht.

Länge und Breite sollen mit dem Sinus von dem halben Winkel multipliziert werden. Geben Sie zunächst wieder ein Multiplikationszeichen ein.

Um den Sinus aus dem halben Winkel zu bilden, rufen Sie den Funktions-Assistenten auf und geben den Anfangsbuchstaben **S** ein, damit die Funktionen mit dem Anfangsbuchstaben ***S***... aufgelistet werden. Die Markierung steht bereits auf der Funktion ***SIN***, beenden Sie daher das Dialogfenster. Nun muß noch das Funktionsargument ***Zahl*** durch den halben Winkel ersetzt werden:

Der Winkel ist in der Zelle ***E2*** eingetragen, klicken Sie diese Zelle an, damit sie eingetragen wird. Fügen Sie noch ein Divisionszeichen und die Zahl **2** ein - der Winkel muß ja noch durch 2 geteilt werden.

Nun ist die Formel komplett und kann bestätigt werden. Ergebnis: 14902,2632.

D13 =A2*B2*SIN(E2/2)

	A	B	C	D	E	F
1	Länge	Breite	Höhe	Radius	Winkel	
2	100	200	50	90	80	

EXCEL ÜBUNGEN

11. Berechnen Sie in der Zelle *D14* die Fläche eines Kreises nach der Formel Radius² * Pi :

Aktivieren Sie die Ergebniszelle ***D14*** und geben Sie ein Gleichheitszeichen ein. Klicken Sie die Zelle an, in der der Radius steht (D2), geben Sie das Zeichen zum Potenzieren ein und anschließend die Zahl **2**, gefolgt von einem Multiplikationszeichen.

Nun muß nur noch die Funktion ***PI*** eingefügt werden. Aktivieren Sie den Funktions-Assistenten, tippen Sie den Anfangsbuchstaben der Funktion ein, wählen Sie die Funktion ***PI***, und beenden Sie das Dialogfenster. Diesmal steht kein Funktionsargument in den Klammern - die Funktion benötigt keines. Die Formel ist komplett und kann bestätigt werden. Ergebnis: 25446,9005.

12. Berechnen Sie in der Zelle *D15* die Fläche eines Raumes nach der Formel Länge * Breite * 97% :

Den ersten Teil der Formel **Länge * Breite *** können Sie wie gewohnt eingeben, indem Sie die entsprechenden Zellen anklicken, in denen Länge bzw. Breite eingetragen sind und die Multiplikationszeichen eintippen (nicht das Gleichheitszeichen vergessen!). Zuletzt geben Sie **97%** ein und bestätigen die Formel. Länge und Breite werden multipliziert, von dem Zwischenergebnis werden 97% berechnet (intern wird durch 100 geteilt und mit 97 multipliziert). Ergebnis: 19400.

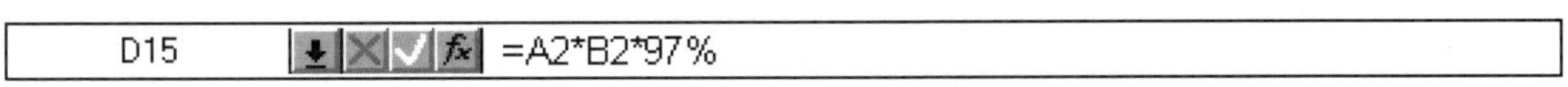

13. Sie können Funktionen auch ineinander verschachteln: Bilden Sie in der Zelle *D16* das gerundete Ergebnis der Wurzel aus *B2* :

Sie benötigen die Funktionen *WURZEL* und *RUNDEN*. Da die Wurzel gerundet werden soll, muß die Funktion *WURZEL* als Funktionsargument in die Funktion *RUNDEN* eingesetzt werden: *RUNDEN (WURZEL(B2); 2)*.
Excel wertet ineinander verschachtelte Funktionen immer von innen nach außen aus, es berechnet zuerst die Wurzel aus *B2* und wertet anschließend das Ergebnis der Funktion *WURZEL* als Funktionsargument für die äußere Funktion *RUNDEN* aus, d.h. es rundet das Ergebnis der Wurzel auf zwei Stellen.

EXCEL ÜBUNGEN

Bei der Eingabe mit dem Funktionsassistenten müssen Sie genau umgekehrt herum vorgehen - Sie fügen zuerst die äußere Funktion ein, um anschließend die innere Funktion als Funktionsargument einzusetzen.

Fügen Sie zunächst mit dem Funktions-Assistenten die äußere Funktion ***RUNDEN*** ein:

```
D16    =RUNDEN(Zahl;Anzahl_Stellen)
```

Die Funktion hat zwei Funktionsargumente, die beide durch den gewünschten Wert ersetzt werden müssen. Zunächst steht die Markierung auf dem Funktionsargument ***Zahl***. Hierfür muß der Wert angegeben werden, der gerundet werden soll. In unserem Fall ist das die ***Wurzel aus der Zelle B2***. Sie müssen daher an dieser Stelle die Funktion ***WURZEL*** einfügen, indem Sie den Funktions-Assistenten aufrufen und die Funktion auswählen. Das Ergebnis sieht so aus:

```
D16    =RUNDEN(WURZEL(Zahl);Anzahl_Stellen)
```

Wie üblich muß das Funktionsargument der Funktion Wurzel durch den Wert ersetzt werden, aus dem die Wurzel gezogen werden soll. Klicken Sie daher die Zelle ***B2*** an. Die Funktion ***WURZEL*** ist komplett:

```
C2    =RUNDEN(WURZEL(C2);Anzahl_Stellen)
```

Nun muß noch das zweite Funktionsargument der Funktion ***RUNDEN*** durch die Anzahl der Nachkommastellen ersetzt werden, auf die gerundet werden soll. Markieren Sie das Funktionsargument ***Anzahl_Stellen*** (am schnellsten geht dies mit einem Doppelklick in das Wort - ein Doppelklick markiert immer ein komplettes Wort) und geben Sie die Ziffer **2** ein, um die Markierung mit diesem Wert zu überschreiben.

```
D16    =RUNDEN(WURZEL(C2);2)
```

Bestätigen Sie die Funktion - das Ergebnis 14,14 wird in die Zelle ***D16*** eingetragen.

EXCEL ÜBUNGEN

14. Die Summenfunktion :

In der Zelle ***D17*** soll die Summe der Zellen ***A2*** und ***C2*** gebildet werden, aktivieren Sie die Zelle daher. Wählen Sie im Funktionsassistenten die Funktion ***SUMME***. Sie können hier beliebig viele Argumente einsetzen, wie durch die Punkte hinter dem zweiten Argument angedeutet.

```
D17        =SUMME(Zahl1;Zahl2;...)
```

Das erste Argument ist bereits markiert. Klicken Sie die erste zu summierende Zelle, also die Zelle ***A2*** an, um die Markierung damit zu überschreiben. Für das zweite Argument muß die Zelle ***C2*** eingesetzt werden - am schnellsten geht es, wenn Sie auf ***Zahl2*** doppelklicken, das Argument wird dadurch markiert, und dann die Markierung wieder überschreiben, indem Sie ***C2*** anklicken. Das Semikolon nach dem zweiten Funktionsargument und die Punkte müssen Sie natürlich noch löschen - sonst erhalten Sie eine Fehlermeldung - sie deuten lediglich an, daß Sie noch mehrere durch Semikola getrennte Funktionsargumente in die Klammern einsetzen könnten.

```
D17        =SUMME(A2;C2)
```

Sobald Sie bestätigen, wird die Summe 150 in die Zelle ***D17*** eingetragen. Natürlich hätten Sie die Funktion wie immer - wenn Sie die Syntax auswendig wissen, auch per Hand eintippen können. Eine weitere Alternative wäre gewesen - statt mit der Funktion zu arbeiten - die Formel **`=A2+C2`** einzugeben.

Bilden Sie in der Zelle ***D18*** die Summe der Zellen ***A2*** bis ***E2***. Aktivieren Sie die Zelle ***D18*** und wählen Sie wieder die Summenfunktion. Das erste Funktonsargument ist wie immer markiert und kann überschrieben werden. Klicken Sie die zu summierenden Zellen diesmal nicht einzeln an - bei *nebeneinanderliegenden* Zellen ist das nicht nötig. Markieren Sie stattdessen *alle* zu summierenden Zellen, also ***A2*** bis ***E2***, das Argument ***A2 : D2*** wird in die Eingabezeile eingetragen (der Doppelpunkt bedeutet ***bis***).

```
A2         =SUMME(A2:E2;Zahl2;...)
```

EXCEL ÜBUNGEN

Löschen Sie die nicht benötigten Argumente und bestätigen Sie.

D18	=SUMME(A2:D2)

Die Summe 520 wird in die Ergebniszelle ***D18*** eingetragen. Sie können die Datei nun schließen, ohne zu speichern - sie wird im folgenden nicht mehr benötigt.

	A	B	C	D	E
1	Länge	Breite	Höhe	Radius	Winkel
2	100	200	50	90	80
3					
4					
5					
6	**Vorgang:**			**Ergebnis:**	
7	A2 mal B2:			20000	
8	C2 hoch 3:			125000	
9	A2 mal (minus 2):			-200	
10	Wurzel aus Zelle A2:			10	
11	Wurzel aus Zelle C2:			7,07106781	
12	Absolutwert von D9:			200	
13	Fläche Dreieck:			14902,2632	
14	Fläche Kreis:			25446,9005	
15	Fläche Raum:			19400	
16	Wurzel aus C2 gerundet:			14,14	
17	Summe von A2 und C2:			150	
18	Summe der Zellen A2 bis E2:			520	

THEORETISCHE GRUNDLAGEN

Das Summensymbol und das Kopieren von Formeln

Das Summensymbol :

Da die Summen-Funktion sehr häufig benötigt wird, erleichtert das Symbol Σ in der Standard-Symbolleiste die Eingabe. Wird es aktiviert, wird die Summen-Funktion *automatisch mit bereits eingesetzten Funktionsargumenten* in die Eingabezeile eingefügt.

Natürlich kann Excel beim Einsetzen der Funktionsargumente nur vermuten, welche Zellen summiert werden sollen, i.d.R. schlägt es die Zellen oberhalb der Ergebniszelle vor, befinden sich in diesen Zellen keine Einträge, trägt es stattdessen die Zellen links von der Ergebniszelle ein, befindet sich auch dort kein Eintrag, wird kein Argument eingesetzt.

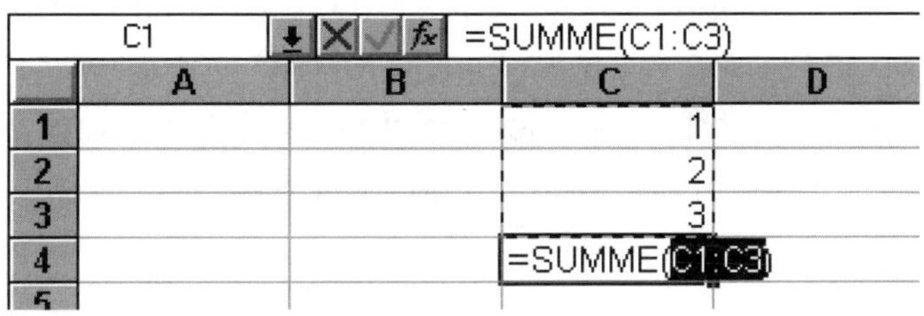

Im Beispiel vermutet Excel, daß die Zellen ***C1*** bis ***C3*** addiert werden sollen. Das erkennen Sie nicht nur an dem Eintrag in der Eingabezeile, sondern außerdem an dem gestrichelten Rahmen um die Zellen. Ist die Vermutung von Excel richtig, brauchen Sie nur noch zu bestätigen, und schon steht das Ergebnis in der Zelle ***C4***. Möchten Sie hingegen andere Zellen addieren, markieren Sie einfach die entsprechenden Zellen. Augenblicklich ändern sich der gestrichelte Rahmen und der Eintrag in der Eingabezeile. Markieren Sie z.B. nur die Zellen ***C1*** und ***C2***, ändert sich das Bild folgendermaßen :

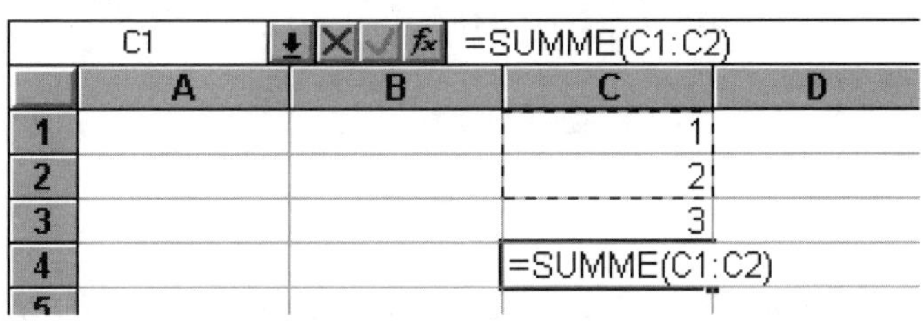

Sie müssen nicht unbedingt an die Summenfunktion angrenzende Zellen markieren, die markierten Zellen können an jeder *beliebigen* Stelle im Tabellenblatt liegen !

THEORETISCHE GRUNDLAGEN

Markieren Sie eine Zeile oder Spalte, indem Sie den Zeilen- oder Spaltenkopf anklicken, wird die Summe der *ganzen* Zeile bzw. Spalte gebildet und in die Summenfunktion ein entsprechender Eintrag vorgenommen. Für die Spalte ***A*** lautet der Eintrag z.B. ***A:A***, für die Zeile ***3*** hingegen ***3:3*** usw.

Hat Excel die Klammern leer gelassen, d.h. keine Funktionsargumente eingetragen, legen Sie die Funktionsargumente fest, indem Sie den zu summierenden Bereich markieren - er wird sofort in die Summenformel eingetragen.

Möchten Sie *mehrere* ***Zellen oder Zellbereiche summieren, die nicht nebeneinander liegen***, müssen Sie *mehrere* Funktionsargumente eintragen: Markieren Sie bei gedrückter Steuerung-Taste [Strg] nacheinander mehrere nicht nebeneinanderliegende Zellen oder Zellbereiche, werden diese automatisch durch Semikola getrennt als Argumente in die Summenfunktion eingetragen. (Ist Ihnen die Funktion der Steuerung-Taste noch klar? Sie bewirkt, daß die vorherige Markierung jeweils bestehen bleibt. Wird sie beim Markieren der zu summierenden Bereiche nicht betätigt, so wird jeweils das bestehende Funktionsargument durch den neuen Eintrag ersetzt, statt daß ein weiteres Argument hinzugefügt wird).

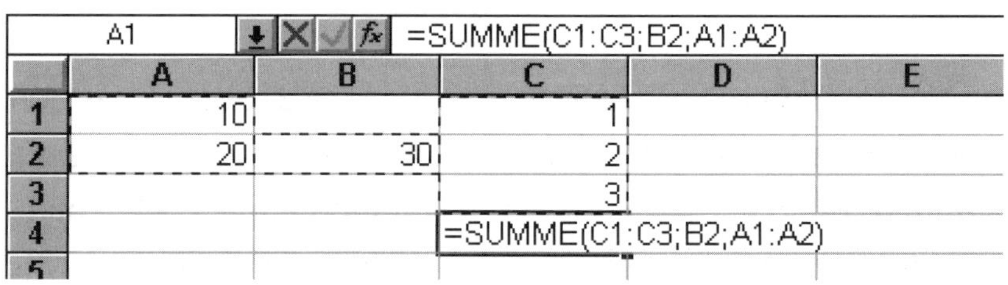

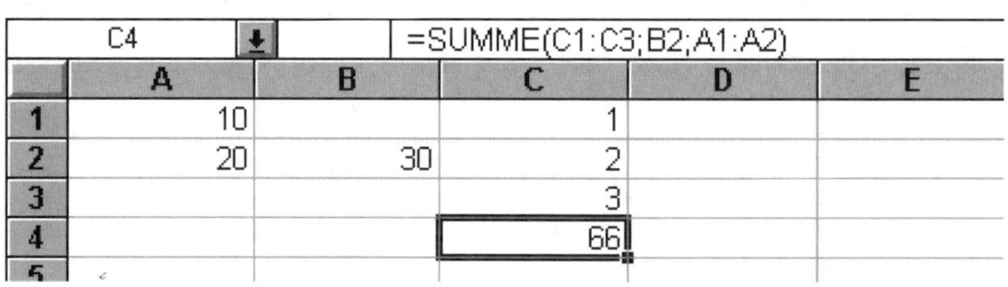

Daß der ***Doppelpunkt*** jeweils ***bis*** bedeutet, während die ***Semikola*** einzelne ***Funktionsargumente voneinander trennen***, wurde bereits in der letzten Übung erwähnt.
C1 : C3 summiert demnach die Zellen ***C1 bis C3***, außerdem werden der Summe im Beispiel die Zellen ***B2*** und ***A1 bis A2*** hinzugefügt.

THEORETISCHE GRUNDLAGEN

Automatische Anpassung von Formeln und Funktionen :

Wie alle Formeln und Funktionen wird die Summenformel automatisch angepaßt, sobald sich beliebige Werte in den Zellen ändern, auf die sich die Formel bezieht. Ändern Sie im Beispiel auf der vorigen Seite z.B. die Zahl ***10*** in der Zelle ***A1*** in die Zahl ***20*** um, so erhöht sich automatisch das Ergebnis in der Zelle ***C4*** auf ***76***.

Auch wenn Sie nachträglich Leerzeilen einfügen und dort neue Werte eingeben (Beispiel unten), wird das Ergebnis automatisch angepaßt :

Sie sehen in der zweiten Abbildung, daß die Funktionsargumente nach dem Einfügen der Leerzeile automatisch korrigiert werden, aus ***C3*** wird ***C4***.

Nach Eingabe einer Zahl (dritte Abbildung) korrigiert Excel das Ergebnis.

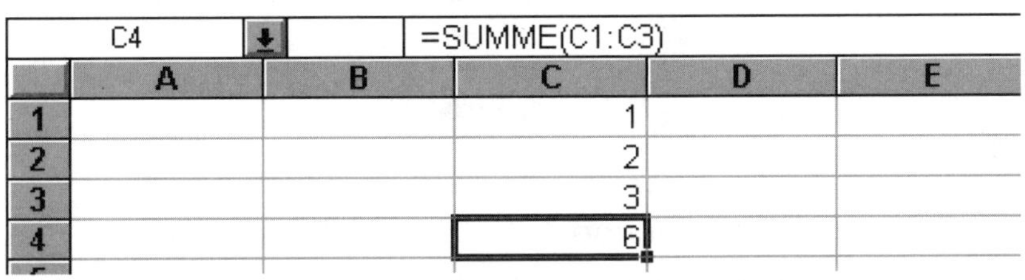

C4 =SUMME(C1:C3)

	A	B	C	D	E
1			1		
2			2		
3			3		
4			6		

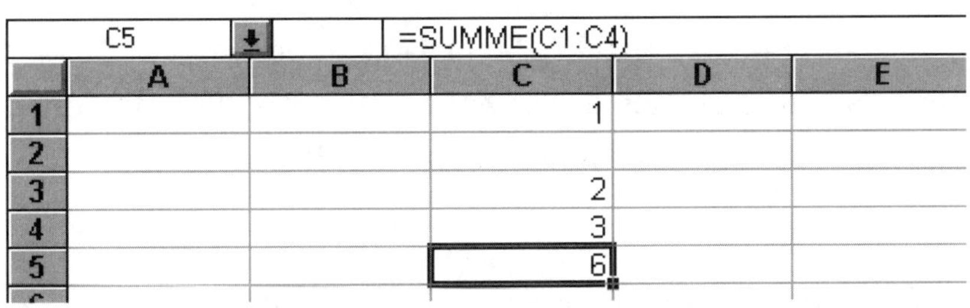

C5 =SUMME(C1:C4)

	A	B	C	D	E
1			1		
2					
3			2		
4			3		
5			6		

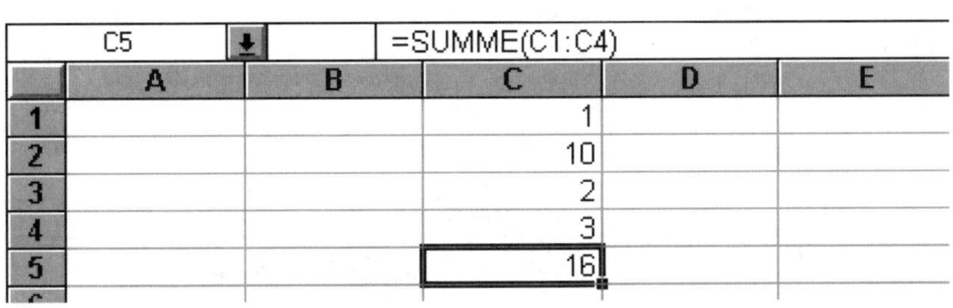

C5 =SUMME(C1:C4)

	A	B	C	D	E
1			1		
2			10		
3			2		
4			3		
5			16		

THEORETISCHE GRUNDLAGEN

In 2 Fällen werden die ***Zellbezüge*** (Zellen, auf die sich die Funktion bezieht) nach dem Einfügen neuer Zellen *nicht* automatisch angepaßt, nämlich dann, wenn Sie *nach* (2. Abb.) oder *vor* der letzten Zelle (3. Abb.), die die Formel umfaßt, neue Zellen einfügen :

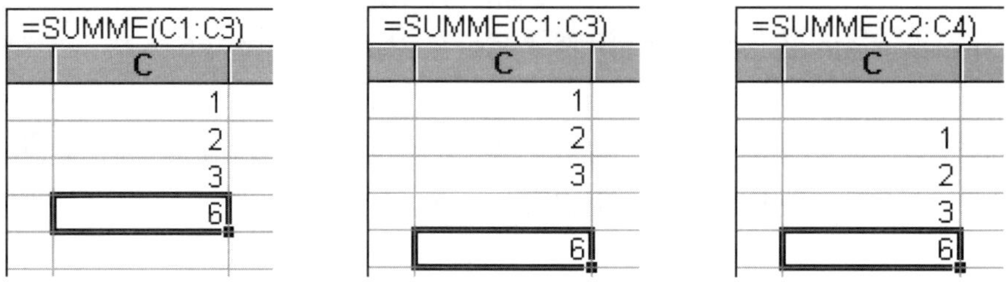

Sie können in der Eingabezeile ablesen, daß die Funktion auch nach dem Einfügen der Zellen nur die ursprünglichen drei Zellen umfaßt. Geben Sie nun in die Zelle ***C4*** (2. Abb.) bzw. in die Zelle ***C1*** (3. Abb.) einen Wert ein, wird er von der Summen-Funktion nicht berücksichtigt. Damit auch die neuen Zellen erfaßt werden, müssen Sie die Argumente in der Eingabezeile korrigieren, d.h. ***C3*** in ***C4*** bzw. ***C2*** in ***C1*** umändern.

Formeln und Funktionen kopieren :

Angenommen Sie haben die folgende Tabelle erstellt und möchten in allen Zellen der Spalte ***D*** jeweils die Summe der Zellen links von ***D*** bilden. Sie tragen daher zunächst in die Zelle ***D1*** - wie in der Abbildung bereits geschehen - die Summenfunktion ein. Diesen Vorgang müssen Sie nun nicht Zelle für Zelle in der Spalte ***D*** wiederholen - stattdessen kopieren Sie die Funktion in der Zelle ***D1*** in die darunterliegenden Zellen. Hierfür verwenden Sie die bereits bekannte Autofill-Funktion.

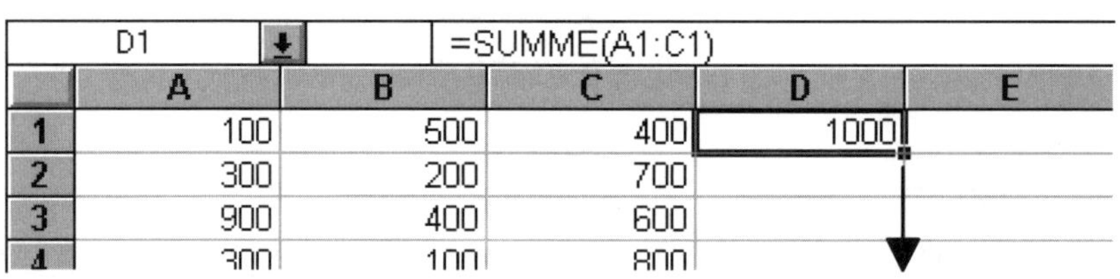

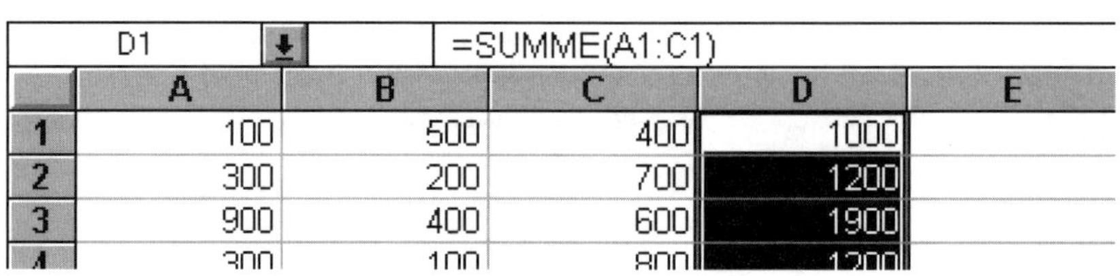

THEORETISCHE GRUNDLAGEN

Würde die Autofill-Funktion die Formel *=SUMME(A1:C1)* in alle anderen Zellen kopieren, so würde in jeder Zelle das gleiche Ergebnis stehen. Das wäre nicht sinnvoll. Daher werden die Zellbezüge von Formeln und Funktionen beim Kopieren jeweils der Zeile oder Spalte angepaßt, in der die Kopie steht.
Ist die Kopie eine Zeile weiter unten als die Originalfunktion, rücken die Zellbezüge in der Kopie ebenfalls um eine Zeile nach unten, liegt die Kopie zwei Zeilen tiefer als das Original, werden die Zellbezüge um *zwei* Zeilen korrigiert usw.: In der Zeile ***2*** bezieht sich die Funktion z.B. nicht mehr auf die Zellen ***A1*** bis ***C1*** wie in der Originalfunktion, sondern nunmehr auf die Zellen ***A2*** bis ***C2***. Da die Ergebniszelle ***D2*** in der folgenden Abbildung aktiviert ist, können Sie die angepaßten Zellbezüge in der Eingabezeile ablesen. In der Zeile ***3*** bezieht sich die Funktion auf die Zellen ***A3*** bis ***C3*** usw.

D2 =SUMME(A2:C2)

	A	B	C	D	E
1	100	500	400	**1000**	
2	300	200	700	**1200**	
3	900	400	600	**1900**	
4	300	100	800	**1200**	

Wird eine Funktion nach rechts kopiert (folgende Abbildungen), werden die Zellbezüge nicht bzgl. der Zeilen sondern bezüglich der Spalten angepaßt, da die Kopien jeweils ein oder mehrere *Spalten* weiter rechts stehen als die Originalfunktion. In der Ergebniszelle ***B5*** (in der unteren Abb. aktiviert) lauten die Bezüge nicht mehr ***A1 : A4***, wie in der Zelle ***A5***, sondern nunmehr ***B1 : B4***, in der Zelle ***C5*** lauten sie ***C1 : C4*** usw.

A5 =SUMME(A1:A4)

	A	B	C	D	E
1	100	500	400	**1000**	
2	300	200	700	**1200**	
3	900	400	600	**1900**	
4	300	100	800	**1200**	
5	1600				

B5 =SUMME(B1:B4)

	A	B	C	D	E
1	100	500	400	**1000**	
2	300	200	700	**1200**	
3	900	400	600	**1900**	
4	300	100	800	**1200**	
5	**1600**	**1200**	**2500**	**5300**	

THEORETISCHE GRUNDLAGEN

☞ Eine Alternative zur Autofill-Funktion bietet der Befehl ***BEARBEITEN*** / *AUSFÜLLEN* / ***RECHTS*** (bzw. ***LINKS***, ***UNTEN*** oder ***OBEN***). Bei Verwendung dieses Befehls müssen - ähnlich wie beim Ausfüllen von Zahlenreihen mit Hilfe des Menüs - vor dem Aufruf die Zelle mit der Formel *und* die Zellen, in die die Formel kopiert werden soll, markiert werden. Da das Kopieren mit Hilfe der Autofill-Funktion einfacher ist, wird auf diese Befehle im Verlauf der Übungen nicht weiter eingegangen.

☞ Für die ***Summenfunktion*** gibt es bei einfachen Tabellen außerdem folgende Möglichkeit: Wenn Sie mehrere an einen Zahlenblock angrenzende Leerzellen markieren, ehe Sie das Summenzeichen anklicken - werden automatisch in allen markierten Zellen die Summen gebildet. Auch eine Mehrfachauswahl (s. Abb.) ist zulässig.

	A	B	C
1	5	20	
2	8	11	
3	10	7	
4			

	A	B	C
1	5	20	25
2	8	11	19
3	10	7	17
4	23	38	

Bei Anwendung dieser Methode erkennt Excel sogar Zwischensummen, die bereits in den Zellen gebildet wurden. Im folgenden Beispiel wurden in den Zeilen ***3*** und ***6*** jeweils die Summen der Zeilen ***1*** und ***2*** bzw. der Zeilen ***4*** und ***5*** gebildet. Anschließend wurden die Zellen ***A7*** und ***B7*** markiert und das Summenzeichen angeklickt. In der rechten Abbildung sehen Sie das Ergebnis: Excel hat *nicht alle* Zahlen, sondern nur die Zellen, in denen eine Summenfunktion (Zwischensumme) steht, addiert.

	A	B
1	5	20
2	8	11
3	**13**	**31**
4	10	7
5	6	16
6	**16**	**23**
7		

	A	B
1	5	20
2	8	11
3	**13**	**31**
4	10	7
5	6	16
6	**16**	**23**
7	**29**	**54**

Diese Methode ***funktioniert*** allerdings nur bei der Summenformel, ***nicht bei anderen Formeln und Funktionen*** und auch hier nur dann, wenn *alle* Zahlen bzw. Zwischensummen addiert werden sollen. Wegen diesen Einschränkungen wird in den folgenden Übungen immer mit der Autofillfunktion gearbeitet, die Autofillfunktion ist *immer* anwendbar !

☞ Formeln oder Funktionen können auch mit den Befehlen *BEARBEITEN / KOPIEREN* und BEARBEITEN / *EINFÜGEN* kopiert werden. Die Kopie müßte jedoch in jede Zelle einzeln eingefügt werden - der Aufwand wäre also relativ groß.

EXCEL ÜBUNGEN

ÜBUNG 24

Formeln kopieren

1. **Öffnen Sie eine neue Datei und markieren Sie den Bereich von *A5* bis *C10*, um folgende Eingaben zu machen :**

A5:	**`Bezeichnung`**	*B5:*	**`Plankosten`**	*C5:*	**`Istkosten`**
A6:	**`Maschinen`**	*B6:*	**`120000`**	*C6:*	**`34124`**
A7:	**`Material`**	*B7:*	**`11000`**	*C7:*	**`6649`**
A8:	**`Reparaturen`**	*B8:*	**`34000`**	*C8:*	**`18534`**
A9:	**`Ersatzteile`**	*B9:*	**`120000`**	*C9:*	**`34124`**
A10:	**`Sonstige`**	*B10:*	**`8000`**	*C10:*	**`2546`**

Geben Sie in die Zelle ***A2*** noch die Überschrift **`Kosten im Jahr 1993`**, in die Zelle ***A12*** den Text **`Summe`** und in die Zelle ***D5*** den Text **`% vom Plan`** ein. Speichern Sie die Datei unter dem Namen ***Kosten93*** im Verzeichnis ***c: \ schulung \ tabellen***.

2. **Bilden Sie die Summe der Zellen *B6* bis *B10* :**

Aktivieren Sie die Zelle ***B12***, die das Ergebnis aufnehmen soll und klicken Sie auf das Summensymbol [Σ]. Excel schlägt vor, die Zellen ***B6*** bis ***B11*** zu summieren. Sie sehen das an dem Laufrahmen um die Zellen und am Eintrag ***=Summe(B6:B11)*** in der Eingabezeile.

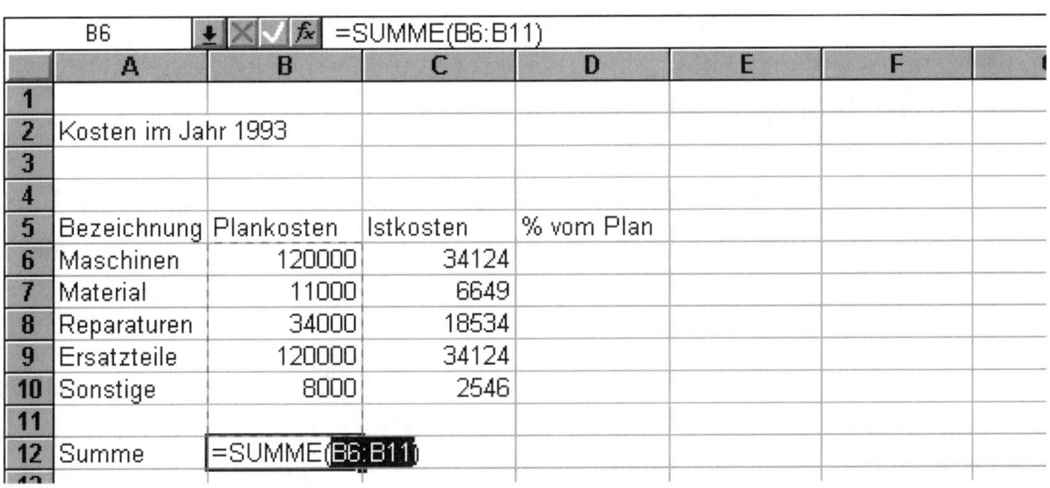

B6 =SUMME(B6:B11)

	A	B	C	D	E	F
1						
2	Kosten im Jahr 1993					
3						
4						
5	Bezeichnung	Plankosten	Istkosten	% vom Plan		
6	Maschinen	120000	34124			
7	Material	11000	6649			
8	Reparaturen	34000	18534			
9	Ersatzteile	120000	34124			
10	Sonstige	8000	2546			
11						
12	Summe	=SUMME(B6:B11)				

EXCEL ÜBUNGEN

Würden Sie die Funktion nun bestätigen, würde das Ergebnis augenblicklich in die Zelle ***B12*** eingetragen - die Leerzelle ***B11*** würde dabei wie eine Zelle mit dem Eintrag ***0*** behandelt, hätte also keine Auswirkung.

Da Sie aber lernen sollen, wie die Markierung geändert werden kann, nehmen Sie den Vorschlag von Excel nicht an, sondern korrigieren die Zellbezüge, indem Sie nur die Zellen ***B6*** bis ***B10*** markieren. Der Eintrag in der Eingabezeile wird sofort angepaßt. Sobald Sie bestätigen, wird in der Zelle ***B12*** die Summe der zuvor markierten Zellen gebildet.

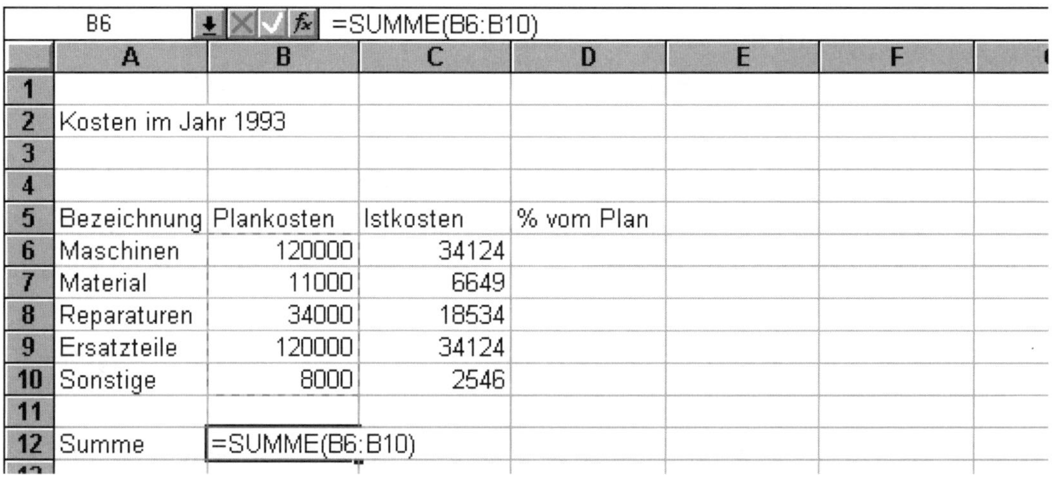

B6 =SUMME(B6:B10)

	A	B	C	D	E	F
1						
2	Kosten im Jahr 1993					
3						
4						
5	Bezeichnung	Plankosten	Istkosten	% vom Plan		
6	Maschinen	120000	34124			
7	Material	11000	6649			
8	Reparaturen	34000	18534			
9	Ersatzteile	120000	34124			
10	Sonstige	8000	2546			
11						
12	Summe	=SUMME(B6:B10)				

3. Kopieren Sie die Formel aus der Ergebniszelle *B12* nach rechts in die Zelle *C12*:

Kopieren Sie die Funktion in der Zelle ***B12*** mit der Autofillfunktion in die Zelle ***C12*** (mit dem Mauszeiger auf den Anfasser in der rechten unteren Ecke zeigen und mit gedrückter Maustaste eine Zelle nach rechts ziehen).

Wenn Sie kontrollieren möchten, welche Formel oder Funktion in einer Zelle eingetragen ist, müssen Sie die Zelle aktivieren. Die Formel kann dann in der Eingabezeile abgelesen werden. Sehen Sie sich die Formeln in den Zellen ***B12*** und ***C12*** an!

Die Funktion aus der Zelle ***B12*** wurde in die Zelle ***C12*** übertragen, die Zellbezüge wurden dabei entsprechend angepaßt: da die Kopie der Funktion eine Spalte weiter rechts steht als die Originalfunktion, wurden auch die Spaltenbezüge in der neuen For-

E X C E L   Ü B U N G E N

mel um eine Spalte nach rechts gerückt - aus der Summe der Zellen ***B6 : B10*** wurde die Summe der Zellen ***C6 : C10***.

Sie können auch alle Formeln auf einmal anzeigen lassen (anstelle der Ergebnisse). Aktivieren Sie ***EXTRAS*** / *OPTIONEN* / ***ANSICHT*** und kreuzen Sie dort ***Formeln*** an.

	A	B	C	D
1				
2	Kosten im Jahr 1993			
3				
4				
5	Bezeichnung	Plankosten	Istkosten	% vom Plan
6	Maschinen	120000	34124	
7	Material	11000	6649	
8	Reparaturen	34000	18534	
9	Ersatzteile	120000	34124	
10	Sonstige	8000	2546	
11				
12	Summe	=SUMME(B6:B10)	=SUMME(C6:C10)	

Entfernen Sie im ***EXTRAS*** / *OPTIONEN* / ***ANSICHT*** das Kreuz vor ***Formeln*** anschließend wieder, um in den Zellen wieder die Ergebnisse anzeigen zu lassen.

4. **In Spalte *D* soll ausgerechnet werden, wieviel Prozent die Ist-Kosten von den Plan-Kosten betragen :**

Wenn Sie einen Dreisatz bilden und auflösen, erhalten Sie die Formel :
Ist-Kosten * 100 / Plankosten

Tragen Sie diese Formel in die Zelle ***D6*** ein - in die anderen Zellen kann sie anschließend wieder kopiert werden. Geben Sie die Formel wie gewohnt ein (mit einem Gleichheitszeichen beginnen; die Zelle, in der die Ist-Kosten stehen anklicken, also die Zelle ***C6***; das Multiplikationszeichen, die Zahl 100 und das Divisionszeichen eingeben und schließlich die Zelle mit den Plankosten anklicken, also die Zelle ***B6***) und bestätigen Sie mit Return.

Kopieren Sie die Formel mit der Autofill-Funktion in die darunterliegenden Zellen ***D7*** bis ***D10***, die Zellbezüge werden wie üblich automatisch angepaßt.

EXCEL ÜBUNGEN

Sehen Sie sich die angepaßten Formeln wieder an (***EXTRAS*** */ OPTIONEN /* ***ANSICHT Formeln***). Lassen Sie anschließend wieder die Ergebnisse anzeigen und speichern Sie die Tabelle .

	A	B	C	D	E	F	G
1							
2	Kosten im Jahr 1993						
3							
4							
5	Bezeichnung	Plankosten	Istkosten	% vom Plan			
6	Maschinen	120000	34124	28,4366667			
7	Material	11000	6649	60,4454545			
8	Reparaturen	34000	18534	54,5117647			
9	Ersatzteile	120000	34124	28,4366667			
10	Sonstige	8000	2546	31,825			
11							
12	Summe	293000	95977				

	A	B	C	D
1				
2	Kosten im Jahr 1993			
3				
4				
5	Bezeichnung	Plankosten	Istkosten	% vom Plan
6	Maschinen	120000	34124	=C6*100/B6
7	Material	11000	6649	=C7*100/B7
8	Reparaturen	34000	18534	=C8*100/B8
9	Ersatzteile	120000	34124	=C9*100/B9
10	Sonstige	8000	2546	=C10*100/B10
11				
12	Summe	=SUMME(B6:B10)	=SUMME(C6:C10)	

EXCEL ÜBUNGEN

ÜBUNG 25

Automatische Anpassung von Formeln

1. **Ändern von Werten :**

Ändern Sie die Zahl **8000** in der Zelle ***B10*** in die Zahl **8100** um (Zelle ***B10*** aktivieren, in der Eingabezeile die Null rechts von der Acht markieren und eine **1** eintippen, bestätigen). Richten Sie Ihr Augenmerk dabei auf die Summe in der Zelle ***B12***, sie wird automatisch um ***100*** erhöht.

Ändern Sie in der Zelle ***C10*** die Zahl **2546** in **20546** um (Zelle ***C10*** aktivieren, den Cursor in der Eingabezeile zwischen die Ziffern Zwei und Fünf setzen (klicken!) und eine Null eingeben, bestätigen). Achten Sie wieder auf die sofortige Anpassung der Summe.

2. **Nachträgliches Einfügen von Zeilen :**

Fügen Sie vor der Zeile ***10*** eine Leerzeile ein (Zeilenkopf **10** anklicken, ***EINFÜGEN*** / *ZELLEN*) und geben Sie in die Leerzellen ***A10*** bis ***C10*** den Text **Werkzeug, 10000, 20000** (vgl. Abb.). Die Ergebnisse in der Zeile ***13*** werden wiederum sofort aktualisiert.

In der Zelle ***D10*** fehlt noch die Formel. Kopieren Sie sie mit der Autofill-Funktion aus der Zelle ***D9*** in die Zelle ***D10*** (***D9*** markieren und den Anfasser nach unten ziehen).

	A	B	C	D	E
1					
2	Kosten im Jahr 1993				
3					
4					
5	Bezeichnung	Plankosten	Istkosten	% vom Plan	
6	Maschinen	120000	34124	28,4366667	
7	Material	11000	6649	60,4454545	
8	Reparaturen	34000	18534	54,5117647	
9	Ersatzteile	120000	34124	28,4366667	
10	Werkzeug	10000	20000	200	
11	Sonstige	8100	20546	253,654321	
12					
13	Summe	303100	133977		

EXCEL ÜBUNGEN

3. Nachträgliches Löschen von Zellen :

Löschen Sie die Zeile ***9*** (Zeilenkopf 9 anklicken, ***BEARBEITEN*** / *ZELLEN LÖSCHEN*). Wieder werden die Summen sofort aktualisiert.

☞ Die automatische Anpassung von Formeln und Funktionen wird nur vorgenommen, wenn im Menü ***EXTRAS*** / *OPTIONEN* in der Kategorie ***BERECHNEN*** die Option ***Automatisch*** aktiviert ist (Voreinstellung).

Ist hingegen ***auf Befehl*** aktiviert, werden die Ergebnisse von Formeln und Funktionen immer nur dann aktualisiert, wenn die Taste [F 9] betätigt wird (oder in ***EXTRAS*** / *OPTIONEN* die Schaltfläche ***NEU BERECHNEN*** aktiviert wird). Ist diese Option aktiv, so können Sie zumindest jedesmal beim Speichern alle Funktionen aktualisieren lassen, indem Sie zusätzlich ***Vor dem Speichern neu berechnen*** ankreuzen.

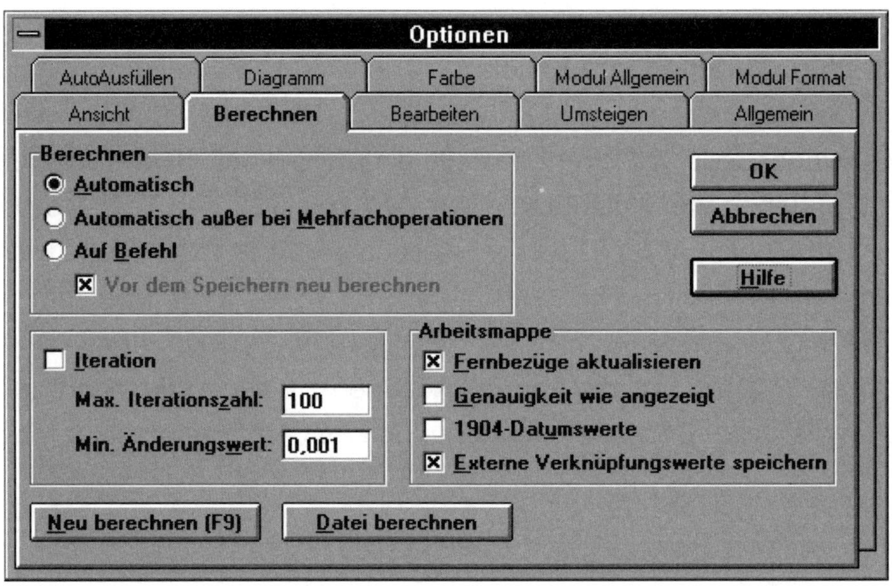

EXCEL ÜBUNGEN

ÜBUNG 26

Mögliche Fehlerquellen

1. **Sehen Sie sich zunächst einmal an, welchen Bereich die Formel in *B12* umfaßt :**

   Klicken Sie die Zelle ***B12*** an - in der Eingabezeile sehen Sie, daß die Zellen ***B6*** bis ***B10*** summiert werden.

2. **Geben Sie in die Zelle *B11* den Wert `100` ein :**

   Machen Sie o.g. Eingabe und achten Sie auf die Summe in der Zelle ***B12***. Die Summe wird diesmal *nicht* angepaßt und um 100 erhöht, da die Zelle ***B11***, in die die Eingabe erfolgte, nicht von der Summenformel erfaßt wird (s. 1.). Löschen Sie die Zahl **`100`** wieder.

3. **Fügen Sie eine Leerzeile vor der Zeile *6* ein :**

   Haben Sie sich gemerkt wie man Zeilen einfügt? Sie müssen die Zeile, vor der Zellen eingefügt werden sollen, markieren und den Befehl ***EINFÜGEN*** / *ZELLEN* aktivieren. Geben Sie in die Zellen ***A6*** bis ***C6*** **`Löhne, 10000`** und **`12000`** ein.

   Normalerweise werden alle Formeln bei Eingaben in nachträglich eingefügte Zeilen sofort angepaßt. Die automatische Anpassung funktioniert jedoch nur, wenn die eingefügten Zeilen *zwischen der ersten und der letzten Zelle, auf die sich die Formeln beziehen,* liegen.

   Da die Leerzeile *vor* der ersten Zelle, auf die sich in den Formeln bezogen wird, eingefügt wurde, erfolgt diesmal *keine* automatische Anpassung, Sie müssen die Formel per Hand korrigieren.

4. **Korrigieren Sie die Summenformeln, damit die Berechnungen wieder stimmen :**

   Klicken Sie die Zelle ***B13*** an und ändern Sie in der Eingabezeile **`B7`** in **`B6`** um, damit auch diese Zelle mit von der Summe erfaßt wird. Bestätigen Sie und kopieren Sie dann die korrigierte Formel mit der Autofill-Funktion aus der Zelle ***B13*** in die Zelle ***C13***.

EXCEL ÜBUNGEN

5. Ergänzen Sie noch den fehlenden Eintrag in den Zellen *D6* und *D13*:

Kopieren Sie die Formel aus der Zelle ***D7*** mit der Autofill-Funktion in die Zelle ***D6***, Sie müssen den Anfasser diesmal nach oben ziehen.

Für den Eintrag in die Zelle ***D13*** können Sie die Formel aus der Zelle ***D11*** kopieren und in der Zelle ***D13*** wieder einfügen. Auch hierbei werden die Zellbezüge angepaßt! Am einfachsten geht es, wenn Sie die Drag&Drop-Funktion verwenden (Zelle ***D11*** aktivieren, mit der Maus auf den Zellenrand zeigen - und sobald sich der Mauszeiger in einen Pfeil verwandelt, die Kopie mit der Maus bei gedrückter Steuerung-Taste in die Zelle ***D13*** ziehen. Wenn Ihnen das mehr zusagt, können Sie stattdessen auch die Befehle zum Kopieren  und Einfügen  benutzen - in diesem Fall müssen Sie die Zelle ***D11*** aktivieren, das Symbol zum Kopieren anklicken, die Zelle ***D13*** aktivieren und das Symbol zum Einfügen anklicken).

Die Tabelle müßte nun wie in der folgenden Abbildung aussehen:

	A	B	C	D	E	F
1						
2	Kosten im Jahr 1993					
3						
4						
5	Bezeichnung	Plankosten	Istkosten	% vom Plan		
6	Löhne	10000	12000	120		
7	Maschinen	120000	34124	28,4366667		
8	Material	11000	6649	60,4454545		
9	Reparaturen	34000	18534	54,5117647		
10	Werkzeug	10000	20000	200		
11	Sonstige	8100	20546	253,654321		
12						
13	Summe	193100	111853	57,9249094		

THEORETISCHE GRUNDLAGEN

ZAHLENFORMATE

Was sind Zahlenformate ?

Mit Hilfe von Zahlenformaten können Sie das Aussehen von Zahlen bestimmen. Z.B. können Zahlen mit oder ohne Tausenderpunkt, mit einer bestimmten Anzahl Nachkommastellen usw. dargestellt werden. Zahlenformate gehören genauso wie z.B. Fettdruck und Kursivschrift zur Formatierung. Sie müssen die zu formatierenden Zahlen daher zuerst markieren und können anschließend das gewünschte Zahlenformat wählen.

Zuweisen von Zahlenformaten mit Schaltflächen der Symbolleiste :

Excel bietet eine große Auswahl an vordefinierten Zahlenformaten an - Sie haben aber auch die Möglichkeit, eigene Formate zu definieren.

Die am häufigsten benötigen Zahlenformate sind in der Format-Symbolleiste integriert :

 fügt hinter einer Zahl ein ***DM-Zeichen*** ein, die Zahl 10 wird z.B. als ***DM 10*** dargestellt.

 stellt eine Zahl mit ***Tausenderpunkt*** und ***zwei Nachkommastellen*** dar, die Zahl 1000 wird z.B. als ***1.000,00*** dargestellt.

 ***fügt eine Nachkommastelle hinzu***, die Zahl 1000 wird z.B. als ***1000,0*** dargestellt.

 ***nimmt eine Nachkommastelle weg***, die Zahl 1000,00 wird z.B. als ***1000,0*** dargestellt

 formatiert eine Zahl im ***Prozentformat***, die Zahl 50 wird z.B. als ***5000%*** dargestellt.

Das letzte Format ist sicherlich erklärungsbedürftig :

Sie haben beim Rechnen mit Formeln und Funktionen u.a. bereits mit Prozent gerechnet. Die Formel ***= 500 * 50%*** berechnet z.B. ***50% von der Zahl 500***. Intern multipliziert Excel hierbei die Zahl ***500*** mit dem Wert ***0,5*** und erhält so das Ergebnis ***250***.

Würden Sie die Berechnung per Hand anstellen, würden Sie die Zahl ***500*** erst durch ***100*** teilen und dann wieder mit ***50*** multiplizieren - das ist genau das gleiche, als würden Sie

THEORETISCHE GRUNDLAGEN

die Zahl mit dem Bruch ***50/100*** multiplizieren, ***50/100*** wiederum ist nichts anderes als ***0,5*** - die Zahl, mit der Excel rechnet. So weit, so gut.

Angenommen Sie tippen die Zahl ***50%*** in eine Zelle ein. Wenn Sie bisher folgen konnten, leuchtet Ihnen unmittelbar ein, daß diese Zahl für Excel nichts anderes ist als der Wert ***0,5***.

Umgekehrt, wenn Sie die Zahl ***0,5*** in eine Zelle eintippen, muß das für Excel natürlich auch wieder ***50%*** sein.

Eine Zahl im Prozentformat hat demnach immer den hundertfachen Wert einer unformatierten Zahl. Tippen Sie nun die Zahl ***50*** in eine Zelle ein und formatieren sie mit dem Prozentzeichen, so erhalten Sie wiederum das hundertfache, d.h. ***5000%***.

Möchten Sie die Zahlen nachträglich im Prozentformat formatieren, müssen bei der Eingabe also jeweils nur ein Hundertstel der Zahl eintippen.

Zugegebenermaßen ist das reichlich verwirrend, so daß es ggf. empfehlenswert ist, Zahlen nicht nachträglich im Prozentformat zu formatieren, sondern das Prozentzeichen gleich bei der Eingabe der Zahl über die Tastatur einzutippen.

Zuweisen von Zahlenformaten im Menü *ZAHLEN*:

Eine größere Auswahl an Zahlenformaten als die Symbolleiste bietet das Menü ***FORMAT*** / *ZELLEN* / ***ZAHLEN***.
Ähnlich wie das Menü des Funktions-Assistenten, bietet auch dieses Menü verschiedene Kategorien von Zahlenformaten an. Die Kategorie ***Alle*** listet im rechten Fenster alle Zahlenformate auf, ist die Kategorie ***Datum*** gewählt, werden nur noch Datumsformate angezeigt usw.

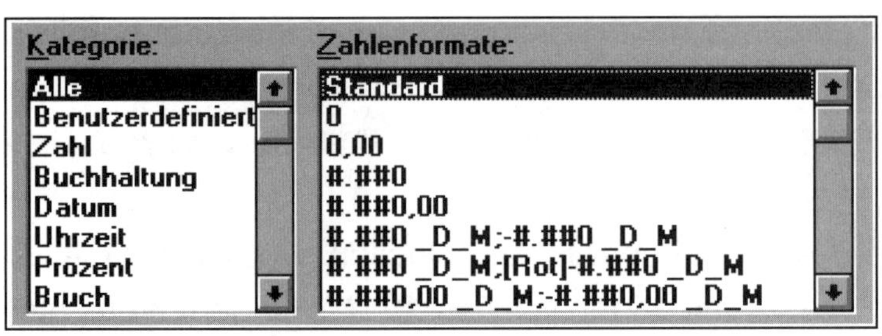

THEORETISCHE GRUNDLAGEN

Die Zahlenformate setzen sich aus ***Platzhaltern*** und ***Codes*** zusammen.

Jeder ***Platzhalter*** steht stellvertretend für eine Ziffer, beim Formatieren werden die Platzhalter durch die Ziffern der zu formatierenden Zahl ersetzt. In der Abbildung auf der vorigen Seite sehen Sie u.a. die Platzhalter ***0*** und ***#***.
Eine ***0*** kann durch jede ***beliebige Ziffer*** ersetzt werden. Ein ***#*** wird durch ***beliebige Ziffern außer durch führende Nullen*** (Nullen, die *vor* einer Zahl oder am Ende der Nachkommastellen stehen) ersetzt. Hat die zu formatierende Zahl an der Stelle des Platzhalters ***#*** eine führende Null, z.B. die Zahlen 08 oder 5,10, werden für die führenden Nullen *keine* Zeichen eingesetzt, die Zahlen werden als 8 bzw. 5,1 dargestellt.

Codes werden in der formatierten Zahl an der im Zahlenformat definierten Stelle wiedergegeben. Zu den Codes gehören z.B. der Punkt und das Komma. Das Komma gibt die Position des Dezimalkommas, der Punkt die Position des Tausender-Trennzeichens an.

Ehe weiter unten auf die Platzhalter und Codes jeder einzelnen Kategorie eingegangen wird, soll das *grundlegende* Prinzip anhand einiger Beispiele verdeutlicht werden :

Zahl	Zahlenformat	Darstellung
8	***00***	***08***
8	***#0***	***8***
70	***#0***	***70***
70	***##***	***70***
8	***##***	***8***
1000	***#.##0,00***	***1.000,00***
10	***#.##0,00***	***10,00***
10	***0***	***10***

Erläuterungen :

- Wird die Zahl ***8*** mit dem Zahlenformat ***00*** formatiert, wird sie als ***08*** angezeigt. Der erste Platzhalter ***0*** wird durch die Ziffer ***0***, der zweite durch die Ziffer ***8*** ersetzt.

- Wird die Zahl ***8*** mit dem Zahlenformat ***#0*** formatiert, wird sie als ***8*** angezeigt. Der Platzhalter ***#*** wird nicht ersetzt, da er Nullen, die vor der Zahl stehen, nicht anzeigt. Der Platzhalter ***0*** wird durch die Ziffer ***8*** ersetzt

THEORETISCHE GRUNDLAGEN

- Wird die Zahl ***70*** mit dem Zahlenformat ***#0*** formatiert, wird sie als ***70*** angezeigt. Der Platzhalter ***#*** wird durch die Ziffer ***7*** ersetzt, der Platzhalter ***0*** durch die Ziffer ***0***.
- Wird die Zahl ***70*** mit dem Zahlenformat ***##*** formatiert, wird sie ebenfalls als ***70*** angezeigt. Das erste ***#*** wird durch die ***7*** ersetzt, das zweite ***#*** durch die ***0*** (da sie keine führende Null ist, wird sie auch mit dem Platzhalter # dargestellt).
- Wird die Zahl ***8*** mit dem Zahlenformat ***##*** formatiert, wird sie nur als ***8*** angezeigt. Das erste ***#*** wird nicht ersetzt, da es keine führenden Nullen anzeigt, das zweite ***#*** durch die Ziffer ***8***.
- Wird die Zahl ***1000*** mit dem Zahlenformat ***#.##0,00*** formatiert, so wird sie als ***1.000,00*** angezeigt. Die Platzhalter vor dem Komma werden jeweils durch die Ziffern der Zahl ***1000*** ersetzt, und nach der ersten Ziffer wird ein Tausenderpunkt eingefügt. Die Platzhalter hinter dem Komma werden durch Nullen ersetzt.
- Wird die Zahl ***10*** mit dem Zahlenformat ***#.##0,00*** formatiert, so wird sie als ***10,00*** angezeigt, da die ersten beiden Platzhalter ***#*** keine führenden Nullen darstellen.
- ***Besteht eine Zahl aus mehr Ziffern, als Platzhalter angegeben*** sind, werden selbstverständlich trotzdem alle Ziffern (außer führenden Nullen) angezeigt, damit die Zahl nicht verfälscht wird. Wird z.B. die Zahl ***10*** mit dem Zahlenformat ***0*** formatiert, wird sie als ***10*** angezeigt.

Formatabschnitte :

Manche Zahlenformate sind durch Semikola in mehrere Abschnitte unterteilt. Im ersten Abschnitt ist jeweils das Format für positive Zahlen definiert, im zweiten Abschnitt das Format für negative Zahlen. Im dritten Abschnitt steht das Format für alle Zahlen, die noch nicht von den ersten beiden Abschnitten erfaßt wurden - bei den vordefinierten Formaten sind das nur die Nullen. Der vierte Formatabschnitt definiert ein Textformat für den Fall, daß die zu formatierende Zelle gar keine Zahl sondern Text enthält. Das gewünschte Textformat wird mit dem Platzhalter @ definiert (s. weiter unten).

Das Format ***#.##0;[Rot]-#.###0*** besteht z.B. aus zwei Abschnitten. Wird eine ***positive*** Zahl mit diesem Zahlenformat formatiert, wird das ***Format links vom Semikolon*** angewandt, für ***negative*** Zahlen hingegen das ***Format rechts vom Semikolon***.

THEORETISCHE GRUNDLAGEN

Vor dem Format für negative Zahlen steht zusätzlich der Code ***[Rot]*** und ein vorange-stelltes ***Minuszeichen***. Der Code ***[Rot]*** formatiert Zahlen in der Farbe Rot, das ***Minus-zeichen*** wird an der entsprechenden Stelle eingefügt. Negative Zahlen werden mit diesem Zahlenformat demnach rot und mit einem vorangestellen Minuszeichen dargestellt, positive Zahlen in der Standardfarbe Schwarz ohne Minuszeichen.

Platzhalter der Kategorie *WÄHRUNG* :

Außer dem Code ***DM*** sind alle Codes und Platzhalter dieser Kategorie bereits erwähnt worden. Das DM-Zeichen wird an der im Zahlenformat definierten Stelle wiedergegeben.

Wird z.B. die Zahl ***1000*** mit dem Format ***#.### DM*** formatiert, wird sie als ***1.000 DM*** dargestellt.

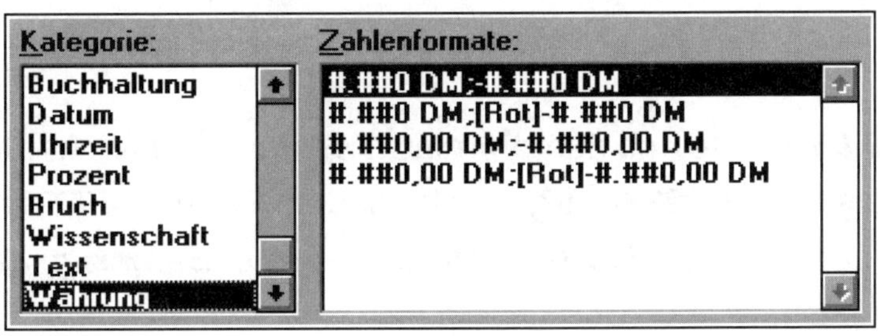

Ob das DM-Zeichen in der Kategorie *Währung* vor- oder hinter den Platzhaltern steht, hängt von der Einstellung in der ***Systemsteuerung*** - ***Ländereinstellungen*** ab.

Aufruf: *Hauptgruppe* öffnen, Symbol für die *Systemsteuerung* aktivieren, Symbol für *Ländereinstellungen* aktivieren, bei *Währungsformat* die Schaltfläche *ÄNDERN* aktivieren, im Listenfeld das gewünschte Format wählen. In der Abbildung ist das Listenfeld, das für die Stellung des DM-Zeiches verantwortlich ist, gerade aufgeklappt.

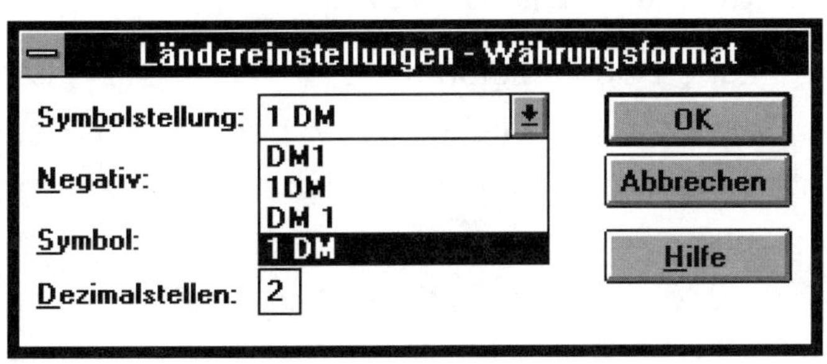

THEORETISCHE GRUNDLAGEN

Platzhalter der Kategorien *DATUM* und *UHRZEIT*:

Mit den Zahlenformaten dieser Kategorien kann ein Datum bzw. eine Uhrzeit formatiert werden. Jeder Platzhalter steht wieder stellvertretend für genau eine Ziffer, die Punkte werden an der entsprechenden Stelle zwischen den Ziffern eingesetzt.
Ein ***T*** steht jeweils für den ***Tag***, ein ***M*** für den ***Monat*** und ein ***J*** für das ***Jahr***. Ein ***h*** steht stellvertretend für ***Stunden***, ein ***m*** für ***Minuten*** und ein ***s*** für ***Sekunden***.

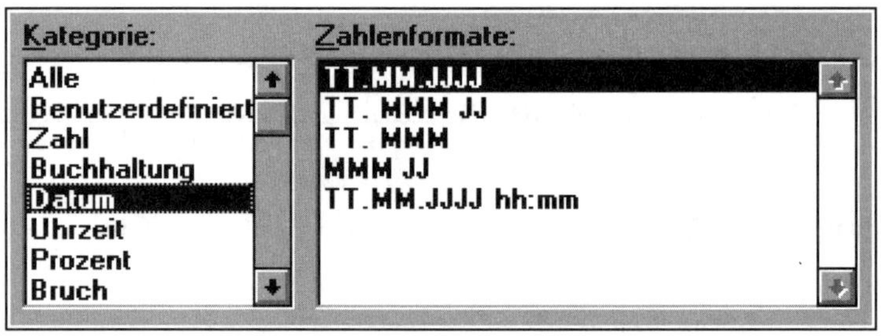

Das Datum ***1.3.95*** würde mit dem Format ***T.M.JJ*** z.B. als ***1.1.95***, mit dem Format ***TT.MM.JJJJ*** als ***01.01.1995*** dargestellt, mit dem Format ***TTT, MMM. JJJJ*** als ***Sa, Jan. 1995***, mit dem Format ***TTTT, MMMM JJJJ*** als ***Samstag, Januar 1995***.

Platzhalter der Kategorie *WISSENSCHAFT*:

Hier stehen die Zahlenformate ***0,00E+00*** und ***##0,0E+0*** zur Verfügung. Beide Formate stellen Zahlen in Exponentialschreibweise dar. Der Code ***E*** wird an der im Zahlenformat definierten Stelle in der formatierten Zahl eingesetzt.
Wird z.B. die Zahl ***1245*** mit dem Format ***0,00E+00*** formatiert, wird sie als ***1,25E+03*** angezeigt, mit dem Format ***##0,0E+0*** hingegen als ***1,2E+3***.

Platzhalter der Kategorie *BRUCH*:

Hier stehen die Zahlenformate ***# ?/?*** und ***# ??/??*** zur Verfügung. Beide stellen Zahlen als Bruch dar. Der Platzhalter ***?*** hat dieselbe Bedeutung wie der Platzhalter ***#***, mit dem Unterschied, daß führende Nullen nicht ganz weggelassen werden, sondern für sie ein Leerzeichen eingesetzt wird.
Wird z.B. die Zahl ***1,3*** mit dem ersten Platzhalter formatiert, wird sie als ***1 1/3*** dargestellt, wird sie mit dem zweiten Platzhalter formatiert, wird sie als ***1 3/10*** angezeigt.

THEORETISCHE GRUNDLAGEN

Platzhalter der Kategorie *PROZENT* :

In dieser Kategorie können die Zahlenformate ***0%*** und ***0,00%*** ausgewählt werden. Die Zahl ***0,01*** wird mit dem ersten Format als ***10%***, mit dem zweiten Format als ***10,00%*** dargestellt.

Platzhalter der Kategorie *ZAHL* :

Die vier oberen Zahlenformate können Sie mit dem bisher gelernten interpretieren.

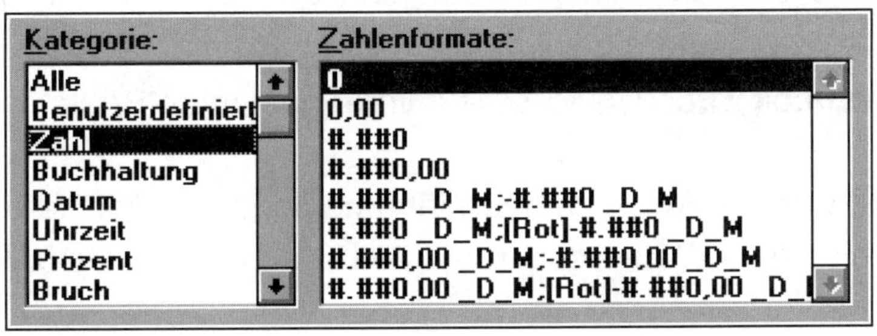

In den weiteren Formaten taucht zusätzlich der Code _ auf. Dieser Code wird an der im Zahlenformat definierten Stelle durch ein Leerzeichen in der Breite *des* Zeichens ersetzt, welches dem Code _ im Zahlenformat folgt. Im fünften Zahlenformat folgt dem Code _ ein ***D*** und ein ***M***.

Der Sinn ist folgender: Angenommen, Sie schreiben mehrere Zahlen untereinander, von denen manchen ein DM-Zeichen nachgestellt ist, anderen nicht. Durch das Freihalten zweier Zeichen in der Breite eines ***D*** und eines ***M*** stehen die Dezimalstellen der Zahlen untereinander, was normalerweise nicht der Fall wäre. Die Wirkung läßt sich an einem Beispiel am einfachsten veranschaulichen :

	A	B
1	1,00	1,00
2	1,00 DM	1,00 DM

Die Zahl ***1*** in der Zelle ***A1*** wurde mit dem Format ***#.##0,00*** formatiert, in der Zelle ***B1*** hingegen mit dem Format ***#.##0,00_D_M***. Der Platz für das ***D*** und das ***M*** wurde hinter der Zahl in der Zelle ***B1*** daher freigehalten - die Zahlen mit und ohne DM-Zeichen stehen dadurch untereinander.

THEORETISCHE GRUNDLAGEN

Platzhalter der Kategorie *BUCHHALTUNG*:

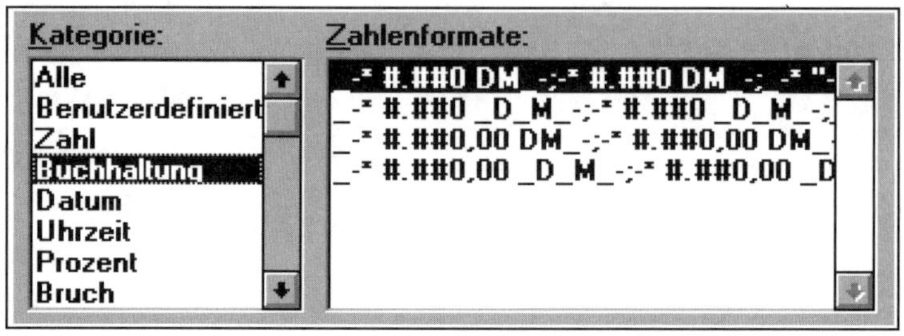

Die Zahlenformate in dieser Kategorie sind fast identisch mit den zuletzt behandelten, neu ist der Code *. Der Stern bewirkt, daß das im Format rechts von ihm stehende Zeichen so oft wiederholt wird, bis die Zelle in ihrer gesamten Breite ausgefüllt ist.

Der Unterschied wird im Vergleich des Währungsformates der Kategorie ***BUCHHALTUNG*** (links) mit einem Währungsformat der Kategorie ***WÄHRUNG*** (rechts) deutlich :

	A	B
1	100.000 DM	100.000 DM
2	- 100.000 DM	-100.000 DM

In der oberen Zelle wurde jeweils die positive Zahl 100000, in der unteren Zelle die negative Zahl -100000 eingegeben.

Die linken Zahlen wurden mit dem Format _-* ***#.##0 DM_-;-**** ***#.##0 DM*** aus der Kategorie ***BUCHHALTUNG*** formatiert.
Bei der positiven Zahl wird mit diesem Format links und rechts eine Leerstelle in der Breite eines Minuszeichens freigelassen, rechts von der linken Leerstelle wird das Leerzeichen (welches rechts neben dem Stern steht) so oft wiederholt, bis die gesamte Zelle gefüllt ist.
Bei der negativen Zahl wird der Zahl ein Minuszeichen vorangestellt, dem Minuszeichen folgt so oft ein Leerzeichen, bis die Zelle gefüllt ist. Wirkung: das Minuszeichen steht ganz links in der Zelle, der Raum zwischen Minuszeichen und Zahl wird mit Leerzeichen gefüllt.

Die rechten Zahlen wurden mit dem Format ***#.##0 DM;-#.### DM*** formatiert. Da es hier keinen Wiederholungscode gibt, steht das Minuszeichen direkt neben der Zahl.

THEORETISCHE GRUNDLAGEN

Platzhalter der Kategorie *TEXT* :

Hier steht nur ein Zahlenformat zur Verfügung, das lediglich aus dem Code **@** besteht. Für Zahlen hat dieser Code überhaupt keine Bedeutung - er ist nur relevant, wenn in der formatierten Zelle Text steht. Beim Formatieren wird der Platzhalter dann durch den Text in der Zelle ersetzt. In den Zahlenformaten anderer Kategorien finden Sie diesen Code des öfteren hinter dem dritten Semikolon wieder.

Sind in einer Zelle Text *und* Zahlen eingetragen, so betrachtet Excel den gesamten Eintrag als Text! Sie können mit dem Inhalt solch einer Zelle daher auch keine Berechnungen anstellen!

Das Zahlenformat **@** allein hat überhaupt keine sichtbare Auswirkung auf Text, da es lediglich durch den Text ersetzt wird, der ohnehin schon in der Zelle steht. Erst wenn das Format durch benutzerdefinierte Codes ergänzt wird (s. auch Abschnitt 'Selbstdefinierte Zahlenformate'), erhält es eine Bedeutung.

Beispiel: Sie tragen in eine Zelle den Text ***zwei*** ein und formatieren die Zelle mit dem Zahlenformat **@ " *km* "**. Ergebnis: ***zwei km***.

☞ Die Symbole [000] und [$] formatieren mit den Zahlenformaten **_-* #.##0,00 _D_M_-** bzw. **_-* #.##0,00 DM_-** aus der Kategorie ***BUCHHALTUNG***, das Symbol [%] mit dem Zahlenformat **0%** aus der Kategorie ***PROZENT***.

Selbstdefinierte Zahlenformate :

Wenn Sie ein Zahlenformat benötigen, das im Menü ***ZAHLEN*** nicht angeboten wird, können Sie ein neues Format definieren und in die Liste des Menüs aufnehmen.

Allerdings sind selbst definierte Formate nur in *der* Datei verfügbar, in der sie erstellt wurden. Möchten Sie das Format auch in einer anderen Datei verwenden, müssen Sie es entweder neu definieren oder eine mit dem gewünschten Format formatierte Zahl in die Zwischenablage kopieren und in der anderen Datei wieder einfügen - dann steht es auch dort zur Verfügung (entweder mit dem Befehl ***BEARBEITEN*** / *EINFÜGEN* oder noch besser *nur* das Format *ohne* die Zahl mit dem Befehl ***BEARBEITEN*** / *INHALTE EINFÜGEN* ***Formate***)

THEORETISCHE GRUNDLAGEN

Um ein neues Zahlenformat zu definieren, tippen Sie es entweder in der Kategorie ***Benutzerdefiniert*** in das Eingabefeld ***Format*** ein (bereits im Eingabefeld stehenden Text ggf. erst löschen), oder Sie wählen ein bereits bestehendes Format aus einer beliebigen anderen Kategorie des Menüs ***ZAHLEN*** und modifizieren es. Erlaubt sind dabei alle zur Verfügung stehenden Platzhalter und Codes (s. Anhang). Außerdem kann beliebiger Text eingegeben werden, der in Anführungszeichen eingeschlossen sein muß.

Wird ein *bestehendes* Zahlenformat modifiziert, bleibt das Originalformat erhalten und das modifizierte Format wird zusätzlich in die Liste der entsprechenden Kategorie und außerdem in die Kategorie ***BENUTZERDEFINIERT*** aufgenommen.

In der Abbildung wurde der Platzhalter ***0*** aus der Kategorie ***ZAHL*** mit dem Text ***"Liter"*** erweitert.

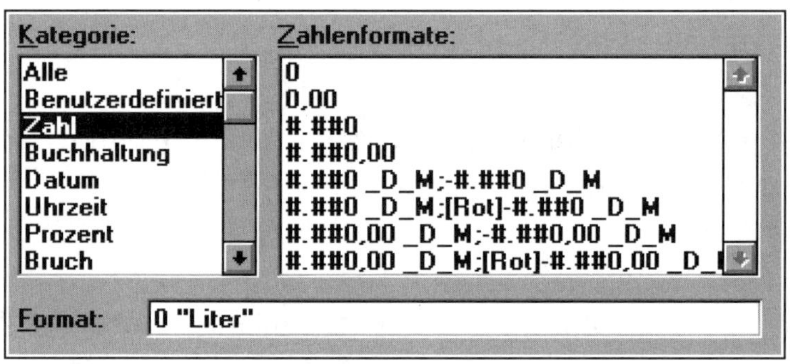

Im Gegensatz zu den Standardformaten können selbst definierte Zahlenformate wieder gelöscht werden. Im folgenden einige Beispiele für benutzerdefinierte Formate :

Beispiele :

- Sie wählen im Menü das Format ***MMM JJ*** aus. Der ***1.1.95*** würde mit diesem Format als ***Jan 95*** dargestellt. Sie möchten jedoch, daß der Monat ganz ausgeschrieben wird, und fügen deshalb in das Format ein weiteres ***M*** ein. Das neue Format lautet nun ***MMMM JJ***, das Datum wird als ***Januar 95*** dargestellt.

- Sie möchten negative Zahlen im Währungsformat zwar mit einem vorangestellten Minuszeichen, jedoch nicht in der Farbe Rot darstellen. Sie wählen das Zahlenformat ***#.##0 DM;[Rot]-#.##0 DM*** aus der Kategorie ***WÄHRUNG*** und entfernen den Code ***[Rot]*** aus dem Format. Das neue Format lautet: ***#.##0 DM;-#.##0 DM***.

THEORETISCHE GRUNDLAGEN

- Sie möchten negative Zahlen im Währungsformat in der Farbe Blau darstellen. Sie wählen das Währungsformat und ändern den Code ***[Rot]*** in ***[Blau]*** um. Das neue Zahlenformat lautet: ***#.##0 DM;[Blau]-#.##0 DM***.
- Sie möchten, daß die Uhrzeit jeweils mit dem Text ***Uhr*** angezeigt wird. Sie wählen das Format ***hh:mm*** aus der Kategorie ***UHRZEIT*** und ergänzen es um den gewünschten Text: ***hh:mm "Uhr"***.

- Sie haben eine Tabelle mit Kilometerangaben und möchten sich die Arbeit sparen, die Zeichen ***km*** hinter jeder Zahl einzutippen. Sie wählen z.B. das Zahlenformat ***0*** aus und ändern es in ***0" km"*** um. Wenn Sie anschließend die Zahlen damit formatieren, wird hinter jeder Zahl ***km*** eingefügt. Die Zahl ***80*** wird z.B. als ***80 km*** dargestellt.

- Noch ein Beispiel für ein selbstdefiniertes Textformat mit Hilfe des Platzhalters **@**. Dieses Format hat nur eine Auswirkung, wenn in der Zelle nicht eine Zahl, sondern Text steht. Definieren Sie z.B. das Format ***@ " Liter"*** und formatieren damit den Text ***zwei***, so wird er als ***zwei Liter*** angezeigt.

☞ Eine umfassende Übersicht über *alle* Codes und Platzhalter finden Sie im Anhang.

Wirkung von Zahlenformaten :

Zahlenformate ändern *nur* das Aussehen einer Zahl, nicht deren wirklichen Wert. Wird z.B. eine Zahl, die 2 Nachkommastellen enthält (linke Abbildung auf der nächsten Seite), so formatiert, daß sie nur noch mit 1 Nachkommastelle dargestellt wird (rechte Abbildung auf der nächsten Seite), werden Rechenoperationen mit dieser Zahl trotzdem nach wie vor mit *allen* Nachkommastellen ausgeführt.

Da die Zahlen beim Wegnehmen von Nachkommastellen auf- bzw. abgerundet werden, kann das Ergebnis in der formatierten Darstellung jedoch falsch erscheinen, obwohl es in Wirklichkeit richtig ist :

Die Zellen in den beiden Abbildungen enthalten genau die gleichen Zahlen, nur daß die Zahlen in der linken Darstellung mit zwei und in der rechten Darstellung nur mit einer

THEORETISCHE GRUNDLAGEN

Nachkommastelle formatiert und entsprechend gerundet dargestellt sind. In der Zelle ***A3*** wurde jeweils die Summe der Zellen ***A1*** und ***A2*** gebildet.

Kennt man in der rechten Abbildung nicht den wahren Wert der Zahlen, würde man vermuten, daß die Summe in der Zelle ***A3*** den Wert ***2,4*** und nicht ***2,5*** haben müßte, also daß das Ergebnis falsch ist.

Tatsächlich aber hat Excel die Zahlen mit beiden Nachkommastellen addiert, als Ergebnis ***2,45*** erhalten und diesen Wert auf ***2,5*** aufgerundet. Das Ergebnis ist demnach richtig, auch wenn es nicht so aussieht.

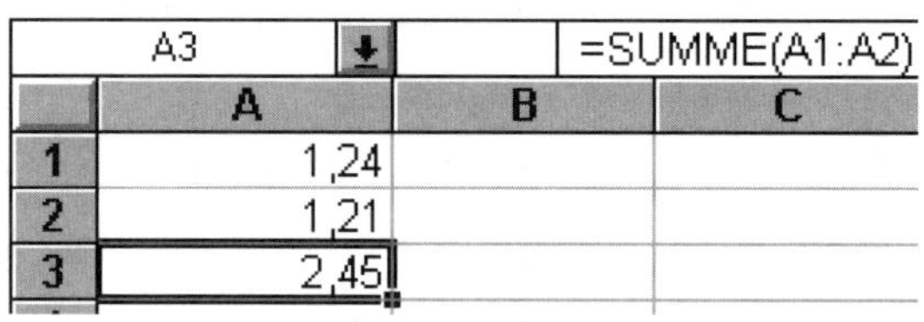

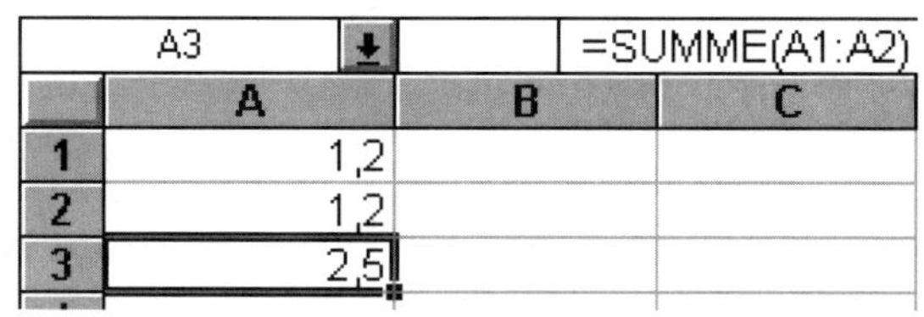

In der Eingabezeile wird *immer* der wahre Wert einer Zahl angezeigt - ganz gleich, wie die Zahl in der Zelle formatiert ist.

Wenn Sie möchten, daß mit *dem* Wert gerechnet wird, der angezeigt wird und nicht mit dem wahren Wert der Zahl, können Sie in der Kategorie ***BERECHNEN*** im Menü ***EXTRAS*** / *OPTIONEN* die Option ***Genauigkeit wie angezeigt*** ankreuzen. Diese Einstellung ist allerdings endgültig! Eine Zahl kann nachträglich nicht wieder mit der vollen Genauigkeit dargestellt oder berechnet werden.

EXCEL ÜBUNGEN

ÜBUNG 27

Formatierung mit Zahlenformaten

1. Machen Sie zunächst eine weitere Berechnung :

Geben Sie in die Zelle ***E5*** die Überschrift **`Differenz`** ein.

Bilden Sie in der Spalte ***E*** unterhalb der soeben eingegebenen Überschrift jeweils die die Differenz zwischen Plan- und Istkosten. Wie das geht, wissen Sie sicher noch: Sie müssen zunächst in der Zelle ***E6*** die Istkosten von den Plankosten subtrahieren. Anschließend kopieren Sie die Formel in die darunterliegenden Zellen.

Die Ergebnisse sehen Sie in untenstehender Abbildung. Sollten Ihre Ergebnisse davon abweichen, finden Sie die Lösung im Anhang.

Die Überschriften in den Zellen ***A5*** bis ***E5*** können Sie mittig formatieren.

	A	B	C	D	E	F
1						
2	Kosten im Jahr 1993					
3						
4						
5	Bezeichnung	Plankosten	Istkosten	% vom Plan	Differenz	
6	Löhne	10000	12000	120	-2000	
7	Maschinen	120000	34124	28,4366667	85876	
8	Material	11000	6649	60,4454545	4351	
9	Reparaturen	34000	18534	54,5117647	15466	
10	Werkzeug	10000	20000	200	-10000	
11	Sonstige	8100	20546	253,654321	-12446	
12						
13	Summe	193100	111853	57,9249094	81247	

2. Lassen Sie die Ergebnisse der '*% vom Plan*' mit *1* Nachkommastelle und einem Tausenderpunkt anzeigen :

Im Moment haben die Zahlen in der Spalte ***D*** noch ganz unterschiedliche Formate. Wir wollen das nun vereinheitlichen. Markieren Sie die die Spalte ***D*** und aktivieren Sie das

EXCEL ÜBUNGEN

Symbol [000] (oder wählen Sie im Menü ***FORMAT*** / *ZELLEN* / ***ZAHLEN*** das Format ***_-* #.##0,00 _D_M_-*** aus der Kategorie ***BUCHHALTUNG***, oder - wenn es Ihnen besser gefällt - das Format ***#.##0,00*** aus der Kategorie ***ZAHL***.

Die Zahlen werden mit einem Tausenderpunkt und zwei Nachkommastellen angezeigt. Um eine Nachkommastelle wegzunehmen, aktivieren Sie das Symbol [,00 → ,0].

3. **Lassen Sie Plankosten und Istkosten mit einem DM-Zeichen anzeigen :**

Markieren Sie die Spalten ***B*** und ***C*** und aktivieren Sie das Währungs-Symbol [Währung].

Da dieses Format *mehr* Platz in Anspruch nimmt, als die unformatierte Zahl, genügt die Spaltenbreite möglicherweise nicht mehr, um die Zahl ganz anzuzeigen - Excel zeigt dann nur noch Lattenzäune **###** in den Zellen an. Stellen Sie in diesem Fall eine größere Spaltenbreite ein - mit einem Doppelklick zwischen die betreffenden Spaltenköpfe erhalten Sie die optimale Breite.

Nehmen Sie jeweils noch eine Nachkommastelle weg.

4. **Lassen Sie die Differenz zwischen Plan- und Istkosten ebenfalls mit einem DM-Zeichen anzeigen - negative Zahlen sollen außerdem *rot* dargestellt werden :**

Hierfür steht kein Symbol zur Verfügung, Sie müssen ein entsprechendes Format aus dem Menü ***FORMAT*** / *ZELLEN* / ***ZAHLEN*** auswählen. Markieren Sie zunächst die Spalte ***E*** und aktivieren Sie dann das Menü.

Wählen Sie die Kategorie ***Währung***, damit nur noch die Währungsformate angezeigt werden, und wählen Sie das zweite Format ***#.##0 DM;[Rot]-#.##0 DM*** *oder* das vierte Format ***#.##0,00 DM;[Rot]-#.##0,00 DM*** aus (der einzige Unterschied liegt in den Nachkommastellen). Links vom Semikolon steht jeweils das Format für positive Zahlen, rechts davon das Format für negative Zahlen - die letzteren werden zusätzlich mit einem vorangestellten Minuszeichen und in der Farbe rot angezeigt. Bestätigen Sie!

Lassen Sie die Zahlen wieder mit ***1*** Nachkommastelle anzeigen - je nachdem welches der Format Sie gewählt haben, nehmen Sie mit dem Symbol [,00 → ,0] entweder eine Nachkommastelle weg oder fügen mit dem Symbol [,0 → ,00] eine Stelle hinzu.

EXCEL ÜBUNGEN

Die Tabelle müßte nun aussehen, wie in der folgenden Abbildung :

	A	B	C	D	E	F
1						
2	Kosten im Jahr 1993					
3						
4						
5	Bezeichnung	Plankosten	Istkosten	% vom Plan	Differenz	
6	Löhne	10.000,0 DM	12.000,0 DM	120,0	-2.000,0 DM	
7	Maschinen	120.000,0 DM	34.124,0 DM	28,4	85.876,0 DM	
8	Material	11.000,0 DM	6.649,0 DM	60,4	4.351,0 DM	
9	Reparaturen	34.000,0 DM	18.534,0 DM	54,5	15.466,0 DM	
10	Werkzeug	10.000,0 DM	20.000,0 DM	200,0	-10.000,0 DM	
11	Sonstige	8.100,0 DM	20.546,0 DM	253,7	-12.446,0 DM	
12						
13	Summe	193.100,0 DM	111.853,0 DM	57,9	81.247,0 DM	
14						

☞ Wenn Sie eine Zahl wieder im Standardformat (rechtsbündig, ohne Tausenderpunkt oder Nachkommastellen) darstellen möchten, müssen Sie im Menü ***FORMAT*** / *ZELLEN* / *ZAHLEN* in der Kategorie ***ALLE*** das Format ***Standard*** wählen.

Eine andere Möglichkeit besteht darin, die Formatierung mit dem Befehl ***BEARBEITEN*** / *INHALTE LÖSCHEN* / ***FORMATE*** zu entfernen - allerdings werden dabei nicht nur die Zahlenformate, sondern *alle* Formatierungen gelöscht, also z.B. auch Fettschrift, Rahmen usw., sofern die Zelle solche Formatierungen enthält.

☞ Falls Sie in der Gruppe ***WÄHRUNG*** andere als o.g. Formate vorgefunden haben, liegt dies an den Einstellungen in der ***Systemsteuerung*** - ***Ländereinstellungen*** - dort können Sie zwischen verschiedenen Währungsformaten wählen. (Aufruf: *Hauptgruppe* öffnen, Symbol für die *Systemsteuerung* aktivieren, Symbol für *Ländereinstellungen* aktivieren, bei *Währungsformat* die Schaltfläche *ÄNDERN* aktivieren, im Listenfeld das gewünschte Format wählen).

E X C E L   Ü B U N G E N

ÜBUNG 28

Benutzerdefinierte Zahlenformate

1. Definieren Sie ein neues Währungs-Format in Schweizer-Franken :

Markieren Sie die Spalte ***E*** und aktivieren Sie das Menü ***FORMAT*** / *ZELLEN* / ***ZAHLEN***. Die Markierung steht automatisch auf dem Format, mit dem die Zellen dieser Spalte derzeit formatiert sind (sofern alle Zellen mit demselben Format formatiert wurden). In der Gruppe ***WÄHRUNG*** wird jetzt ein Format mehr angezeigt wird als vorhin. Als Sie bei einigen Zahlen eine Nachkommastelle entfernten, nahm Excel das derart modifizierte Zahlenformat automatisch als neues Format in die Format-Liste auf.

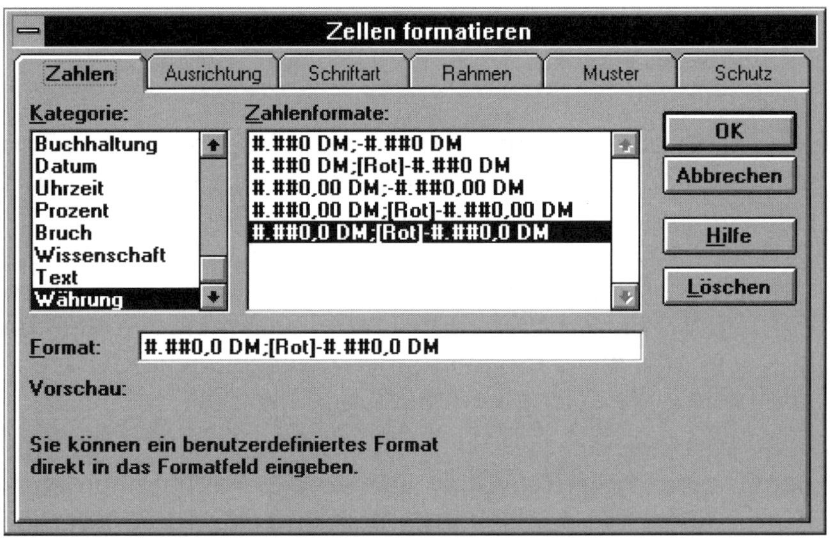

Um das Format zu modifizieren, setzen Sie den Cursor im Eingabefeld ***Format:*** vor den Text `DM`, entfernen beide Buchstaben und fügen stattdessen den Text `"Fr."` (als Abkürzung für Franken) ein. Da `Fr.` kein Code oder Platzhalter ist, muß er in Anführungszeichen gesetzt werden. Sobald Sie bestätigen, wird das neue Format zusätzlich in die Liste der aktuellen Kategorie und außerdem in die Kategorie ***BENUTZERDEFINIERT*** aufgenommen und steht (in dieser Datei) künftig zur Formatierung weiterer Zahlen zur Verfügung. Außerdem erhalten die zuvor markierten Zahlen das neue Format.

EXCEL ÜBUNGEN

2. Definieren Sie auch für die Spalten *B* und *C* ein Format in Schweizer-Franken :

Verfahren Sie wie zuvor: markieren Sie die Spalten, aktivieren Sie das Menü und ersetzen Sie **`DM`** durch **`"Fr."`**:

Format: `_-* #.##0,0 "Fr."_-;-* #.##0,0 "Fr."_-;_-* "-"?? "Fr`

Die Tabelle müßte nun aussehen, wie in folgender Abbildung. Speichern Sie die Änderungen !

	A	B	C	D	E	F
1						
2	Kosten im Jahr 1993					
3						
4						
5	Bezeichnung	Plankosten	Istkosten	% vom Plan	Differenz	
6	Löhne	10.000,0 Fr.	12.000,0 Fr.	120,0	-2.000,0 Fr.	
7	Maschinen	120.000,0 Fr.	34.124,0 Fr.	28,4	85.876,0 Fr.	
8	Material	11.000,0 Fr.	6.649,0 Fr.	60,4	4.351,0 Fr.	
9	Reparaturen	34.000,0 Fr.	18.534,0 Fr.	54,5	15.466,0 Fr.	
10	Werkzeug	10.000,0 Fr.	20.000,0 Fr.	200,0	-10.000,0 Fr.	
11	Sonstige	8.100,0 Fr.	20.546,0 Fr.	253,7	-12.446,0 Fr.	
12						
13	Summe	193.100,0 Fr.	111.853,0 Fr.	57,9	81.247,0 Fr.	
14						

☞ Wenn Sie ein selbstdefiniertes Format wieder löschen möchten, müssen Sie es im Menü ***FORMAT*** / *ZELLEN* / ***ZAHLEN*** markieren und die Schaltfläche ***LÖSCHEN*** aktivieren. Die von Excel vorgegebenen Standardformate können nicht gelöscht werden.

☞ Denken Sie daran, daß selbstdefinierte Zahlenformate immer nur in der Datei zur Verfügung stehen, in der sie definiert wurden!

THEORETISCHE GRUNDLAGEN

Relative und absolute Zellbezüge

Relative Zellbezüge :

Bisher haben Sie beim Rechnen mit Formeln und Funktionen immer mit relativen Zellbezügen gearbeitet - in den meistern Fällen ist dies auch sinnvoll.

Relativ heißt, daß die Zellbezüge beim Kopieren von Formeln und Funktionen ***bzgl. Zeile bzw. Spalte*** jeweils der Zelle ***angepaßt*** werden, in die die Formel kopiert wurde. Zur Erinnerung noch einmal ein Beispiel :

Sie bilden in der Zelle ***C1*** die Summe der Zellen ***A1*** und ***B1*** und kopieren die Funktion anschließend in die Zelle ***C2***. Die Zellbezüge der Originalfunktion (***A1*** und ***B1***) werden in der Kopie angepaßt - da die Kopie eine Zeile tiefer liegt, als die Originalfunktion, bezieht sie sich nicht mehr auf Zellen der Zeile ***1*** sondern auf Zellen der Zeile ***2*** : aus ***A1*** wird ***A2***, aus ***B1*** wird ***B2***.

	A	B	C
1	10	30	=SUMME(A1:B1)
2	20	40	

	A	B	C
1	10	30	=SUMME(A1:B1)
2	20	40	=SUMME(A2:B2)

Der gleiche Effekt tritt auf, wenn Sie horizontal kopieren, nur diesmal nicht bezüglich der Zeilen sondern bezüglich der Spalten. Bilden Sie in der Zelle ***A3*** die Summe der Zellen ***A1*** und ***A2*** und kopieren die Funktion anschließend in die Zelle ***B3***, werden die Originalbezüge bezüglich der Spalte angepaßt. Da die Kopie eine Spalte weiter rechts liegt als die Originalfunktion, bezieht sie sich nicht mehr auf Zellen der Spalte ***A*** sondern der Spalte ***B*** : aus ***A1*** wird ***B1***, aus ***A2*** wird ***B2***.

	A	B
1	10	30
2	20	40
3	=SUMME(A1:A2)	

	A	B
1	10	30
2	20	40
3	=SUMME(A1:A2)	=SUMME(B1:B2)

Dieses Prinzip wirkt auch, wenn eine Funktion in eine andere Spalte *und* in eine andere Zeile kopiert wird. Dann wird der Zeilen- *und* der Spaltenbezug angepaßt.

THEORETISCHE GRUNDLAGEN

In der linken Abbildung wurde in der Zelle ***A4*** die Summe der Zellen ***A1*** bis ***A3*** gebildet. Die Funktion wurde anschließend mit der Drag&Drop-Funktion in die Zelle ***B6*** kopiert (rechte Abb.). Da die Kopie eine Spalte weiter rechts liegt, muß aus ***A*** auf jeden Fall ***B*** werden. Außerdem liegt die Kopie zwei Zeilen tiefer als das Original, aus ***1*** wird daher ***3***, aus ***3*** wird ***5***. Aus dem Originalbezug ***A1*** wird demnach der neue Bezug ***B3***, aus dem Originalbezug ***A3*** der neue Bezug ***B5***.

	A	B
1	10	20
2	20	30
3	15	40
4	=SUMME(A1:A3)	25
5		18
6		

	A	B
1	10	20
2	20	30
3	15	40
4	=SUMME(A1:A3)	25
5		18
6		=SUMME(B3:B5)

Absolute Zellbezüge :

Setzen Sie vor die Zeilen- oder Spaltenkennzeichnungen der Zellbezüge in einer Formel ***Dollarzeichen*** (Bsp.: *SUMME($A$1:$A$3)*), werden die Zellbezüge zu ***absoluten Bezügen***. Wird eine Formel oder Funktion mit ***absoluten Zellbezügen*** kopiert, werden die Bezüge ***nicht angepaßt***, wie das bei relativen Bezügen der Fall ist.

Meist ist die Anpassung der Zellbezüge sinnvoll, wie z.B. bei der Summenbildung der bisherigen Beispiele. Hätten Sie dort mit absoluten Zellbezügen gearbeitet, hätte sich die Kopie auf dieselben Zellen bezogen wie das Original und somit das gleiche Ergebnis geliefert. Manchmal kann das Anpassen der Zellbezüge aber auch zu unerwünschten Effekten führen, wie im folgendem Beispiel :
In der Spalte ***C*** soll die Mehrwertsteuer des Nettopreises jeden Artikels berechnet werden. Der Mehrwertsteuersatz steht in der Zelle ***B1***. Die Formel in der Zelle ***C4*** lautet ***= C4 * B1*** und ergibt ein korrektes Ergebnis. Kopieren Sie diese Formel nun in die

	A	B	C
1	MWSt.-Satz :	15%	
2			
3	**Artikel**	**Netto-Preis**	**MWSt.**
4	Butter (kg)	10,00 DM	1,50 DM
5	Zucker (kg)	5,00 DM	
6	Milch (l)	2,00 DM	

darunterliegenden Zellen ***C5*** und ***C6***, erhalten Sie das Ergebnis wie in der linken Abbildung. Um zu sehen, was passiert ist, müssen wir uns die Zellbezüge näher ansehen (rechte Abbildung).

	A	B	C
1	MWSt.-Satz :	15%	
2			
3	**Artikel**	**Netto-Preis**	**MWSt.**
4	Butter (kg)	10,00 DM	1,50 DM
5	Zucker (kg)	5,00 DM	- DM
6	Milch (l)	2,00 DM	#WERT!

	A	B	C
1	MWSt.-Satz :	15%	
2			
3	**Artikel**	**Netto-Preis**	**MWSt.**
4	Butter (kg)	10,00 DM	=B4*B1
5	Zucker (kg)	5,00 DM	=B5*B2
6	Milch (l)	2,00 DM	=B6*B3

Da die Formel nur relative Zellbezüge (ohne Dollarzeichen) enthält, wurden die Bezüge der Kopien jeweils der Zeile angepaßt, in der die Kopie steht. Aus dem Originalbezug ***B4 *B1*** wurde in der ersten Kopie ***B5*B2*** und in der zweiten Kopie - die noch eine Zeile tiefer liegt - ***B6*B3***.

Wenn Sie sich nun aber ansehen, was in den Zellen ***B2*** und ***B3*** steht, sehen Sie sofort den Fehler. Die Zelle ***B2*** enthält nichts, Excel multipliziert demzufolge in der Zelle ***C5*** den Inhalt der Zelle ***B5*** (5,00 DM) mit ***Null***. Das ***Ergebnis ist Null***.

In der Zelle ***C6*** wird der Inhalt der Zelle B6 (2,00 DM) mit dem Inhalt der Zelle ***B3*** multipliziert. In der Zelle ***B3*** jedoch steht Text - damit kann Excel nicht rechnen - also gibt es die Fehlermeldung ***#WERT*** aus.

Entstanden ist das Dilemma durch die Anpassung des Zellbezuges ***B1***. Also müssen Sie diese Anpassung verhindern, indem Sie den Zellbezug ***B1*** absolut machen (vgl. Abbildung). Kopieren Sie die so veränderte Funktion in die darunterliegenden Zellen, wird der ***relative Bezug B4*** nach wie vor ***angepaßt***, der ***absolute Bezug $B$1*** hin-

	A	B	C
1	MWSt.-Satz :	15%	
2			
3	**Artikel**	**Netto-Preis**	**MWSt.**
4	Butter (kg)	10,00 DM	=B4*$B$1
5	Zucker (kg)	5,00 DM	
6	Milch (l)	2,00 DM	↓

gegen wird ***nicht angepaßt*** - ganz gleich, in welcher Zeile oder Spalte die Kopie der Formel steht, ***$B$1*** bleibt immer ***$B$1*** (linke Abbildung). Wie gewünscht wird der Netto-Preis nun in jeder Zeile mit dem Inhalt der Zelle ***B1*** multipliziert - Sie erhalten korrekte Ergebnisse (rechte Abbildung).

	A	B	C
1	MWSt.-Satz :	15%	
2			
3	**Artikel**	**Netto-Preis**	**MWSt.**
4	Butter (kg)	10,00 DM	=B4*$B$1
5	Zucker (kg)	5,00 DM	=B5*$B$1
6	Milch (l)	2,00 DM	=B6*$B$1

	A	B	C
1	MWSt.-Satz :	15%	
2			
3	**Artikel**	**Netto-Preis**	**MWSt.**
4	Butter (kg)	10,00 DM	1,50 DM
5	Zucker (kg)	5,00 DM	0,75 DM
6	Milch (l)	2,00 DM	0,30 DM

☞ Sie können einen Zellbezug auch nur bezüglich der Zeile *oder* Spalte absolut machen, indem Sie das Dollarzeichen nur an der entsprechenden Stelle setzen (gemischter Bezug).

Im Beispiel hätte es genügt, lediglich die Zeile absolut zu machen, da sich an der Spaltenposition beim Kopieren ohnehin nichts geändert hat. Sie hätten anstelle der Formel ***=B4*$B$1*** also auch die Formel ***=B4*B$1*** angeben können.

EXCEL ÜBUNGEN

ÜBUNG 29

Absolute Zellbezüge

1. **Öffnen Sie eine neue Datei und machen Sie folgende Eingaben :**

	A	B	C	D
1	*Anlagealternativen :*			
2				
3		Anlage 1	Anlage 2	
4		7%	9%	
5	8.000,00 DM			
6	9.000,00 DM			
7	10.000,00 DM			
8	11.000,00 DM			

Die Zahlen wurden jeweils mit dem Währungsformat formatiert und die schraffierten Zellen mit dem fünften Muster im Listenfeld ***Muster*** (Menü ***FORMAT*** / *ZELLEN* / ***MUSTER***) unterlegt.

2. **Berechnen Sie in den Spalten *B* und *C* jeweils die Renditen der einzelnen Anlagebeträge aus der Spalte *A* :**

In den Zellen ***B5*** bis ***B8*** muß der jeweilige Anlagebetrag immer mit dem Inhalt der Zelle ***B4*** multipliziert werden, da sie den Zinssatz für die erste Anlage enthält. Geben Sie die Formel in die Zelle ***B5*** ein und kopieren Sie sie in die darunterliegenden Zellen. In den Zellen ***C5*** bis ***C8*** müssen Sie die Anlagebeträge jeweils mit der Zelle ***C4*** multiplizieren. Formatieren Sie die Ergebnisse mit dem Währungsformat.

	A	B	C	D
1	*Anlagealternativen :*			
2				
3		Anlage 1	Anlage 2	
4		7%	9%	
5	8.000,00 DM	560,00 DM	720,00 DM	
6	9.000,00 DM	630,00 DM	810,00 DM	
7	10.000,00 DM	700,00 DM	900,00 DM	
8	11.000,00 DM	770,00 DM	990,00 DM	

EXCEL ÜBUNGEN

Stimmt Ihr Ergebnis mit dem Ergebnis der Abbildung überein, haben Sie das Prinzip absoluter Zellbezüge verstanden (sofern Sie nicht gemogelt und mit der Formel ***A5* 7%*** gearbeitet haben). In diesem Fall können Sie an dieser Stelle mit der nächsten Übung fortfahren.

Haben Sie andere Ergebnisse erhalten, blenden Sie die Zellbezüge ein, um nach der Ursache zu suchen (***EXTRAS*** / *OPTIONEN* / ***ANSICHT*** - ***Formeln***).

Sofern Sie den Fehler gemacht haben, nur relative Zellbezüge zu verwenden, sieht Ihre Tabelle aus wie in untenstehender Abbildung. Das Ergebnis in der Zelle ***B5*** ist noch korrekt - die Inhalte der Zellen ***A5*** (1. Anlagebetrag) und ***B4*** (Zinssatz) werden multipliziert.
In der Zelle darunter wurden die Zellbezüge jedoch der aktuellen Zeile angepaßt - aus dem Bezug ***A5*** wurde ***A6*** (Anlagebetrag 2, also noch korrekt), aus dem Bezug ***B4*** wurde ***B5*** - hier liegt der Fehler, denn der Anlagebetrag müßte wieder mit dem Zinssatz in ***B4*** und nicht mit dem Inhalt der Zelle ***B5*** multipliziert werden.

	A	B	C
1	*Anlagealternativen :*		
2			
3		*Anlage 1*	*Anlage 2*
4		*0,07*	*0,09*
5	*8000*	=A5*B4	=A5*C4
6	*9000*	=A6*B5	=A6*C5
7	*10000*	=A7*B6	=A7*C6
8	*11000*	=A8*B7	=A8*C7

Damit jeder Anlagebetrag mit dem Zinssatz aus der Zelle ***B4*** multipliziert wird, müssen Sie den Bezug ***B4*** zu einem absoluten Bezug machen. Aktivieren Sie die Zelle ***B5*** und korrigieren Sie die Formel in der Eingabezeile folgendermaßen :

B5 =A5*$B$4

Kopieren Sie die korrigierte Formel anschließend wieder in die darunterliegenden Zellen.

Korrigieren Sie auch die Formeln in der Zelle ***C5*** (hier muß der Bezug ***C4*** absolut gemacht werden) und kopieren Sie die korrigierte Formel ebenfalls in die darunterliegenden

EXCEL ÜBUNGEN

Zellen. Da ***B4*** und ***C4*** nun absolute Zellangaben sind, werden die Anlagebeträge nun in jeder Formel immer wieder mit ***B4*** bzw. ***C4*** multipliziert - Sie erhalten die korrekten Ergebnisse.

Blenden Sie die Anzeige der Formeln wieder aus, um die Ergebnisse anzuzeigen ! (***EXTRAS*** / *OPTIONEN* / ***ANSICHT*** - ***Formeln***)

	A	B	C
1	*Anlagealternativen :*		
2			
3		*Anlage 1*	*Anlage 2*
4		*0,07*	*0,09*
5	*8000*	=A5*$B$4	=A5*$C$4
6	*9000*	=A6*$B$4	=A6*$C$4
7	*10000*	=A7*$B$4	=A7*$C$4
8	*11000*	=A8*$B$4	=A8*$C$4

3. **Speichern Sie** Datei unter dem Namen ***Kalk93*** im Verzeichnis ***c:\ schulung\ tabellen.***

Ein Beispiel für gemischte Zellbezüge, d.h. Zellbezüge, deren Spaltenbezug absolut und deren Zeilenbezug relativ ist - oder umgekehrt - folgt am Ende der nächsten Übung. Das Beispiel kann an dieser Stelle noch nicht gebracht werden, da für das Verständnis die Kenntnis logischer Funktionen vorrausgesetzt wird.

THEORETISCHE GRUNDLAGEN

Logische Funktionen

Was sind logische Funktionen ?

Logische Funktionen prüfen eine *Bedingung* auf deren Wahrheitsgehalt. Beispielsweise kann mit der logischen Funktion *WENN* geprüft werden, ob in der Zelle ***A1*** ein kleinerer Wert als ***5*** steht. Die Funktion würde folgendermaßen beginnen :

=WENN(A1<5 ....

In Abhängigkeit davon, ob die Bedingung erfüllt ist, wird anschließend eine Operation ausgeführt, das kann eine Berechnung sein, es kann sich aber auch nur um die Ausgabe eines Wertes oder Textes handeln.
Soll beispielsweise der Text "Prüfung bestanden" als Ergebnis ausgegeben werden, *wenn die Bedingung erfüllt ist*, muß diese Operation als zweites Funktionsargument eingetragen werden :

=WENN(A1<5;"Prüfung bestanden")

Als drittes Funktionsargument kann optional eingetragen werden, wie das Ergebnis der Funktion lauten soll, *wenn die Bedingung nicht erfüllt ist.* Soll das Ergebnis in diesem Fall "Prüfung nicht bestanden" lauten, so müßte die Funktion folgendermaßen ergänzt werden :

=WENN(A1<5;"Prüfung bestanden";"Prüfung nicht bestanden")

Zusammenfassung: die *allgemeine* Syntax der Funktion lautet :

= WENN (Wahrheitsprüfung ;Dann-Wert ;Sonst-Wert)

Sie enhält zwei oder drei Funktionsargumente. Das ***erste Argument*** gibt die auf ihren ***Wahrheitsgehalt*** zu prüfende Bedingung an; wenn die Bedingung erfüllt ist, ***dann*** bestimmt das ***zweite Argument*** (Dann-Wert) wie das Ergebnis lauten soll; ***sonst*** wird das Ergebnis durch das ***dritte Argument*** (Sonst-Wert) bestimmt. Das Ergebnis wird wie immer in der Zelle ausgegeben, in die die *WENN*-Funktion eingetragen wurde.

Fehlt das dritte Argument, wird bei *nicht* erfüllter Bedingung der Wahrheitswert ***FALSCH*** als Ergebnis ausgegeben.

THEORETISCHE GRUNDLAGEN

Übersicht über logische Operatoren und Funktionen :

Logische Operatoren :

=	gleich	<>	ungleich
>	größer	<	kleiner
>=	größer oder gleich	<=	kleiner oder gleich

Logische Funktionen :

WENN (Bedingung ; Dann-Wert ; Sonst-Wert **)**

Wenn die Bedingung erfüllt ist, wird in die Ergebniszelle der Dann-Wert eingetragen, sonst der Sonst-Wert. Beispiel: **= Wenn (A1>10 ; 1 ; 0)** trägt in die Ergebniszelle die Zahl 1 ein, wenn in der Zelle A1 ein größerer Wert als 10 steht. Enthält die Zelle A1 einen kleineren Wert als 10, wird als Ergebnis 0 ausgegeben.

UND (Bedingung1 ; Bedingung2 ; ...... **)**

Liefert den Wahrheitswert WAHR, wenn alle Bedingungen erfüllt sind, ansonsten den Wert FALSCH. Beispiel: **= Und (A1>10 ; A1<20)** trägt in die Ergebniszelle den Text WAHR ein, wenn der Wert der Zelle A1 größer als 10 und kleiner als 20 ist.

ODER (Bedingung1 ; Bedingung2 ; ...... **)**

Liefert das Ergebnis WAHR, wenn eine der Bedingungen erfüllt ist, ansonsten den Wert FALSCH. Beispiel: **= Oder (A1>50 ; A1<20)** trägt den Text WAHR in die Ergebniszelle ein, wenn der Wert der Zelle A1 größer als 50 oder kleiner als 20 ist.

NICHT (Bedingung**)**

Liefert das Ergebnis WAHR, wenn die Bedingung nicht erfüllt ist, ansonsten FALSCH. Beispiel: **= Nicht (A1=50)** liefert WAHR, wenn der Wert der Zelle A1 *nicht* 50 ist.

Die Funktionen UND( ), ODER( ) u. NICHT( ) können innerhalb der Funktion WENN( ) als Bedingung eingesetzt werden :

Beispiele :

Beispiel: **= Wenn (Und (A1 > 10;A1 < 20) ; 1 ; 0)** Die Bedingung liefert den Wert WAHR, wenn der Wert in der Zelle A1 größer als 10 und kleiner als 20 ist. In diesem Fall wird in die Ergebniszelle der Dann-Wert **1** eingetragen, sonst der Sonst-Wert **0**.

Beispiel: **= Wenn (Oder (A1 > 50;A1 < 20) ; 1 ; 0)** Die Bedingung liefert den Wert WAHR, wenn der Wert in der Zelle A1 größer als 50 oder kleiner als 20 ist. In diesem Fall lautet das Ergebnis **1**, ansonsten ist das Ergebnis **0**.

THEORETISCHE GRUNDLAGEN

Beispiel: **= Wenn (Nicht (A1 = 50); 1 ; 0)** Die Bedingung liefert den Wert WAHR, wenn der Wert der Zelle A1 nicht 50 ist. In diesem Fall wird als Ergebnis **1** ausgegeben, sonst (wenn A1 gleich 50 ist) lautet das Ergebnis **0**.

☞ Text muß in Funktionen immer in Anführungszeichen gesetzt werden :

Beispiel: **= Wenn (A1 = "Butter"; "Milchprodukt")** Die Bedingung liefert den Text Milchprodukt als Ergebnis, wenn in der Zelle A1 der Text Butter eingetragen ist, ansonsten den Wert FALSCH, da kein drittes Funktionsargument angegeben ist.

☞ Wie bereits erwähnt, können auch Berechnungen als Dann- und Sonst-Wert eingesetzt werden :

Beispiel: **= Wenn (A2 >= 100000; A2∗20%; A2∗15%)** Die Bedingung liefert das Ergebnis der Formel A2∗20%, wenn die Zahl in der Zelle A2 mindestens 100000 beträgt, ist der Wert in der Zelle A2 geringer, wird das Ergebnis der Formel A2∗15% ausgegeben. Sinn würde diese Formel z.B. in einer Tabelle mit Vertreter-Umsätzen machen, in der jeweils die Provision der Vertreter in Abhängigkeit vom Umsatz berechnet werden soll. Angenommen, in der Spalte B ist jeweils der Vertreter-Umsatz eingetragen und in der Spalte C soll die Provision berechnet werden. Vertreter, deren Umsatz über 100.000 liegt, sollen eine Provision von 20%, andere lediglich eine Provision von 15% erhalten.

Würde die Funktion in die Zelle C2 eingetragen und in die darunterliegenden Zellen kopiert, erhielten Sie folgendes Ergebnis :

	A	B	C
1		Umsatz	Provision
2	Vertreter 1	150.000,00 DM	=WENN(B2>=100000;B2*20%;B2*15%)
3	Vertreter 2	60.000,00 DM	=WENN(B3>=100000;B3*20%;B3*15%)
4	Vertreter 3	100.000,00 DM	=WENN(B4>=100000;B4*20%;B4*15%)
5	Vertreter 4	70.000,00 DM	=WENN(B5>=100000;B5*20%;B5*15%)

	A	B	C	D	E
1		Umsatz	Provision		
2	Vertreter 1	150.000,00 DM	30.000,00 DM		
3	Vertreter 2	60.000,00 DM	9.000,00 DM		
4	Vertreter 3	100.000,00 DM	20.000,00 DM		
5	Vertreter 4	70.000,00 DM	10.500,00 DM		

In jeder Zeile wird die Bedingung geprüft, ob der Wert in der Spalte B größer als 100.000 ist. Ist die Bedingung erfüllt, wird der Wert mit 20% multipliziert, ansonsten nur mit 15%. Das jeweilige Ergebnis wird in der Spalte C eingetragen.

EXCEL ÜBUNGEN

ÜBUNG 30

Logische Funktionen

1. Öffnen Sie eine neue Datei und machen Sie folgende Eingaben :

	A	B	C	D	E
1	**Warenbestand:**				
2					
3	**Artikel-Nr.**	**Artikel-Gruppe**	**Netto-Preis**	**MWSt.**	
4	B100000	Lit	30,00 DM		
5	B200000	Büro	10,00 DM		
6	C100000	Lit	20,00 DM		
7	D300000	EDV	50,00 DM		
8					

2. Berechnen Sie in der Spalte *B* jeweils die Mehrwertsteuer :

Beachten Sie, daß der Mehrwertsteuersatz für Literatur nicht ***15%*** sondern lediglich ***7%*** beträgt. Sie können daher *nicht* wie gewohnt die Formel ***= C4*15%*** in die Zelle ***D4*** eintragen und in die darunterliegenden Zellen kopieren, sonst erhalten Sie für die Literatureinträge jeweils falsche Ergebnisse. Trotzdem müssen Sie die Formeln nicht in jede Zelle einzeln eingeben, wenden Sie stattdessen die *WENN*-Funktion an :
Mit der *WENN*-Funktion können Sie jeweils die Bedingung prüfen, ob die Artikel-Gruppe ***Lit*** oder anderes lautet. Für die Artikelgruppe ***Lit*** lassen Sie jeweils die Formel ***= C4* 7%*** berechnen, für alle anderen Artikelgruppen die Formel ***= C4*15%***.

Tragen Sie in die Zelle ***D4*** die Funktion ***=WENN(B4="Lit";C4*7%;C4*15%)*** und kopieren Sie die Formel in die Zellen ***D5*** bis ***D7***. Formatieren Sie die Ergebnisse im DM-Format.

	A	B	C	D	E
1	**Warenbestand:**				
2					
3	**Artikel-Nr.**	**Artikel-Gruppe**	**Netto-Preis**	**MWSt.**	
4	B100000	Lit	30,00 DM	2,10 DM	
5	B200000	Büro	10,00 DM	1,50 DM	
6	C100000	Lit	20,00 DM	1,40 DM	
7	D300000	EDV	50,00 DM	7,50 DM	

EXCEL ÜBUNGEN

Falls Sie die Arbeitsweise der WENN-Funktion nicht so schnell nachvollziehen konnten noch einmal eine Erläuterung Schritt für Schritt - in der unteren Abbildung wurden hierfür die Formeln eingeblendet:

In der Zelle ***D4*** wird die Bedingung geprüft, ob in der Zelle ***B4*** der Text ***"Lit"*** eingetragen ist. Da die Bedingung erfüllt ist, wird die Anweisung hinter dem ersten Semikolon ausgeführt, nämlich der Inhalt der Zelle ***C4*** mit ***7%*** multipliziert. Das Ergebnis ist ***2,10 DM*** (siehe vorige Abbildung).

In der Zelle ***D5*** wird die Bedingung geprüft, ob in der Zelle ***B5*** der Text ***"Lit"*** eingetragen ist. Da die Bedingung nicht erfüllt ist, wird die Anweisung hinter dem zweiten Semikolon ausgeführt, nämlich der Inhalt der Zelle ***C5*** mit ***15%*** multipliziert. Das Ergebnis ist ***1,50 DM***.

In den Zellen ***D6*** und ***D7*** wird wiederum die Bedingung geprüft und in Abhängigkeit davon der Netto-Preis mit ***7%*** oder ***15%*** mulipliziert.

	A	B	C	D
1	**Warenbestand:**			
2				
3	**Artikel-Nr.**	**Artikel-Gruppe**	**Netto-Preis**	**MWSt.**
4	B100000	Lit	30	=WENN(B4="Lit";C4*7%;C4*15%)
5	B200000	Büro	10	=WENN(B5="Lit";C5*7%;C5*15%)
6	C100000	Lit	20	=WENN(B6="Lit";C6*7%;C6*15%)
7	D300000	EDV	50	=WENN(B7="Lit";C7*7%;C7*15%)

☞ Wenn Sie die Syntax der Funktion *WENN* nicht auswendig wissen, können Sie sie natürlich auch im Funktions-Assistenten auswählen, sie steht dort in der Kategorie ***LOGIK***.

In diesem Fall wird sie mit den Funktionsargumenten wie in der Abbildung eingefügt. Das erste Funktionsargument ist bereits markiert und kann mit der Bedingung überschrieben werden. Die weiteren Funktionsargumente markieren Sie mit einem Doppelklick in das jeweilige Argument und überschreiben die Markierung jeweils mit dem Dann- bzw. mit dem Sonst-Wert.

```
D4    =WENN(Prüfung;Dann_Wert;Sonst_Wert)
```

EXCEL ÜBUNGEN

3. Kennzeichnen Sie die Artikel, deren Preis zwischen 10,- DM und 30,- DM liegt :

Die Artikel, deren Preis mindestens 10,- DM, jedoch weniger als 30,- DM beträgt, sollen mit dem Prädikat "Mittlere Preisklasse" gekennzeichnet werden. Tragen Sie in die Zelle ***D3*** die Überschrift **`Prädikat`** und in die Zelle ***E4*** die Funktion

=WENN(UND(C4>=10;C4<30); "mittlere Preisklasse"; " ")

per Hand oder mit Hilfe des Funktionsassistenten ein (falls Sie den Funktionsassistenen wählen, müssen Sie zum Überschreiben des ersten Funktionsargumentes nochmals den Funktionsassistenten aktivieren und die Funktion *UND* auswählen).

Kopieren Sie die Funktion in die darunterliegenden Zellen. Ergebnis :

	A	B	C	D	E	F
1	**Warenbestand:**					
2						
3	**Artikel-Nr.**	**Artikel-Gruppe**	**Netto-Preis**	**MWSt.**	**Prädikat**	
4	B100000	Lit	30,00 DM	2,10 DM		
5	B200000	Büro	10,00 DM	1,50 DM	mittlere Preisklasse	
6	C100000	Lit	20,00 DM	1,40 DM	mittlere Preisklasse	
7	D300000	EDV	50,00 DM	7,50 DM		

	A	B	C	E
1	**Warenbes**			
2				
3	**Artikel-Nr.**	**Artikel-Gruppe**	**Netto-Preis**	**Prädikat**
4	B100000	Lit	30	=WENN(UND(C4>=10;C4<30); "mittlere Preisklasse"; " ")
5	B200000	Büro	10	=WENN(UND(C5>=10;C5<30); "mittlere Preisklasse"; " ")
6	C100000	Lit	20	=WENN(UND(C6>=10;C6<30); "mittlere Preisklasse"; " ")
7	D300000	EDV	50	=WENN(UND(C7>=10;C7<30); "mittlere Preisklasse"; " ")

In der Zelle ***E4*** wird die Bedingung ***UND(C4>=10;C4<30)*** geprüft, also ob der Wert in der Zelle ***C4*** größer oder gleich 10 <u>und</u> kleiner als 30 ist. Da die Bedingung nicht erfüllt ist (30 ist nicht *kleiner* als 30), wird der Wert hinter dem zweiten Semikolon als Ergebnis ausgegeben, nämlich ein Leerzeichen - die Zelle bleibt leer.

In der Zelle ***E5*** wird die Bedingung geprüft, ob der Wert in der Zelle ***C5*** größer oder gleich 10 <u>und</u> kleiner als 30 ist. Da die Bedingung erfüllt ist, wird der Text hinter dem ersten Semikolon als Ergebnis eingetragen, d.h. der Text "mittlere Preisgruppe". Usw. .

EXCEL ÜBUNGEN

☞ Selbstverständlich ist es auch möglich, in *jeder* Zelle die Preisgruppe eintragen zu lassen.

Sollen Artikel mit Preisen unter 10 DM mit "untere Preisgruppe", Artikel zwischen 10 und 30 DM wie gehabt mit "mittlere Preisgruppe" und Artikel über 30 DM mit "obere Preisgruppe" gekennzeichnet werden, müssen Sie zwei *WENN*-Funktionen ineinander verschachteln :

```
=WENN( C4<10; "untere Preisgruppe"; WENN(C4>=30; "obere Preisgruppe"; "mittlere Preisgruppe") )
```

Argument	Teil der Formel
Bed.	C4<10
Dann-Wert	"untere Preisgruppe"
Sonst-Wert	WENN(C4>=30; "obere Preisgruppe"; "mittlere Preisgruppe")
Bed.	C4>=30
Dann-Wert	"obere Preisgruppe"
Sonst-Wert	"mittlere Preisgruppe"

Fett und kursiv bezeichnet sind die Funktionsargumente der äußeren Funktion: Zunächst wird die Bedingung geprüft, ob der Wert in der Zelle ***C4*** kleiner als 10 ist. Ist die Bedingung erfüllt, wird 'untere Preisgruppe' in die Zelle eingetragen (Dann-Wert), ist die Bedingung nicht erfüllt wird der Sonst-Wert ausgeführt :

Wenn der Wert in der Zelle ***C4*** größer oder gleich 30 ist, wird 'obere Preisgruppe' in die Zelle eingetragen, sonst (also in jedem anderen Fall) der Text 'mittlere Preisgruppe'.

☞ An dieser Stelle noch ein ***Anwendungsbeispiel für gemischte Zellbezüge***, d.h. für Zellbezüge, deren Spaltenbezug absolut und deren Zeilenbezug relativ ist oder umgekehrt. In der folgenden Tabelle wurden in den Spalten ***A*** bis ***C*** an jedem Arbeitstag das Datum, die Kalenderwoche und die Arbeitsstunden eingetragen.
Nachträglich soll nun ausgewertet werden, wieviele Stunden je Kalenderwoche gearbeitet wurden. Hierfür wurde für jede Kalenderwoche eine separate Spalte (***D*** bis ***E***) eingerichtet, in die die Arbeitsstunden aus der Spalte ***C*** nur dann übertragen wurden, wenn sie in der jeweiligen Kalenderwoche absolviert wurden, also jeweils dann, wenn die Kalenderwoche in der Spalte ***B*** mit der jeweiligen Kalenderwoche in der Zeile ***2*** übereinstimmt. Dies läßt sich einfach mit der Funktion =WENN(B3=D2;C3;0) bewerkstelligen.

	A	B	C	D	E	F	G
1				KW	KW	KW	KW
2	Datum	KW	h	30	31	32	33
3	27.07.1994	30	11	11	0	0	0
4	16.08.1994	33	13	0	0	0	13
5	04.08.1994	31	5	0	5	0	0
6	12.08.1994	32	7	0	0	7	0
7	28.07.1994	30	15	15	0	0	0
8	21.08.1994	33	9	0	0	0	9

EXCEL ÜBUNGEN

Schwieriger wird es, wenn Sie die Funktion in die darunterliegenden Zellen *und* anschließend auch noch in die weiteren Spalten ***E*** bis ***G*** kopieren wollen - Sie möchten sich ja bei einer Tabelle, die alle Arbeitstage und Kalenderwochen des ganzen Jahres erfaßt, sicher nicht die Mühe machen, die Funktion =WENN(B3=D2;C3;0) für jede Kalenderwoche neu einzutippen.

Um die Funktion nach unten kopieren zu können, müssen Sie auf jeden Fall den Vergleichsbezug ***D2*** absolut machen, sonst erhalten Sie unsinnige Ergebnisse. Die Funktion in der Zelle ***D3*** müßte demnach =WENN(B3=$D$2;C3;0) lauten und könnte so in die darunterliegenden Zellen kopiert werden.

Markieren Sie nun die Funktionen der Spalte ***D***, um sie mit der Autofill-Funktion in die Spalten ***E*** bis ***G*** zu kopieren, erhalten Sie falsche Ergebnisse, weil Sie nicht nur den Zeilenbezug der Zelle ***D2*** sondern die ganze Zelle absolut gemacht haben. In der Spalte ***E*** darf die Vergleichszelle für die Kalenderwoche nicht mehr ***D2*** sein, sondern muß ***E2*** lauten. Sie müssen in der Funktion daher zwar den Zeilenbezug ***2*** absolut lassen, der Spaltenbezug ***D*** jedoch muß relativ sein: =WENN(B3=D$2;C3;0).

Wenn Sie das Prinzip begriffen haben, wird Ihnen einleuchten, daß die Spaltenbezüge der Zellen ***B3*** und ***C3*** für das Kopieren der Funktion nach rechts wiederum absolut sein müssen, während die Zeilenbezüge für das Erweitern der Funktion nach unten relativ bleiben müssen, die endgültige Formel lautet daher: =WENN($B3=D$2;$C3;0).

	A	B	C	D	E	F	G
1				KW	KW	KW	KW
2	Datum	KW	h	30	31	32	33
3	34542	30	11	=WENN($B3=D$2;$C3;0)	=WENN($B3=E$2;$C3;0)	=WENN($B3=F$2;$C3;0)	=WENN($B3=G$2;$C3;0)
4	34562	33	13	=WENN($B4=D$2;$C4;0)	=WENN($B4=E$2;$C4;0)	=WENN($B4=F$2;$C4;0)	=WENN($B4=G$2;$C4;0)
5	34550	31	5	=WENN($B5=D$2;$C5;0)	=WENN($B5=E$2;$C5;0)	=WENN($B5=F$2;$C5;0)	=WENN($B5=G$2;$C5;0)
6	34558	32	7	=WENN($B6=D$2;$C6;0)	=WENN($B6=E$2;$C6;0)	=WENN($B6=F$2;$C6;0)	=WENN($B6=G$2;$C6;0)
7	34543	30	15	=WENN($B7=D$2;$C7;0)	=WENN($B7=E$2;$C7;0)	=WENN($B7=F$2;$C7;0)	=WENN($B7=G$2;$C7;0)
8	34567	33	9	=WENN($B8=D$2;$C8;0)	=WENN($B8=E$2;$C8;0)	=WENN($B8=F$2;$C8;0)	=WENN($B8=G$2;$C8;0)

Sie gelangen hier nur mit gemischten Bezügen zum richtigen Ergebnis.

THEORETISCHE GRUNDLAGEN

Text- und Zeitfunktionen

Textfunktionen :

Wie der Name schon sagt, werden in der Bedingung dieser Funktionen Texte geprüft. Exemplarisch sollen im folgenden einige Textfunktionen dargestellt werden :

= LINKS (Text; Anzahl_Zeichen) liefert die linken Zeichen aus einem Text. Wieviele Zeichen das sind, wird durch die Angabe für Anzahl_Zeichen bestimmt.

Beispiele: =LINKS("Bauernhof"; 3) ergibt *Bau.*
=LINKS(A4; 4) liefert z.B. *Haus*, wenn in der Zelle A4 der Text *Haustür* steht.

= RECHTS (Text; Anzahl_Zeichen) liefert die rechten Zeichen aus einem Text.

= IDENTISCH (Text1; Text2) liefert den Wahrheitswert WAHR, wenn beide Texte gleich sind. Groß-/Kleinschreibung wird hierbei beachtet, Formatierungen nicht.

Beispiel: =IDENTISCH ("Bauernhof"; A5) ergibt *WAHR*, wenn in der Zelle *A5* der Text *Bauernhof* eingetragen ist.

= TEXT (Zahl; Format) wandelt eine Zahl in einen Text im angegebenen Format um.

Beispiele: =TEXT(1000; "0.000 DM") ergibt *1.000 DM.*
=TEXT(A4; "MMM JJ") ergibt *Mai 94*, wenn in der Zelle A4 das Datum 1.5.94 steht.

= VERKETTEN (Text1; Text2...) verkettet maximal 30 Texte miteinander zu einem Text. Als Argument sind nicht nur Texte, sondern auch Zahlen und Zellbezüge auf Zahlen oder Ergebnisse von Formeln oder Funktionen erlaubt.

Beispiel: =VERKETTEN ("Die Zahl lautet "; A3) ergibt *Die Zahl lautet 9*, wenn in der Zelle A3 die Ziffer 9 eingetragen ist - sie kann auch das Ergebnis einer Berechnung sein!

Text-Operatoren :

Der Text-Operator ***&*** hat die gleiche Funktion wie die Funktion *VERKETTEN.*

Beispiel: ="Die Zahl lautet " & A3 ergibt ebenfalls *Die Zahl lautet 9.*

THEORETISCHE GRUNDLAGEN

Zeitfunktionen :

Das Ergebnis von Zeitfunktionen ist i.d.R. ein Datum oder eine Uhrzeit. Exemplarisch sollen wiederum einige Zeitfunktionen dargestellt werden :

= JETZT ( ) liefert als Ergebnis das aktuelle Datum und die aktuelle Uhrzeit. Sobald in der Tabelle eine Änderung stattfindet (neue Eingabe, Löschen eines Wertes...), werden Datum und Uhrzeit aktualisiert.

Beispiele: =JETZT( ) ergibt am 1.3.95 um 15:30 Uhr den Eintrag *01.03.1994 15:30.*

= HEUTE ( ) liefert als Ergebnis das aktuelle Datum. Sobald in der Tabelle eine Änderung stattfindet (neue Eingabe, löschen eines Wertes...), wird das Datum aktualisiert.

Beispiele: =HEUTE( ) am 1.3.95 den Eintrag *01.03.1994.*

Natürlich können die Ergebnisse mit den bekannten Zahlenformaten beliebig formatiert werden. Formatieren Sie z.B. das Ergebnis der Funktion ***JETZT*** mit dem Format ***T. MMMM JJ*** wird die Uhrzeit in der Anzeige weggelassen - Sie erhalten ***1. März 95***.

Intern ist jede Zeit- oder Datumsangabe für Excel, unabhängig von der Formatierung, eine serielle Zahl.
Die Zeitangabe ***1.3.94 15:30*** ist z.B. intern die Zahl ***34759,64583***.

Excel hat am 1.1.1900 begonnen, die Tage zu zählen, und seitdem sind bis zum 1.3.94 genau 34759 Tage vergangen. Das wird durch die Zahl vor dem Komma angezeigt.

Die Zahl hinter dem Komma gibt die Uhrzeit an, und zwar als Bruchteil des Wertes 1, welcher genau 24 Stunden entspricht.
Die Mittagszeit 12:00 Uhr entspricht z.B. der Zahl 0,5, da die Hälfte des Tages vergangen ist, die Zeit 18:00 Uhr entspricht der Zahl 0,75, da dreiviertel des Tages vergangen ist. Die Zeit 24:00 Uhr entspricht der Zahl 1.

Die serielle Zahl wird nur angezeigt, wenn Sie das Zahlenformat *Standard* wählen (erstes Format in der Kategorie *ALLE*). Wie Sie sich erinnern werden, zeigt dieses Format immer die *interne* Darstellung einer Zahl an.

THEORETISCHE GRUNDLAGEN

Sinn der internen Darstellung als serielle Zahl ist es, daß Excel hierdurch ermöglicht wird, mit Datums- oder Zeitangaben zu rechnen. Z.B. können Sie mit Hilfe der Formel ***=HEUTE() - "1.11.94"*** berechnen, wieviele Tage zwischen dem heutigen Tag und dem 1.11.94 liegen. Beachten Sie, daß direkte Datumsangaben in einer Formel immer in Anführungszeichen stehen müssen - wird stattdessen eine Zelle angegeben, in der das Datum steht, muß der Zellbezug natürlich nicht in Anführungszeichen gesetzt werden.

Das Ergebnis der o.g. Formel wird nicht sofort als serielle Zahl angezeigt, da Excel alle Ergebnisse von Formeln und Funktionen zunächst mit dem Zahlenformat ***TT.MM.JJJJ hh:mm*** formatiert, was bei den bisher betrachteten Funktionen zweifellos auch sinnvoller war, als die Anzeige der seriellen Zahl.

In diesem Fall ist jedoch die Darstellung als serielle Zahl sinnvoll, da sie die *Tage* zwischen den beiden Datumsangaben anzeigt. Das Ergebnis muß daher mit dem Zahlenformat Standard formatiert werden.

In der Abbildung wird davon ausgegangen, daß das aktuelle Datum der 12.11.94 ist :

B1 =HEUTE()-"1.11.94"

	A	B
1	*Ergebnis im Format TT.MM.JJJJ hh:mm :*	11.01.1900 00:00
2	*Ergebnis im Standardformat :*	11

EXCEL ÜBUNGEN

ÜBUNG 31

Textfunktionen

1. **Geben Sie in die Zelle *F3* die Überschrift `Ges.-Preis B` ein.**

2. **Bilden Sie den Gesamtpreis aller Artikel, deren Artikelnummer mit einem *B* beginnt :**

Wenn ein Artikel mit einem ***B*** beginnt, dann soll in der neuen Spalte der Tabelle jeweils der Preis eingetragen werden, sonst soll der Wert ***0***. Wird anschließend die Summe unterhalb der Ergebnisse in der neuen Spalte gebildet, so erhalten Sie folgendes Resultat: Da nur für die Artikel, die mit einem ***B*** beginnen, jeweils der Preis eingetragen wurde (für alle anderen 0), besteht die Summe nur aus den Preisen der Artikel, die mit einem ***B*** beginnen. Für die Ausführung benötigen Sie die ***WENN-Funktion***.

Um in der Bedingung der ***WENN-Funktion*** prüfen zu können, ob eine Artikelnummer mit einem ***B*** beginnt, benötigen Sie außerdem die Textfunktion ***LINKS(Text; Anzahl_Zeichen)***. Sie liefert als Ergebnis die ersten durch *Anzahl_Zeichen* vorgegebenen linken Zeichen aus der Zeichenkette *Text* (Bsp.: *=Links("B100000";1)* ergibt *B*)

Geben Sie in die Zelle ***F4*** die Formel in der Abbildung ein und kopieren Sie sie in die darunterliegenden Zellen ***F5*** bis ***F7***. Formatieren Sie die Ergebnisse im Währungsformat (wenn Sie hierfür das Symbol aus der Format-Leiste benutzen, werden die Nullen anschließend als Strich dargestellt, dies wird durch den dritten für Nullen geltenden Format-Abschnitt dieses Zahlenformates bestimmt).

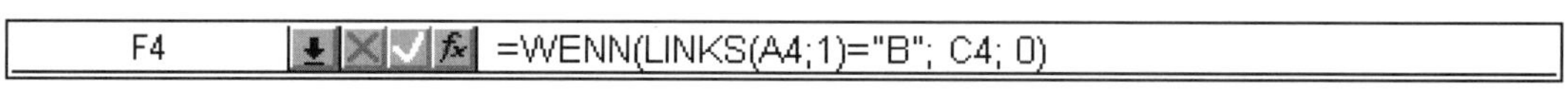

In der Bedingung wird jeweils geprüft, ob der erste linke Buchstabe der Artikelnummer ein ***B*** ist. Ist diese Bedingung erfüllt, wird in die Ergebniszelle der Preis eingetragen, ansonsten der Wert ***0***.

Bilden Sie in der Zelle ***F8*** die Summe der Zellen ***F4*** bis ***F7***. Nur die Preise der Artikel,

EXCEL ÜBUNGEN

deren Artikel-Nr. mit einem ***B*** beginnt, wurden in die Zellen ***F5*** bis ***F7*** eingetragen und werden nun in der Summe berücksichtigt!

	A	B	C	F	G
1	**Warenbestand:**				
2					
3	**Artikel-Nr.**	**Artikel-Gruppe**	**Netto-Preis**	**Ges.-Preis B**	
4	B100000	Lit	30,00 DM	30,00 DM	
5	B200000	Büro	10,00 DM	10,00 DM	
6	C100000	Lit	20,00 DM	- DM	
7	D300000	EDV	50,00 DM	- DM	
8				***40,00 DM***	

3. Bilden Sie den Gesamtpreis aller Artikel, deren Artikelnummer mit einem *B* oder einem *D* beginnt :

Überlegen Sie sich den Weg selbst. Sollte Ihr Ergebnis nicht so aussehen, wie in der folgenden Abbildung (die Spalten *D - E* wurden zwecks besserer Übersicht ausgeblendet), finden Sie die Lösung im Anhang.

	A	B	C	F	G	H
1	**Warenbestand:**					
2						
3	**Artikel-Nr.**	**Artikel-Gruppe**	**Netto-Preis**	**Ges.-Preis B**	**Ges.-Preis B oder D**	
4	B100000	Lit	30,00 DM	30,00 DM	30,00 DM	
5	B200000	Büro	10,00 DM	10,00 DM	10,00 DM	
6	C100000	Lit	20,00 DM	- DM	- DM	
7	D300000	EDV	50,00 DM	- DM	50,00 DM	
8				***40,00 DM***	***90,00 DM***	

EXCEL ÜBUNGEN

ÜBUNG 32

Datums- und Zeitfunktionen

1. Lassen Sie in der Zelle *C1* das aktuelle Datum anzeigen :

Tragen Sie in die Zelle ***C1*** die Funktion **`=JETZT()`** ein - sie benötigt keine Funktionsargumente. Paßt die Zahl nicht ganz in die Spalte, so werden in der Zelle Lattenzäune ### angezeigt, und Sie müssen die Spaltenbreite vergrößern. Natürlich erhalten Sie als Ergebnis nicht den 13.11.94 sondern das bei Ihrer Eingabe aktuelle Datum.

	A	B	C	F	G
1	**Warenbestand:**		**13.11.1994 18:29**		
2					
3	**Artikel-Nr.**	**Artikel-Gruppe**	**Netto-Preis**	**Ges.-Preis B**	**Ges.-Preis B oder D**
4	B100000	Lit	30,00 DM	30,00 DM	30,00 DM
5	B200000	Büro	10,00 DM	10,00 DM	10,00 DM
6	C100000	Lit	20,00 DM	- DM	- DM
7	D300000	EDV	50,00 DM	- DM	50,00 DM
8				***40,00 DM***	***90,00 DM***

2. Stellen Sie ein Zahlenformat ein, das nur Monat und Jahr anzeigt :

Wählen Sie das entsprechende Zahlenformat aus (***FORMAT*** / *ZELLEN* / ***ZAHLEN***) und zentrieren Sie das Datum in der Zelle. Sie können die Zelle nun auch wieder verkleinern - am besten stellen Sie mit einem Doppelklick zwischen die Spaltenköpfe die *optimale* Breite ein.

	A	B	C	F	G	H
1	**Warenbestand:**		**Nov 94**			
2						
3	**Artikel-Nr.**	**Artikel-Gruppe**	**Netto-Preis**	**Ges.-Preis B**	**Ges.-Preis B oder D**	
4	B100000	Lit	30,00 DM	30,00 DM	30,00 DM	
5	B200000	Büro	10,00 DM	10,00 DM	10,00 DM	
6	C100000	Lit	20,00 DM	- DM	- DM	
7	D300000	EDV	50,00 DM	- DM	50,00 DM	
8				***40,00 DM***	***90,00 DM***	

Jedesmal, wenn Sie in Zukunft etwas in der Tabelle ändern, wird das Datum aktualisiert.

EXCEL ÜBUNGEN

☞ Angenommen, Sie möchten den Monat und das Jahr nicht in der Kurzform ***Nov 94***, sondern voll ausgeschrieben als ***November 1994*** anzeigen lassen und würden entsprechend das Zahlenformat ***MMM JJ*** in ***MMMM JJ*** umändern.

Ergebnis wäre wieder, daß das Datum in diesem Format nicht komplett in die Zelle passen würde - es würden nur Lattenzäune angezeigt.

	A	B	C	D	E	F
1	**Warenbestand:**		##########			
2						
3	**Artikel-Nr.**	**Artikel-Gruppe**	**Netto-Preis**	**MWSt.**	**Prädikat**	**Ges.-P**
4	B100000	Lit	30,00 DM	2,10 DM		30,(

Wenn Sie die Spalte ***C*** nicht vergrößern möchten, wie in der Abbildung - was optisch nicht besonders schön aussieht

	A	B	C	D	E	
1	**Warenbestand:**		**November 1994**			
2						
3	**Artikel-Nr.**	**Artikel-Gruppe**	**Netto-Preis**	**MWSt.**	**Prädikat**	**G**
4	B100000	Lit	30,00 DM	2,10 DM		
5	B200000	Büro	10,00 DM	1,50 DM	mittlere Preisklasse	
6	C100000	Lit	20,00 DM	1,40 DM	mittlere Preisklasse	

können Sie die Textfunktion ***TEXT*** verwenden, um das aktuelle Datum in einen Text umzuwandeln. Mit einem Text haben Sie das Problem einer zu geringen Spaltenbreite nicht mehr, da Texte die Nachbarzellen überschreiben, wenn sie nicht ganz in die Zelle passen, statt Lattenzäune anzuzeigen :

	A	B	C	D	E	F
1	**Warenbestand:**		**November 1994**			
2						
3	**Artikel-Nr.**	**Artikel-Gruppe**	**Netto-Preis**	**MWSt.**	**Prädikat**	**Ges.-P**
4	B100000	Lit	30,00 DM	2,10 DM		30,(
5	B200000	Büro	10,00 DM	1,50 DM	mittlere Preisklasse	10,(
6	C100000	Lit	20,00 DM	1,40 DM	mittlere Preisklasse	

In die Zelle ***C3*** wurde die Funktion *=TEXT(JETZT(); "MMMM JJJJ")* eingetragen.

EXCEL ÜBUNGEN

ÜBUNG 33

Rechnen mit Datum und Uhrzeit

1. **Erweitern Sie die Tabelle um folgende Angaben :**

H3:	**WE**	*I3:*	**WA**	*J3:*	**DLZ**
H4:	**1.3.94**	*I4:*	**1.4.94**		
H5:	**1.3.94**	*I5:*	**1.5.94**		
H6:	**10.3.94**	*I6:*	**27.3.94**		
H7:	**20.3.94**	*I7:*	**8.4.94**		

WE soll Wareneingang, **WA** soll Warenausgang heißen.

2. **Berechnen Sie in der Spalte *J* jeweils die Durchlaufzeit (DLZ), die zwischen Wareneingang (WE) und Warenausgang (WA) liegt :**

Geben Sie in die Zelle ***J3*** die Überschrift **DLZ** ein, und bilden Sie in der Zelle ***J4*** die Differenz zwischen Warenausgang und Wareneingang. Kopieren Sie die Formel in die darunterliegenden Zellen. Da jedes Datum intern als serielle Zahl gespeichert wird, und die serielle Zahl die Anzahl der Tage seit dem 1.1.1900 wiedergibt, werden bei der Subtraktion zweier Datumswerte die dazwischenliegenden Tage ermittelt.

Um die *Tage* zu sehen, müssen Sie das Ergebnis allerdings auch als serielle Zahl anzeigen lassen, d.h. im Standardformat (***FORMAT*** / *ZELLEN* / ***ZAHLEN***, Kategorie ***ALLE***, Format ***Standard***).

Sollten Sie nicht zum gleichen Ergebnis gelangen wie in der Abbildung, finden Sie die Lösung im Anhang. (I.d.Abb. wurde Spalte *A* fixiert und bis zur Spalte *H* weitergeblättert).

	A	H	I	J	K
1	**Warenbestand:**				
2					
3	Artikel-Nr.	WE	WA	DLZ	
4	B100000	01.03.1994	01.04.1994	31	
5	B200000	01.03.1994	01.05.1994	61	
6	C100000	10.03.1994	27.03.1994	17	
7	D300000	20.03.1994	08.04.1994	19	

EXCEL ÜBUNGEN

3. Berechnen Sie in der Zelle *J9* die mittlere Durchlaufzeit mit Hilfe der Funktion *MITTELWERT(Zahl1; Zahl2;...)* :

Die Funktion kann ein oder mehrere Funktionsargumente haben. Die Funktionsargumente können entweder durch Semikola getrennte Zahlen bzw. Zellbezüge oder Bereichsangaben sein.

Geben Sie zunächst in die Zelle ***I9*** den Text **`Mittlere DLZ :`** ein.

Aktivieren Sie anschließend die Zelle ***J9***, tippen Sie den Beginn der Formel **`=MITTELWERT(`** ein und markieren Sie die Zellen, aus denen der Mittelwert gebildet werden soll (***J4*** bis ***J7***), damit diese Bereichsangabe automatisch in die Formel eingetragen wird. Schließen Sie noch die fehlende Klammer und bestätigen Sie. (Natürlich hätten Sie die Funktion auch mit Hilfe des Funktions-Assistenten eingeben können). Speichern Sie die Tabelle!

J9 =MITTELWERT(J4:J7)

	A	H	I	J	K	L
1	**Warenbestand:**					
2						
3	**Artikel-Nr.**	**WE**	**WA**	**DLZ**		
4	B100000	01.03.1994	01.04.1994	31		
5	B200000	01.03.1994	01.05.1994	61		
6	C100000	10.03.1994	27.03.1994	17		
7	D300000	20.03.1994	08.04.1994	19		
8						
9			*Mittlere DLZ :*	32		

☞ Mit Uhrzeitangaben können Sie ebenfalls rechnen - Sie müssen jedoch beachten, daß Excel um 0.00 Uhr die vergangene Zeit jedesmal wieder neu zu zählen beginnt, d.h. 24 Stunden sind für Excel 0 Stunden. Möchten Sie Stundenangaben addieren, kann das zu folgendem Problem führen:

Im folgenden Beispiel soll in einer Tabelle der Arbeitsaufwand je Tag festgehalten werden und zuletzt die Gesamtsumme aller Arbeitsstunden ermittelt werden. In der Spalte ***A*** wird jeweils der Beginn und in der Spalte ***B*** jeweils das Ende der Arbeitszeit eingegeben.
In der Spalte ***C*** werden jeweils mit der Formel ***= B1 - A1*** die zwischen Arbeitsbeginn und -ende liegenden Stunden ermittelt.

EXCEL ÜBUNGEN

Wie Sie der Abbildung entnehmen können, wurden die Arbeitsstunden korrekt ermittelt. Die in der Zelle ***D5*** gebildetete Gesamtsumme jedoch zeigt nicht 26 Stunden sondern nur 2 Stunden an, weil Excel nach 24 Stunden wieder mit 0 zu zählen begann.

D2 =C2-B2

	A	B	C	D
1	**Datum**	**Beginn**	**Ende**	**Stunden**
2	10.10.1994	08:30	16:30	08:00
3	11.10.1994	07:30	17:30	10:00
4	12.10.1994	09:40	17:40	08:00
5				**02:00**

Dem können Sie mit dem Zahlenformat-Code **[** abhelfen - der Code bewirkt, daß die Stunden mit mehr als 24 Einheiten angezeigt werden. Wird die Gesamtsumme mit dem Zahlenformat **[h]:mm:ss** formatiert, so werden nicht mehr 2 sondern 26 Stunden angezeigt.

Werden die Minuten oder die Sekunden (in einem selbstdefinierten Zahlenformat) in eckige Klammern gesetzt, werden sie analog ebenfalls mit mehr als 60 Einheiten angezeigt.

Das Thema Formeln und Funktionen ist an dieser Stelle abgeschlossen. *Alle* verfügbaren Funktionen zu behandeln, würde bei der Vielzahl der zur Verfügung stehenden Funktionen den Rahmen der Schulung sprengen. Daher sei abschließend nochmals auf die Übersicht über alle Funktionen im Anhang verwiesen und für eine ausführliche Beschreibung zu den einzelnen Funktionen auf die Schaltfläche ***HILFE*** im Funktions-Manager verwiesen, welche zu der jeweils markierten Funktion ausführliche Informationen und Beispiele anzeigt. Auf den grundsätzlichen Umgang mit der Hilfefunktion wird daher in der nächsten Übung kurz eingegangen.

EXCEL ÜBUNGEN

ÜBUNG 34

Die Hilfe-Funktion

1. Das Inhaltsverzeichnis der Hilfe :

Aktivieren Sie den Befehl ***?*** / *INHALT*. Das Inhaltsverzeichnis zu allen Excel-Hilfe-Themen wird angezeigt. Zu jedem Thema, das in grüner Schrift dargestellt wird, können nähere Informationen angezeigt werden. Sobald Sie den Mauszeiger auf ein solches Thema bewegen, verwandelt er seine Form in eine Hand. Klicken Sie ***Arbeiten mit Microsoft Excel*** an, um die zugehörigen Unterthemen anzeigen zu lassen, und anschließend das Thema ***Grundkenntnisse***. Wiederum werden Unterthemen angezeigt.

Angenommen, Sie wissen nicht mehr, wie man die Zeilenhöhe verändert und möchten hierzu Hilfe erhalten. Da die Zeilenhöhe zur Formatierung gehört, aktivieren Sie das Thema ***Formatieren eines Tabellenblattes***. Wiederum werden diverse Unterthemen zum Thema Formatieren angezeigt. Wählen Sie ***Übersicht über das Ändern der Spaltenbreite und der Zeilenhöhe***. Zu dem Thema werden allgemeine Informationen angezeigt.

Wenn Ihnen die allgemeinen Informationen nicht genügen, können Sie sich ein Beispiel zu dem Thema zeigen lassen, indem Sie ***Beispiel und Übung*** wählen. Sie werden von Excel im Dialog durch das Beispiel bzw. durch die Übung geführt. Mit der Schaltfläche ***SCHLIESSEN*** kann die Demo jederzeit beendet werden.

Außerdem können Sie konkrete Anleitungen zum Verändern der Zeilenhöhe anfordern, indem Sie ***Ändern Der Zeilenhöhe*** aktivieren. Durch einen Mausklick auf die Schaltfläche ***SCHLIESSEN*** schließen Sie das Fenster wieder.

Mit der Schaltfläche ***ZURÜCK*** gelangen Sie jeweils eine Stufe zurück.

Aktivieren Sie die Schaltfläche ***BISHER***, werden alle bisher ausgewählten Themen in

EXCEL ÜBUNGEN

einem Listenfeld angezeigt. Wählen Sie mit einem Doppelklick z.B. wieder das Thema ***Grundkenntnisse***, um dorthin zu gelangen.

Mit der Schaltfläche ***INHALT*** gelangen Sie wieder ins Haupt-Inhaltsverzeichnis.

2. Der Index :

Aktivieren Sie die Schaltfläche ***INDEX***, werden alle Themen alphabetisch aufgelistet und können wie gewohnt ausgewählt werden. Sie können mit den Bildlaufleisten oder den Bewegungstasten weiterblättern. Um schnell die Hilfethemen zu einem bestimmten Buchstaben anzeigen zu lassen, klicken Sie den gewünschten Buchstaben mit der Maus an :

Der Index kann auch *direkt* mit dem Befehl ***?*** / *INDEX* aufgerufen werden.

3. Suche nach bestimmten Stichwörtern :

Die Schaltfläche ***SUCHEN*** bietet die Möglichkeit, nach bestimmten Stichwörtern zu suchen. Die Suchfunktion kann auch direkt mit dem Befehl ***?*** / *SUCHEN* aktiviert werden.

Möchten Sie z.B. Informationen zu *allen Funktionen* anfordern, aktivieren Sie die Schaltfläche ***SUCHEN*** und geben in das erste Dialogfeld den Suchbegriff ein. Oft genügt bereits die Eingabe der Anfangsbuchstaben, und schon werden alle verfügbaren Hilfethemen zu dem gewünschten Suchbegriff angezeigt - mit den Bildlaufleisten können Sie

EXCEL ÜBUNGEN

dann zum gewünschten Hilfethema weiterblättern :

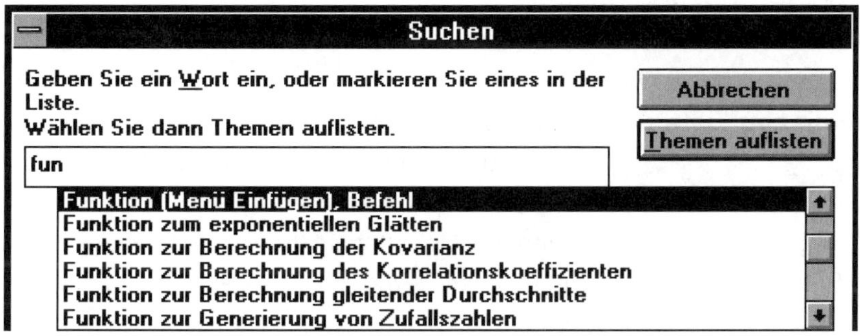

Um Hilfe zu einem Stichwort anzeigen zu lassen, sind jeweils zwei Schritte nötig:

1) Wählen Sie im oberen Fenster das gewünschte Thema aus - in diesem Fall das Thema ***Funktionen, Tabelle*** - und aktivieren Sie die Schaltfläche ***THEMEN AUFLISTEN***, damit die zu dem Stichwort verfügbaren Hilfethemen im unteren Fenster angezeigt werden.

2) Wählen Sie das gewünschte Hilfethema aus und aktivieren Sie die Schaltfläche ***GEHE ZU***, um die Hilfe anzuzeigen.

Wenn Sie das gewünschte Thema jeweils doppelt statt einfach anklicken, sparen Sie sich das Aktivieren der Schaltflächen ***THEMEN AUFLISTEN*** bzw. ***GEHE ZU***.

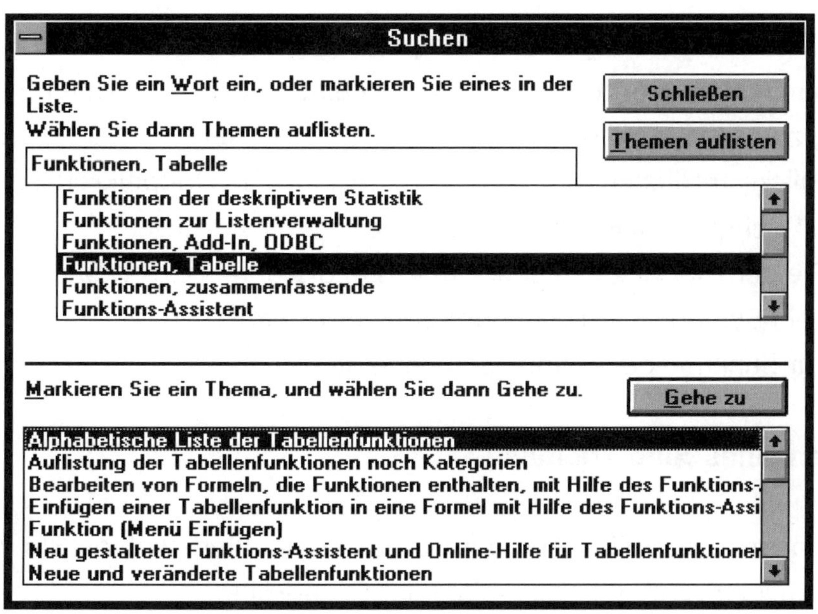

EXCEL ÜBUNGEN

Eine alphabetische Liste aller Excel-Tabellenfunktionen wird angezeigt und Sie können zu jeder Funktion mit einem Mausklick eine konkrete Beschreibung anfordern. Wählen Sie eine beliebige Funktion aus!

Alphabetische Liste der Tabellenfunktionen

ABRUNDEN	Rundet die Zahl auf Anzahl_Stellen ab
ABS	Liefert den Absolutwert einer Zahl
ACHSENABSCHNITT	Liefert den Schnittpunkt der Regressionsgeraden
ADRESSE	Liefert einen Bezug auf eine Zelle einer Tabelle als Text
AMORDEGRK	Liefert den für eine Abrechnungsperiode anzusetzenden

Beendet werden kann die Excel-Hilfe mit dem Befehl ***DATEI*** / *BEENDEN*.

4. Aktivieren der Hilfe-Funktion in Dialogfeldern :

In jedem Dialogfeld steht die Schaltfläche ***HILFE*** zur Verfügung. Aktivieren Sie z.B. den Funktionsassistenten, markieren Sie die Funktion, zu der Sie Hilfe anfordern möchten, und aktivieren Sie die Schaltfläche ***HILFE***. Sofort werden ohne Umweg und Suchen im Inhaltsverzeichnis des Hilfe-Menüs die betreffenden Informationen angezeigt. Verlassen Sie die Excel-Hilfe anschließend wieder.

5. Aktivieren der Hilfe-Funktion mit dem Hilfe-Symbol :

Aktivieren Sie das Symbol. Mit dem Mauszeiger wandert nun ein Fragezeichen mit. Sie können mit dem veränderten Mauszeiger einen beliebigen Befehl oder ein Symbol auswählen, zu dem Sie Hilfe anfordern möchten. Wählen Sie z.B. das Symbol, so wird augenblicklich Hilfe zu dem Thema angezeigt. Ein Doppelklick auf das Symbol aktiviert die Suchen-Funktion der Excel-Hilfe.
Bewegen Sie den 'normalen' Mauszeiger (d.h. ohne daß zuvor das Hilfesymbol aktiviert wurde) auf ein Symbol in der Symbolleiste, so wird nach ca. einer Sekunde eine Kurzinformation zur Funktion des Symbols angezeigt.

6. Ausdrucken eines Hilfe-Themas :

Wenn Sie das aktuelle Hilfe-Thema ausdrucken möchten, wählen Sie den Befehl ***DATEI*** / *THEMA DRUCKEN* in der Menüleiste der Excel-Hilfe.

EXCEL ÜBUNGEN

7. Noch einige Feinheiten :

Hilfethemen kopieren : Hilfethemen können mit dem Befehl ***BEARBEITEN*** / *KOPIEREN* in die Zwischenablage eingefügt werden. Im sich öffnenden Dialogfeld markieren Sie den zu kopierenden Teil des Hilfetextes und aktivieren dann die Schaltfläche ***KOPIEREN***. Der Text kann anschließend aus der Zwischenablage in jedes beliebige Windows-Dokument wieder eingefügt werden.

Lesezeichen : Sie haben die Möglichkeit, an jeder Stelle in der Excel-Hilfe ein ***Lesezeichen*** einzufügen, mit dessen Hilfe Sie das betreffende Hilfe-Thema später schnell wiederfinden können. Hierzu rufen Sie in der Excel-Hilfe zunächst das gewünschte Hilfe-Thema auf - z.B. Hilfe zu Spaltenbreite und Zeilenhöhe - und aktivieren dann den Befehl ***LESEZEICHEN*** / *DEFINIEREN*. Das Hilfethema wird automatisch eingetragen, Sie brauchen das Fenster lediglich zu bestätigen.
Aktivieren Sie die Hilfe später nochmals, werden alle definierten Lesezeichen im Menü ***LESEZEICHEN*** angezeigt und können mit einem Mausklick ausgewählt werden. Sie können ein Lesezeichen wieder löschen, indem Sie es im Menü ***LESEZEICHEN*** / *DEFINIEREN* auswählen und die Schaltfläche ***LÖSCHEN*** aktivieren.

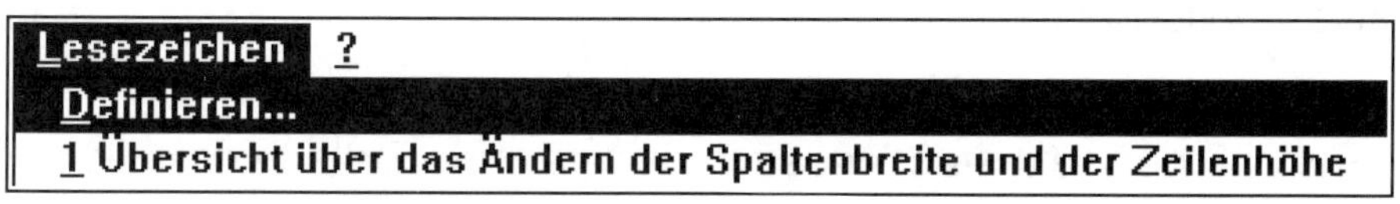

Anmerkungen : Schließlich können Sie zu jedem Hilfe-Thema eigene ***Anmerkungen*** machen. Hierzu aktivieren Sie das Menü ***BEARBEITEN*** / *ANMERKEN* und geben in das Dialogfeld eine beliebige Anmerkung ein.
Anschließend aktivieren Sie die Schaltfläche ***SPEICHERN***. Beim nächsten Aufruf dieses Hilfe-Themas können Sie die Anmerkung mit demselben Befehl wieder anzeigen lassen. Mit der Schaltfläche ***KOPIEREN*** kann eine Anmerkung oder ein Teil davon in die Zwischenablage kopiert werden (vorher markieren) und mit der Schaltfläche ***LÖSCHEN*** wieder gelöscht werden.

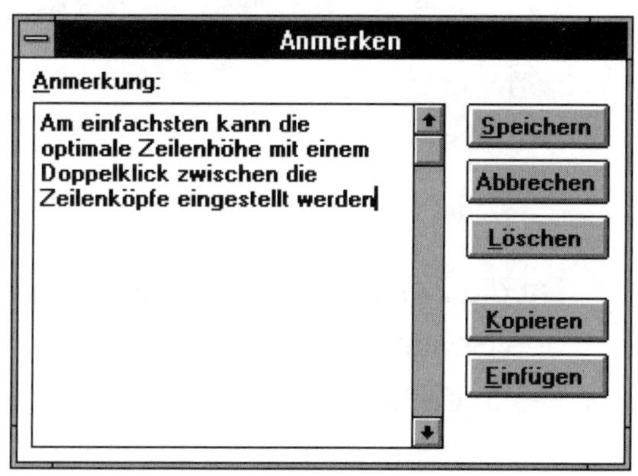

THEORETISCHE GRUNDLAGEN

TEXTFELDER UND GRAFISCHE ELEMENTE

Text in *mehreren* Zellen zentrieren :

Sie haben bereits das Symbol zum Zentrieren von Zellinhalten innerhalb *einer* Zelle kennengelernt (linke Abbildung).

Text kann auch innerhalb *mehrerer* Zellen zentriert werden (rechte Abbildung). Dazu müssen die Zellen, in denen der Text zentriert werden soll (in der Abbildung die Zellen *A1* und *B1*) markiert werden und anstelle des o.g. Symbols zum Zentrieren das Symbol zum Zentrieren über mehreren Zellen aktiviert werden.

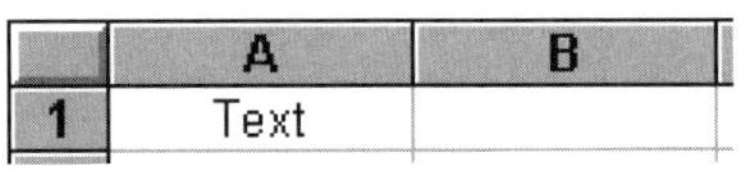

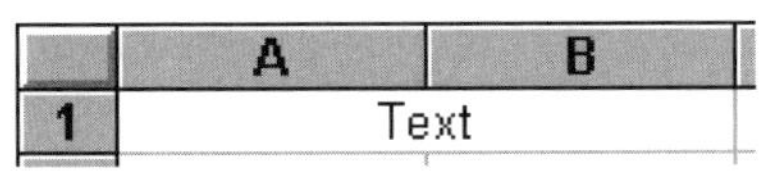

Zeilenumbruch in Zellen :

Geben Sie in eine Zelle mehr Text ein, als die Zelle in ihrer Breite aufnehmen kann, wird normalerweise die rechte Nachbarzelle überschrieben, sofern diese noch keinen Eintrag enthält (linke Abbildung).

Möchten Sie, daß der Text stattdessen in der gleichen Zelle in der nächsten Zeile fortgesetzt wird, können Sie einen Zeilenumbruch einstellen (rechte Abbildung). Die Höhe der Zeile wird dabei automatisch erweitert, die Zellenbreite bleibt von dem Vorgang unberührt.

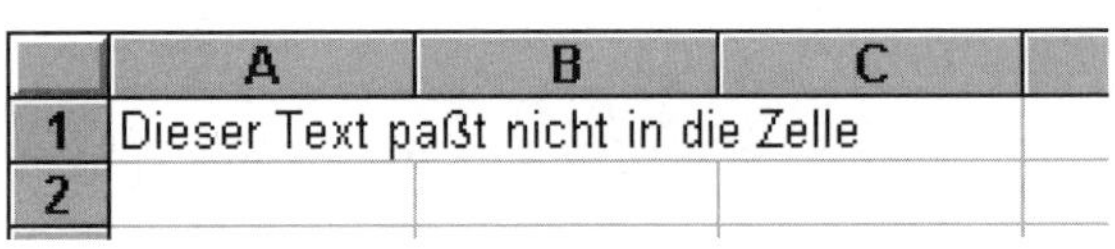

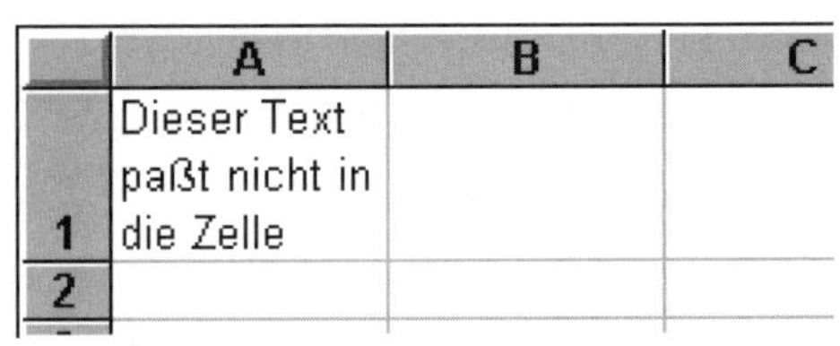

Da die Zellenbreite unverändert bleibt, wird der Text jeweils umgebrochen, sobald er an den Spaltenrand stößt. Bei langen Wörtern kann es hierbei zu unerwünschten Effekten wie in der linken Abbildung (nächste Seite) führen. Abhilfe schafft hier das Setzen eines Trennstriches (rechte Abbildung).

THEORETISCHE GRUNDLAGEN

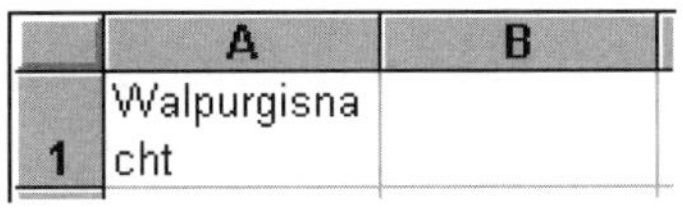

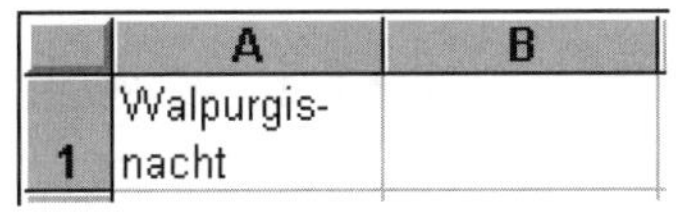

Normalerweise wird eine Zelle so weit wie möglich bis zum Rand mit Text gefüllt (linke untere Abbildung). Möchten Sie bereits an einer früheren Stelle einen Zeilenumbruch einfügen, z.B. nach dem Wort *Titel*, setzen Sie den Cursor in der Eingabezeile hinter dieses Wort und betätigen die Tasten [Alt]+[↵]. Der nachfolgende Text wird dann in der nächsten Zeile fortgesetzt (rechte Abbildung).

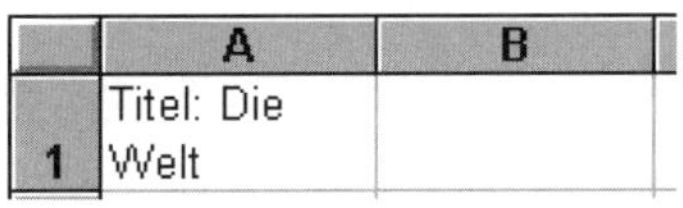

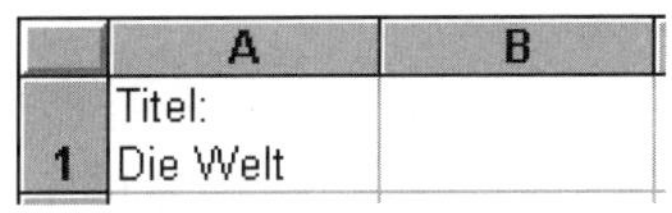

Textfelder :

Normalerweise können Text oder Zahlen nur direkt in Zellen eingegeben werden. Wenn Sie Text, Zahlen und auch Grafiken *unabhängig* von Zellen und Gitternetzlinien positionieren möchten, können Sie ein Textfeld verwenden.

Ein Textfeld kann beliebig am Bildschirm positioniert, verschoben und in seiner Größe verändert werden. Es kann mit und ohne Rahmen dargestellt und mit einem Muster gefüllt werden. Ist das Textfeld *nicht* mit einem Muster gefüllt, so kann man durch das Textfeld hindurchsehen.

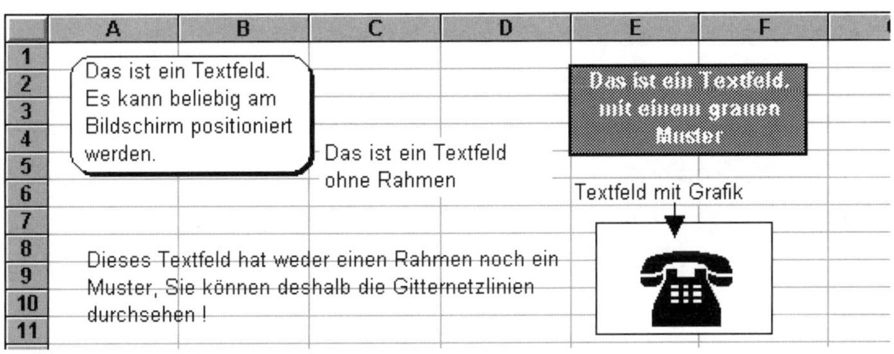

Insbesondere bieten Textfelder Vorteile bei der Eingabe von größeren Textmengen. Wie in Zellen mit eingeschaltetem Zeilenumbruch können Sie auch in Textfeldern ***Fließtext***

THEORETISCHE GRUNDLAGEN

eingeben. Unter Fließtext versteht man Text, der fortlaufend eingegeben und *automatisch* in die nächste Zeile umgebrochen wird, sobald das Zeilenende (der Textfeldrand) erreicht ist. Jede moderne Textverarbeitung arbeitet mit Fließtext. Zeilenschaltungen, wie bei der Schreibmaschine sind daher unnötig - es sei denn, Sie möchten bewußt eine neue Zeile beginnen. In diesem Fall betätigen Sie ein oder mehrmals die Returntaste. Trennstriche können Sie an jeder beliebigen Stelle selbst einfügen.

Fließtext kann, wie Sie bereits gesehen haben, auch in Zellen mit eingeschaltetem Zeilenumbruch eingegeben werden - das hätte gegenüber einem Textfeld jedoch zwei Nachteile :

- Die vergrößerte Zellenhöhe wirkt sich auf *alle* Zellen der betreffenden Zeile aus. Haben Sie die Zelle verbreitert, um mehr Zeichen je Zeile in der Zelle unterbringen zu können, wirkt sich diese Breite ebenfalls auf *alle* Zellen der betreffenden Spalte aus.
- Das Textfeld ist variabler, es kann beliebig positioniert, verschoben und in seiner Größe verändert werden.

Grafiken :

Grafiken können mit der Excel-Zeichnen-Leiste (eine der Symbolleisten von Excel) erstellt werden, aber auch mit einem anderen unter Windows laufenden Zeichen-Programm. Im letzteren Fall muß die fertiggestellte Grafik in die Zwischenablage kopiert und anschließend in Excel eingefügt werden.

Grafiken können wie Textfelder mit der Maus beliebig am Bildschirm positioniert und in ihrer Größe verändert werden. Die Zeichnenleiste bietet eine Auswahl von Symbolen zum Erstellen einfacher Grafiken, wie Vierecke, Kreise, Striche, Pfeile und Polygone. Es besteht die Möglichkeit, mehrere zusammengehörige Objekte zu einer Gruppe zu verbinden. Wird die Position, die Größe oder irgendeine andere Eigenschaft der Gruppe geändert, betrifft das jeweils alle zugehörigen Objekte.

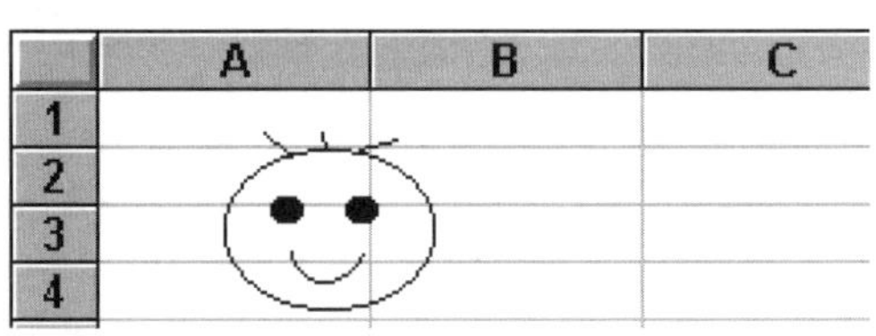

THEORETISCHE GRUNDLAGEN

Objekte (und Textfelder) können übereinander geschoben werden. Mit Hilfe von Symbolen aus der Zeichnenleiste kann bestimmt werden, welches Objekt im Vordergrund ist. In der unteren Abbildung ist der Kopf der Raupe im Vorder- und der Körper im Hintergrund.

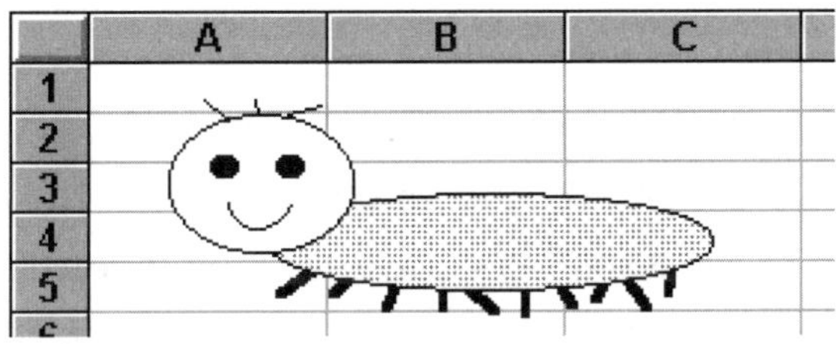

Grafiken aus der Zeichentabelle :

In der s.g. ***Zeichentabelle*** von Windows steht eine Auswahl *fertiger* Grafiken zur Verfügung. Im Gegensatz zu Grafiken, die mit der Excel-Zeichnenleiste oder mit einem Grafikprogramm erstellt wurden, können diese Grafiken nicht frei am Bildschirm bewegt werden, weil sie als Zeichen einer Schriftart definiert sind und daher auch wie eine Schriftart behandelt werden.

In der folgenden Abbildung sehen Sie die Schriftart ***Wingdings***, deren Zeichen nicht - wie bei anderen Schriftarten - aus Buchstaben und Zahlen bestehen, sondern aus Grafiken. Die Schriftart ***Symbol*** enthält ebenfalls Grafiken anstelle von Buchstaben.

Um die Grafiken in ihrer Größe zu verändern, muß eine andere Schriftgröße gewählt werden.

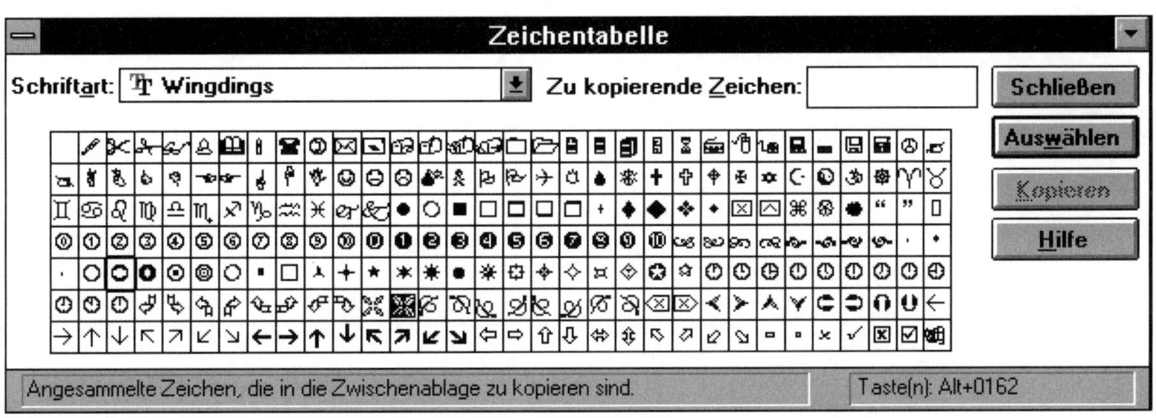

THEORETISCHE GRUNDLAGEN

Die Grafiken der beiden Schriftarten können - wie bereits erwähnt - nicht frei am Bildschirm bewegt, sondern nur wie Text in Zellen eingegeben werden.
Um sie frei positionieren zu können, müssen sie in ein Textfeld eingefügt werden. Mit dem Textfeld können sie dann an jede beliebige Stelle des Bildschirms verschoben werden.

Jede Grafik der Schriftarten ***Wingdings*** (bzw. ***Symbol***) entspricht einem bestimmten Zeichen einer 'normalen' Schriftart. Z.B. entspricht die Grafik 💣 dem Zeichen ***M*** und die Grafik 🏳 dem Zeichen ***O***. Wissen Sie auswendig, welches Zeichen welcher Grafik entspricht, können Sie das entsprechende Zeichen - z.B. das ***M*** - eingeben und anschließend mit der Schriftart Wingdings formatieren, sofort wird es in die Grafik umgesetzt.

Wissen Sie das der Grafik entsprechende Zeichen nicht auswendig, müssen Sie den Umweg über die Zeichentabelle gehen:
Die gewünschte Grafik muß in der Zeichentabelle markiert und ausgewählt (Schaltfläche ***AUSWÄHLEN***) und anschließend in die Zwischenablage kopiert werden (Schaltfläche ***KOPIEREN***).

Sobald Sie über die Taskliste nach Excel zurückgekehrt sind, kann die Grafik in einer Zelle oder in einem Textfeld mit dem Befehl zum Einfügen eingefügt werden.

Allerdings wird die Grafik in der Standardschriftart von Excel (***Arial***) und nicht in der Schriftart ***Wingdings*** eingefügt. Sie müssen das Zeichen daher noch in der Schriftart Wingdings (oder Symbol) formatieren, damit das Zeichen der Standardschriftart durch die Grafik der Schriftart Wingdings ersetzt wird.

EXCEL ÜBUNGEN

ÜBUNG 35

Die Zeichnenleiste

1. **Öffnen Sie eine neue Datei.**

2. **Blenden Sie die Zeichnen-Symbolleiste ein :**

Eine Möglichkeit haben Sie bereits kennengelernt. Sie können ***ANSICHT*** / *SYMBOL-LEISTEN* aktivieren und ein Kreuz vor ***Zeichnen*** setzen.
Das Einblenden der Zeichnenleiste geht jedoch noch einfacher, da hierfür das Symbol  in der Standardsymbolleiste zur Verfügung steht. Durch das Aktivieren dieses Symbols wird die Zeichnenleiste ein-, durch nochmaliges Aktivieren wieder ausgeblendet.

Wurde die Zeichnen-Leiste erstmalig eingeblendet, wird sie mitten im Tabellenblatt als Fenster angezeigt :

Die Symbolleiste kann an einem beliebigen Bildschirmrand positioniert werden. Ziehen Sie die Leiste z.B. an den unteren Bildschirmrand (mit dem Mauszeiger in die Titelleiste zeigen und mit gedrückter Maustaste ganz nach unten ziehen)!

Die Position jeder Leiste kann nachträglich wieder verändert werden, indem Sie mit der Maus auf eine freie Stelle in der Leiste zeigen und in die gewünschte Richtung ziehen. Leisten mit Listenfeldern können allerdings nur am oberen und unteren Bildschirmrand angeordnet werden und nicht am linken und rechten Rand, wie alle anderen Leisten.

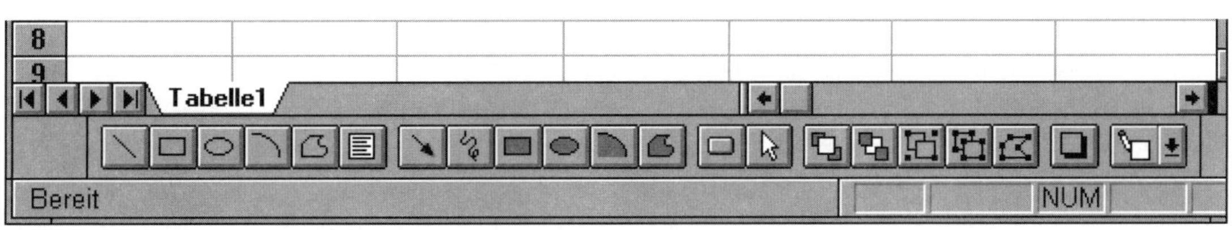

EXCEL ÜBUNGEN

3. Zeichnen von Linien und Pfeilen :

Klicken Sie das Symbol [\] an. Der Mauszeiger verändert seine Form in ein Kreuz. Zeigen Sie mit der Maus auf die Stelle, an der die Linie beginnen soll und bewegen Sie die Maus bei gedrückter Maustaste - die Linie wird jeweils in die Richtung erweitert, in die Sie die Maus ziehen. Sobald Sie loslassen, wird die Linie fixiert.

Halten Sie während des Zeichnens der Linie die Taste [⇧] gedrückt, ändert sich die Ausrichtung der Linie jeweils um ***45°*** - auf diese Weise können Sie z.B. ***horizontale*** und ***vertikale*** Linien zeichnen. Probieren Sie es aus!

Halten Sie beim Zeichnen der Linie die Taste [Alt] gedrückt, ***rastet*** die Linie genau in den Gitternetzlinien der Tabelle ein. Natürlich können Sie auch beide Tasten zugleich gedrückt halten, damit beispielsweise eine horizontale Linie im Gitter einrastet.

Sie können die Linien an jede beliebige Stelle des Bildschirms ***verschieben***, indem Sie mit der Maus darauf zeigen - der Mauszeiger verwandelt seine Form in einen Pfeil - und mit gedrückter Maustaste in die gewünschte Richtung ziehen (linke Abb.).

Verschieben Sie eine Linie bei gedrückt gehaltener [Strg]-Taste, wird eine ***Kopie*** der Linie erstellt (Drag&Drop-Funktion). Probieren Sie es aus!
Natürlich können (markierte) Linien auch mit den Befehlen Kopieren und Einfügen über die Zwischenablage kopiert werden.

Ausrichtung und ***Größe*** einer Linie können nachträglich geändert werden, indem Sie die Linie mit einem Mausklick markieren (sie wird dann durch zwei 'Anfasser' an den Endpunkten gekennzeichnet), mit der Maus auf einen der Anfasser zeigen - der Cursor verwandelt seine Form in ein Kreuz - und wiederum mit gedrückter Maustaste in die gewünschte Richtung ziehen (rechte Abb.).

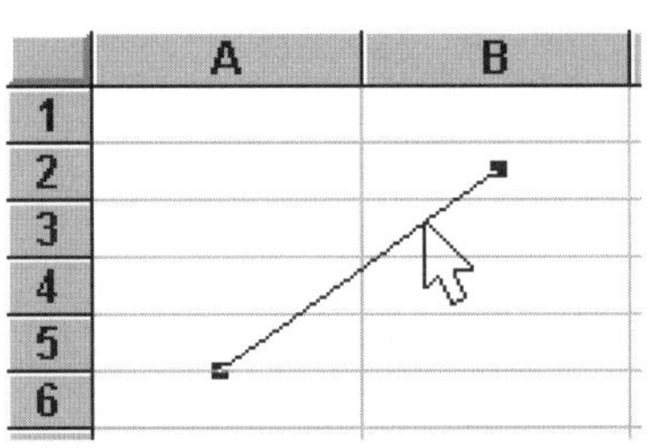

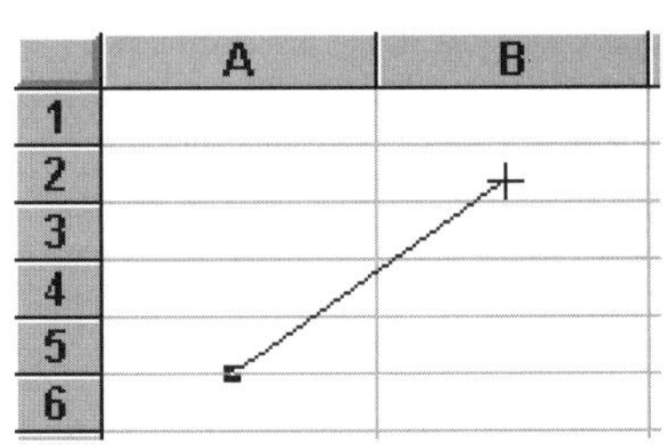

EXCEL ÜBUNGEN

Wenn Sie das Symbol zum Linienzeichnen nicht einfach sondern doppelt anklicken, können Sie ***mehrere Linien hintereinander zeichnen***! Die Schaltfläche bleibt aktiv, bis Sie die Abbruchtaste Escape betätigen oder eine andere Schaltfläche aktivieren.

Um eine Linie wieder zu ***löschen***, markieren Sie die Linie (anklicken) und betätigen die Entfernen-Taste.

Zeichnen Sie einen Pfeil mit Hilfe des Symbols . Alles, was bisher zu Linien gesagt wurde, gilt auch für das Zeichnen von Pfeilen.

4. Zeichnen von Kreisen, Kreisbögen und Vierecken :

Aktivieren Sie das Symbol zum Zeichnen eines Viereckes. Der Mauszeiger verändert seine Form wieder in ein Kreuz. Ziehen Sie mit gedrückter Maustaste in eine beliebige Richtung - sobald Sie loslassen, wird ein Viereck erstellt. Mit dem Symbol können Sie auf dieselbe Weise eine Ellipse erstellen, mit dem Symbol einen Bogen.

Abgesehen von der Funktion der Shift-Taste gilt alles, was zu Linien und Pfeilen gesagt wurde. Die Shift-Taste ⇧ bewirkt bei diesen Objekten, daß ein Viereck ***quadratisch***, eine Ellipse ein ***Kreis*** und ein Bogen ein ***Kreisbogen*** wird.

5. Zeichnen von Polygonen und Freihandlinien :

Aktivieren Sie das Symbol zum Zeichnen eines Polygons. Zeigen Sie mit dem Mauszeiger auf die Stelle, an der das Polygon beginnen soll und betätigen Sie einmal die linke Maustaste.
Bewegen Sie die Maus (diesmal *ohne* die Maustaste zu drücken) an die Position, an der Sie den nächsten Eckpunkt setzen möchten, und klicken Sie wieder. Diesen Vorgang können Sie beliebig oft wiederholen - jedesmal wird eine ***Polygonkante*** gezeichnet. Ziehen Sie mit *gedrückter* Maustaste, wird anstelle einer *geraden* Kante eine ***freie Lnie*** gezeichnet. Sobald Sie das Polygon schließen (linke Grafik) oder mit einem Doppelklick den Endpunkt festlegen (rechte Grafik), wird der Vorgang beendet.

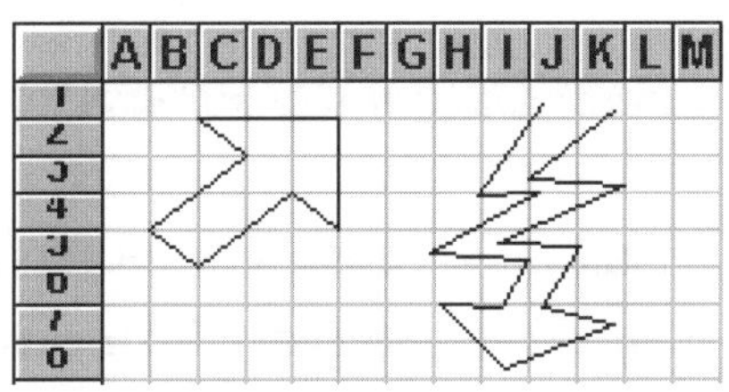

Um den ***Verlauf*** eines Polygons nachträglich zu ***ändern***, aktivieren Sie das Symbol

EXCEL ÜBUNGEN

und klicken das Polygon an. Ziehen Sie nun mit gedrückter Maustaste an einem der Anfasser, um den ***Eckpunkt zu verschieben***. Zum ***Hinzufügen eines Scheitelpunktes*** positionieren den Mauszeiger bei gedrückt gehaltener Steuerung-Taste [Strg] auf einer Polygonkante - und zwar an der Stelle, an der der neue Eckpunkt eingefügt werden soll - und ziehen mit gedrückter Maustaste. Möchten Sie einen Eckpunkt ***löschen***, klicken Sie ihn bei gedrückt gehaltener Steuerung-Taste [Strg] an.

Alle für Linien und Pfeile beschriebenen Funktionen gelten auch für Polygone.
Sinnvoll kann es beim Zeichnen von Grafiken sein, vorher das Linienraster von Zeilen und Spalten feiner einzustellen wie in der Abbildung. Sie können sich dann beim Zeichnen besser an dem Raster orientieren und außerdem Objekte mit Hilfe der Alt-Taste an den Rastenlinien ausrichten.

Freihandlinien werden mit dem Symbol gezeichnet. Die Linie folgt der Bewegung der gedrückten Maustaste.

☞ Die Symbole haben die gleiche Bedeutung wie die bisher besprochenen, nur daß sie jeweils mit dem zuletzt eingestellten Muster ***gefüllt*** werden. Der linke Kreis in der Abbildung wurde mit dem Symbol erstellt und ist daher ***durchsichtig***, der rechte Kreis wurde mit dem Symbol erstellt und ist gefüllt.

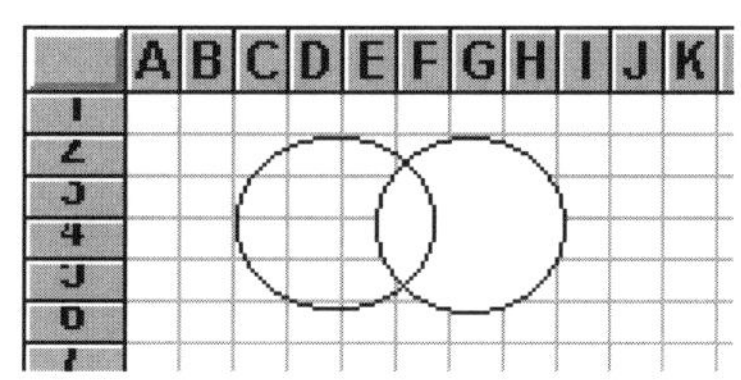

6. Beibehalten der Proportionen :

Halten Sie beim Verändern der Größe eines Objektes (s.o.) die Shift-Taste gedrückt, werden die ***Proportionen*** des Objektes beibehalten !

7. Objekte formatieren :

Doppelklicken Sie auf das zu formatierende Objekt (oder wählen Sie den Befehl ***FORMAT*** / *OBJEKT*). Je nach Art des Objektes bietet das sich öffnende Dialogfenster etwas unterschiedliche Optionen an. Links im Dialogfenster können Sie zwischen verschiedenen ***Linienarten***, ***-stärken*** und ***-farben*** wählen, das Objekt mit einem ***Schatten*** verse-

EXCEL ÜBUNGEN

hen und Vierecke außerdem mit ***abgerundeten Ecken*** darstellen. In der Mitte des Dialogfensters können Sie eine Farbe und/oder ein Muster auswählen.

Für Pfeile werden im Menü zusätzlich unterschiedliche Pfeilspitzen angeboten

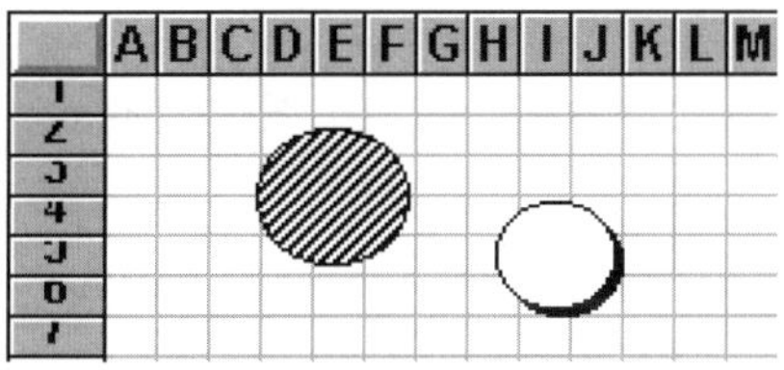

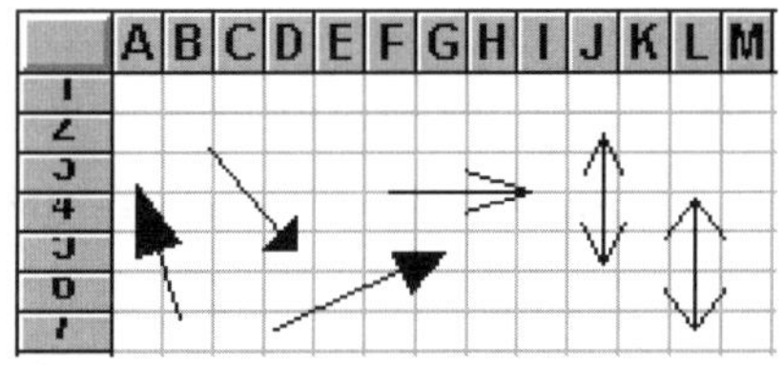

In der Kategorie ***EIGENSCHAFTEN*** kann bestimmt werden, ob das Objekt bei einer Veränderung der Zellen (Vergrößern, Einfügen neuer Zellen usw.) mit verschoben werden soll). Farben, Muster und Schatten können Objekten (und Zellen!) auch mit den Symbolen (Formatleiste), und (Zeichnenleiste) zugewiesen werden.

8. Objekte im Vorder- oder Hintergrund positionieren :

Bei zwei sich überlappenden Objekten können Mit Hilfe der Symbole und bestimmen, welches der Objekte im Vorder- und welches im Hintergrund ist. Das erste Symbol bringt das markierte Objekt in den Vordergrund, das zweite Symbol bringt das markierte Objekt in den Hintergrund. Schieben Sie zwei Objekte übereinander und probieren Sie es aus!

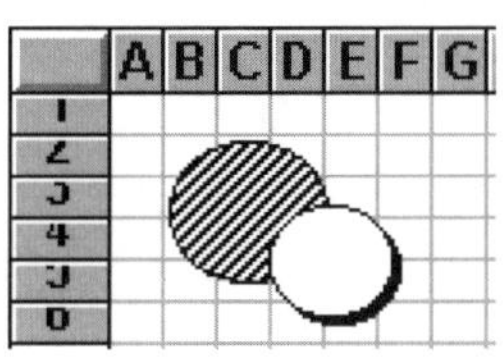

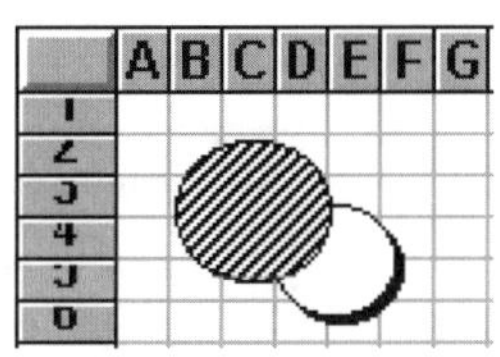

9. Markieren von *mehreren* Objekten :

Klicken Sie alle zu markierenden Objekte nacheinander bei gedrückt gehaltener Shift-Taste ⇧ an.

Klicken Sie ein bereits markiertes Objekt nochmals mit gedrückter Shift-Taste an, so wird die Markierung dieses Objektes wieder aufgehoben.

EXCEL ÜBUNGEN

Liegen die zu markierenden Objekte nahe beieinander, können Sie stattdesssen auch das Symbol aktivieren und bei gedrückter Maustaste um alle zu markierenden Objekte herumfahren. Das Symbol bleibt bis zum Betätigen der Escape-Taste aktiv.
Auch bei diesem Verfahren ist es möglich, die Markierung einzelner Objekte durch Anklicken bei gedrückt gehaltener Shift-Taste wieder aufzuheben.

Nachfolgende Befehle und Operationen (Kopieren, Verschieben, Formatieren, Löschen usw.) wirken sich auf *alle* markierten Objekte aus !

10. Gruppieren von *mehreren* Objekten :

Mehrere Objekte können zu *einem* Objekt verbunden werden. Nachfolgende Befehle und Operationen wirken sich jeweils auf die ganze Gruppe aus. Hätten Sie dieselben Objekte nicht gruppiert, sondern markiert, wäre die Wirkung dieselbe - der Unterschied liegt jedoch darin, daß das Gruppieren *dauerhaft* wirkt.

Um mehrere Objekte zu gruppieren, markieren Sie die Objekte und aktivieren das Symbol .

Möchten Sie nachträglich die Eigenschaften nur eines Grafikobjektes der Gruppe ändern, müssen Sie die Gruppe mit dem Symbol zunächst wieder auflösen und anschließend nur das zu ändernde Objekt markieren.

Sinn macht das Gruppieren z.B. in folgender Abbildung :

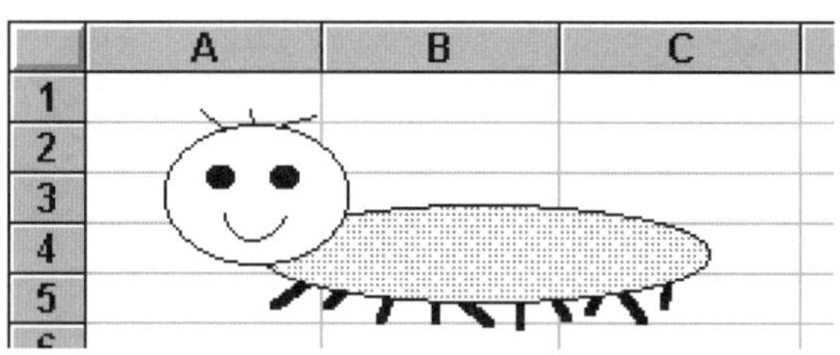

Wären die einzelnen Bestandteile der Raupe nicht zu einer Gruppe zusammengefügt, könnte die Raupe nicht im *Ganzen* verschoben werden, sondern nur jeder Bestandteil für sich - die Raupe würde auseinanderfallen. Natürlich könnten Sie dem abhelfen, indem Sie alle Objekte, aus denen die Raupe sich zusammensetzt, vor jeder Positionsänderung markieren. Einfacher ist es jedoch, eine Gruppe daraus zu bilden.

EXCEL ÜBUNGEN

ÜBUNG 36

Textfelder

1. **Öffnen Sie eine neue Datei und blenden Sie ggf. die Zeichnen-Symbolleiste ein.**

2. **Legen Sie ein Textfeld an :**

Sie haben Text bisher immer in die Tabellenzellen eingegeben. Dabei sind die Eingaben aber von Größe und Position der Zellen abhängig. Mit Textfeldern haben Sie die Möglichkeit, Text unabhängig von den Zellen an einer beliebigen Stelle zu positionieren. Ein weiterer Vorteil liegt darin, daß Sie das Textfeld nachträglich beliebig verschieben können.

Klicken Sie in der Zeichnensymbolleiste oder in der Standardsymbolleiste das Symbol zum Erstellen eines Textfeldes an. Der Cursor verwandelt seine Form in ein Fadenkreuz. Ziehen Sie in der linken obereren Ecke der Tabelle ein Textfeld auf: Zeigen Sie mit dem Mauszeiger an die Position, an der das Textfeld beginnen soll, und erweitern Sie es mit gedrückter Maustaste. Falls das Textfeld nicht weiß ist, liegt es daran, daß das zuletzt eingestellte Muster aus dem Menü ***FORMAT*** / *OBJEKT* / ***MUSTER*** übernommen wurde. Stellen Sie in diesem Fall wieder die Standardfarbe Weiß ein.

Textfelder werden genauso verschoben, kopiert, vergrößert und verkleinert, gelöscht usw. wie Grafikobjekte. Auch die Sondertasten Alt und ⇧ haben dieselbe Wirkung wie bei Grafikobjekten (Einrasten bzw. Quadrat).

3. **Geben Sie Text in das Textfeld ein :**

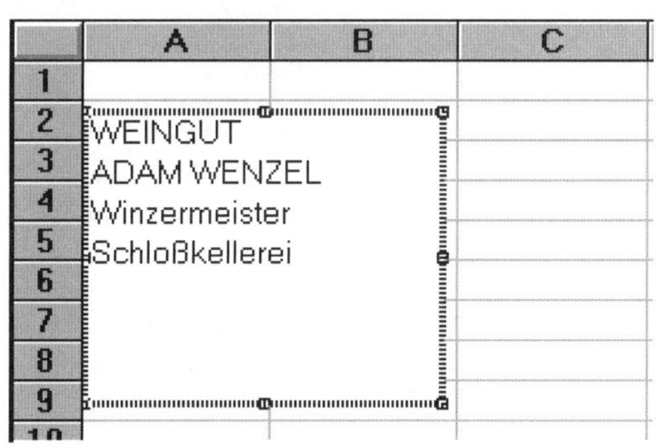

Positionieren Sie das Textfeld etwa so wie in der Abbildung (mit dem Mauszeiger auf den Rand zeigen und in die gewünschte Richtung ziehen). Um Text einzugeben, klicken Sie in das Textfeld (nicht auf den Rand!). In der linken oberen Ecke des Textfeldes blinkt ein Textcursor. Geben Sie den Text wie in der Abbildung ein. Um jeweils in die nächste Zeile zu kommen, betätigen Sie die Return-Taste. Ein mehrmaliges Betätigen der Return-Taste erzeugt Leerzeilen. Obwohl die Absatzmarken (Zeilenumbrüche) nicht zu sehen sind, können sie wieder entfernt werden, indem Sie den Textcursor vor bzw. hinter den Zeilenumbruch setzen und die Entfernen- bzw. die Backspace-Taste betätigen.

4. Formatieren Sie das Textfeld :

Wie bei Grafik-Objekten können Sie das Menü zum Formatieren mit einem Doppelklick auf den Textfeldrand aktivieren (oder mit ***FORMAT*** / *OBJEKT* - auch hier muß die Markierung zuvor auf den Rand des Textfeldes gesetzt werden!).

Wählen Sie in der Kategorie ***AUSRICHTUNG*** für die horizontale Ausrichtung des Textes im Textfeld ***Zentriert*** und für die vertikale Ausrichtung ***Mitte***.

Setzen Sie außerdem ein Kreuz vor ***Automatische Größe***. Diese Option bewirkt, daß sich die Größe des Textfeldes automatisch dem Inhalt anpaßt. Geben Sie neuen Text ein, wird das Textfeld vergrößert, löschen Sie Text, wird es automatisch verkleinert. Sobald Sie die Größe des Textfeldes manuell mit der Maus verändern, wird die Option wieder deaktiviert!
Bei Fließtext ist diese Option allerdings mit Vorsicht zu genießen, da das Textfeld in der Breite jeweils bis zum nächsten Absatzzeichen erweitert wird. Haben Sie keine Zeilenumbrüche gesetzt (und damit keine Absatzzeichen im Text), so erhalten Sie ein sehr breites Textfeld, das aus nur *einer* Zeile besteht!
Schließen Sie das Dialogfenster noch nicht - es folgen noch weitere Einstellungen !

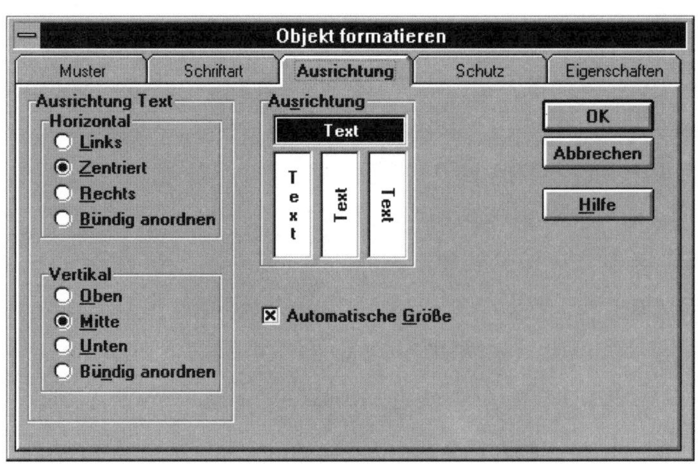

EXCEL ÜBUNGEN

Blenden Sie den Rahmen des Textfeldes aus, indem Sie in der Kategorie ***MUSTER*** im Feld ***Rahmen*** die Option *Ohne* wählen.

Stellen Sie schließlich noch in der Kategorie **SCHRIFTART** die Schrift ***Times New Roman***, die Schriftgröße ***14*** und den Schriftstil ***Fett Kursiv*** ein.

In der Kategorie ***EIGENSCHAFTEN*** kann - wie bei anderen grafischen Objekten - bestimmt werden, ob das Textfeld bei Änderungen von Zellgröße und -position diesen Änderungen angepaßt werden soll.

Bestätigen Sie das Dialogfenster! Die Größe des Textfeldes wird automatisch der größeren Schrift angepaßt.

Der Text in einem Textfeld kann nicht nur mit dem o.g. Menü formatiert werden. Sie können ihn mit den gleichen Befehlen bearbeiten wie Text in einer Zelle, d.h. Sie können ihn markieren, löschen, mit den Symbolen aus der Formatleiste bearbeiten usw.
Stellen Sie für die beiden unteren Textzeilen die Fettschrift mit dem entsprechenden Symbol aus der Formatleiste wieder aus (vorher beide Zeilen markieren!).

5. Erstellen Sie ein weiteres Textfeld :

Lassen Sie zunächst den Seitenwechsel anzeigen (***EXTRAS*** / *OPTIONEN* / ***AUTOMATISCHER SEITENWECHSEL***)! Da das zu erstellende Textfeld relativ groß sein wird, können Sie so sicherstellen, daß das es später nicht über den Seitenrand hinausragt. Bei Bearbeitung einer größeren Tabelle sollten Sie *immer* erst die Seitenränder einblenden !

Legen Sie ein weiteres Textfeld an wie in der folgenden Abbildung. Denken Sie daran,

EXCEL ÜBUNGEN

daß Sie am Zeilenende keine Zeilenschaltung machen müssen - der Text wird automatisch in die nächste Zeile umgebrochen! Betätigen Sie *nur* die Return-Taste, wenn Sie einen neuen Absatz beginnen möchten.

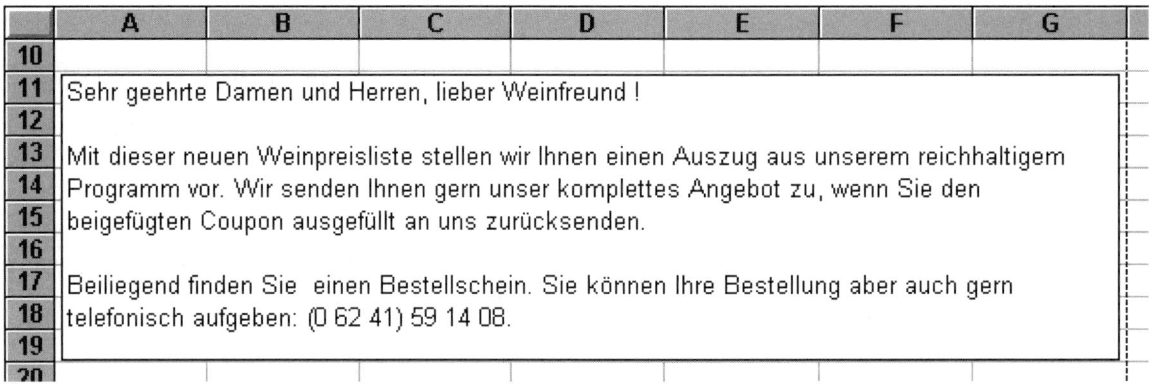

Möchten Sie Text nachträglich wieder löschen, markieren Sie ihn und betätigen dann die Entfernen-Taste. Möchten Sie Text nachträglich ändern, setzen Sie den Textcursor an die entsprechende Stelle (hinklicken) und fügen die gewünschten Zeichen ein bzw. löschen die zu entfernenden Zeichen. Auch die Bewegungstasten Position1, Ende usw. funktionieren in Textfeldern.

6. Blenden Sie den Rahmen des Textfeldes aus und formatieren Sie den Text im Blocksatz :

Aktivieren Sie das Menü zum Formatieren (Doppelklick auf den Textfeldrand) und wählen Sie in der Kategorie ***MUSTER*** im Feld *Rahmen* die Option ***Ohne***.

Wechseln Sie in die Kategorie ***AUSRICHTUNG*** und wählen Sie im Feld *Horizontal* die Option ***Bündig anordnen*** - diese Option entspricht Blocksatz. Blocksatz gleicht die Zwischenräume zwischen den einzelnen Wörtern eines Textes so aus, daß der Text am linken und rechten Rand des Textfeldes/einer Zelle bündig abschließt. Blocksatz wirkt sich allerdings nur auf Fließtext aus - Zeilen, die mit einer Absatzmarke (einem Zeilenumbruch) enden, werden nicht davon berührt.
(Vertikaler Blocksatz gleicht im Gegensatz zum horizontalen Blocksatz die Abstände zwischen den Zeilen aus, so daß alle Zeilen gleichmäßig zwischen oberem und unterem Textfeldrand verteilt werden).

EXCEL ÜBUNGEN

Bestätigen Sie das Dialogfeld. Beachten Sie, daß der Blocksatz nicht korrekt angezeigt wird, solange der Textcursor im Textfeld steht!

7. Zeichnen Sie ein Logo :

Aussehen soll das fertige Logo wie in der unteren Abbildung. Zeichnen Sie in der rechten oberen Ecke der Seite zunächst die Ellipse und versehen Sie sie mit einem Schatten.

In die Ellipse können Sie natürlich keinen Text eingeben. Den Text in die Zellen einzugeben nützt ebensowenig, da Sie ihn auf diese Weise nie in der Mitte der Ellipse plazieren könnten. Setzen Sie daher ein Textfeld in die Ellipse und geben Sie den Text in das Textfeld ein.

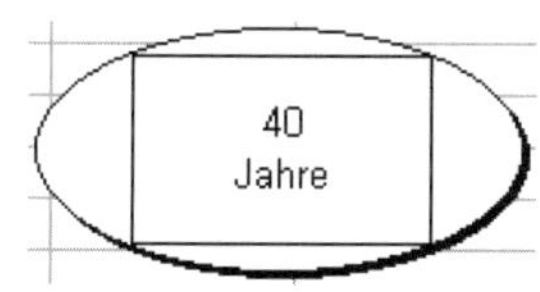

Doppelklicken Sie auf den Textfeldrand, um das Textfeld zu formatieren. Wählen Sie den Schriftstil ***Kursiv***, die Schriftart ***TimesNewRoman*** und die Schriftgröße ***20***, zentrieren Sie den Text im Textfeld, stellen Sie die Option ***automatische Größe***,ein und blenden Sie den Rahmen des Textfeldes aus. Machen Sie das Textfeld außerdem durchsichtig, indem Sie in der Kategorie ***MUSTER*** im Feld *Ausfüllen* die Option ***Ohne*** (ohne Muster) wählen. Mit der letzten Maßnahme vermeiden Sie, daß das durch die größere Schriftart vergrößerte Textfeld den Umriß der Ellipse unterbricht, wie in nebenstehender Abbildung gezeigt.

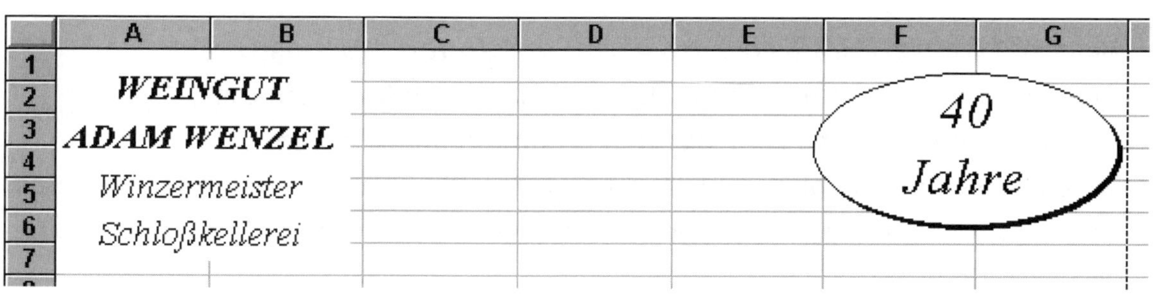

Verschieben Sie das Textfeld ggf. noch ein wenig, bis es mittig in der Ellipse steht. Bis jetzt sind Textfeld und Ellipse noch zwei getrennte Objekte. Möchten Sie die Position des Logos verändern, müssen Sie jeweils beide Objekte verschieben und neu ausrichten.

EXCEL ÜBUNGEN

Verbinden Sie das Textfeld und die Ellipse daher zu einer Gruppe, (beide Objekte markieren und das Symbol  aktivieren). Nun können Sie das Logo problemlos verschieben, um seine endgültige Position festzulegen.

Speichern Sie die Datei unter dem Namen ***Werb9408*** im Verzeichnis ***c:\ hlm\ tabellen***.

ÜBUNG 37

Windows-Zeichentabelle

1. Fügen Sie ein Grafik-Symbol aus der Windows-Zeichentabelle ein :

Vor der Telefonnummer im zweiten Textfeld soll ein Telefon als Grafik aus der Windows-Zeichentabelle eingefügt werden. Fügen Sie zunächst ein Leerzeichen vor der Telefonnummer ein, damit die Grafik etwas Abstand von der Nummer hat, und setzen Sie den Textcursor vor das Leerzeichen.

Die Zeichentabelle befindet sich in der Gruppe Zubehör des Programm-Managers. Sie müssen Excel nicht beenden, um in den Programm-Manager zu gelangen: Alle Programme, mit denen in der aktuellen Arbeitssitzung gearbeitet wurde, werden in der ***Task-Liste*** aufgelistet und können hier ausgewählt und aufgerufen werden.

Zeichentabelle

Aktivieren Sie die Task-Liste durch einen *einfachen* Klick ins Systemmenüfeld, und wählen Sie den Befehl ***WECHSELN ZU***. Die Task-Liste erscheint und zeigt u.a. den Programm-Manager an. Doppelklicken Sie auf diesen Eintrag, um in den Programm-Manager zu wechseln. Öffnen Sie die Gruppe Zubehör und starten Sie die Zeichentabelle mit einem Doppelklick.

Wählen Sie im Listenfeld die Schriftart ***WINGDINGS***.

Möchten Sie in der Zeichentabelle eine Grafik vergrößern, so bewegen Sie den Mauszeiger auf die Grafik, und halten die Maustaste gedrückt.

EXCEL ÜBUNGEN

Wählen Sie das Telefon aus, indem Sie es anklicken und die Schaltfläche ***AUSWÄHLEN*** aktivieren. Es können auch mehrere Grafiken hintereinander ausgewählt werden, in diesem Fall genügt jedoch das Telefon. Aktivieren Sie die Schaltfläche ***KOPIEREN***, um die Grafik in die Zwischenablage zu kopieren.

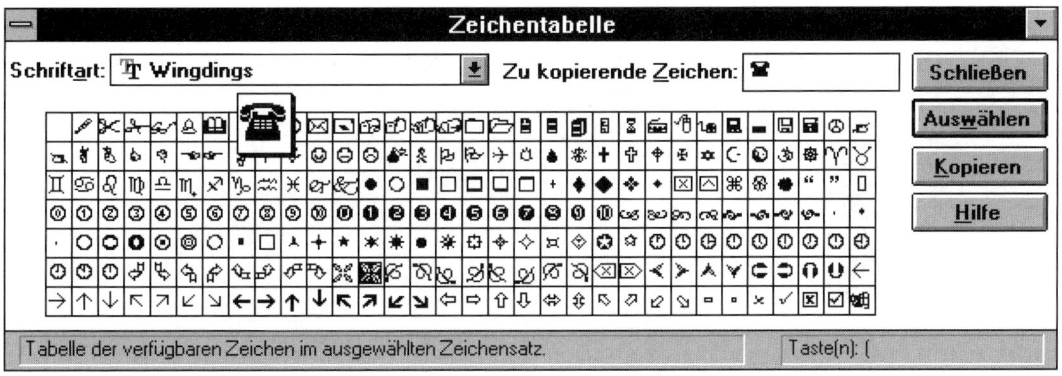

Wechseln Sie zurück nach Excel: Würde die Zeichentabelle bildschirmfüllend angezeigt, müßten Sie wieder die Taskliste aufrufen und Excel dort auswählen (Klick ins Systemmenüfeld, *WECHSELN ZU*, Doppelklick auf *Microsoft Excel*), da im Hintergrund der Zeichentabelle jedoch noch das Excelfenster zu sehen ist, genügt ein Mausklick in dieses Fenster, um es wieder in den Vordergrund zu holen.

Aktivieren Sie das Symbol , um die Grafik aus der Zwischenablage an der aktuellen Cursorposition einzufügen. Lassen Sie sich nicht dadurch irritieren, daß zunächst nur eine Klammer eingefügt wird - Sie müssen die Klammer noch in der Schriftart Wingdings formatieren, damit die Grafik angezeigt wird!

Beiliegend finden Sie einen Bestellschein. Sie können Ihre Bestellung aber auch gern telefonisch aufgeben: ☎ (0 62 41) 59 14 08.

EXCEL ÜBUNGEN

ÜBUNG 38

Zeilenumbruch in Zellen

1. Machen Sie in die Zellen *C23* bis *F25* Eingaben wie in der Abbildung :

	C	D	E	F
24	Riesling	halbtrocken mild	Ürziger Schwarzlay Qualitätswein	6,3
25				
26	Weißer Riesling	trocken vollmundig	Ürziger Kurfürstley Qualitätswein	5,3

Die Eingabe in die Zelle ***C23*** stellt kein Problem dar. Wenn Sie aber den Text in die Zelle ***D23*** eingeben, wird er nicht mehrzeilig dargestellt, sondern überschreibt die Nachbarzelle. Schalten Sie daher für die Zellen **C23** bis **F25** einen Zeilenumbruch ein:

Markieren Sie die Zellen und aktivieren Sie im Menü ***FORMAT*** / *ZELLEN* die Kategorie ***AUSRICHTUNG***. Kreuzen Sie ***ZEILENUMBRUCH*** an, damit Text mehrzeilig eingegeben werden kann.

Geben Sie die Texte ein - einen Zeilenumbruch können Sie mit der Tastenkombination [Alt]+[↵] erzeugen. Sobald Sie eine Eingabe mit Return bestätigen, wird die jeweilige Höhe der Zelle dem eingegebenen Text angepaßt, die Breite bleibt unverändert.

In den Zellen ***E23*** und ***E25*** tritt ein weiteres Problem auf: das Wort in der dritten Zeile ist breiter als die Zelle, der letzte Buchstabe wird dadurch in eine neue Zeile umgebrochen. Behelfen Sie sich damit, daß Sie die Spalten ***C*** bis ***E*** ein klein wenig vergrößern (die drei Spaltenköpfe markieren, mit der Maus zwischen zwei Köpfe zeigen und nach rechts ziehen).
Achten Sie darauf, daß die Textfelder noch immer innerhalb der Seitenränder liegen, ggf. müssen Sie sie etwas verkleinern oder verschieben!

Statt die Spalten zu verbreitern hätten Sie die Wörter auch trennen können.

EXCEL ÜBUNGEN

2. Formatieren Sie den Text :

Um den Text in den Zellen auszurichten wie in der Abbildung, markieren Sie die Zellen und wählen in der Kategorie ***AUSRICHTUNG*** im Menü ***FORMAT*** / *ZELLEN* die Optionen *Horizontal* ***Zentriert*** und *Vertikal* ***Oben***.

Die Zellen ***F23*** und ***F25*** formatieren Sie mit dem Währungssymbol.

3. Fügen Sie in die Zellen *B23* und *B25* die Nummern `1.1` und `1.2` ein :

	B	C	D	E	F
24	**1.1**	Riesling	halbtrocken mild	Ürziger Schwarzlay Qualitätswein	6,30 DM
25					
26	**1.2**	Weißer Riesling	trocken vollmundig	Ürziger Kurfürstley Qualitätswein	5,30 DM

Es erscheint nicht - wie erwartet - die Numerierung. Excel hält die Eingaben aufgrund des Punktes für ein Datum und stellt sie als ***1. Jan*** bzw. ***1. Feb*** dar. Wird eine Eingabe ungewollt als Zahl oder Datum interpretiert, hilft es immer, einen Apostroph vor die Eingabe zu setzen. Der Apostroph sagt Excel, daß es sich um *Text* handelt. Überschreiben Sie die Einträge daher mit **`'1.1`** bzw. **`'1.2`**.

Formatieren Sie die beiden Zellen anschließend ***fett***, und richten Sie die Inhalte ***horizontal mittig*** und ***vertikal oben*** aus.

Die Option ***Bündig anordnen*** (=Blocksatz) im Menü ***FORMAT*** / *ZELLEN* in der Kategorie *AUSRICHTUNG* hat *nur* in Zellen mit eingeschaltetem Zeilenumbruch die Wirkung, daß der Text zwischen den Zellenrändern bündig ausgerichtet wird, in Zellen ohne Zeilenumbruch bleibt sie wirkungslos!

EXCEL ÜBUNGEN

ÜBUNG 39

Überschrift in mehreren Zellen zentrieren

1. **Geben Sie eine Überschrift ein :**

Geben Sie in die Zelle ***C22*** den Text `Kabinett Weine` ein und formatieren Sie die Überschrift in der Schriftgröße ***12*** Punkt und mit dem Schriftstil ***Fettschrift***.

2. **Richten Sie die Überschrift zentriert in den Zellen *C22* - *F22* aus :**

Markieren Sie die vier Zellen, in denen die Überschrift zentriert werden soll, und klicken Sie das Symbol  in der Standard-Symbolleiste an. Der Text wird mittig innerhalb der Markierung ausgerichtet.

Beachten Sie, daß der zu zentrierende Text immer in der *linken* Zelle der Markierung eingegeben worden sein muß, sonst wird nicht korrekt ausgerichtet.

Möchten Sie nachträglich etwas an dem Text ändern, müssen Sie wieder die linke Zelle aktivieren, da *sie* den Eintrag enthält, auch wenn der Text nicht mehr in dieser Zelle angezeigt wird !

	C	D	E	F
23	**Kabinett Weine**			
24	Riesling	halbtrocken mild	Ürziger Schwarzlay Qualitätswein	6,30 DM
25				
26	Weißer Riesling	trocken vollmundig	Ürziger Kurfürstley Qualitätswein	5,30 DM

3. **Vervollständigen Sie die Seite noch :**

Versehen Sie die Zellen ***B22*** bis ***F26*** mit Mustern und Rahmen wie in der folgenden Abbildung (nächste Seite) und kopieren Sie sie an die Positionen ***B28*** und ***B34*** (am schnellsten geht es mit der Drag&Drop-Funktion).

EXCEL ÜBUNGEN

Ändern Sie den Text wie in der Abbildung. Die Zahlenwerte in der Spalte ***B*** können Sie entweder per Hand ändern - oder schneller, indem Sie sie als Zahlenreihe erweitern (beachten Sie beim Erweitern der Zahlenreihe, daß auch die Leerzellen mit markiert werden müssen (insgesamt also die Zellen ***B22*** bis ***B27***), damit das Muster der Zahlenreihe richtig fortgesetzt, d.h. abwechselnd mit Leerzellen und Zahlen erweitert wird!).

	B	C	D	E	F
22			Kabinett Weine		
23	**1.1**	Riesling	halbtrocken mild	Ürziger Schwarzlay Qualitätswein	6,30 DM
24					
25	**1.2**	Weißer Riesling	trocken vollmundig	Ürziger Kurfürstley Qualitätswein	5,30 DM
26					
27					
28			Weißherbst		
29	**1.3**	Portugieser Weißherbst	halbtrocken samtig	Ürziger Schwarzlay Qualitätswein	8,30 DM
30					
31	**1.4**	Protugieser Weißherbst	trocken vollmundig	Ürziger Kurfürstley Qualitätswein	5,30 DM
32					
33					
34			Beerenauslese		
35	**1.5**	Asselheimer Scheurebe	halbtrocken mild	Ürziger Schwarzlay Qualitätswein	7,30 DM
36					
37	**1.6**	Pfälzer Traubensaft	lieblich mild	Ürziger Kurfürstley Qualitätswein	5,30 DM

Umrahmen Sie die Zellen ***B22*** bis ***F37*** mit einem fetten Rahmen.

Entfernen Sie schließlich noch die Einträge, die Excel automatisch in Kopf- und Fuß gesetzt hat, blenden Sie für den Druck die Gitternetzlinien und die Zeilen- und Spaltenköpfe aus, und stellen Sie für den oberen Seitenrand 2,5 cm und für den unteren, den linken und den rechten Seitenrand 2 cm ein! (Menü: ***DATEI*** / *SEITE EINRICHTEN*).

EXCEL ÜBUNGEN

ÜBUNG 40

Manueller Seitenwechsel

1. Fügen Sie einen Seitenwechsel ein :

Auf der zweiten Seite des Schreibens sollen ein Bestellschein und eine Rückantwortkarte erstellt werden. Um den entsprechenden Text auf der *zweiten* Seite einzugeben, können Sie den Seitenwechsel anzeigen lassen und die nachfolgenden Einträge auf der zweiten Seite vornehmen. Sie können aber auch bereits im Anschluß an die letzte beschriebene Zelle auf der ersten Seite einen manuellen Seitenwechsel einfügen und damit bestimmen, daß die nächste Seite bereits hier beginnt.

Für einen *horizontalen* Seitenwechsel muß vor Aufruf des Befehls ***EINFÜGEN*** */ SEITENWECHSEL die Zeile* markiert werden, *oberhalb von der* der Seitenwechsel eingefügt werden soll, für einen *vertikalen* Seitenwechsel muß *die Spalte* markiert werden, *links von der* der Seitenwechsel eingefügt werden soll und für das Erzeugen eines horizontalen *und* vertikalen Seitenwechsels markieren Sie die Zelle, *links und oberhalb* von der ein Seitenwechsel gesetzt werden soll.

Markieren Sie die Zeile ***39*** und aktivieren Sie den Befehl ***EINFÜGEN*** */ SEITENWECHSEL*. Der Beginn der neuen Seite wird durch eine gestrichelte Linie gekennzeichnet.

☞ Um einen Seitenwechsel wieder aufzuheben, müssen Sie die gleichen Zellen wieder markieren (in diesem Fall die Zeile 39) und den Befehl ***EINFÜGEN*** */ SEITENWECHSEL AUFHEBEN* aktivieren. Haben Sie Zellen markiert, vor die gar kein manueller Seitenwechsel gesetzt wurde, ist der Befehl *SEITENWECHSEL AUFHEBEN* nicht verfügbar.

Automatische Seitenwechsel können im Gegensatz zu manuellen Seitenwechseln nicht gelöscht werden - wenn eine Seite voll ist, ist sie voll - und nur in diesem Fall setzt Excel einen automatichen Seitenwechsel.

EXCEL ÜBUNGEN

ÜBUNG 41

Das Kontextmenü

1. Das Kontextmenü erleichtert den Aufruf von Befehlen :

Das Kontextmenü wird durch einen Klick auf die *rechte* Maustaste geöffnet und stellt eine Auswahl von Befehlen in Abhängigkeit von der jeweiligen Arbeitssituation zur Verfügung.
Je nachdem, welches Objekt mit der rechten Maustaste angeklickt wurde (z.B. eine Zelle, ein Textfeld, ein Grafikobjekt, eine Symbolleiste usw.), zeigt das Kontextmenü *unterschiedliche* Befehle an.

2. Schnelles Ein- und Ausblenden von Symbolleisten :

Klicken Sie mit der rechten Maustaste in eine beliebige Symbolleiste. Das Kontextmenü zeigt alle vorhandenen Symbolleisten in einer Liste an. Die bereits eingeblendeten Symbolleisten sind durch einen Haken gekennzeichnet.

Klicken Sie im Kontextmenü eine Leiste ohne Haken an, so wird diese eingeblendet, klicken Sie eine Leiste mit Haken an, so wird die Leiste ausgeblendet. Blenden Sie auf diese Weise die Zeichnenleiste ein, sofern sie nicht bereits eingeblendet ist.

3. Machen Sie folgende Eingaben auf der zweiten Seite :

	A	B	C	D	E	F
39		RÜCKANTWORT				
40						
41		Ja, ich möchte gern umfassende Informationen über Ihr Angebot.				
42		Bitte senden Sie mir Ihre komplette Weinliste zu.				
43						
44		Ich interessiere mich auch für Ihr Angebot an Sekt und Champagner.				
45						
46		Meine Anschrift :				
47						
48		Name:				
49		Straße:				
50		PLZ:		Ort:		
51		Telefon:				

EXCEL ÜBUNGEN

Da es sich hier um relativ wenig Text handelt, der zudem in die bestehenden Zeilen- und Spaltenbreiten paßt, können Sie die Eingaben direkt in die Zellen vornehmen, statt ein Textfeld zu verwenden.

4. Formatieren Sie den Text mit Hilfe des Kontextmenüs :

Klicken Sie mit der *rechten* Maustaste auf die Zelle ***B39***. Das Kontextmenü erscheint mit einer Liste von Befehlen. Wählen Sie den Befehl ***ZELLEN FORMATIEREN***. Es erscheint das gleiche Menü, als hätten Sie den Befehl ***FORMAT*** / *ZELLEN* aktiviert. Stellen Sie in der Kategorie ***Schriftart*** die Schriftgröße ***14*** Punkt ein und bestätigen Sie.

Markieren Sie die Zeilen ***40*** bis ***51***. Aktivieren Sie das Kontextmenü durch einen Klick mit der *rechten* Maustaste in die Markierung. Wählen Sie wieder den Befehl ***ZELLEN FORMATIEREN*** und stellen Sie die Schriftgröße ***12*** Punkt ein.

Markieren Sie die Zeilen ***41*** bis ***44*** und die Zeilen ***48*** bis ***51***, aktivieren Sie das Kontextmenü wie zuvor, wählen Sie den Befehl ***ZEILENHÖHE***, und stellen Sie im Menü die Zeilenhöhe ***19*** ein, damit die einzelnen Zeilen etwas mehr Abstand voneinander erhalten.

Formatieren Sie die Zelle ***B39*** in Fettschrift.

5. Fügen Sie eine gestrichelte Linie ein :

Markieren Sie die Zellen ***A56*** bis ***G56*** und klicken Sie mit der *rechten* Maustaste in die Markierung. Wählen Sie wieder den Befehl ***ZELLEN FORMATIEREN*** und wählen Sie in der Kategorie Rahmen für das Feld ***UNTEN*** eine gestrichelte Linie.

6. Fügen Sie gestrichelte Linien im Adreßfeld ein :

Die fertiggestellten Linien sollen aussehen wie in der unteren Abbildung auf der nächsten Seite. Mit dem Befehl ***RAHMEN*** kommen Sie hier nicht weiter, da Sie einen Rahmen jeweils nur für *ganze* Zellen erstellen können.

Erstellen Sie die Linien daher mit der Zeichnenleiste. Gehen Sie folgendermaßen vor:

EXCEL ÜBUNGEN

Erstellen Sie mit dem Symbol die erste Linie. Halten Sie während des Vorgangs die Alt-Taste gedrückt, damit die Linie auf der Unterkante der Zeile ***48*** einrastet.

Klicken Sie mit der *rechten* Maustaste auf die Linie (erst klicken, wenn der Mauszeiger die Form eines Pfeiles angenommen hat!) und wählen Sie im Kontextmenü den Befehl ***OBJEKT FORMATIEREN***. Wählen Sie im Listenfeld *Art* die gestrichelte Linie als Muster aus.

	B	C	D	E	F	G
48	Name:					
49	Straße:					
50	PLZ:		Ort:			

	B	C	D	E	F	G
48	Name:					
49	Straße:					
50	PLZ:		Ort:			

7. Kopieren Sie die Linie an die weiteren Positionen :

Am schnellsten geht es wieder mit der Drag&Drop-Funktion: Markieren Sie die Linie und ziehen Sie sie mit der Maus bei gleichzeitig gedrückter Steuerung-Taste (damit kopiert wird) und Alt-Taste (damit die Linie einrastet) in die Zeilen ***49***, ***50*** und ***51***.

Verlängern Sie die Linien bei gedrückt gehaltener Shift-Taste (damit sie horizontal bleiben) nach links bis zum Ende des Textes. Die Linie in der Zeile ***50*** muß außerdem von rechts verkürzt und anschließend bei gedrückt gehaltener Shift- und Steuerung-Taste (damit sie *waagerecht kopiert* wird) nach rechts hinter ***Ort*** kopiert werden.

	B	C	D	E	F	G
46	**Meine Anschrift :**					
47						
48	Name:					
49	Straße:					
50	PLZ:		Ort:			
51	Telefon:					
52						

EXCEL ÜBUNGEN

8. Kopieren Sie das Adreßfeld :

Geben Sie zunächst in die Zelle ***B61*** die Überschrift **BESTELLSCHEIN** in der Schriftgröße ***14*** und ***Fettschrift*** ein.

Markieren Sie die Zellen ***B46*** bis ***F52*** und klicken Sie mit der *rechten* Maustaste in die Markierung, um das Kontextmenü zu öffnen. Wählen Sie den Befehl ***KOPIEREN*** und aktivieren Sie mit der *rechten* Maustaste die Zelle ***B64*** - dort soll die Kopie eingefügt werden. Wählen Sie im Kontextmenü den Befehl ***EINFÜGEN***. Übertragen Sie die Zeilenhöhe der Zeilen ***48*** bis ***51*** mit dem Pinselsymbol auf die Zeilen ***66*** bis ***69***.

☞ Die Objekte (Grafiken, Textfelder) werden nur dann zusammen mit den Zellen kopiert und eingefügt, wenn im Menü ***EXTRAS*** / *OPTIONEN* in der Kategorie ***BEARBEITEN*** die Option ***Objekte mit Zellen ausschneiden, kopieren oder sortieren*** angekreuzt ist! Andernfalls bleiben Objekte vom Kopiervorgang unberührt.

9. Erstellen Sie eine Tabelle wie in untenstehender Abbildung :

Umrahmen Sie die Zellen ***B75*** bis ***F84*** mit den Symbolen ⊞ und ⊡. und formatieren Sie die Zellen in der Schriftgröße ***12*** Punkt. Stellen Sie für die Zellen ***B75*** bis ***F75*** mit Hilfe des Kontextmenüs die Ausrichtung ein wie in der Abbildung (Zellen markieren, mit der rechten Maustaste in die Markierung klicken, Befehl ***ZELLEN FORMATIEREN***) und machen Sie die entsprechenden Eingaben.

	A	B	C	D	E	F	G
74							
75		lfd. Nr. d. Preisliste	Flaschen Anzahl	Sorte	Einzelpreis	Gesamt-betrag	
76							
77							
78							
79							
80							
81							
82							
83							
84							

EXCEL ÜBUNGEN

10. Fügen Sie noch einige grafische Elemente ein :

Zunächst sollen zwei Anwortkästchen erstellt werden. Erstellen Sie das erste Kästchen bei gedrückter Shift-Taste (damit es quadratisch wird) mit dem Symbol . Kopieren Sie es mit der Drag&Drop-Funktion bei gedrückt gehaltener Shift-Taste (damit es vertikal auf einer Linie verschoben wird) nach unten.

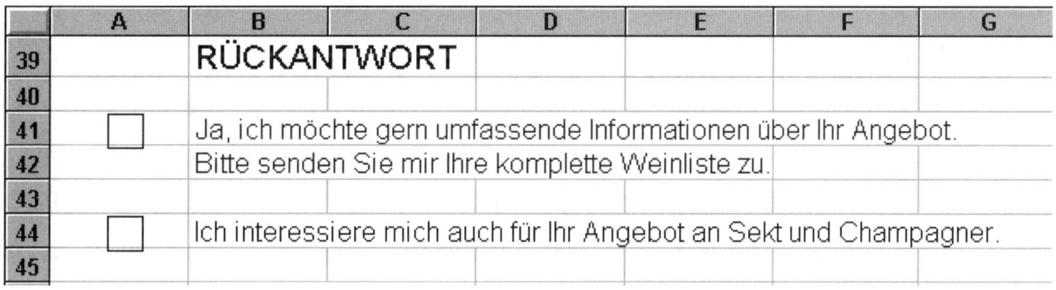

Auf der Linie zwischen Rückantwort und Bestellschein soll nun noch ein Scherensymbol aus der Zeichentabelle eingefügt werden. Um die Schere mittig auf der Linie positionieren zu können, muß sie in ein Textfeld eingefügt werden. Erstellen Sie daher mit Hilfe des Symbols zunächst das Textfeld.

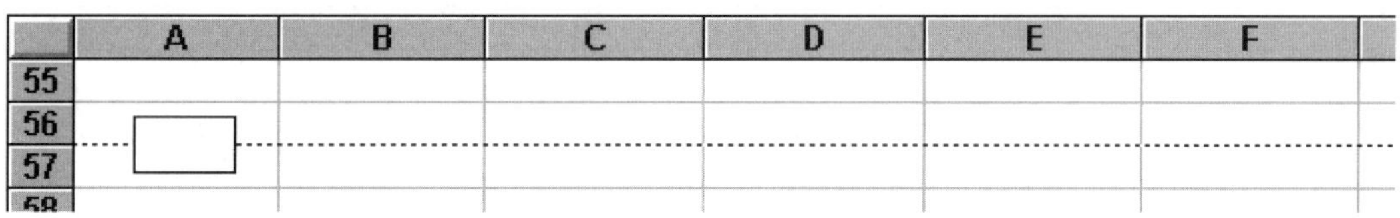

Sofern Sie das Programm 'Zeichentabelle' zwischenzeitlich nicht beendet haben, kann sie direkt über die Task-Liste aufgerufen werden - ansonsten müssen Sie die Zeichentabelle erneut im Programm-Manager starten.

Im Feld *Zu kopierende Zeichen* ist noch das Telefon eingetragen. Löschen Sie das Telefon, und wählen Sie stattdessen das Scherensymbol aus (drittes Symbol von rechts in der Schriftart Wingdings). Kopieren Sie es in die Zwischenablage. Wechseln Sie zurück nach Excel und fügen Sie das Symbol aus der Zwischenablage ein (der Cursor muß beim Einfügen natürlich an der entsprechenden Stelle im Textfeld stehen). Formatieren Sie das Zeichen in der Schriftart Wingdings!

EXCEL ÜBUNGEN

Was noch stört, ist der Rahmen um das Textfeld, außerdem wird die gestrichelte Linie z.T. von dem Textfeld überdeckt, und die Schere könnte etwas größer sein.

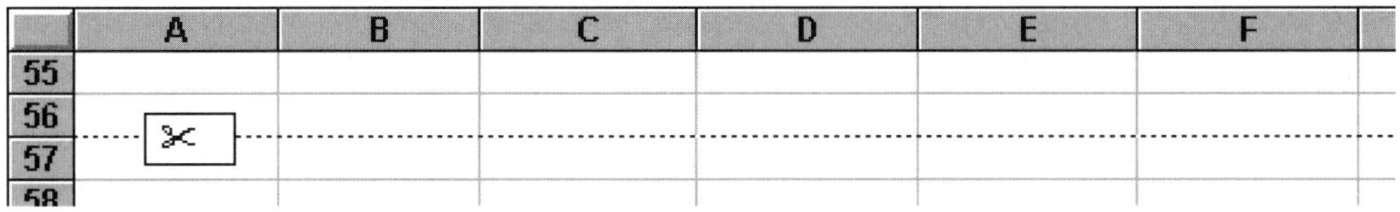

Vergrößern Sie die Schere auf ***20*** Punkt (Textfeld markieren, Schriftgröße auswählen). Die Schere paßt nun nicht mehr in ihrer vollen Größe in das Textfeld. Stellen Sie daher für das Textfeld mit Hilfe des Kontextmenüs die Option ***Automatische Größe*** ein (Textfeldrand mit rechter Maustaste anklicken, Objekt formatieren, Kategorie *AUSRICHTUNG*). In der Kategorie ***MUSTER*** können Sie bei dieser Gelegenheit gleich den Rahmen und das Muster des Textfeldes ausblenden (bei *Rahmen* und *Ausfüllen* jeweils *Ohne* aktivieren).

Da das Textfeld nun kein Muster mehr hat, ist es durchsichtig, und die darunterliegende Linie wird nicht mehr verdeckt. Verschieben Sie das Textfeld mit der Maus ggf. noch ein wenig, bis die Schere mittig über der Linie positioniert ist.

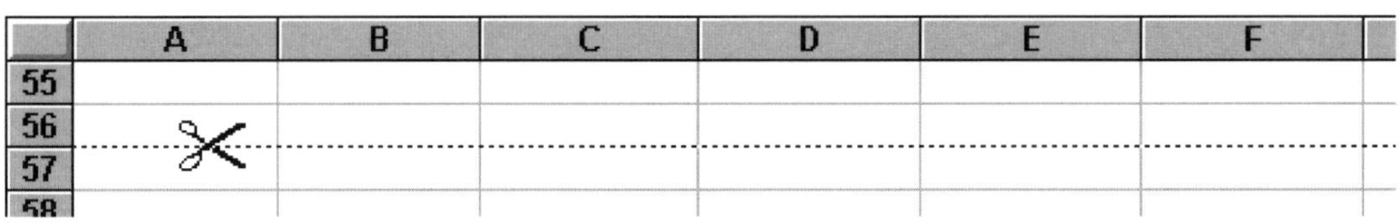

Geben Sie abschließend in die Zelle ***B85*** den Text **`Liter je Flasche:`** ein und in die Zelle den Bruch **`3/4`** in der Schriftgröße 8 Punkt ein. Wieder interpretiert Excel die Eingabe als Datum und gibt anstelle des Bruches das Datum **`3. Apr`** aus. Eine Möglichkeit haben Sie bereits kennengelernt, um dem abzuhelfen - Sie können ein Hochkomma vor die Eingabe setzen, Excel interpretiert den Bruch dann als Text. In diesem Fall genügt das. Speichern Sie die Datei!

☞ Wenn mit Brüchen noch gerechnet werden soll - ist der Behelf mit dem Hochkomma nicht sinnvoll, denn mit Text kann Excel nicht rechnen! In diesem Fall gibt es zwei weitere Möglichkeiten: Entweder, Sie geben den Wert 0,75 ein und formatieren die Zahl mit dem Bruchformat oder Sie geben den Bruch als 0 3/4 ein.

WEINGUT
ADAM WENZEL
Winzermeister
Schloßkellerei

40 Jahre

Sehr geehrte Damen und Herren, lieber Weinfreund !

Mit dieser neuen Weinpreisliste stellen wir Ihnen einen Auszug aus unserem reichhaltigem Programm vor. Wir senden Ihnen gern unser komplettes Angebot zu, wenn Sie den beigefügten Coupon ausgefüllt an uns zurücksenden.

Beiliegend finden Sie einen Bestellschein. Sie können Ihre Bestellung aber auch gern telefonisch aufgeben: ☎ (0 62 41) 59 14 08.

	Kabinett Weine			
1.1	Riesling	halbtrocken mild	Ürziger Schwarzlay Qualitätswein	6,30 DM
1.2	Weißer Riesling	trocken vollmundig	Ürziger Kurfürstley Qualitätswein	5,30 DM
	Weißherbst			
1.3	Portugieser Weißherbst	halbtrocken samtig	Ürziger Schwarzlay Qualitätswein	8,30 DM
1.4	Protugieser Weißherbst	trocken vollmundig	Ürziger Kurfürstley Qualitätswein	5,30 DM
	Beerenauslese			
1.5	Asselheimer Scheurebe	halbtrocken mild	Ürziger Schwarzlay Qualitätswein	7,30 DM
1.6	Pfälzer Traubensaft	lieblich mild	Ürziger Kurfürstley Qualitätswein	5,30 DM

RÜCKANTWORT

☐ Ja, ich möchte gern umfassende Informationen über Ihr Angebot. Bitte senden Sie mir Ihre komplette Weinliste zu.

☐ Ich interessiere mich auch für Ihr Angebot an Sekt und Champagner.

Meine Anschrift:

Name: ....

Straße: ....

PLZ: .... Ort: ....

Telefon: ....

✂ ....

BESTELLSCHEIN

Meine Anschrift:

Name: ....

Straße: ....

PLZ: .... Ort: ....

Telefon: ....

lfd. Nr. d. Preisliste	Flaschen Anzahl	Sorte	Einzelpreis	Gesamt-betrag

Liter je Flasche: 3/4

EXCEL ÜBUNGEN

ÜBUNG 42

Suchen und Ersetzen

1. **Lassen Sie in der Tabelle *WERB9408.XLS* das Wort `Kurfürstley` durch `Fürstenberg` ersetzen :**

Wenn Sie nachträglich feststellen, daß ein bestimmtes Wort in der gesamten Tabelle geändert werden muß, müssen Sie die Korrektur nicht per Hand vornehmen - Sie können das Wort automatisch ersetzen lassen. Aktivieren Sie ***BEARBEITEN*** / *ERSETZEN*, geben Sie bei ***SUCHEN NACH*** **`Kurfürstley`** und bei ***ERSETZEN DURCH*** **`Fürstenberg`** ein.

Aktivieren Sie die Schaltfläche ***WEITERSUCHEN***. Die Markierung springt auf die erste Tabellenzelle, die den Suchbegriff enthält. Sollte das Dialogfenster die markierte Zelle überdecken, so schieben Sie es etwas zur Seite (mit dem Mauszeiger in die Titelleiste zeigen und mit gedrückter Maustaste in die gewünschte Richtung schieben).

Wählen Sie jeweils ***ERSETZEN***, falls Sie **`Kurfürstley`** durch **`Fürstenberg`** ersetzen möchten - die Markierung springt anschließend automatisch auf den nächsten gefundenen Suchbegriff - bzw. wählen Sie ***WEITERSUCHEN***, wenn Sie das Wort nicht ersetzen möchten. Mit der Schaltfläche ***SCHLIESSEN*** können Sie den Vorgang beenden.

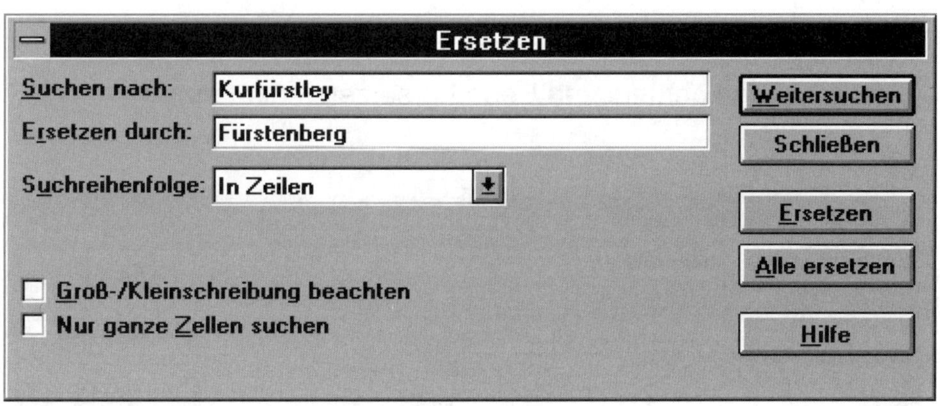

Die Option ***Suchreihenfolge*** bestimmt, ob Excel zeilen- oder spaltenweise sucht. Das hat jedoch nur in sehr großen Tabellen Einfluß auf die Geschwindigkeit des Suchvorgangs

EXCEL ÜBUNGEN

Die Option ***Groß-/Kleinschreibung beachten*** bestimmt, ob es genügt, daß die Zeichen eines Wortes mit dem Suchbegriff übereinstimmen oder ob auch die Groß- und Kleinschreibung übereinstimmen muß.

Ist die Option ***Nur ganze Zellen suchen*** aktiviert, so muß der *gesamte* Inhalt einer Zelle mit dem Suchbegriff übereinstimmen - es genügt nicht, daß nur einige Zeichen oder Wörter in der Zelle mit dem Suchbegriff identisch sind. Das Wort Kurfürstley wäre z.B. nie gefunden worden, wäre diese Option eingeschaltet gewesen, da es jeweils zusammen mit anderen Wörtern in einer Zelle steht

Wären Sie sich sicher gewesen, daß Sie alle 'Kurfürstley' durch 'Fürstenberg' ersetzen möchten, hätten Sie anstelle der Schaltfläche ***ERSETZEN*** die Schaltfläche ***ALLE ERSETZEN*** wählen können. Ohne Rückfrage wären alle gefundenen Texte ersetzt worden.

Beachten Sie, daß nur Texte und Zahlen in *Zellen* beim Such- oder Ersetzenvorgang berücksichtigt werden. Textfelder bleiben unberücksichtigt !

2. Suchen Sie nach dem Wort '`halbtrocken`' :

Aktivieren Sie die Funktion ***BEARBEITEN*** / *SUCHEN*. Das Dialogfenster ist fast dasselbe wie beim Ersetzen. Geben Sie den Suchtext ein und starten Sie die Suche mit ***WEITERSUCHEN***. Aktivieren Sie diese Schaltfläche jeweils, um den nächsten gefundenen Begriff anzeigen zu lassen.

Mit der Schaltfläche ***ERSETZEN*** können Sie jederzeit ins Dialogfenster ***Ersetzen*** wechseln, falls Sie den gefundenen Begriff ersetzen möchten.

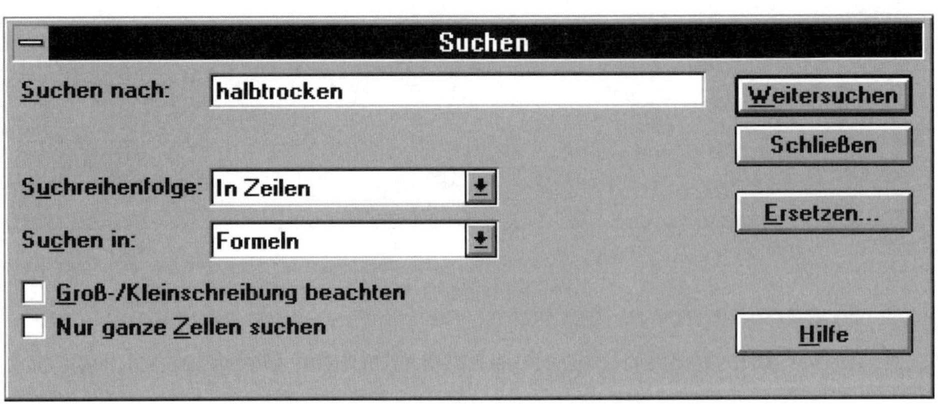

EXCEL ÜBUNGEN

Im Listenfeld ***Suchen in*** können Sie zwischen den Optionen ***Formeln***, ***Werte*** und ***Notizen*** wählen. Ist die Option ***Werte*** aktiviert, so prüft Excel die Einträge in den Tabellenzellen wie gewohnt. Ist die Option ***Formeln*** aktiviert, so prüft Excel diese Einträge weiterhin und zusätzlich die Zeichen, aus denen sich Formeln oder Funktionen in der Tabelle zusammensetzen. Beispiel :

Wird in einer Tabelle wie in der Abbildung mit der Option ***Werte*** nach der Ziffer ***1*** gesucht, so wird sie nur in den Zellen ***A1*** und ***A2*** gefunden.
Wird hingegen mit der Option ***Formeln*** nach der Ziffer ***1*** gesucht, so werden die Zellen ***A1***, ***A2*** und ***A3*** gefunden, da nicht mehr nur die Werte in den Zellen, sondern auch die dahinterstehenden Formeln überprüft werden. In der Summenformel, die zu dem Ergebnis ***32*** geführt hat, ist die Ziffer ***1*** enthalten.

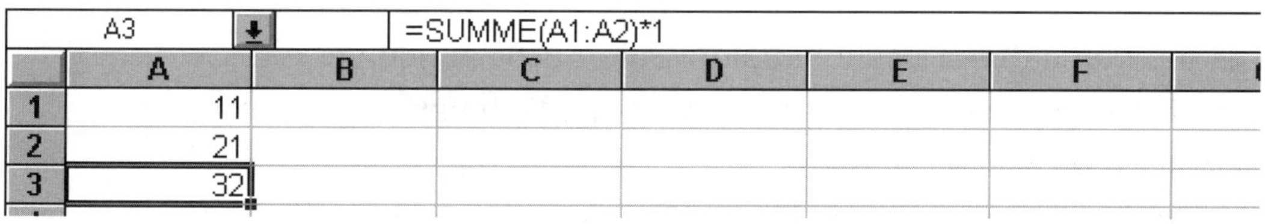

Notizen sind Anmerkungen, die zu Zellen gemacht werden können (Thema des Fortgeschrittenenkurses). Ist die entsprechende Option gewählt, wird der Suchbegriff nur noch in Notizen gesucht, Werte oder Formeln werden nicht mehr beachtet.

☞ Haben Sie vor Aufruf des Dialogfensters zum Suchen oder Ersetzen mehrere Zellen in der Tabelle markiert, wird der Suchbegriff nur innerhalb der Markierung gesucht !

☞ Im Suchbegriff kann ggf. der Joker ***?*** eingesetzt werden. Da er jeweils stellvertretend für ein beliebiges Zeichen stehen kann, würde mit dem Suchbegriff ***H??S*** z.B. die Wörter ***Hans*** und ***Haus*** gefunden.

Geben Sie nur ein Fragezeichen als Suchbegriff ein, zeigt Excel jede Zelle an.
Möchten Sie ein Fragezeichen als Satzzeichen suchen, müssen Sie ihm im Dialogfeld daher eine Tilde voranstellen: ***~?*** .

Der Stern * funktioniert beim Suchen leider nicht korrekt. Trotzdem muß auch dem Stern als Suchbegriff eine Tilde vorangestellt werden.

ANWENDUNGSBEISPIELE

Aus der Praxis...

Zu den nächsten Seiten :

Wenn Sie weiterblättern, finden Sie einige Anwendungsbeispiele und Anregungen, insbesondere für den Einsatz von Textfeldern und grafischen Elementen. Wenn Sie Lust haben, können Sie das eine oder andere Beispiel zur Vertiefung des Stoffes ausprobieren - die Besonderheiten sind im folgenden kurz beschrieben, und es werden jeweils Tips bzgl. eines effizienten Vorgehens gegeben.

In der Gesamtdauer der Schulung (drei Tage) sind diese Beispiele nicht berücksichtigt.

Anwendungsbeispiel 1 :

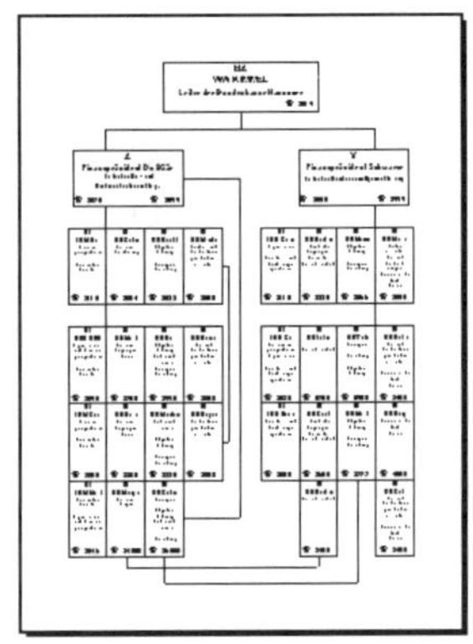

Zunächst wurde das Bildschirmraster (Gitternetzlinien) in der Spaltenbreite den zu erstellenden Kästen und Rahmen angepaßt. Die drei oberen Kästen wurden dabei außer acht gelassen, da sie etwas aus dem Rahmen fallen - insgesamt wurden daher neun Spalten gleicher Breite eingestellt. (Alternativ hätten die Gitternetzlinien auch noch feiner eingestellt werden können, so daß sie ein feines Karomuster ergeben).

Vor Erstellung der Tabelle wurden die Seitenwechsel eingeblendet, damit nicht versehentlich über den Seitenrand hinausgeschrieben wird.

Der obere Kasten wurde als Textfeld erstellt, mittig auf der Seite ausgerichtet und komplett fertiggestellt und formatiert. Das Telefonsymbol und die Telefonnummer wurden in ein durchsichtiges (=ohne Füllmuster), rahmenloses Textfeld eingefügt und in der rechten unteren Ecke des Kastens positioniert. (Alternativ hätten Telefonsymbol und -nummer auch in die letzte Zeile des Textfeldes eingetragen werden können - um beide an den rechten Textfeldrand zu rücken, hätten in diesem Fall ausreichend viele Leerstellen davor eingefügt werden müssen).

Für die Erstellung des zweiten Kastens wurde das erste Textfeld mit der Drag&Drop-Funktion kopiert und die Größe des Feldes geändert. Der Text wurde markiert und durch den neuen Text überschrieben - das hat den Vorteil, daß die Formatierung des alten Textes übernommen wird. Lediglich die Schriftgröße mußte noch geändert werden. Das Textfeld mit dem Telefon wurde ebenfalls mit der Drag&Drop-Funktion kopiert und an den entsprechenden Stellen positioniert.

Vom zweiten fertiggestellten Textfeld wurde ein Duplikat für das dritte Textfeld erstellt, und zwar bei gedrückter Shift-Taste, damit die Kopie auf der gleichen Linie ausgerichtet wird wie das Original.

Die Kopie für das vierte Textfeld wurde bei gedrückt gehaltener Alt-Taste in der Größe *genau* in das eingestellte Gitter eingepaßt und bezüglich Text und Formatierung komplett fertiggestellt. Da die Schriftart Arial als kleinste Schriftgröße 8 Punkt anbietet, jedoch 6 Punkt benötigt wurden, wurde diese Schriftgröße per Hand eingegeben (angezeigte Schriftgröße im Listenfeld der Symbolleiste markieren, mit der Ziffer 6 überschreiben und mit Return bestätigen).

Von diesem Textfeld wurden alle weiteren Kopien bei gedrückter Alt-Taste erstellt. Anschließend wurde das Textfeld mit dem Telefon bei gedrückter Shift-Taste an alle weiteren Positionen kopiert.

Erst nach Fertigstellung aller Kopien wurden die Texte entsprechend geändert.

Die Verbindungslinien wurden z.T. bei gedrückter Alt-Taste erstellt, damit sie an den Gitternetzlinien ausgerichtet werden, ansonsten bei gedrückter Shift-Taste, damit sie zumindest horizontal bzw. vertikal ausgerichtet werden. Auch die vertikalen Linien links und rechts wurden in *einem* Stück gezeichnet und in den Hintergrund gerückt.

Dort, wo zwei Linien *gleicher* Länge benötigt wurden, wurde jeweils nur die erste Linie wie beschrieben erstellt und für die zweite Linie eine Kopie mit der Drag&Drop-Funktion erstellt, und zwar bei gleichzeitig gedrückter Shift-Taste, damit die Kopie auf der gleichen Linie liegt, wie das Original.

Vor dem Druck wurde im Menü *SEITE EINRICHTEN* noch das Gitter ausgeblendet und eine horizontale Zentrierung eingestellt, um die Grafiken in der Seitenmitte auszurichten.

☞ Denken Sie daran, daß Sie auch bei Grafiken und Textfeldern die Formatierung - z.B. die Linienstärke - schnell mit dem Pinselsymbol übertragen können.

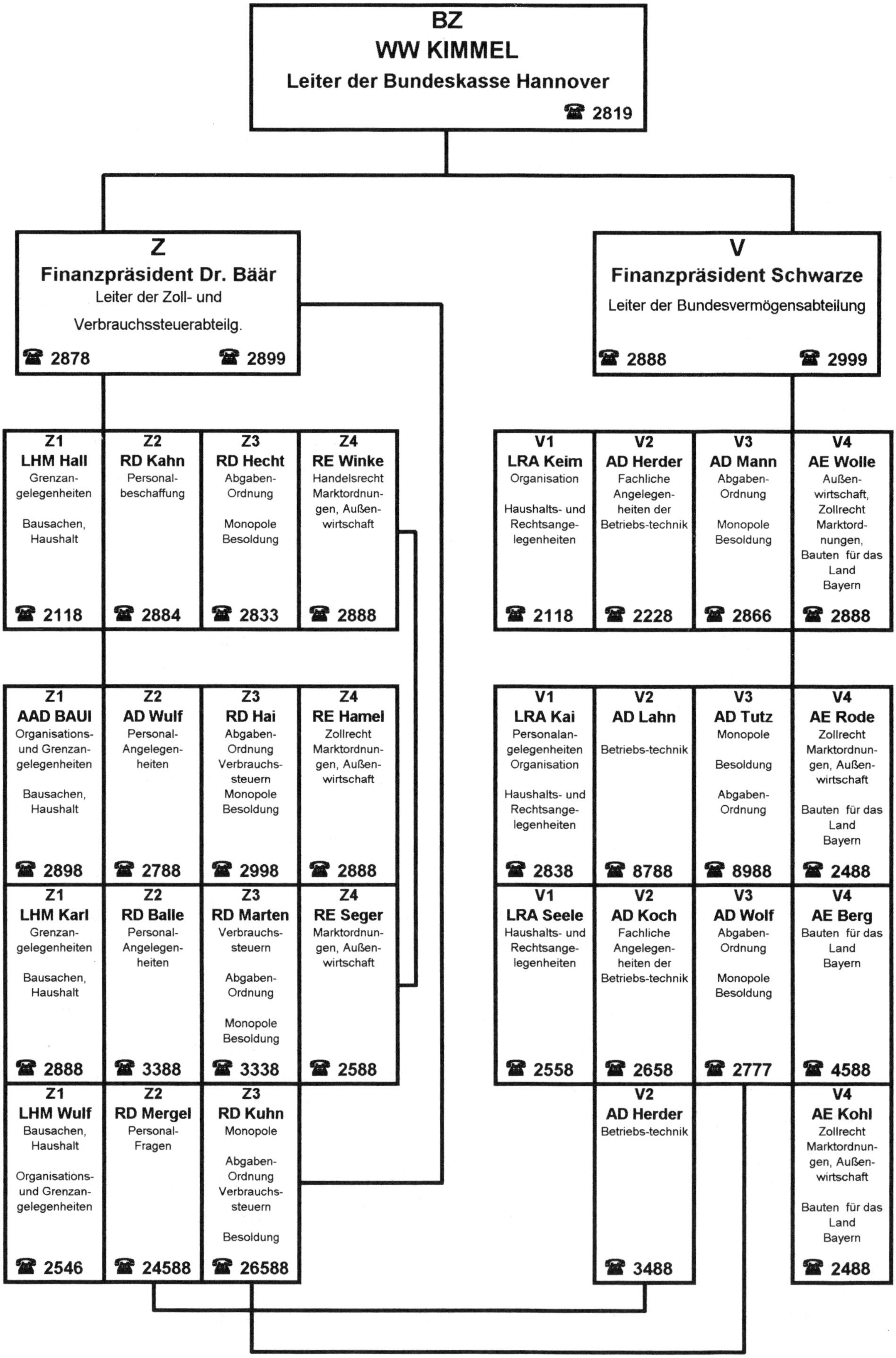
BZ
WW KIMMEL
Leiter der Bundeskasse Hannover
☎ 2819
Z
Finanzpräsident Dr. Bäär
Leiter der Zoll- und Verbrauchssteuerabteilg.
☎ 2878
☎ 2899
V
Finanzpräsident Schwarze
Leiter der Bundesvermögensabteilung
☎ 2888
☎ 2999
Z1
LHM Hall
Grenzan-gelegenheiten
Bausachen, Haushalt
☎ 2118
Z2
RD Kahn
Personal-beschaffung
☎ 2884
Z3
RD Hecht
Abgaben-Ordnung
Monopole
Besoldung
☎ 2833
Z4
RE Winke
Handelsrecht
Marktordnun-gen, Außen-wirtschaft
☎ 2888
V1
LRA Keim
Organisation
Haushalts- und Rechtsange-legenheiten
☎ 2118
V2
AD Herder
Fachliche Angelegen-heiten der Betriebs-technik
☎ 2228
V3
AD Mann
Abgaben-Ordnung
Monopole
Besoldung
☎ 2866
V4
AE Wolle
Außen-wirtschaft, Zollrecht
Marktord-nungen,
Bauten für das Land Bayern
☎ 2888
Z1
AAD BAUI
Organisations- und Grenzan-gelegenheiten
Bausachen, Haushalt
☎ 2898
Z2
AD Wulf
Personal-Angelegen-heiten
☎ 2788
Z3
RD Hai
Abgaben-Ordnung
Verbrauchs-steuern
Monopole
Besoldung
☎ 2998
Z4
RE Hamel
Zollrecht
Marktordnun-gen, Außen-wirtschaft
☎ 2888
V1
LRA Kai
Personalan-gelegenheiten
Organisation
Haushalts- und Rechtsange-legenheiten
☎ 2838
V2
AD Lahn
Betriebs-technik
☎ 8788
V3
AD Tutz
Monopole
Besoldung
Abgaben-Ordnung
☎ 8988
V4
AE Rode
Zollrecht
Marktordnun-gen, Außen-wirtschaft
Bauten für das Land Bayern
☎ 2488
Z1
LHM Karl
Grenzan-gelegenheiten
Bausachen, Haushalt
☎ 2888
Z2
RD Balle
Personal-Angelegen-heiten
☎ 3388
Z3
RD Marten
Verbrauchs-steuern
Abgaben-Ordnung
Monopole
Besoldung
☎ 3338
Z4
RE Seger
Marktordnun-gen, Außen-wirtschaft
☎ 2588
V1
LRA Seele
Haushalts- und Rechtsange-legenheiten
☎ 2558
V2
AD Koch
Fachliche Angelegen-heiten der Betriebs-technik
☎ 2658
V3
AD Wolf
Abgaben-Ordnung
Monopole
Besoldung
☎ 2777
V4
AE Berg
Bauten für das Land Bayern
☎ 4588
Z1
LHM Wulf
Bausachen, Haushalt
Organisations- und Grenzan-gelegenheiten
☎ 2546
Z2
RD Mergel
Personal-Fragen
☎ 24588
Z3
RD Kuhn
Monopole
Abgaben-Ordnung
Verbrauchs-steuern
Besoldung
☎ 26588
V2
AD Herder
Betriebs-technik
☎ 3488
V4
AE Kohl
Zollrecht
Marktordnun-gen, Außen-wirtschaft
Bauten für das Land Bayern
☎ 2488

ANWENDUNGSBEISPIELE

Anwendungsbeispiel 2 :

In diesem Anwendungsbeispiel gibt es zwei Besonderheiten :

1. Problem: Die Texte rechts neben den Aufzählungsmarken a) b) c)... sollten bündig untereinander stehen. Da es in Excel keine Tabulatoren gibt, mußten die Texte linksbündig in ein separates Textfeld eingetragen werden.

2. Problem: Die Zahl im Hintergrund. Diese Zahl wurde in ein drittes Textfeld eingetragen.

Insgesamt überlagern sich also drei Textfelder. Vorgegangen wurde folgendermaßen :

Zunächst wurde das Bildschirmraster feiner eingestellt. Ein erstes Textfeld für die Eingabe der Aufzählungsmarken a) b)... wurde mit der Alt-Taste in das Zellraster eingepaßt, mit einem fetten Rahmen versehen und durchsichtig formatiert.

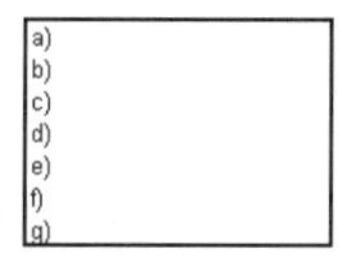

In dieses Textfeld wurde ein weiteres Textfeld mit der Alt-Taste eingepaßt und vom linken Rand her nach innen etwas verkleinert.

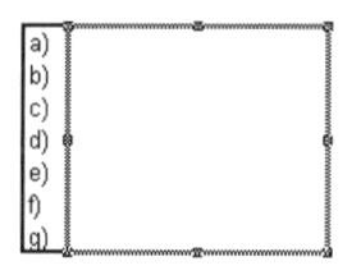

Das Textfeld wurde ohne Rahmen und durchsichtig formatiert, damit es nicht die Umrandung des ersten Textfeldes verdeckt und der weitere Text wurde eingegeben.

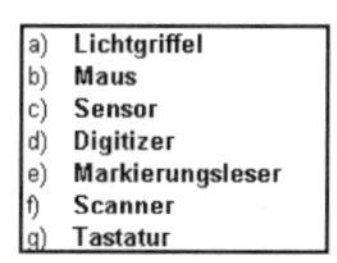

Das zweite Textfeld wurde kopiert  , um ein weiteres Textfeld gleicher Größe zu erhalten. Die Texte wurden aus der Kopie (die das Original genau überlagert) entfernt. Stattdessen wurde mittig die Ziffer *1* in der Schriftgröße *75* und der Schriftfarbe *Weiß* eingegeben. Das Textfeld wurde mit einem grauen Muster gefüllt, die Größe noch ein wenig nach links erweitert und in den Hintergrund gebracht. Da die beiden ersten Textfelder durchsichtig sind, scheint das Hintergrundbild hindurch.

Abschließend wurden die drei Textfelder gruppiert  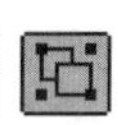.

Manchmal wird der Text in einem Textfeld im Druck etwas anders dargestellt als am Bild-

ANWENDUNGSBEISPIELE

schirm. Kontrollieren Sie daher vor dem Drucken in der Seitenansicht. Da die zusammengehörigen Felder gruppiert sind, können Sie die Größe - wenn nötig - vor dem Ausdruck mit der Maus noch etwas korrigieren.

Die weiteren Kästen sind natürlich wieder Kopien des ersten Textfeldes. Die Ziffern und die Texte mußten natürlich noch entsprechend geändert werden. Hierfür mußte die Gruppierung vorrübergehend aufgelöst und das zu ändernde Textfeld jeweils in den Vordergrund gebracht werden, indem alle überdeckenden Felder in den Hintergrund gerückt wurden.

Falls Sie das Raster nicht fein genug eingestellt haben, um die Textfelder mit der Alt-Taste genau einrasten zu lassen, können Sie sich schnell einige Hilfelinien erstellen, die Sie anschließend wieder entfernen. In der Abbildung wurden z.B. zwei Hilfslinien mit der Shift-Taste waage- bzw. senkrecht ausgerichtet. Hiervon wurden zwei Kopien gleicher Länge erstellt und an die entsprechende Position verschoben. Das obere Textfeld wurde mittig über der oberen vertikalen Linie ausgerichtet und bei gedrückter Shift-Taste (damit die Kopie auf der gleichen Linie bleibt) mit der Drag&Drop-Funktion nach unten kopiert.

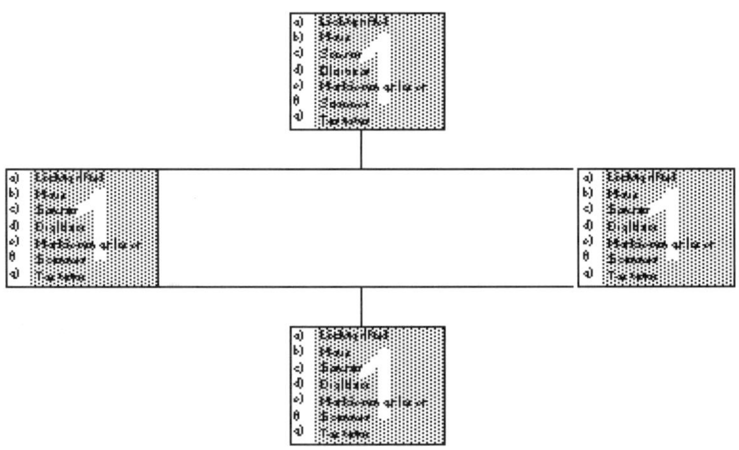

Um den äußeren runden Rahmen zu erhalten, wurde ein ein großes Textfeld erstellt, umrahmt und in den Hintergrund gebracht.

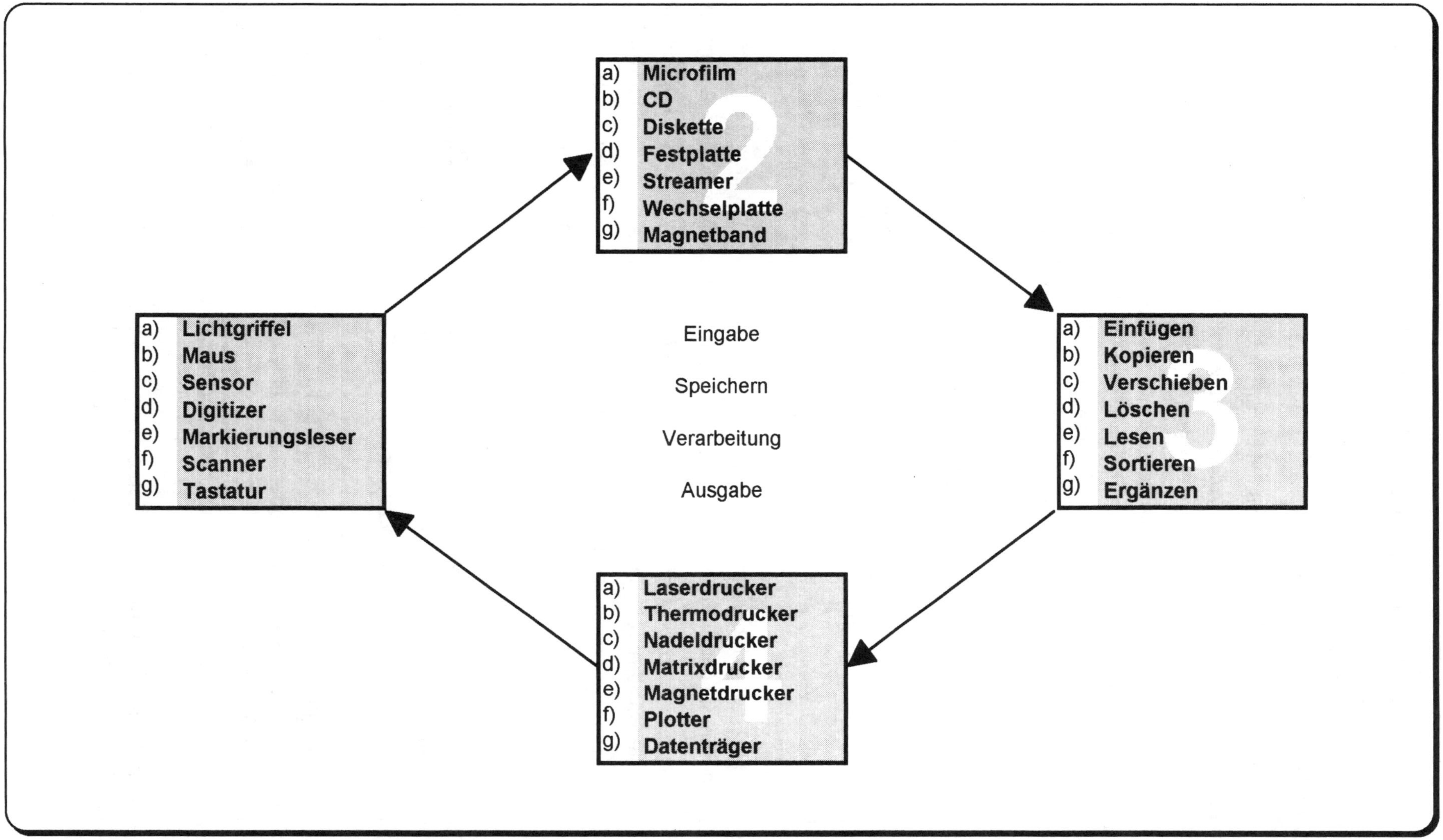
a) Lichtgriffel
b) Maus
c) Sensor
d) Digitizer
e) Markierungsleser
f) Scanner
g) Tastatur
a) Microfilm
b) CD
c) Diskette
d) Festplatte
e) Streamer
f) Wechselplatte
g) Magnetband
a) Einfügen
b) Kopieren
c) Verschieben
d) Löschen
e) Lesen
f) Sortieren
g) Ergänzen
a) Laserdrucker
b) Thermodrucker
c) Nadeldrucker
d) Matrixdrucker
e) Magnetdrucker
f) Plotter
g) Datenträger
Eingabe
Speichern
Verarbeitung
Ausgabe

ANWENDUNGSBEISPIELE

Anwendungsbeispiel 3 :

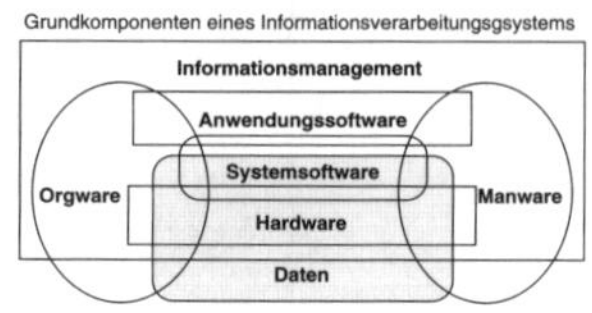

Diese Abbildung links oben im Beispiel bringt im Grunde nichts Neues. Mehrere Textfelder und Grafikobjekte wurden übereinandergelagert, teilweise mit Mustern versehen, teilweise durchsichtig gemacht. Zuletzt wurden alle Objekte zu einer Gruppe verbunden, damit die Position der Objekte beliebig geändert werden kann.

Anwendungsbeispiel 4 :

Erwähnenswert sind in diesem Beispiel die Raute und die gebogenen Pfeile.

Die Raute setzt sich aus vier Strichen zusammen, die zu einer Gruppe verbunden wurden (alternativ hätte auch ein Polygon erstellt werden können):

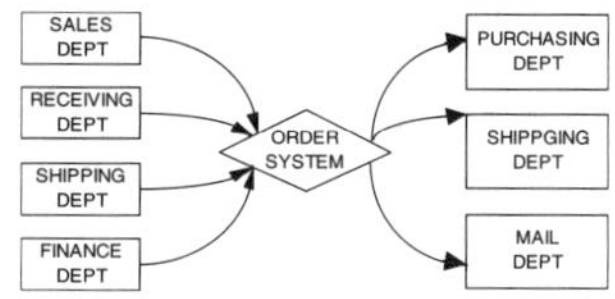

Die Erstellung der Raute fand auf einer unbeschriebenen Seite des Tabellenblattes statt: Dort konnten die Gitternetzlinien ungestört zu einem Karomuster verengt werden, in das die einzelnen Linien der Raute mit der Alt-Taste eingepaßt wurden (auf der ersten Seite konnten die Spaltenbreiten nicht mehr verändert werden, da dies die anderen Figuren verändert hätte - notfalls können Sie für die Erstellung neuer Figuren auch eine ganz neue Tabelle nehmen und die Figuren nach Fertigstellung in die richtige Tabelle hineinkopieren).

Anschließend wurden die Linien zu einer Gruppe zusammengefügt, und die neue Figur wurde an die entsprechende Stelle im Tabellenblatt verschoben. Für den Text in der Raute wurde ein unsichtbares, rahmenloses Textfeld mittig in der Raute plaziert.

Für die gebogenen Pfeile wurden zunächst Kreisbögen mit der Alt-Taste in die Zellen eingepaßt und an den Stellen, an denen sie in eine Figur ragten, etwas verkürzt. Die Pfeile wurden separat erstellt, bis auf die Spitze verkürzt, auf die Kreisbögen geschoben, in die richtige Position gedreht und mit den Kreisbögen zu einer Gruppe verbunden.

Die Texte hätten in umrahmte Zellen eingegeben werden können. Da Textfelder variabler sind (bzg. Größe, Position usw.), wurden stattdessen sie verwendet.

ANWENDUNGSBEISPIELE

Anwendungsbeispiel 5 :

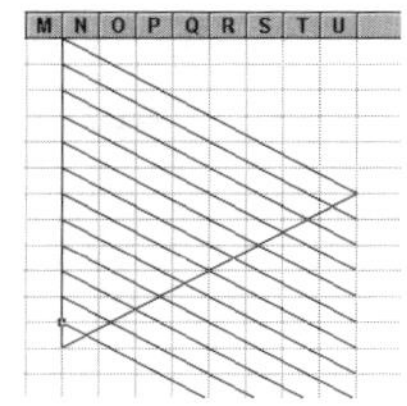

Für diese Anwendung wurde das Gitternetz fein kariert eingestellt und zunächst die *äußeren* Linien des Dreieckes mit der Alt-Taste in das Gitter eingepaßt. Die obere Außenkante wurde mit der Drag&Drop-Funktion bei gedrückter Alt-Taste mehrmals kopiert (vgl. Abbildung). Anschließend wurden die Linien bei gedrückter Shift-Taste (damit sich die Ausrichtung nicht ändert) verkürzt.

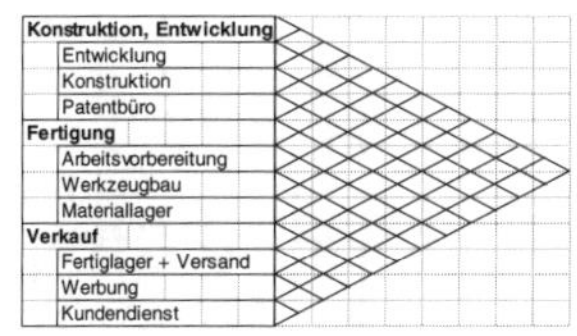

Ebenso wurde mit der unteren Außenkante verfahren. Texte und Rahmen links vom Dreieck wurden hier direkt in die Zellen eingegeben.

Anwendungsbeispiel 6 :

Gruppe / Geh.-Art	R7	R8	R9	R10	R11	R12	R13	R14	R15	R16
Jahresbrutto > 120 Tsd.	J	J	N	J	J	J	N	J	J	J
Abteilungs-leiter	J	J	J	J	N	J	J	J	N	J
Dauer kleiner als 1 Jahr	J	J	J	N	J	J	J	N	J	N
EG-Land	J	N	J	N	N	J	N	J	J	N
Zulageart :	-	1200	-	1200	-	-	-	900	-	-
Dienstwagen					X	X		X		
Anderes	X	X		X		X	X		X	X

Dieses Beispiel bietet im Grunde nichts Neues. Es ist ein Anwendungsbeispiel für eine senkrechte Textausrichtung in den Zellen.

Der Schrägstrich im ersten Feld wurde mit der Zeichnenleiste erstellt und die Beschriftung ober- und unterhalb des Striches in unsichtbare Textfelder eingegeben. Alle anderen Texte und Rahmen wurden in die Zellen das fein eingestellten Gitternetzes eingetragen.

Bei den Spiegelstrichen in der drittletzten Zeile müssen Sie beachten, daß diese von Excel als Beginn einer Rechenoperation interpretiert werden, um dies zu vermeiden, muß ein Apostroph davor gesetzt werden.

Grundkomponenten eines Informationsverarbeitungsgsystems

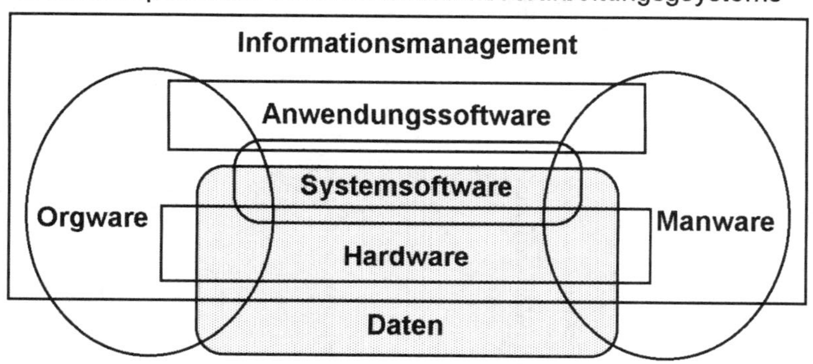

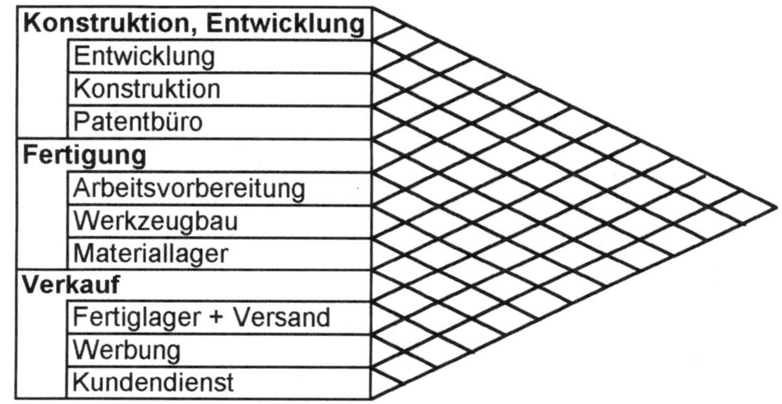

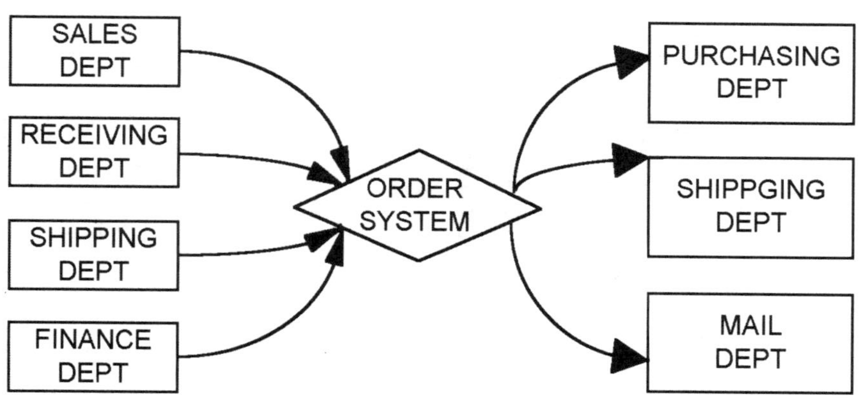

Gruppe / Geh.-Art	R7	R8	R9	R10	R11	R12	R13	R14	R15	R16
Jahresbrutto > 120 Tsd.	J	J	N	J	J	J	N	J	J	J
Abteilungs-leiter	J	J	J	J	N	J	J	J	N	J
Dauer kleiner als 1 Jahr	J	J	J	N	J	J	J	N	J	N
EG-Land	J	N	J	N	N	J	N	J	J	N
Zulageart :	-	1200	-	1200	-	-	-	900	-	-
Dienstwagen					X	X		X		
Anderes	X	X		X		X	X		X	X

ANWENDUNGS-BEISPIELE

Anwendungsbeispiel 7 :

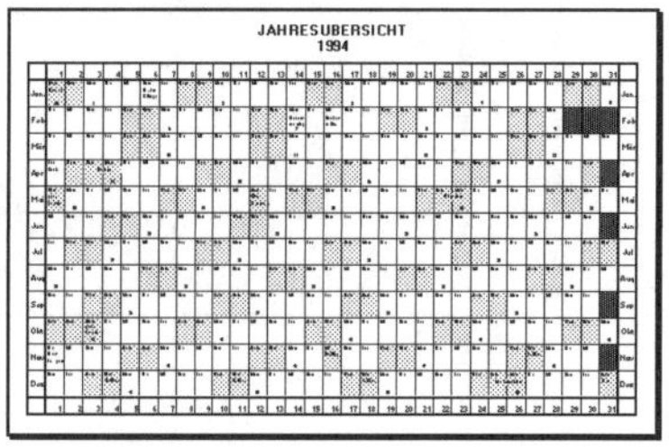

Für den Terminkalender wurden Zeilenhöhen und Spaltenbreiten entsprechend fein eingestellt und die Zellen mit Rahmen versehen.
Ziffern und Wochentage wurden in die Zellen eingegeben und als Zahlenreihe erweitert.
Feiertage und Kalenderwochen wurden in unsichtbare Textfelder eingetragen und jeweils mit der Drag&Drop-Funktion bei gedrückter Shift-Taste kopiert.

☞ Wenn Sie den Terminkalender für das nächste Jahr überarbeiten möchten, geben Sie je Monat einen neuen Starttag ein und erweitern diesen Wert als Zahlenreihe bis zum Monatsende. Leider wird beim Kopieren mit der Autofill-Funktion auch das Muster aus der Startzelle in alle weiteren Zellen kopiert, so daß Sie die Sonn- und Feiertage nachträglich neu schraffieren müssen. Damit nicht auch noch die Textfelder der ersten Zelle in die anderen Zellen kopiert werden, sollten Sie im Menü *EXTRAS / OPTIONEN / BEARBEITEN* die Option *Objekte mit Zellen kopieren, ausschneiden oder sortieren* während des Vorgangs ausschalten.

Anwendungsbeispiel 8 :

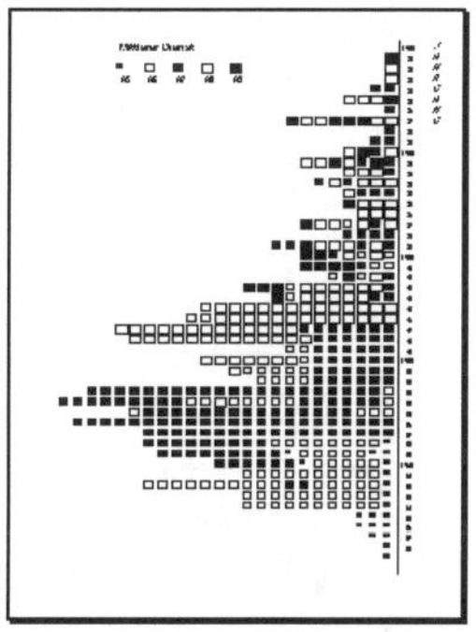

In diesem Beispiel wurde wieder zunächst ein feinkariertes Raster eingestellt. Dann wurden drei unterschiedlich große Kästchen erstellt und die beiden größeren Kästchen jeweils kopiert und mit der Farbe schwarz gefüllt, so daß schließlich die fünf Grundformen vorhanden waren. Diese Grundformen wurden mit der Drag&Drop-Funktion an die jeweilen Positionen kopiert und mit der Alt-Taste in das Gitternetz eingepaßt.

Die Jahreszahlen wurden direkt in die Zellen eingegeben und als Zahlenreihe erweitert. Da die Spalte zu schmal war, um die voll ausgeschriebenen Jahreszahlen anzuzeigen und infolgedessen nur Lattenzäune ### in den entsprechenden Zellen angezeigt worden wären, wurde vor diesen Zahlen jeweils ein Apostroph eingegeben, so daß Excel die Eingaben als Text interpretierte.
Der Text 'Jahrgang' wurde mit senkrechter Ausrichtung in ein unsichtbares Textfeld eingegeben.

JAHRESÜBERSICHT
1994

	1	2	3	4	5	6	7	8	9	10	11	12	13	14	15	16
Jan.	Sam Neujah 52	Son	Mon 1	Die	Mit	Don Hl. drei Könige	Fre	Sam	Son	Mon 2	Die	Mit	Don	Fre	Sam	Son
Feb	Die	Mit	Don	Fre	Sam	Son	Mon 6	Die	Mit	Don	Fre	Sam	Son	Mon Rosen-montag 7	Die	Mit Ascher-mittw.
Mär	Die	Mit	Don	Fre	Sam	Son	Mon 10	Die	Mit	Don	Fre	Sam	Son	Mon 11	Die	Mit
Apr	Fre Karfr.	Sam	Son Ostern	Mon 14	Die	Mit	Don	Fre	Sam	Son	Mon 15	Die	Mit	Don	Fre	Sam
Mai	Son ges. Feiert.	Mon 18	Die	Mit	Don	Fre	Sam	Son	Mon 19	Die	Mit	Don Chr. Himmelf.	Fre	Sam	Son	Mon 20
Jun	Mit	Don	Fre	Sam	Son	Mon 23	Die	Mit	Don	Fre	Sam	Son	Mon 24	Die	Mit	Don
Jul	Fre	Sam	Son	Mon 27	Die	Mit	Don	Fre	Sam	Son	Mon 28	Die	Mit	Don	Fre	Sam
Aug	Mon 31	Die	Mit	Don	Fre	Sam	Son	Mon 32	Die	Mit	Don	Fre	Sam	Son	Mon 33	Die
Sep	Don	Fre	Sam	Son	Mon 36	Die	Mit	Don	Fre	Sam	Son	Mon 37	Die	Mit	Don	Fre
Okt	Sam	Son	Mon ges. Feiert. 40	Die	Mit	Don	Fre	Sam	Son	Mon 41	Die	Mit	Don	Fre	Sam	Son
Nov	Die Aller-heiligen	Mit	Don	Fre	Sam	Son	Mon 45	Die	Mit	Don	Fre	Sam	Son	Mon 46	Die	Mit Bußtag
Dez	Don	Fre	Sam	Son 2. Adv.	Mon 49	Die	Mit	Don	Fre	Sam	Son 3. Adv.	Mon 50	Die	Mit	Don	Fre
	1	2	3	4	5	6	7	8	9	10	11	12	13	14	15	16

	17	18	19	20	21	22	23	24	25	26	27	28	29	30	31	
Jan.	Mon 3	Die	Mit	Don	Fre	Sam	Son	Mon 4	Die	Mit	Don	Fre	Sam	Son	Mon 5	Jan.
Feb	Don	Fre	Sam	Son	Mon 8	Die	Mit	Don	Fre	Sam	Son	Mon 9				Feb
Mär	Don	Fre	Sam	Son	Mon 12	Die	Mit	Don	Fre	Sam	Son	Mon 13	Die	Mit	Don	Mär
Apr	Son	Mon 16	Die	Mit	Don	Fre	Sam	Son	Mon 17	Die	Mit	Don	Fre	Sam		Apr
Mai	Die	Mit	Don	Fre	Sam	Son Pfingsten	Mon 21	Die	Mit	Don	Fre	Sam	Son	Mon 22	Die	Mai
Jun	Fre	Sam	Son	Mon 25	Die	Mit	Don	Fre	Sam	Son	Mon 26	Die	Mit	Don		Jun
Jul	Son	Mon 29	Die	Mit	Don	Fre	Sam	Son	Mon 30	Die	Mit	Don	Fre	Sam	Son	Jul
Aug	Mit	Don	Fre	Sam	Son	Mon 34	Die	Mit	Don	Fre	Sam	Son	Mon 35	Die	Mit	Aug
Sep	Sam	Son	Mon 38	Die	Mit	Don	Fre	Sam	Son	Mon 39	Die	Mit	Don	Fre		Sep
Okt	Mon 42	Die	Mit	Don	Fre	Sam	Son	Mon 43	Die	Mit	Don	Fre	Sam	Son	Mon 44	Okt
Nov	Don	Fre	Sam	Son	Mon 47	Die	Mit	Don	Fre	Sam	Son 1. Adv.	Mon 48	Die	Mit		Nov
Dez	Sam	Son 4. Adv.	Mon 51	Die	Mit	Don	Fre	Sam	Son Weihnachten	Mon 52	Die	Mit	Don	Fre	Sam Silv.	Dez
	17	18	19	20	21	22	23	24	25	26	27	28	29	30	31	

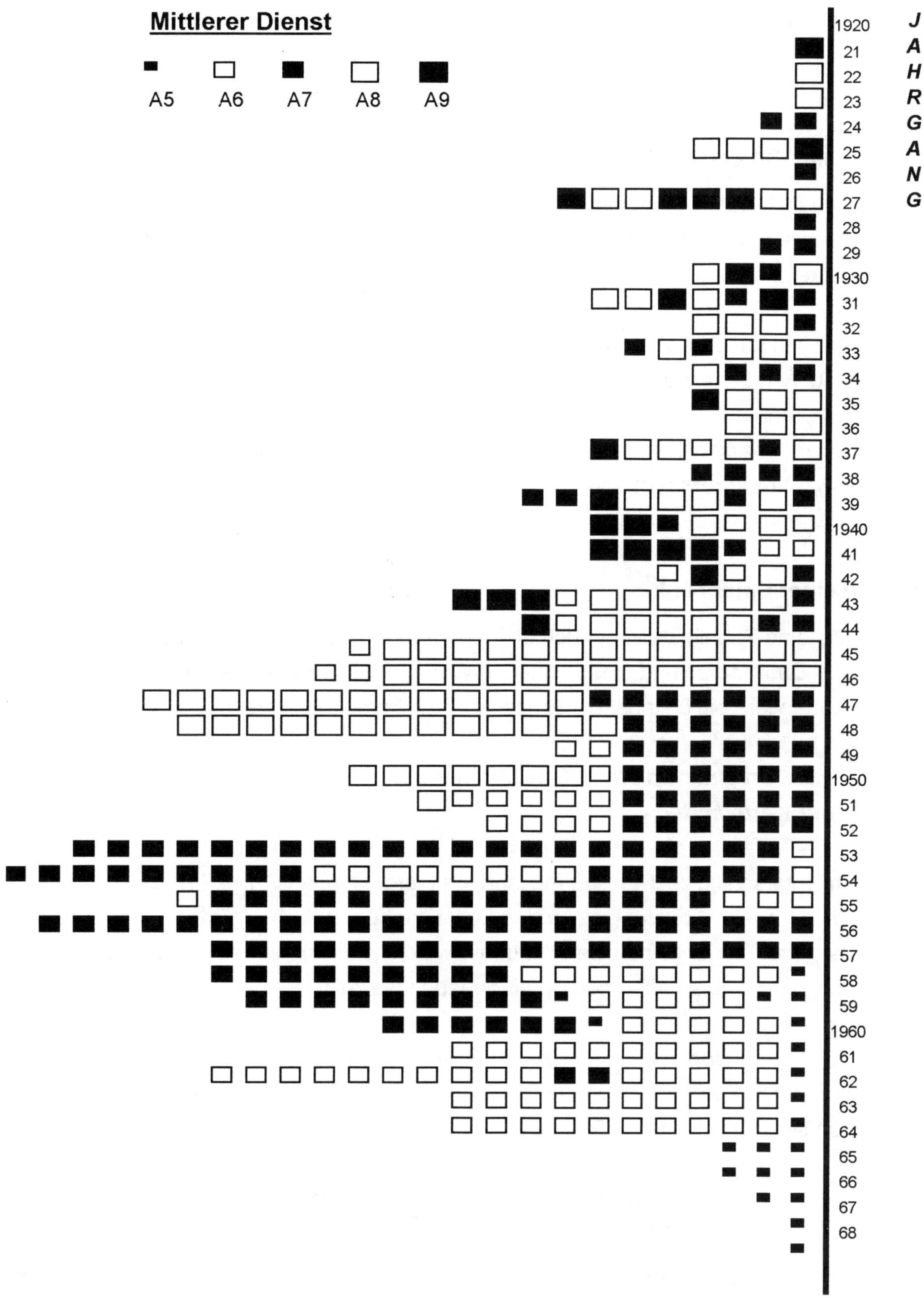

Mittlerer Dienst
A5
A6
A7
A8
A9
1920
21
22
23
24
25
26
27
28
29
1930
31
32
33
34
35
36
37
38
39
1940
41
42
43
44
45
46
47
48
49
1950
51
52
53
54
55
56
57
58
59
1960
61
62
63
64
65
66
67
68
JAHRGANG

THEORETISCHE GRUNDLAGEN

DIE DATENBANK

Was ist eine Datenbank ?

Eine Datenbank dient der Verwaltung größerer Datenmengen. Sie hat die gleiche Funktion wie ein ***Karteikasten*** und verwaltet in alphabetischer Reihenfolge z.B. Adressen, Artikel, Lagerbestände, Zugverbindungen usw. .

Mit Hilfe von Abfragen wird ein schneller Zugriff auf bestimmte Daten ermöglicht. Sie brauchen Excel nur mitteilen, wonach es suchen soll, und schon listet es die gewünschten Daten auf - z.B. die komplette Anschrift von Max Müller oder alle Kunden aus Hannover oder oder den Preis eines bestimmten Artikels oder die Abfahrtszeit eines Zuges usw. ***Auskunftssysteme*** arbeiten i.d.R. mit Datenbanken.

Aufbau einer Datenbank :

Wie eine Tabelle besteht auch eine Datenbank aus Zeilen und Spalten. Die ***Zeilen*** heißen ***Datensätze*** und entsprechen jeweils einer ***Karteikarte*** - in einer Adreßdatenbank (Abb.) wäre ein Datensatz z.B. jeweils eine komplette Adresse.

Die ***Zellen einer Spalte*** heißen ***Datenfelder*** und entsprechen jeweils einem ***Eintrag auf einer Karteikarte***.

Im Unterschied zu Tabellen müssen in einer Datenbank *in allen Zellen (Datenfeldern) einer Spalte* gleichartige Daten stehen, z.B. *nur* Orte, *nur* Vornamen usw. Es dürfen daher keine Überschriften, Zwischensummen oder eine Leerzeilen zwischen den Datensätzen oder -feldern eingegeben werden!

Für die Daten jeder Spalte muß eine Überschrift vergeben werden, der ***Feldname***. Die Feldnamen werden in das erste Datenfeld jeder Spalte eingetragen und stehen somit in der ersten Zeile der Datenbank.

	A	B	C	D	E	
1	**Name**	**Vorname**	**PLZ**	**Ort**	**Straße**	← *Feldnamen*
2	Müller	Rita	30300	Hannover	Querstraße 12	*Datensätze*
3	Meier	Ernst	40330	Hamburg	Am Wall 3	
4	Bauer	Karl	30494	Hannover	Burgstraße 6	

Datenfelder

THEORETISCHE GRUNDLAGEN

Insgesamt kann eine Datenbank ***16384 Datensätze*** und ***je Datensatz maximal 256 unterschiedliche Datenfelder*** enthalten.

In einer Adress-Datenbank könnten demnach 16384 unterschiedliche Adressen gespeichert werden. Jede Adresse könnte sich aus 256 unterschiedlichen Daten (Name, Ort, Postleitzahl usw.) zusammensetzen.

Erstellung einer Datenbank :

Es gibt zwei Möglichkeiten, eine Datenbank zu erstellen :

- Jede Excel-Tabelle, die die o.g. Kritieren erfüllt (Feldüberschriften in der ersten Zeile, gleichartige Daten in allen Datenfeldern einer Spalte), wird von Excel automatisch als Datenbank erkannt, sobald eine beliebige Zelle der Tabelle aktiviert wird. Mit anderen Worten: Sie können die ***Daten wie gewohnt ins Tabellenblatt eingeben***.

  Das Tabellenblatt darf neben der Datenbank-Tabelle weitere Daten wie Texte, Berechnungen usw. enthalten, wenn diese durch mindestens eine Leerzeile bzw. Leerspalte von der Datenbank-Tabelle getrennt sind.

- Als Arbeitserleichertung bei der Erstellung von Datenbanken stellt Excel eine ***Eingabemaske*** zur Verfügung :

  Wenn Sie mit dieser Maske arbeiten möchten, geben Sie im Tabellenblatt lediglich die erste Zeile der Datenbank - also die Feldnamen - ein und aktivieren die Maske. Excel stellt in der Maske zu jedem Feldnamen ein Eingabefeld zur Verfügung, in das die Daten eingegeben werden können. Sind alle Datenfelder der Maske gefüllt, ist der erste Datensatz komplett und wird in die Datenbank eingetragen. Excel zeigt wieder eine leere Maske an, in die der nächste Datensatz eingegeben werden kann.

Sie müssen sich zwischen beiden Eingabearten nicht ein für alle Mal entscheiden, sondern können die Datenbank auch nachträglich wahlweise mit Hilfe der Eingabemaske oder direkt im Tabellenblatt ergänzen.

THEORETISCHE GRUNDLAGEN

Was Sie bei der Erstellung einer Datenbank beachten sollten :

- Jeder Feldname sollte eindeutig sein, d.h. nur einmal in der Datenbank vergeben werden.

- Grundsätzlich sollten alle Daten jeweils in *separate* Datenfelder eingegeben werden.

  Z.B. ist es nicht sinnvoll, Postleitzahl und Ort in das *gleiche* Datenfeld einzugeben, da Excel dadurch die Möglichkeit genommen wird, *getrennt* nach Postleitzahlen und Orten zu suchen. Es wäre beispielsweise nicht möglich, alle Postleitzahlen anzuzeigen, die größer als 30000 sind (PLZ > 30000), da der Vergleichsoperator > nicht auf eine Zelle angewandt werden kann, die auch Text enthält.

  Eine Ausnahme wurde im Beispiel bei Straße und Hausnummer gemacht, da es i.d.R. wenig Sinn macht, nach einer Hausnummer ohne Straßenbezeichnung zu suchen.

- Berechnet sich ein Datenfeld aus anderen Datenfeldern der Datenbank, so sollten die entsprechenden Formeln oder Funktionen *vor* Aufruf der Eingabemaske in die Tabelle eingetragen werden.

  Excel zeigt dann in der Maske für die berechneten Felder anstelle eines Eingabefeldes das Ergebnis der Berechnung an. Dadurch wird vermieden, daß das Ergebnis einer Berechnung durch eine möglicherweise falsche Eingabe überschrieben werden kann.

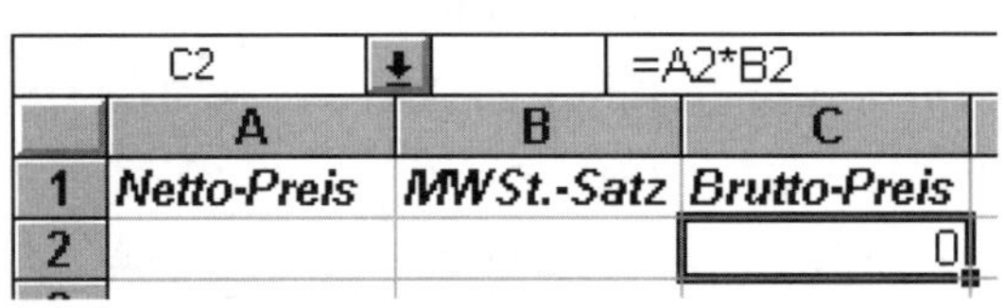

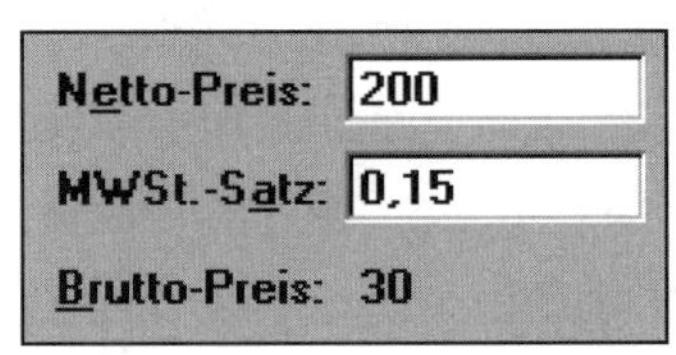

Im Beispiel wurden in einer Artikeldatenbank die Datenfelder *Nettopreis*, *Mehrwertsteuersatz* und *Bruttopreis* angelegt. Der Bruttopreis berechnet sich aus den beiden erstgenannten Feldern.

EXCEL ÜBUNGEN

ÜBUNG 43

Datenbank erstellen

1. **Legen Sie eine Kunden-Datenbank an :**

Öffnen Sie eine neue Tabelle und geben Sie in der ersten Zeile die folgenden Feldnamen ein :

	A	B	C	D	E	F
1	*Kd-Nr*	*Name*	*Vorname*	*Straße*	*PLZ*	*Ort*

Die weiteren Daten, also die Adressen, können nun entweder wie gewohnt in die Zellen des Tabellenblattes *oder* in eine Eingabemaske eingegeben werden. Da die erste Möglichkeit nichts Neues bietet, gehen wir im folgenden den zweiten Weg.

2. **Aktivieren Sie die Eingabemaske :**

Setzen Sie die Markierung auf einen beliebigen Feldnamen und aktivieren Sie den Befehl ***DATEN*** / *MASKE*. Excel fragt, ob die erste Zeile als Kopfzeile verwendet werden soll. Sobald Sie mit *OK* bestätigen, wird folgende Maske erstellt:

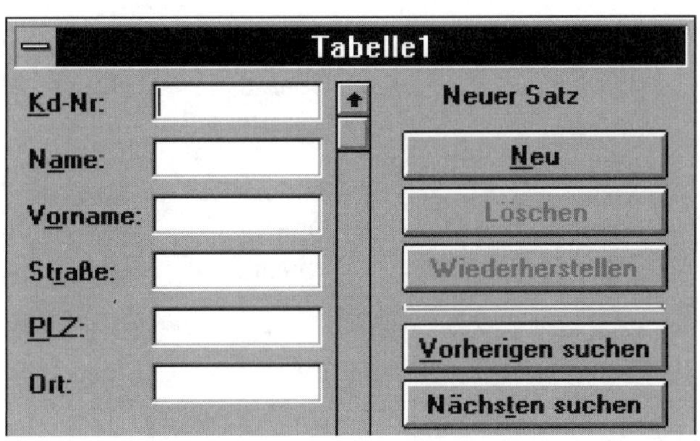

Der Textcursor steht zu Beginn im ersten Eingabefeld. Tippen Sie Satz für Satz die Daten aus der unteren Abbildung auf der folgenden Seite in die Eingabefelder ein - die Ta-

EXCEL ÜBUNGEN

bulator-Taste bewegt den Cursor jeweils in das nächste Eingabefeld. Haben Sie den ersten Satz komplett eingetragen, bestätigen Sie mit Return (oder aktivieren die Schaltfläche ***NEU***), der Datensatz wird dann in die Datenbanktabelle eingetragen und eine neue leere Maske zur Eingabe des nächsten Satzes zur Verfügung gestellt.

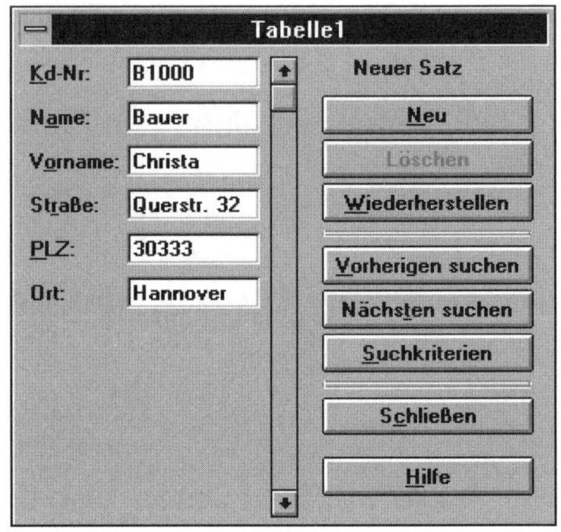

Haben Sie sich vertippt, klicken Sie mit der Maus in das entsprechende Eingabefeld und korrigieren die Eingabe.

Haben Sie die Returntaste zu früh betätigt, obwohl der Satz noch nicht komplett eingegeben wurde, können Sie mit der Schaltfläche ***VORHERIGEN SUCHEN*** wieder zurückblättern und den Satz vervollständigen.

Möchten Sie in der Datenbank vorwärts blättern, betätigen Sie die Schaltfläche ***NÄCHSTEN SUCHEN***.

Alternativ können Sie mit den Bildlaufleisten blättern. Schieben Sie den Schieberegler ganz nach oben, wird der erste Datensatz angezeigt, schieben Sie ihn ganz nach unten, sehen Sie den letzten Satz der Datenbank.

Kd-Nr	*Name*	*Vorname*	*Straße*	*PLZ*	*Ort*
B1000	Bauer	Christa	Querstr. 32	30333	Hannover
D1000	Meier	Erna	Talstr. 7	30444	Hannover
E3000	Hinz	Heinrich	Am Kai 19	77777	Rosenheim
C1000	Müller	Egon	Mondstr. 8	80800	München
B2000	Schirmer	Karla	Domweg 9	30700	Hannover
D2000	Bauer	Karl	Maistr. 20	80337	München

Sobald Sie alle Datensätze eingetragen haben, schließen Sie das Dialogfenster mit der Schaltfläche ***SCHLIESSEN***.

EXCEL ÜBUNGEN

ÜBUNG 44

Datenbank ändern

1. Daten ändern :

Setzen Sie die Markierung in eine beliebige Zelle der Datenbank und aktivieren Sie ***DATEN*** / *MASKE*. Der erste Datensatz aus der Datenbank wird angezeigt.
Blättern Sie mit der Schaltfläche ***NÄCHSTEN SUCHEN*** weiter bis zum dritten Datensatz - die aktuelle Datensatznummer und die Gesamtanzahl der Datensätze werden in der rechten oberen Ecke der Maske angezeigt - und ändern Sie die Hausnummer ***19*** in ***18*** um.
Solange Sie noch nicht mit Return bestätigt haben, können *alle* Änderungen des aktuellen Datensatzes mit der Schaltfläche ***WIEDERHERSTELLEN*** rückgängig gemacht werden. Bestätigen Sie mit Return, um die Änderung zu übernehmen und blättern Sie zwei Sätze weiter.

Ändern Sie ***Schirmer*** in ***Schirm*** um.

Alternativ hätten Sie die Änderungen auch direkt in den Zellen des Tabellenblattes ausführen können!

2. Neue Datensätze hinzufügen :

Betätigen Sie die Schaltfläche ***NEU***. Eine leere Eingabemaske erscheint. Geben Sie die folgenden Daten ein und bestätigen Sie anschließend mit Return.

E1000	Thal	Otto	Waldweg 5	70733	Weindorf

Der Datensatz wird am Ende der Datenbank eingefügt. Wie immer hätten Sie den Datensatz auch direkt im Tabellenblatt eingeben können.

3. Datensätze löschen :

Blättern Sie zurück bis zum dritten Datensatz. Löschen Sie den Satz, indem Sie die Schaltfläche ***LÖSCHEN*** aktivieren. Eine Warnung erscheint, da ein einmal gelöschter

EXCEL ÜBUNGEN

Datensatz nicht wiederhergestellt werden kann. Bestätigen Sie mit *OK* und verlassen Sie die Maske wieder. Sie hätten den Datensatz auch direkt in der Tabelle löschen können, indem Sie die Zellen entfernen (nicht lediglich die Zellinhalte!).

4. Neue Datenfelder hinzufügen :

Die neuen Datenfelder ***Rechnung***, ***Gutschrift***, ***Saldo*** und ***Bonus*** sollen hinzugefügt werden. Geben Sie die Feldnamen ein wie in der Abbildung.

Der Inhalt des Feldes Saldo berechnet sich aus der Differenz zwischen Rechnung und Gutschrift. Damit Sie die Ergebnisse nicht selbst ausrechnen und in die Maske eintragen müssen, geben Sie in die Zelle ***I2*** die Formel `=G2-H2` ein und kopieren sie in die darunterliegenden Zellen der Spalte.

I2 | =H2-G2

	A	B	C	D	E	F	G	H	I	J
1	*Kd-Nr*	*Name*	*Vorname*	*Straße*	*PLZ*	*Ort*	*Rechnung*	*Gutschrift*	*Saldo*	*Bonus*
2	B1000	Bauer	Christa	Querstr. 32	30333	Hannover			0	

Aktivieren Sie die Eingabemaske (zuvor wieder nur *eine* Zelle der Datenbank aktivieren!) - die neuen Datenfelder werden angezeigt, das Feld Saldo nicht als Eingabefeld, sondern nur als Ergebnis der eingegebenen Formel.

Ergänzen Sie die Datensätze wie in der nachfolgenden Abbildung, indem Sie den Cursor in das erste neue Eingabefeld setzen, den Wert eintippen, jeweils mit der Tabulatortaste zum nächsten Eingabefeld weiterspringen und den komplett ausgefüllten Satz schließlich mit Return bestätigen, damit der nächste Datensatz angezeigt wird und ergänzt werden kann. Denken Sie daran, daß Sie den Saldo jeweils nicht eingeben müssen, er wird nach der vorhin in die Tabellenzellen eingegebenen Formel automatisch berechnet!

Kd-Nr	*Name*	*Vorname*	*Straße*	*PLZ*	*Ort*	*Rechnung*	*Gutschrift*	*Saldo*	*Bonus*
B1000	Bauer	Christa	Querstr. 32	30333	Hannover	150	50	-100	0
D1000	Meier	Erna	Talstr. 7	30444	Hannover	500	0	-500	10
C1000	Müller	Egon	Mondstr. 8	80800	München	650	0	-650	20
B2000	Schirm	Karla	Domweg 9	30700	Hannover	220	100	-120	0
D2000	Bauer	Karl	Maistr. 20	80337	München	270	300	30	100
E1000	Thal	Otto	Waldweg 5	70733	Weindorf	43	0	-43	20

EXCEL ÜBUNGEN

Sie hätten die Eingabe natürlich auch wieder im Tabellenblatt vornehmen können, was ggf. sogar schneller geht - aber Sie sollen ja *alle* Möglichkeiten kennenlernen.

5. Reihenfolge der Eingabefelder ändern :

Angenommen, Sie möchten, daß das Eingabefeld ***Straße*** in der Datenmaske jeweils *nach* dem Eingabefeld ***Ort*** angezeigt wird.

Diese Änderung nehmen Sie mit bekannten Mitteln direkt im Tabellenblatt vor. Erinnern Sie sich, wie Sie eine Spalte mit der Drag&Drop-Funktion *zwischen* zwei andere Spalten schieben können? Sie müssen beim Verschieben die Shift-Taste gedrückt halten!
Markieren Sie die zu verschiebende Spalte ***D*** und ziehen Sie sie bei gedrückter Shift-Taste (ohne die Steuerung-Taste zu drücken - es soll ja verschoben und nicht kopiert werden) zwischen die Spalten ***F*** und ***G***. Sobald Sie die Maustaste loslassen, wird die Spalte ***D*** an der neuen Position eingefügt.

	A	B	C	D	E	F	G	H	I
1	***Kd-Nr***	***Name***	***Vorname***	***Straße***	***PLZ***	***Ort***	***Rechnung***	***Gutschrift***	***Saldo***
2	B1000	Bauer	Christa	Querstr. 32	30333	Hannover	150	50	-100
3	D1000	Meier	Erna	Talstr. 7	30444	Hannover	500	0	-500
4	C1000	Müller	Egon	Mondstr. 8	80800	München	650	0	-650
5	B2000	Schirm	Karla	Domweg 9	30700	Hannover	220	100	-120
6	D2000	Bauer	Karl	Maistr. 20	80337	München	270	300	30
7	E1000	Thal	Otto	Waldweg 5	70733	Weindorf	43	0	-43

Aktivieren Sie nun die Maske - auch dort wurden die Eingabefelder vertauscht.

Statt die Drag&Drop-Funktion zu verwenden, hätten Sie die Spalte ***D*** auch ausschneiden, anschließend die Spalte ***G*** markieren und den Befehl ***EINFÜGEN*** / *AUSGESCHNITTENE ZELLEN* aktivieren können.

EXCEL ÜBUNGEN

ÜBUNG 45

Datensätze sortieren

1. **Sortieren Sie die Datensätze nach Name und Vorname :**

Setzen Sie den Cursor in eine beliebige Zelle der Datenbank - am sinnvollsten in ein Datenfeld der Spalte ***Name***, weil nach dem Namen sortiert werden soll - und aktivieren Sie den Befehl ***DATEN*** / *SORTIEREN*.

Im Eingabefeld ***Sortieren nach*** wurde der Feldname ***Name*** automatisch eingetragen. Würden Sie nun bestätigen, so würden alle Zeilen der Tabelle nach den Nachnamen sortiert. Findet Excel zwei gleiche Nachnamen, so werden Sie in der Reihenfolge, in der sie eingegeben wurden, hintereinander aufgelistet.

Im Eingabfeld ***Anschließend nach*** haben Sie deshalb die Möglichkeit, ein zweites Sortierkriterium anzugeben, nach dem sortiert werden soll, wenn zu dem ersten Sortierkriterium mehrere gleiche Datensätze gefunden wurden. Klappen Sie das zugehörige Listenfeld auf und wählen Sie Vorname, damit die Datensätze mit gleichem Nachnamen zusätzlich nach den Vornamen sortiert werden.

Im nächsten Eingabefeld könnte noch ein drittes Sortierkriterium gewählt werden, nach dem zusätzlich sortiert werden soll, falls es mehrere Datensätze mit übereinstimmenden Nach- und Vornamen gibt. Wir wollen es aber dabei bewenden lassen - bestätigen Sie mit Return.

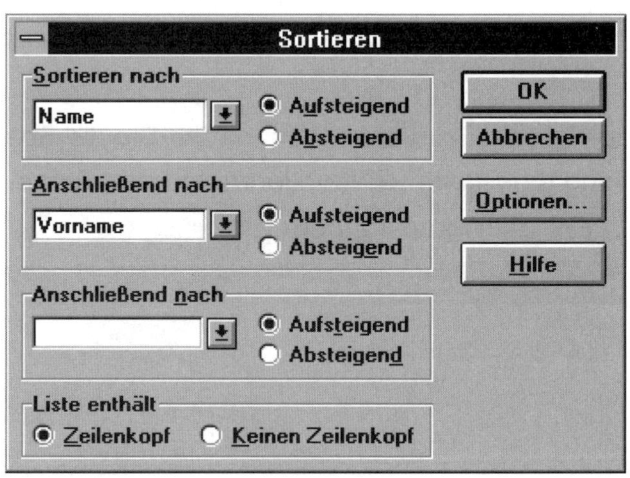

EXCEL ÜBUNGEN

Die Datensätze wurden in alphabetischer Reihenfolge aufsteigend, also von ***A - Z*** sortiert. Um absteigend von ***Z - A*** zu sortieren, hätten Sie im Dialogfeld die entsprechende Option wählen müssen.

Möchten Sie nur einige Datensätze einer Tabelle sortieren, können Sie diese vor Aufruf des Sortierbefehls markieren.

Sortiert werden kann *jede beliebige* Tabelle, nicht nur Tabellen, mit denen als Datenbank gearbeitet wird. I.d.R. erkennt Excel, ob eine Datenliste einen Zeilenkopf (Feldnamen) enthält oder nicht und aktiviert automatisch die entsprechende Option im Feld ***Liste enthält***. Wird hier die Option ***Keinen Zeilenkopf*** aktiviert, obwohl die Tabelle einen Zeilenkopf enthält, werden die Feldnamen unsinnigerweise mit umsortiert.

Enthält eine Tabelle *keinen* Zeilenkopf (d.h. keine Feldnamen), so können in den Listenfeldern der Sortiermaske keine Feldnamen aufgelistet werden - stattdessen zeigt Excel dann ***Spalte1***, ***Spalte2*** usw. an und Sie können auswählen, nach welcher Spalte Sie sortieren möchten.

Mit der Schaltfläche ***OPTIONEN*** kann folgendes Dialogfeld aufgerufen werden. Die hier eingestellten Optionen bleiben solange aktiv, bis sie wieder geändert werden !

Sie können hier zusätzlich bestimmen, ob die Groß-/ und Kleinschreibung beim Sortieren beachtet werden soll - in diesem Fall werden die Kleinbuchstaben am Ende aufgelistet und ob nach Zeilen oder nach Spalten sortiert werden soll. Letzteres wäre bei einer Tabelle sinnvoll, bei der die Überschriften zu den Daten nicht in der oberen Zeile sondern in der linken Spalte eingetragen sind.

EXCEL ÜBUNGEN

Eine Option aus dem Listenfeld ***Benutzerdefinierte Sortierreihenfolge*** benötigen Sie, um Wochentage oder Datumswerte zu sortieren. Während in alphabetischer Reihenfolge Februar *vor* Januar kommt, würde bei Auswahl der Option ***Januar, Februar...*** der Monat Februar *nach* dem Monat Januar einsortiert.

2. Verwendung der Sortiersymbole :

Sofern Sie nicht *mehrere* Sortierkriterien benötigen, können Sie auch mit den Symbolen  und  aus der Standard-Symbolleiste auf- bzw. absteigend sortieren. Um aufsteigend nach Orten zu sortieren, setzen Sie die Markierung beispielsweise auf einen beliebigen Ort in der Tabelle und aktivieren das Symbol . Probieren Sie es aus!

Beim Sortieren mit den Symbolen werden die zuletzt eingestellten Optionen aus dem Menü *SORTIEREN* beachtet!

THEORETISCHE GRUNDLAGEN

Suche nach bestimmten Datensätzen

Suchkriterien :

Möchten Sie nach bestimmten Datensätzen suchen, müssen Sie Excel die ***Suchkriterien*** mitteilen.

Möchten Sie beispielsweise alle Kunden aus München suchen, so müssen Sie Excel mitteilen, daß es im ***Datenfeld Ort*** nach dem ***Suchkriterium München*** suchen soll. Excel zeigt nach erfolgreicher Suche den ersten Datensatz an, auf den das Suchkriterium zutrifft, also den ersten Datensatz, bei dem im Datenfeld ***Ort*** der Text 'München' eingetragen ist. Enthält die Datenbank mehrere Sätze, auf die das Suchkriterium zutrifft, können auch diese Sätze noch angezeigt werden.

Eingegeben werden die Suchkriterien in die Suchkriterienmaske. Sie wird mit der Schaltfläche ***SUCHKRITERIEN*** im Menü ***DATEN*** / *MASKE* aufgerufen und sieht genauso aus, wie die bereits bekannte Eingabemaske.

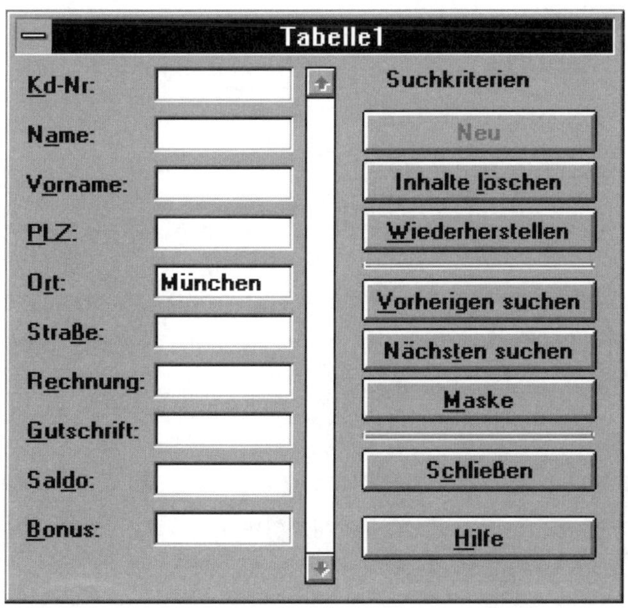

Während in die *Eingabemaske* eingetragene Daten nach Bestätigung mit Return *in die Datenbank übertragen* werden, wird nach einem Return in der *Suchkriterienmaske die Suche* nach den eingegebenen Suchkriterien *gestartet*, und zwar ab dem aktuellen (in der Maske angezeigten) Datensatz.

THEORETISCHE GRUNDLAGEN

In der Suchkriterienmaske sind lediglich zwei Schaltflächen anders als in der Eingabemaske :

Die Schaltfläche ***LÖSCHEN*** ist durch ***INHALTE LÖSCHEN*** ersetzt worden, die Schaltfläche ***SUCHKRITERIEN*** durch die Schaltfläche ***MASKE***. Mit ***INHALTE LÖSCHEN*** können Sie die eingetragenen Suchkriterien wieder aus der Maske entfernen.

Mit den Schaltflächen ***SUCHKRITERIEN*** und ***MASKE*** können Sie zwischen Suchkriterien- und Eingabemaske hin- und herschalten.

Zulässige Suchkriterien :

Unterschieden werden muß zwischen der Suche nach Texten oder Zahlen.

Suche nach Texten :

- Für die Suche nach Texten genügt es grundsätzlich den oder die Anfangsbuchstaben als Suchkriterium angeben. Geben Sie z.B. im Datenfeld ***Ort*** ein ***M*** ein, so werden beispielsweise Datensätze mit den Orten ***Mainz***, ***München***, ***Mannheim*** usw. gefunden.

  Geben Sie die Anfangsbuchstaben ***Ma*** ein, so werden nur noch Datensätze mit den Orten ***Mainz*** und ***Mannheim*** angezeigt.

  Geben Sie ***Mannheim*** ein, so werden nur noch Datensätze mit dem Ort ***Mannheim*** gefunden, sofern die Datenbank keinen Ort enthält, der mit Mannheim beginnt und am Ende noch weitere Buchstaben hat.

- Soll Excel die genaue Übereinstimmung mit dem Suchkriterium überprüfen und nicht lediglich die Anfangsbuchstaben vergleichen, so müssen Sie dem Suchbegriff ein Gleichheitszeichen voranstellen.

  Beispiel: Angenommen, Sie möchten alle Sätze mit dem Ort Bern suchen und geben im Datenfeld ***Ort*** das Suchkriterium ***Bern*** ein. Sind in der Datenbank auch Sätze mit dem Ort ***Bernau*** enthalten, so werden diese ebenfalls angezeigt. Um dies zu vermeiden tragen Sie als Suchkriterium ***=Bern*** ein. Nun vergleicht Excel alle Buch-

THEORETISCHE GRUNDLAGEN

staben des Suchkriteriums mit den Einträgen in der Datenbank und zeigt nur Datensätze mit vollständiger Übereinstimmung, also *nur* noch Sätze mit dem Ort Bern an.

- Bei der Suche können auch die ***Joker* ?** und * eingesetzt werden. Das Fragezeichen steht stellvertretend für genau ein beliebiges Zeichen, der Stern für beliebig viele Zeichen.

  Bei der Suche nach dem Namen ***B??er*** werden z.B. alle Datensätze mit den Namen ***Bauer***, ***Beier***, ***Bayer*** usw. gefunden.

  Bei der Suche nach dem Namen ***B*er*** werden alle Datensätze mit den Namen ***Bauer***, ***Beier***, ***Bayer***, aber auch mit den Namen ***Braukmüller***, ***Ballwieser*** usw. gefunden.

- Zwischen Groß- und Kleinschreibung unterscheidet Excel bei der Eingabe der Suchkriterien nicht.

Suche nach Zahlen :

- Zahlen müssen immer *voll* ausgeschrieben werden. Geben Sie im Feld ***Rechnung*** z.B. die Ziffer ***1*** ein, so wird nicht etwa nach Rechnungsbeträgen gesucht, die mit der Ziffer ***1*** beginnen, sondern genau nach der Zahl ***1***.

- Joker dürfen bei der Suche nach Zahlen nicht eingesetzt werden, stattdessen stehen folgende Vergleichsoperatoren zur Verfügung :

=	gleich	<>	ungleich
>	größer	<	kleiner
>=	größer oder gleich	<=	kleiner oder gleich

Z.B. können Sie im Datenfeld ***Rechnung*** das Suchkriterium ***>100*** eintragen, damit Excel alle Datensätze mit einem Rechnungsbetrag sucht, der größer als 100 ist. Oder Sie geben im Feld ***Gutschrift*** das Suchkriterium ***<> 0*** an, um alle Sätze zu finden, deren Gutschriftbetrag nicht Null ist.
Wird eine Zahl *ohne* Operator eingegeben, so hat dies dieselbe Wirkung, als wäre sie mit einem vorangestelltem Gleichheitszeichen eingegeben worden.

THEORETISCHE GRUNDLAGEN

Ob Text oder Zahlen - grundsätzlich gilt :

Werden in die Datenmaske *mehrere* Suchkriterien eingegeben, so werden nur die Datensätze angezeigt, auf die *alle* Suchkriterien zutreffen.

EXCEL ÜBUNGEN

ÜBUNG 46

Datensätze suchen

1. Suchen Sie alle Kunden aus Hannover,

also alle Datensätze, bei denen im Datenfeld ***Ort*** der Text 'Hannover' eingetragen ist.

Setzen Sie den Cursor in eine beliebige Zelle der Datenbank, rufen Sie die Maske im Menü ***DATEN*** auf und aktivieren Sie die Schaltfläche ***SUCHKRITERIEN***. Geben Sie in das Feld ***Ort*** das Suchkriterium **`Hannover`** ein.
Sobald Sie mit ***VORHERIGEN SUCHEN*** bestätigen, wird der erste Datensatz mit dem Ort Hannover angezeigt (wenn Sie mit Return bestätigen, wird leider meistens der zweite und nicht der erste gefundene Datensatz angezeigt, so daß Sie zurückblättern müssen - daher ist es ratsam, gleich die genannte Schaltfläche zu aktivieren).

Mit der Schaltfläche ***NÄCHSTEN SUCHEN*** können Sie jeweils den nächsten Datensatz mit dem Ort Hannover anzeigen lassen. Ist kein weiterer Datensatz vorhanden, auf den das Suchkriterium zutrifft, ertönt ein akkustisches Signal. Mit der Schaltfläche ***VORHERIGEN SUCHEN*** können Sie wieder zurückblättern.

2. Suchen Sie alle Kunden mit dem Namen *Bauer*, die in einem Ort mit einer Postleitzahl größer als *50000* wohnen :

Aktivieren Sie wieder die Schaltfläche ***SUCHKRITERIEN*** und entfernen Sie die alten

EXCEL ÜBUNGEN

Suchkriterien, indem Sie die Schaltfläche ***INHALTE LÖSCHEN*** anklicken. Geben Sie im Feld ***Name*** den Text **`Bauer`** und im Feld ***PLZ*** **`>50000`** ein. Starten Sie die Suche mit Return.

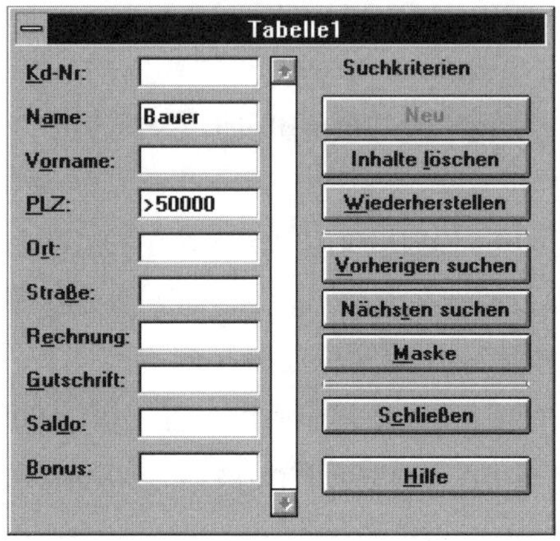

3. Suchen Sie alle Kunden, deren Kundennummer mit einem `B` beginnt :

Geben Sie als Suchkriterium im Feld **Kd-Nr** ein **`B`** ein. (Vergessen Sie nicht, vorher die alten Kriterien zu löschen, sonst werden diese bei der Suche mit berücksichtigt!)

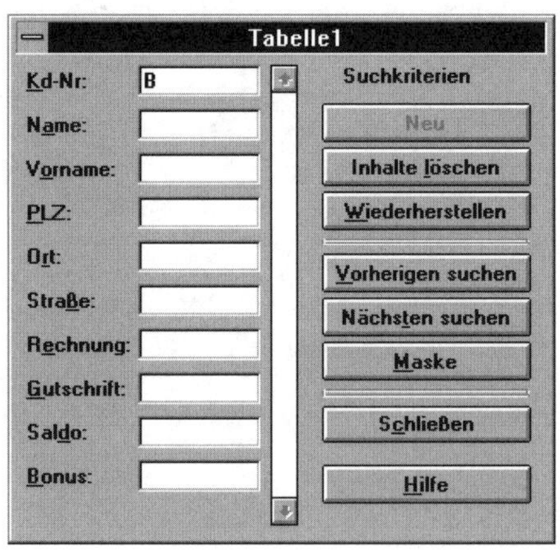

4. Suchen Sie alle Kunden, deren *Kundennummer* mit `B2` beginnt :

Tragen Sie als Suchkriterium im Feld ***Kd-Nr*** **`B2`** ein.

EXCEL ÜBUNGEN

5. **Suchen Sie alle Kunden aus Hannover, denen ein Betrag gutgeschrieben ist :**

Versuchen Sie es selbst (Lösung siehe Anhang) !

6. **Suchen Sie alle Kunden mit dem Vornamen Karl :**

Tragen Sie im Eingabefeld ***Vorname*** das Suchkriterium `=Karl` ein. Würden Sie den Vornamen Karl ohne Gleichheitszeichen eingeben, so würde Excel auch den Datensatz mit dem Vornamen Karla anzeigen!

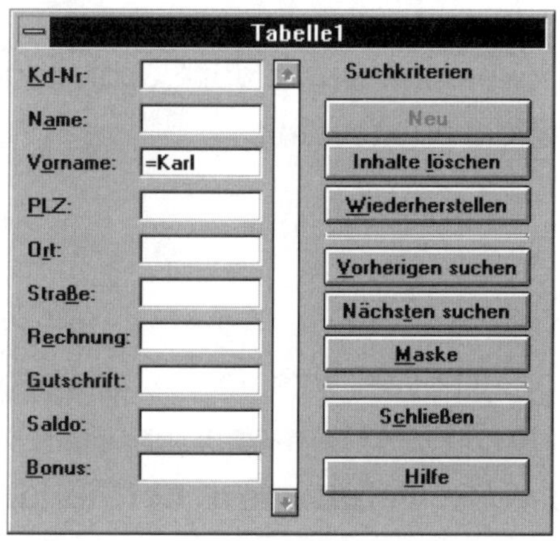

7. **Lassen Sie in der Maske wieder alle Sätze anzeigen :**

Nach erfolgter Suche zeigt Excel beim Blättern jeweils nur noch die Sätze an, auf die die Suchkritieren zutreffen. Um wieder alle Datensätze anzuzeigen, löschen Sie die Einträge in der Suchkritierienmaske und bestätigen mit Return. Nun können Sie wieder in allen Datensätzen blättern.

THEORETISCHE GRUNDLAGEN

DATENSÄTZE FILTERN

Was sind Filter ?

Wie in der vorigen Übung geht es wieder um die Suche nach bestimmten Datensätzen. Während in der Maske jeweils nur ein Datensatz angezeigt wurde und Sie, um den nächsten Satz zu sehen, jeweils weiterblättern mußten, bewirken Filter, daß *alle* Datensätze, auf die die Suchkriterien zutreffen, *zugleich* angezeigt werden.

Genauer gesagt, werden *die* Datensätze, auf die die Suchkriterien *nicht* zutreffen, aus der Datenbank herausgefiltert, d.h. nicht mehr angezeigt.

Die Suchkriterien für Filter werden nicht in der Suchkriterienmaske sondern direkt in der Datenbank in einem Listenfeld ausgewählt.

Zulässige Suchkriterien :

Bezüglich der Suchkriterien gilt alles, was bereits im vorigen Kapitel gesagt wurde, mit folgender Ausnahme: Texte müssen entweder *genau* oder mit den Jokern * oder **?** eingegeben werden. Geben Sie im Datenfeld ***Ort*** nur den Anfangsbuchstaben ***H*** ein, so sucht Excel nicht etwa - wie in der Maske - nach *allen* Orten die mit einem ***H*** beginnen, sondern nach Orten, die nur aus diesem einzigen Buchstaben bestehen. Um alle Orte mit dem Anfangsbuchstaben ***H*** zu finden, müssen Sie hier ***H**** eingeben.

Bei der Angabe *mehrerer* Suchkriterien können Sie zusätzlich wählen, ob die Suchkriterien mit einem logischen ***UND*** oder mit einem logischen ***ODER*** verknüpft werden sollen:
Angenommen Sie haben zwei Suchkriterien eingegeben.
Ein logisches ***ODER*** bedeutet nun, daß das eine ***oder*** das andere Suchkriterium erfüllt sein muß - also ein beliebiges der angegebenen Kriterien - damit ein Satz angezeigt wird.
Ein logisches ***UND*** hingegen bedeutet, daß das erste ***und*** das zweite Kriterium erfüllt sein muß - also *alle* angegebenen Kriterien - damit ein Datensatz angezeigt wird.

☞ In der Suchkriterienmaske (letzte Übung) besteht lediglich die Möglichkeit der *UND* - Verknüpfung !

EXCEL ÜBUNGEN

ÜBUNG 47

Autofilter

1. Lassen Sie alle Sätze mit dem Ort München anzeigen :

Setzen Sie den Cursor in eine beliebige Zelle der Datenbank und aktivieren Sie den Befehl ***DATEN*** / *FILTER* / ***AUTOFILTER***. Excel erstellt zu jedem Feldnamen ein Listenfeld zur Verfügung, in dem die Suchkriterien ausgewählt werden können. Klappen Sie das Listenfeld des Feldes ***Ort*** auf und wählen Sie ***München*** aus.

	A	B	C	D	E	F	G	H	I	J
1	Kd-N	Nam	Vornan	PL	Ort	Straße	Rechnur	Gutschr	Sald	Bon
2	B1000	Bauer	Christa	[illegible]	(Alle)	Querstr. 32	150	50	100	0
3	D1000	Meier	Erna	[illegible]	(Benutzerdefinie	Talstr. 7	500	0	500	10
					Hannover					
4	C1000	Müller	Egon	[illegible]	München	Mondstr. 8	650	0	650	20
5	B2000	Schirm	Karla	[illegible]	Weindorf	Domweg 9	220	100	120	0
6	D2000	Bauer	Karl	[illegible]	(Leere)	Maistr. 20	270	300	-30	100
					(Nichtleere)					
7	E1000	Thal	Otto	[illegible]	[illegible]	Waldweg 5	43	0	43	20

Alle Sätze mit einem anderen Ort als München werden ausgeblendet. An der blauen Kennzeichnung der Zeilenköpfe erkennen Sie, daß ein Filter aktiv ist. Das Listenfeld des aktiven Filters ist ebenfalls durch die Farbe Blau hervorgehoben.

	A	B	C	D	E	F	G	H	I	J
1	Kd-N	Nam	Vornan	PL	Ort	Straße	Rechnur	Gutschr	Sald	Bon
4	C1000	Müller	Egon	80800	München	Mondstr. 8	650	0	650	20
6	D2000	Bauer	Karl	80337	München	Maistr. 20	270	300	-30	100

2. Mehrfache Filter :

Filtern Sie *zusätzlich* alle Sätze mit dem Namen Bauer heraus, indem Sie im Listenfeld ***Name*** den Namen ***Bauer*** auswählen. Der erste Filter bleibt aktiv, zusätzlich wirkt der zweite Filter. Es werden alle Sätze angezeigt, bei denen im Feld ***Ort*** der Text ***München*** *und* im Feld ***Name*** der Text ***Bauer*** eingetragen ist (logisches UND).

	A	B	C	D	E	F	G	H	I	J
1	Kd-N	Nam	Vornan	PL	Ort	Straße	Rechnur	Gutschr	Sald	Bon
6	D2000	Bauer	Karl	80337	München	Maistr. 20	270	300	-30	100

EXCEL ÜBUNGEN

3. Schalten Sie den Filter für das Datenfeld *Ort* wieder aus :

Wählen Sie im Listenfeld ***Ort*** die Option ***Alle***, damit wieder alle Orte angezeigt werden.

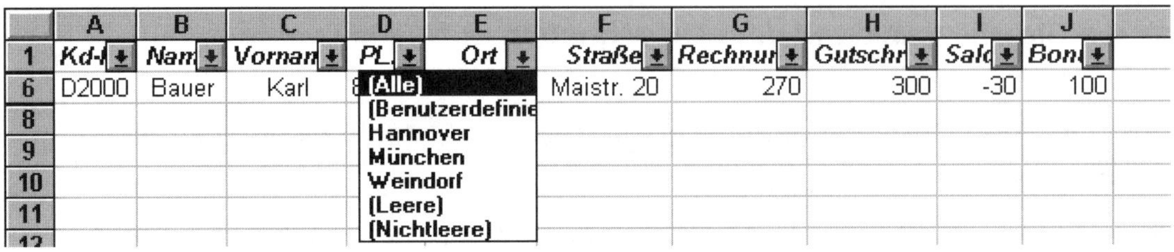

Da der Filter für den Namen noch aktiv ist, werden nun alle Sätze mit dem Namen Bauer aus beliebigen Orten angezeigt.

	A	B	C	D	E	F	G	H	I	J
1	Kd-N	Nam	Vornan	PL	Ort	Straße	Rechnur	Gutschr	Sald	Bon
2	B1000	Bauer	Christa	30333	Hannover	Querstr. 32	150	50	100	0
6	D2000	Bauer	Karl	80337	München	Maistr. 20	270	300	-30	100

Mit ***DATEN*** / *FILTER* / ***ALLE ANZEIGEN*** können alle Filter auf einmal wieder deaktiviert werden.

☞ Die Option ***(Leere)*** im Listenfeld zeigt alle Datensätze an, die *keinen* Eintrag im zugehörigen Datenfeld enthalten. Ist Ihnen beispielsweise der Vorname einiger Kunden nicht bekannt und Sie lassen den Eintrag im Datenfeld ***Vorname*** bei der Eingabe der Datensätze zunächst offen, so können Sie später alle Datensätze anzeigen lassen, bei denen der Vorname noch fehlt, indem Sie im Listenfeld ***Vorname*** die Option ***(Leere)*** wählen und die fehlenden Einträge nachträglich ergänzen

Die Option ***(Nichtleere)*** zeigt entsprechend alle Datensätze an, die einen Eintrag im zugehörigen Datenfeld enthalten.

4. Benutzerdefinierte Filter - Suchen Sie alle Namen, die mit einem *M* beginnen :

Die Option Benutzerdefiniert im Listenfeld erlaubt die Eingabe benutzerdefinierter Suchkriterien.

Aktivieren Sie diese Option im Listenfeld ***Name***. Das folgende Dialogfeld erscheint. Geben Sie `M*` ein und wählen Sie im Listenfeld den Operator **=**. Bestätigen Sie. Alle

EXCEL ÜBUNGEN

Sätze, deren Eintrag im Datenfeld ***Name*** mit einem ***M*** beginnt, werden angezeigt.

5. Logisches ODER - Suchen Sie alle Namen, die mit einem *M* oder einem *B* beginnen :

Mehrere Suchkriterien - sei es in der Datenmaske oder beim Filtern - wurden bisher immer mit einem logischen UND verknüpft. Im Dialogfeld ***Benutzerdefiniert*** des Autofilters haben Sie erstmals die Gelegenheit, Suchkriterien mit einem logischen ODER zu verknüpfen.

Aktivieren Sie wieder die Option ***Benutzerdefiniert*** im Listenfeld ***Name***. Geben Sie in das erste Eingabefeld das Suchkriterium ***M**** und in das zweite Eingabefeld das Suchkriterium ***B**** ein. Wählen Sie jeweils den Operator = und die Verknüpfung ***Oder***. Bestätigen Sie. Alle Namen mit dem Anfangsbuchstaben ***M*** *oder* ***B*** werden aufgelistet.

EXCEL ÜBUNGEN

6. Lassen Sie alle Postleitzahlen zwischen 30000 und 80000 anzeigen :

Lassen Sie zunächst wieder *alle* Datensätze anzeigen, indem Sie die Filter ausschalten. Aktivieren Sie anschließend im Listenfeld ***PLZ*** die Option ***Benutzerdefiniert*** und machen Sie folgende Eingaben:

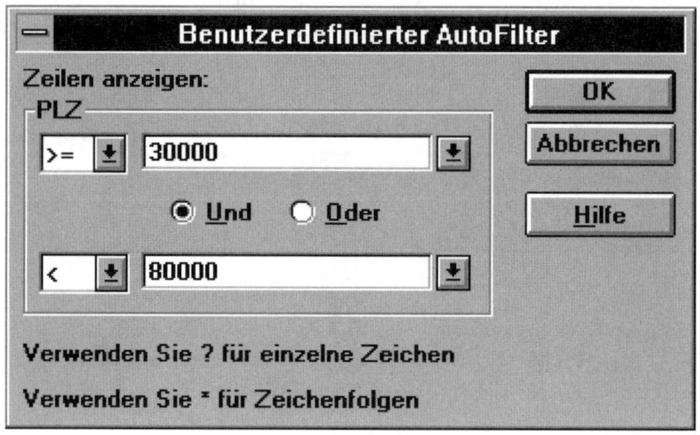

Nur noch die Datensätze mit Postleitzahlen, welche größer oder gleich ***30000*** *und* kleiner als ***80000*** sind, werden angezeigt.

7. Filter wieder ausschalten :

Entfernen Sie im Menü ***DATEN*** / *FILTER* den Haken vor ***AUTOFILTER***, indem Sie den Befehl anklicken. Die Listenfelder mit den Suchkritierien werden wieder ausgeblendet.

Zusammenfassung :

Der Unterschied zwischen Suchen in der Maske und Filtern besteht lediglich darin, daß beim Suchen jeweils nur ein Datensatz, beim Filtern alle Datensätze zugleich angezeigt werden.

In zwei Fällen ist der Filter der Maske beim Eingeben der Suchkriterien überlegen :

a) In der Maske kann zu jedem Datenfeld nur ein einziges Suchkriterium eingetragen werden, da je Datenfeld nur *ein* Eingabefeld zur Verfügung steht. Es wäre daher nicht möglich gewesen, nach Postleitzahlen *zwischen* zwei Werten zu suchen, wie mit dem Filter.

b) In der Maske kann keine Oder-Verknüpfung gemacht werden - beim Filtern ist eine

EXCEL ÜBUNGEN

Oder-Verknüpfung möglich wie in Punkt 5. (Das ODER kann sich allerdings nicht auf *unterschiedliche* Datenfelder beziehen: Alle Datensätze mit dem **Ort** München *oder* der **Kundennummer** B10000 anzeigen zu lassen, wäre beispielsweise nicht möglich! Dieses Problem wird in der nächsten Übung mit einem Spezialfilter gelöst.)

THEORETISCHE GRUNDLAGEN

SPEZIALFILTER

Der Unterschied zwischen Spezial- und Autofiltern :

Spezialfilter blenden wie Autofilter alle Datensätze aus, auf die die Suchkriterien nicht zutreffen.

Wahlweise können die Datensätze, welche die Suchkriterien erfüllen, stattdessen auch in einem Ausgabebereich abgelegt werden - diese Möglichkeit bieten Autofilter nicht. In diesem Fall werden die Datensätze, auf die die Kriterien nicht zutreffen, *nicht* ausgeblendet. Der Ausgabebereich kann ein beliebiger Bereich innerhalb des Tabellenblattes sein.

Die meisten Datenbank-Abfragen lassen sich mit Hilfe von Autofiltern (oder der Suchkriterien-Maske) lösen. In folgenden Fällen stoßen Sie jedoch an Grenzen und benötigen daher Spezialfilter :

- *Je Datenfeld* können beim Autofilter maximal zwei Suchkriterien angegeben und mit einem UND bzw. einem ODER verknüpft werden, da im Dialogfeld 'Benutzerdefiniert' lediglich zwei Eingabefelder zur Verfügung stehen. Bei Spezialfiltern können beliebig viele Suchkriterien miteinander verknüpft werden.

- Die Suchkriterien *unterschiedlicher* Datenfelder sind bei Autofiltern (und auch in der Suchkriterien-Maske) immer mit einem logischen UND verknüpft.
  Mit einem Spezialfilter können Suchkriterien *unterschiedlicher* Datenfelder wahlweise auch mit einem logischen ODER verknüpft werden.

- Nur mit Hilfe von Spezialfiltern können in den Suchkriterien Berechnungen über verschiedene Datenfelder angestellt werden.
  Z.B. können in einem Suchkriterium die Inhalte der Felder ***Saldo*** und ***Bonus*** addiert und das Ergebnis mit 0 verglichen werden. Ist das Ergebnis kleiner als 0, schuldet der Kunde noch Geld und erhält ggf. eine Mahnung.

Zulässige Suchkriterien :

Bezüglich der Suchkriterien gilt alles, was bisher gesagt wurde. Bei Texten genügt - im Gegensatz zu Autofiltern - wieder lediglich die Eingabe der Anfangsbuchstaben.

THEORETISCHE GRUNDLAGEN

Anlegen eines Kriterienbereiches :

Spezialfilter sind leider nicht so komfortabel wie Autofilter. Sie stellen für die Eingabe bzw. die Auswahl von Suchkriterien weder Eingabefelder noch Listenfelder zur Verfügung. Sie müssen den (Such-)Kriterienbereich selbst im Tabellenblatt anlegen und Excel mitteilen, welche Zellen dazu gehören.

In die erste Zeile des Kriterienbereiches werden alle Feldnamen, zu denen Suchkriterien abgefragt werden sollen, eingetragen. Unterhalb der Feldnamen werden die zugehörigen Suchkritieren eingetragen. Anschließend wird der Spezialfilter aktiviert, der die Datensätze entsprechend der im Kriterienbereich angegebenen Suchkriterien filtert.

Suchkriterien, die in der gleichen Zeile stehen, sind durch ein logisches UND verknüpft. Suchkriterien, die in unterschiedlichen Zeilen eingetragen sind, sind durch ein logisches ODER verknüpft.

Beispiele :
Der Kriterienbereich im folgenden Beispiel besteht aus den Zellen ***A1*** bis ***B2***. Nach dem Aktivieren des Spezialfilters werden alle Datensätze, die im Feld ***Name*** den Eintrag ***Bauer*** *und* im Feld ***Ort*** den Eintrag ***Hannover*** haben, herausgefiltert.

	A	B	C	D	E	F	G	H	I
1	***Name***	***Ort***							
2	Bauer	Hannover							

Im folgenden Beispiel besteht der Kriterienbereich aus den Zellen ***A1*** bis ***B3***. Alle Sätze, die im Feld ***Name*** den Eintrag ***Bauer*** *oder* im Feld ***Ort*** den Eintrag ***Hannover*** haben, werden herausgefiltert.

	A	B	C	D	E	F	G	H	I
1	***Name***	***Ort***							
2	Bauer								
3		Hannover							

Der Kriterienbereich in der folgenden Abbildung umfaßt die Zellen ***A1*** bis ***J3***. Der Filter hat dieselbe Wirkung wie im vorigen Beispiel. Die Feldnamen ohne Suchkriterienein-

THEORETISCHE GRUNDLAGEN

trag werden beim Filtern außer Acht gelassen. Kein Eintrag zu einem Feldnamen bedeutet nämlich, jeder beliebige Eintrag in dem Feld ist zulässig.

	A	B	C	D	E	F	G	H	I	J
1	*Kd-Nr*	*Name*	*Vorname*	*PLZ*	*Ort*	*Straße*	*Rechnung*	*Gutschrift*	*Saldo*	*Bonus*
2		Bauer								
3					Hannover					

Natürlich können Sie noch weitere Suchkriterien mit einem ODER verknüpfen. Im folgenden Beispiel erstreckt sich der Suchbereich von der Zelle ***A1*** bis zur Zelle ***J1***. Alle Sätze mit der Kundennummer ***C10000*** *oder* dem Namen ***Bauer*** *oder* dem Ort ***Hannover*** werden herausgefiltert.

	A	B	C	D	E	F	G	H	I	J
1	*Kd-Nr*	*Name*	*Vorname*	*PLZ*	*Ort*	*Straße*	*Rechnung*	*Gutschrift*	*Saldo*	*Bonus*
2		Bauer								
3					Hannover					
4	C1000									

Im folgenden Beispiel werden alle Datensätze mit den Orten ***Hannover*** oder ***München***, bei denen die Kundennummer mit einem ***B*** beginnt, herausgefiltert.
Sie müssen die Suchkriterien immer zeilenweise interpretieren: Excel sucht alle Datensätze heraus, auf die alle Suchkriterien der Zeile 2 zutreffen *oder* auf die alle Suchkriterien der Zeile 3 zutreffen.
In diesem Beispiel haben Sie also eine UND- und ODER-Verknüpfung.

	A	B	C	D	E	F	G	H	I	J
1	*Kd-Nr*	*Name*	*Vorname*	*PLZ*	*Ort*	*Straße*	*Rechnung*	*Gutschrift*	*Saldo*	*Bonus*
2	B				Hannover					
3	B				München					

Ein anderes Ergebnis hätten Sie erhalten, wenn Sie die Suchkriterien folgendermaßen eingetragen hätten:

	A	B	C	D	E	F	G	H	I	J
1	*Kd-Nr*	*Name*	*Vorname*	*PLZ*	*Ort*	*Straße*	*Rechnung*	*Gutschrift*	*Saldo*	*Bonus*
2	B				Hannover					
3					München					

THEORETISCHE GRUNDLAGEN

In diesem Fall hätte Excel nämlich nicht nur Datensätze mit den Orten Hannover oder München, deren Kundennummer mit einem B beginnt, herausgefiltert, sondern auch alle anderen Datensätze mit dem Ort München - unabhängig vom Anfangsbuchstaben der Kundennummer, da in diesem Feld kein Suchkriterium eingetragen und somit für den Ort München *jede* Kundennummer gültig ist.

Jeder Feldname kann im Kriterienbereich beliebig oft mit unterschiedlichen Suchkriterien aufgeführt werden. Im linken Beispiel würden alle Datensätze mit den Postleitzahlen ***30000***, ***50000*** oder ***80000*** herausgesucht, im rechten Beispiel alle Datensätze mit den Postleitzahlen von ***30000*** bis ***39999***.

	A	B	C
1	*PLZ*	*PLZ*	*PLZ*
2	30000		
3		50000	
4			80000

	A	B
1	*PLZ*	*PLZ*
2	>=30000	<40000
3		
4		

Geben Sie eine Berechnung als Suchkriterium an, so können Sie sich als Überschrift einen beliebigen Feldnamen ausdenken. In der Berechnung müssen Sie auf mindestens einen Feldnamen aus der Datenbank Bezug nehmen, um ein sinnvolles Ergebnis zu erhalten! Obwohl Excel in der Zelle die Fehlermeldung #NAME? anzeigt, sucht es korrekt.

Im ersten Beispiel wird Satz für Satz geprüft, ob die Differenz zwischen Rechnung und Gutschrift größer als Null ist - nur Sätze bei denen dies der Fall ist, werden angezeigt. An diese Kunden kann ggf. eine Mahung geschickt werden.
Im zweiten Beispiel wird geprüft, ob der Bonus abzgl. 5,- DM Porto noch größer als 0 ist - in diesem Fall wird dem Kunden z.B. ein kleines Präsent zugeschickt.

A2 =Rechnung-Gutschrift>0

	A	B	C	D	E	F	G	H
1	***Mahnung***							
2	#NAME?							

A2 =Bonus-5>0

	A	B	C	D	E	F	G	H
1	***Präsent***							
2	#NAME?							

THEORETISCHE GRUNDLAGEN

☞ Achten Sie immer darauf, daß der Kriterienbereich ***keine Leerzeilen*** umfaßt - sonst zeigt Excel *alle* Datensätze an, denn enthält eine Zeile keine Suchkriterien, so heißt das für Excel, zu jedem Datenfeld ist jeder beliebige Eintrag zulässig - dieses Kriterium erfüllen natürlich alle Sätze.

Außerdem sollten Sie darauf achten, daß Sie sich beim Eintragen der ***Feldnamen*** in den Kriterienbereich ***nicht verschreiben***. Ist ein Feldname anders geschrieben, als in der Datenbank, so erkennt Excel das betreffende Feld nicht und ignoriert es beim Filtern - leider ohne durch eine Fehlermeldung darauf aufmerksam zu machen. Solche Fehler können Sie umgehen, indem Sie die Feldnamen nicht neu eintippen, sondern einfach aus der Datenbank kopieren.

EXCEL ÜBUNGEN

ÜBUNG 48

Spezialfilter

1. **Lassen Sie alle Sätze anzeigen, die einen Rechnungsbetrag oder eine Gutschrift von mindestes 300 DM haben :**

Sofern noch Filter aktiv sind, lassen Sie zunächst wieder alle Datensätze anzeigen (*DATEN / FILTER / ALLE ANZEIGEN*).

Der Kriterienbereich soll oberhalb der Datenbank angelegt werden, fügen Sie daher einige Leerzeilen ein (*EINFÜGEN / ZELLEN*).

Geben Sie der besseren Übersichtlichkeit halber Überschriften für Datenbank und Kriterienbereich ein - diese müssen durch eine (in der Abbildung sehr schmale) Leerzeile von der Datenbank und dem Kriterienbereich getrennt sein, sonst erkennt Excel die Datenbank und den Kriterienbereich nicht mehr.
Kopieren Sie alle Feldnamen aus der Datenbank in die dritte Zeile des Tabellenblattes. Für die folgende Abfrage hätten zwar auch die Feldnamen Rechnung und Gutschrift genügt, aber da wir anschließend noch weitere Abfragen erstellen werden, müßten Sie später ohnehin noch weitere Feldnamen hinzufügen.

Geben Sie die Suchkriterien wie in der Abbildung ein:

	A	B	C	D	E	F	G	H	I	J
1	Kriterienbereich:									
3	*Kd-Nr*	*Name*	*Vorname*	*PLZ*	*Ort*	*Straße*	*Rechnung*	*Gutschrift*	*Saldo*	*Bonus*
4							>=300			
5								>=300		
6										
7	Datenbank:									
9	*Kd-Nr*	*Name*	*Vorname*	*PLZ*	*Ort*	*Straße*	*Rechnung*	*Gutschrift*	*Saldo*	*Bonus*
10	B1000	Bauer	Christa	30333	Hannover	Querstr. 32	150	50	-100	0
11	D1000	Meier	Erna	30444	Hannover	Talstr. 7	500	0	-500	10

Nun können Sie die Abfrage starten: Setzen Sie den Cursor in eine beliebige Zelle der Datenbank und aktivieren Sie den Spezialfilter mit dem Befehl ***DATEN*** / *FILTER* / ***SPEZIALFILTER***.

EXCEL ÜBUNGEN

Das folgende Dialogfenster erscheint. Excel hat den Datenbankbereich wie immer automatisch erkannt und bereits im Eingabefeld ***Listenbereich*** eingetragen.

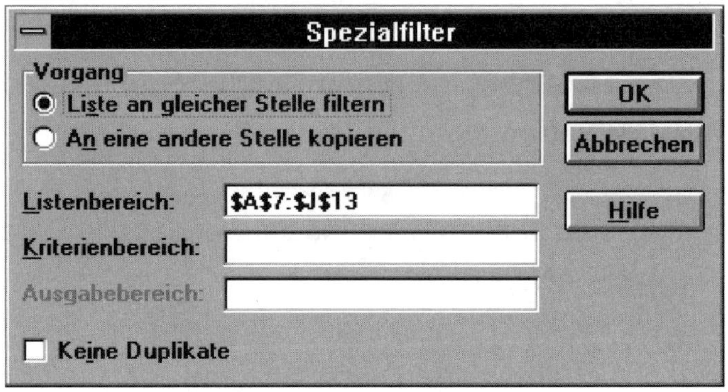

Nun müssen noch die Zellen angegeben werden, die der Kriterienbereich umfaßt. Setzen Sie den Cursor in das Feld ***Kriterienbereich*** und markieren Sie die Zellen ***G3*** bis ***H5*** - falls das Dialogfenster die betreffenden Zellen verdeckt, schieben Sie es zuvor etwas zur Seite. Excel trägt den markierten Zellbereich *automatisch* in das Eingabefeld ein, so daß Sie die Tipparbeit sparen. (Sie hätten auch den gesamten Bereich von der Zelle ***A3*** bis ***J5*** als Kriterienbereich deklarieren können, da in den weiteren Zellen keine Einträge stehen.)

Die Option ***Keine Duplikate*** bedeutet lediglich, daß *gleichartige* Datensätze nach dem Filtern nur *einmal* angezeigt werden. Da in der Datenbank kein Datensatz gespeichert ist, dessen Daten alle gleich sind, können Sie diese Option deaktiviert lassen. Bestätigen Sie das Dialogfenster - Excel filtert die Datensätze entsprechend der im Kriterienbereich angegebenen Suchkriterien.

2. Lassen Sie die Anschriften von Herrn Karl Bauer und Frau Erna Meier anzeigen :

Geben Sie die neuen Suchkriterien ein wie in der Abbildung, und aktivieren Sie wieder den Befehl ***DATEN*** / *FILTER* / ***SPEZIALFILTER*** (vorher wie immer den Cursor in eine Zelle der Datenbank setzen!). Diesmal müssen Sie die Zellen ***B3*** bis ***C5*** als Kriterien-

	A	B	C	D	E	F	G	H	I	J
1	Kriterienbereich:									
3	*Kd-Nr*	*Name*	*Vorname*	*PLZ*	*Ort*	*Straße*	*Rechnung*	*Gutschrift*	*Saldo*	*Bonus*
4		Bauer	Karl				>=300			
5		Meier	Erna					>=300		

EXCEL ÜBUNGEN

bereich angeben. Markieren Sie den Eintrag im Eingabefeld ***Kriterienbereich***, der noch von vorhin eingetragen ist, damit er im folgenden überschrieben wird. Markieren Sie die Zellen des neuen Kriterienbereiches ***B3*** bis ***C5*** - die Markierung im Eingabefeld wird überschrieben. Bestätigen Sie die neuen Suchkriterien, Excel filtert die Datensätze entsprechend.

3. Lassen Sie die Anschriften von Frau Karla Schirm und Herrn Otto Thal anzeigen :

Überschreiben Sie die Einträge in den Zellen ***B4*** und ***C4*** mit **`Schirm`**, **`Karla`** bzw. die Einträge in den Zellen ***B5*** und ***C5*** mit **`Thal`**, **`Otto`** und aktivieren Sie mit ***DATEN*** / *FILTER* / ***SPEZIALFILTER*** wieder den Spezialfilter.
Da der Kriterienbereich ***B3*** bis ***C5*** noch eingetragen ist und sich seit der letzten Auswertung nicht geändert hat, brauchen Sie das Dialogfeld diesmal lediglich zu bestätigen, um die gewünschten Adressen anzuzeigen.

☞ Wie Sie sehen, bleibt der *zuvor* eingestellte Filter *nicht* aktiv, wie es beim Autofilter der Fall war, sondern Excel wertet jeweils *alle* Datensätze entsprechend der neuen Suchkriterien neu aus.
Beim Autofilter wurden jeweils nur die bereits herausgefilterten Datensätze entsprechend der neuen Kriterien neu ausgewertet, so daß die Auswahl nach und nach immer mehr eingeschränkt werden konnte.
Da bei Spezialfiltern sehr komplexe Bedingungen bereits in einem *einzigen* Schritt angegeben werden können, ist ein Mehrfachfiltern hier nicht notwendig.

4. Suchen Sie alle Kunden, deren Rechnungsbetrag größer als 200 DM ist und die in Hannover oder München wohnen :

Löschen Sie die bisherigen Suchkriterien, damit der Kriterienbereich nicht zu unübersichtlich wird, und tragen Sie die neuen Suchkriterien wie in der Abbildung ein. Legen Sie die Zellen ***E3*** bis ***G5*** im Menü ***DATEN*** / *FILTER* / ***SPEZIALFILTER*** als neuen Kriterienbereich fest und bestätigen Sie.

	A	B	C	D	E	F	G	H	I	J
1	Kriterienbereich:									
3	*Kd-Nr*	*Name*	*Vorname*	*PLZ*	*Ort*	*Straße*	*Rechnung*	*Gutschrift*	*Saldo*	*Bonus*
4					Hannover		>200			
5					München		>200			

EXCEL ÜBUNGEN

5. Suchen Sie alle Kunden, deren Rechnungsbetrag zwischen 200 und 600 DM liegt oder die eine Gutschrift haben :

Da diesmal für das Datenfeld ***Rechnung*** *zwei* Suchkriterien angegeben werden müssen, muß dieser Feldname im Kriterienbereich ein weiteres Mal eingefügt werden: Fügen Sie links neben dem Eintrag ***Rechnung*** im Kriterienbereich eine Leerzelle ein: (Sie müssen mit dem Befehl *DATEN / FILTER / ALLE ANZEIGEN* erst wieder alle Datensätze anzeigen lassen, damit der Befehl *EINFÜGEN / ZELLEN* aktivierbar ist!) und kopieren Sie den Feldnamen ***Rechnung*** mit der Drag&Drop-Funktion in die Leerzelle.

Nun können Sie die Suchkriterien eingeben und den neuen Kriterienbereich festlegen.

	A	B	C	D	E	F	G	H	I	J
1	Kriterienbereich:									
3	*Kd-Nr*	*Name*	*Vorname*	*PLZ*	*Ort*	*Straße*	*Rechnung*	*Rechnung*	*Gutschrift*	*Saldc*
4							>200	<600		
5									>0	

6. Lassen Sie alle Kunden anzeigen, bei denen Bonus und Gutschrift zusammen mindestens 100 DM ausmachen :

Sie müssen im Suchkriterium also Bonus und Gutschrift addieren und vergleichen, ob das Ergebnis größer oder gleich 100 ist. Da sich das Suchkriterium auf mehrere Datenfelder bezieht und somit keinem Datenfeld eindeutig zuordbar ist, legen Sie am Ende des Kriterienbereiches ein neues Datenfeld mit einem Fantasienamen - z.B. ***Berechnung*** - an, und geben das Suchkriterium **`=Bonus+Gutschrift>=100`** ein.

Stören Sie sich nicht an der Fehlermeldung *#Name?*, sobald Sie Sie die Abfrage mit dem Spezialfilter starten (nicht vergessen, den neuen Kriterienbereich *L3* bis *L4* anzugeben!) wertet Excel die Datensätze korrekt aus.

L4 =Bonus+Gutschrift>=100

	D	E	F	G	H	I	J	K	L
1									
3	*PLZ*	*Ort*	*Straße*	*Rechnung*	*Rechnung*	*Gutschrift*	*Saldo*	*Bonus*	*Berechnung*
4									#NAME?

EXCEL ÜBUNGEN

7. Filtern Sie alle Kunden heraus, bei denen der Bonus größer als die Gutschrift ist :

Versuchen Sie es selbst. Das Ergebnis muß aussehen, wie in der Abbildung. Die Lösung finden Sie ggf. im Anhang.

	A	B	C	D	E	F	G	H	I	J
7	Datenbank:									
9	*Kd-Nr*	*Name*	*Vorname*	*PLZ*	*Ort*	*Straße*	*Rechnung*	*Gutschrift*	*Saldo*	*Bonus*
11	D1000	Meier	Erna	30444	Hannover	Talstr. 7	500	0	-500	10
13	C1000	Müller	Egon	80800	München	Mondstr. 8	650	0	-650	20
15	E1000	Thal	Otto	70733	Weindorf	Waldweg 5	43	0	-43	20

8. Suchen Sie alle Kunden, die Ihnen noch Geld schulden :

Geld schulden Ihnen die Leute, bei denen der Rechnungsbetrag größer ist als die Summe von Gutschrift und Bonus.

Finden Sie die Lösung selbst. Sieht das Ergebnis anders aus als in der Abbildung, so sehen Sie sich die Lösung im Anhang an!

	A	B	C	D	E	F	G	H	I	J
7	Datenbank:									
9	*Kd-Nr*	*Name*	*Vorname*	*PLZ*	*Ort*	*Straße*	*Rechnung*	*Gutschrift*	*Saldo*	*Bonus*
10	B1000	Bauer	Christa	30333	Hannover	Querstr. 32	150	50	-100	0
11	D1000	Meier	Erna	30444	Hannover	Talstr. 7	500	0	-500	10
12	B2000	Schirm	Karla	30700	Hannover	Domweg 9	220	100	-120	0
13	C1000	Müller	Egon	80800	München	Mondstr. 8	650	0	-650	20
15	E1000	Thal	Otto	70733	Weindorf	Waldweg 5	43	0	-43	20

9. Kopieren Sie alle Datensätze, deren Kundennummer mit *1000* endet in einen Ausgabebereich :

Wenn Sie nicht möchten, daß die Datensätze, auf die die Suchkriterien *nicht zutreffen*, ausgeblendet werden, so können Sie die *zutreffenden* Datensätze in einen Ausgabebereich kopieren lassen.

Legen Sie für das Datenfeld ***Kd-Nr*** zunächst das Suchkriterium **`?1000`** fest.

Aktivieren Sie den Spezialfilter, legen Sie den Kriterienbereich wie gewohnt fest - also die

EXCEL ÜBUNGEN

Zellen ***A3*** bis ***A4*** - und wählen Sie die Option ***An eine andere Stelle kopieren***. Die Option bewirkt, daß das Eingabefeld ***Ausgabebereich*** aktiv wird. Der Ausgabebereich ist der Bereich, in dem die herausgefilterten Datensätze abgelegt werden sollen. Legen als linke obere Ecke des Ausgabebereiches z.B. die Position ***N3*** fest, indem Sie den Cursor in das Eingabefeld ***Ausgabebereich*** setzen und die Zelle ***N3*** anklicken (oder ***N3*** eintippen). Nun können Sie das Dialogfeld bestätigen - die zutreffenden Datensätze werden an diese Position kopiert.

	A	B	C	D	E	F	G	H	I	J
1	Kriterienbereich:									
3	*Kd-Nr*	*Name*	*Vorname*	*PLZ*	*Ort*	*Straße*	*Rechnung*	*Rechnung*	*Gutschrift*	*Saldo*
4	?1000									

	N	O	P	Q	R	S	T	U	V	W
1	Ausgabebereich									
3	*Kd-Nr*	*Name*	*Vorname*	*PLZ*	*Ort*	*Straße*	*Rechnung*	*Gutschrift*	*Saldo*	*Bonus*
4	B1000	Bauer	Christa	30333	Hannover	Querstr. 32	150	50	-100	0
5	D1000	Meier	Erna	30444	Hannover	Talstr. 7	500	0	-500	10
6	C1000	Müller	Egon	80800	München	Mondstr. 8	650	0	-650	20
7	E1000	Thal	Otto	70733	Weindorf	Waldweg 5	43	0	-43	20

10. Kopieren Sie alle Datensätze, deren Kundennummer mit *2000* endet in den Ausgabebereich :

Ändern Sie das Suchkriterium in **?2000** um. Sie brauchen weder den Kriterienbereich noch den Ausgabebereich neu festlegen, da keines von beiden sich geändert hat. Stellen Sie im Dialogfeld des Spezialfilters lediglich wieder die Option ***An eine andere Stelle kopieren*** ein, und bestätigen Sie. Die alten Daten im Ausgabebereich werden durch die neuen Daten überschrieben.

11. Lassen Sie im Ausgabebereich lediglich Name, Vorname und Ort der Kunden anzeigen, deren Kundennummer mit einem 'D' beginnt :

Entfernen Sie im Ausgabebereich alle Feldnamen, zu denen keine Daten angezeigt werden sollen, also alle Feldnamen außer ***Name***, ***Vorname*** und ***Ort***.

	M	N	O
1	Zielbereich		
2	*Name*	*Vorname*	*Ort*

EXCEL ÜBUNGEN

Tragen Sie das neue Suchkriterium `D*` ein, und aktivieren Sie den Spezialfilter. Der Suchkriterienbereich ist noch korrekt eingestellt, den Ausgabebereich überschreiben Sie mit der Zelle ***N3***. Starten Sie die Auswertung - die Daten der letzten Suche werden von den Daten der neuen Suche überschrieben:

	M	N	O
1	Zielbereich		
2	***Name***	***Vorname***	***Ort***
3	Schirm	Karla	Hannover
4	Bauer	Karl	München

Entsprechen die gefilterten Sätze einmal nicht Ihren Erwartungen, so liegt der Fehler meist darin, daß vergessen wurde, den Suchkriterienbereich neu festzulegen oder daß der Bereich falsch festgelegt wurde (z.B. wurde eine Leerzeile mit einbezogen oder die Feldnamen wurden nicht mit einbezogen).

Mit dem Befehl ***BEARBEITEN*** / *GEHE ZU* können Sie jederzeit kontrollieren, welches die aktuellen Suchkriterien sind:
Alle in einer Tabelle vergebenen Namen können im Dialogfenster des Befehls *GEHE ZU* ausgewählt werden - Excel markiert dann die mit dem Namen verknüpften Zellen.
Um den aktuellen Suchkriterienbereich anzeigen zu lassen, wählen Sie den Namen ***Suchkriterien*** im Dialogfenster des Befehls *GEHE ZU* aus. Sobald Sie bestätigen, wird der aktuelle Kriterienbereich angezeigt, und der Fehler ist dann meist offensichtlich.
Den Namen ***Suchkriterien*** hat Excel dem Kriterienbereich automatisch zugewiesen!

Auch der aktuelle Ausgabebereich kann auf diese Weise ermittelt werden - er hat von Excel den gleichlautenden Namen ***Ausgabebereich*** erhalten.

Als Alternative zum Aufruf des Befehls *GEHE ZU* können alle in der Datei vergebenen Namen im Listenfeld links in der Eingabezeile ausgewählt werden.

Sinnvolle Positionen für Kriterien- und Ausgabebereich:

Der Kriterienbereich sollte nicht unterhalb der Datenbank angelegt werden, da Sie sonst bei der Neueingabe von Daten laufend Leerzeilen zwischen Datenbank und Kriterienbereich einfügen müssen. Diese Arbeit können Sie sich sparen, wenn der Kriterienbereich oberhalb der Datenbank liegt. Auch eine Position rechts von der Datenbank ist nicht unbedingt zu empfehlen, da beim Filtern jeweils die *kompletten* Zeilen ausgeblendet werden und somit ggf. auch die Suchkriterien. Sie könnten nicht mehr kontrollieren, welche Kriterien gerade eingestellt sind.

EXCEL ÜBUNGEN

Der Ausgabebereich darf niemals oberhalb irgendwelcher Daten stehen, da beim Filtern alle Daten unterhalb der Feldüberschriften des Ausgabebereiches gelöscht werden. Würden Sie ihn oberhalb der Datenbank anlegen, so wäre die komplette Datenbank nach dem Filtern verschwunden. Dieser Befehl kann auch nicht wieder rückgängig gemacht werden - Sie können sich dann allenfalls noch damit behelfen, indem Sie die Datei schließen, ohne zu speichern, damit die Änderung nicht vollends wirksam wird. Doch bis dahin geänderte und noch nicht gespeicherte Daten sind dann verloren.
Die Position unterhalb der Datenbank ist aus denselben Gründen nicht zu empfehlen, wie beim Kriterienbereich.

Eine sinnvolle Position ist demnach für den Kriterienbereich oberhalb und für den Ausgabebereich rechts von der Datenbank.

THEORETISCHE GRUNDLAGEN

Funktionen und Teilergebnisse in der Datenbank

Datenbank-Funktionen :

Die Datenbank kann auch mit Hilfe von Funktionen ausgewertet werden. Beispielsweise können Sie mit der Funktion *DBMITTELWERT* den Mittelwert aller Einträge in einem Datenfeld - z.B. im Datenfeld *Rechnung* - bestimmen. Mit den Funktionen *DBMAX* und *DBMIN* können Sie den größten bzw. kleinsten Eintrag eines Datenfeldes ermitteln. Mit der Funktion *DBANZAHL* kann die Gesamtanzahl der Einträge in einem Datenfeld bestimmt werden usw.

Datenbankfunktionen enthalten jeweils drei Argumente :

Funktionsname (Datenbank; Datenbankfeld; Suchkriterien)

Das Argument ***Datenbank*** muß durch den Zellbereich ersetzt werden, über den sich die Datenbank erstreckt.

Das Argument ***Datenbankfeld*** muß durch das Datenfeld ersetzt werden, welches ausgewertet werden soll. Möchten Sie mit der Datenbank-Funktion *DBMAX* beispielsweise die größte Postleitzahl herausfinden, so ersetzen Sie das Argument ***Datenbankfeld*** durch den Feldnamen ***"PLZ"*** oder wahlweise durch den Zellbezug auf den Feldnamen.

Das dritte Argument bezieht sich auf den aktuellen Kriterienbereich. Da Excel für den Kriterienbereich automatisch den Namen ***Suchkriterien*** vergeben hat, sind Excel die Zellen (des Kriterienbereiches), auf die sich der Name ***Suchkriterien*** bezieht, bekannt. Sie brauchen das Argument daher nicht durch die Zellbezüge ersetzen.

Wenn Sie für den Zellbereich, den die Datenbank umfaßt, den Namen ***Datenbank*** vergeben, brauchen Sie auch das Funktionsargument ***Datenbank*** *nie* ersetzen.

Mit ersetzten Argumenten würde die Funktion *DBMAX* z.B. folgendermaßen aussehen:

DBMAX (A9:J15; "PLZ"; Suchkriterien)

bzw. ***DBMAX (A9:J15; D9; Suchkriterien)***.

THEORETISCHE GRUNDLAGEN

Die Auswertung des angegebenen Datenfeldes erfolgt in dem angegebenen Datenbankbereich unter Beachtung der aktuellen Suchkriterien im Kriterienbereich. Ist im Kriterienbereich beispielsweise für das Datenfeld ***Name*** das Suchkriterium ***Bauer*** eingetragen, so werden nur die Sätze mit dem Namen ***Bauer*** bei der Auswertung berücksichtigt.

Ist im Tabellenblatt *kein* Kriterienbereich angelegt, so erhalten Sie eine Fehlermeldung. Notfalls umgehen Sie dieses Problem, indem Sie zumindest per forma einen Kriterienbereich anlegen, der nur aus einem Datenfeld besteht und als Suchkriterium eine Leerzelle enthält. Sie erinnern sich - ist *kein* Suchkriterium (d.h. eine Leerzelle) angegeben, so zeigt Excel *alle* Datensätze an.

Ob die Datensätze beim Starten der Auswertung entsprechend der Suchkriterien des Kriterienbereiches gefiltert sind oder ob gerade alle Datensätze eingeblendet sind, spielt bei der Auswertung keine Rolle - die Suchkriterien werden in jedem Fall beachtet!

Teilergebnisse :

Weiterhin können Sie eine Datenbank auswerten, indem Sie Teilergebnisse bilden. Unter einem Teilergebnis versteht man ein Zwischenergebnis zu einer Gruppe von Daten. Beispiel: Sie möchten die Summe der Rechnungsbeträge bilden, jedoch *nicht* nur die *Gesamtsumme* für alle Kunden, sondern jeweils eine *Zwischensumme* für alle Kunden *je Ort* - also eine Zwischensumme für alle Kunden aus dem Ort Hannover, eine Zwischensumme für alle Kunden aus dem Ort München usw. .

Damit die Bildung von Teilergebnissen möglich ist, müssen die Datensätze zuvor nach *dem* Datenfeld sortiert werden, welches ausschlaggebend für die Gruppierung ist - im Beispiel wäre dies das Datenfeld Ort.

Neben Zwischensummen kann je Gruppe auch die *Anzahl* der Datensätze ermittelt werden, der *Mittelwert* oder der *höchste Wert* eines Datenfeldes bestimmt werden usw.

EXCEL ÜBUNGEN

ÜBUNG 49

Datenbankfunktionen

1. Ermitteln Sie den höchsten Rechnungsbetrag *aller* Kunden :

Bedenken Sie, daß die im Kriterienbereich eingetragenen Suchkriterien bei der Auswertung mit Datenbankfunktionen beachtet werden. Da Sie eine Auswertung für *alle* Kunden haben möchten, löschen Sie daher zunächst alle Einträge aus dem Kriterienbereich.

Die Datenbankfunktion ***DBMAX*** kann - wie jede Funktion - in eine beliebige Zelle eintragen werden. Fügen Sie z.B. zwischen Kriterienbereich und Datenbank einige Leerzeilen ein. Tragen Sie in die Zelle ***A6*** die Überschrift **`Höchster Rechnungsbetrag`** ein, und fügen Sie in die Zelle ***E6*** mit Hilfe des Funktions-Assistenten die Funktion ***DBMAX*** (Kategorie Datenbank) ein:

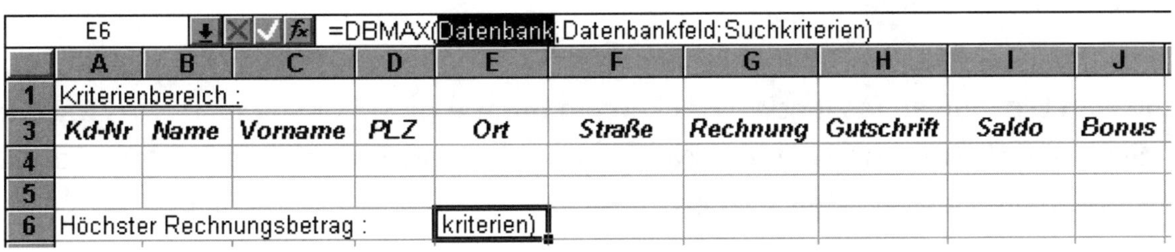

Die Markierung steht auf dem ersten Funktionsargument. Sie müssen für dieses Argument angeben, über welchen Bereich sich die Datenbank erstreckt. Markieren Sie daher alle zur Datenbank gehörigen Zellen, um die Markierung mit den Zellbezügen zu überschreiben.

Markieren Sie das zweite Funktionsargument mit einem Doppelklick, und ersetzen Sie es durch den Zellbezug auf das Datenfeld Rechnung, indem Sie den Feldnamen ***Rechnung*** in der Datenbank anklicken. (Alternativ können Sie den Feldnamen auch in Anführungszeichen eintippen.)

Das dritte Argument braucht nicht ersetzt werden, da Excel selbst den Namen ***Suchkriterien*** für den Kriterienbereich vergeben hat und somit weiß, welche Zellen dazu gehören.

EXCEL ÜBUNGEN

Bestätigen Sie - das Ergebnis erscheint in der Zelle :

E6 =DBMAX(A12:J18;G12;Suchkriterien)

	A	B	C	D	E	F	G	H	I	J
1	Kriterienbereich :									
3	*Kd-Nr*	*Name*	*Vorname*	*PLZ*	*Ort*	*Straße*	*Rechnung*	*Gutschrift*	*Saldo*	*Bonus*
4										
5										
6	Höchster Rechnungsbetrag :				650					

2. Ermitteln Sie den höchsten Rechnungsbetrag aller Kunden aus Hannover :

Geben Sie im Kriterienbereich das entsprechende Suchkriterium (Ort = Hannover) ein.

Wenn Sie nicht mehr wissen, aus welchen Zellen der aktuelle Kriterienbereich besteht, wählen Sie im Listenfeld links in der Bearbeitungsleiste den Eintrag ***Suchkriterien*** aus. Excel zeigt daraufhin die Zellen des aktuellen Kriterienbereiches an.

Entspricht der aktuelle Kriterienbereich nicht den neu eingegebenen Suchkriterien, so müssen Sie ihn neu festlegen. Dies können Sie wie gewohnt im Menü ***DATEN*** / *FILTER* / ***SPEZIALFILTER*** tun - mit dem Nebeneffekt, daß die betreffenden Daten in der Datenbank entsprechend gefiltert werden.

Excel wertet die Datenbankfunktion *DBMAX* augenblicklich entsprechend der neuen Suchkriterien neu aus - das Ergebnis ist 500.

	A	B	C	D	E	F	G	H	I	J
3	*Kd-Nr*	*Name*	*Vorname*	*PLZ*	*Ort*	*Straße*	*Rechnung*	*Gutschrift*	*Saldo*	*Bonus*
4					Hannover					
5										
6	Höchster Rechnungsbetrag :				500					

3. Ermitteln Sie den höchsten Rechnungsbetrag aller Kunden aus München :

Da die Datenbankfunktion *DABMAX* bereits eingetragen ist und auch wieder derselbe Kriterienbereich ***E3*** bis ***E4*** verwendet werden kann, brauchen Sie lediglich das Suchkriterium ***Hannover*** in ***München*** umändern. Sofort wird das Ergebnis der Datenbankfunktion aktualisiert. (Die Datenbank selbst wird natürlich nicht automatisch neu gefiltert. Möchten Sie das Ergebnis mit den Werten aus der Datenbank vergleichen, lassen Sie entweder alle Datensätze anzeigen oder aktivieren den Spezialfilter.)

4. **Ermitteln Sie den Durchschnitt der Gutschriften von den Kunden, deren Kundennummer mit *1000* endet :**

Den Durchschnitt aller Einträge eines Datenbankfeldes können Sie mit der Funktion *DBMITTELWERT* berechnen. Versuchen Sie die Lösung selbst zu finden - ggf. können Sie im Anhang nachsehen. Das Ergebnis ist 12,5.

☞ Bei einer großen Datenbank ist es ggf. sinnvoll, den Zellen der Datenbank den Namen ***Datenbank*** zuzuweisen - so wie Excel dem Kriterienbereich den Namen Suchkriterien zugewiesen hat. Der Vorteil liegt darin, daß Sie bei der Auswertung mit Hilfe von Datenbankfunktionen das Argument ***Datenbank*** nicht jeweils durch die Zellbezüge ersetzen müssen - und bei einer großen Datenbank müßten Sie jedesmal einen nicht unerheblichen Umfang an Zellen markieren!

Mit Hilfe des Menüs ***EINFÜGEN*** / *NAMEN* / ***FESTLEGEN*** können Sie einem zuvor markierten Zellbereich einen Namen zuweisen. Um die Datenbank zu benennen, müssen Sie alle zugehörigen Zellen markieren, den o.g. Befehl aktivieren und den Namen ***Datenbank*** eingeben.

Da der Datenbankbereich Excel nun unter dem Namen Datenbank bekannt ist, braucht das erste Funktionsargument in Datenbankfunktionen in Zukunft nicht mehr ersetzt werden.

Sie müssen jedoch beachten, daß der zum Namen ***Datenbank*** gehörige Zellbereich bei der Eingabe neuer Daten nur automatisch erweitert wird, wenn diese Daten mit Hilfe der Maske eingegeben werden! Geben Sie neue Daten direkt im Tabellenblatt ein, so ist der Name ***Datenbank*** nach wie vor nur mit den alten Einträgen verknüpft. In diesem Fall müssen Sie dem Namen ***Datenbank*** den gesamten Bereich einschließlich der neuen Zellen neu zuordnen, damit auch die neuen Daten in die Auswertungen der Datenbankfunktionen mit einbezogen werden.

Einmal vergebenen Namen können im o.g. Menü wieder gelöscht werden, indem sie dort in der Liste markiert werden und die Schaltfläche ***LÖSCHEN*** aktiviert wird.

Vergeben Sie einen Namen ein zweites Mal für einen anderen Zellbereich, so geht der erste Zellbezug des Namens verloren und wird durch den neuen Bezug ersetzt.

EXCEL ÜBUNGEN

ÜBUNG 50

Teilergebnisse

1. **Bilden Sie für die Datenfelder *Saldo* und *Bonus* je Ort eine Zwischensumme :**

Um Teilergebnisse zu bilden, müssen die Daten zunächst nach dem Datenfeld sortiert werden, für das die Zwischensummen gebildet werden sollen.

Da jeweils für alle Orte gleichen Namens eine Zwischensumme der Felder Saldo und Bonus gebildet werden soll, müssen Sie die Datenbank nach Orten sortieren (Cursor in eine Zelle der Spalte *Ort* setzen und das Symbol aktivieren).

Aktivieren Sie nun den Befehl ***DATEN*** / *TEILERGEBNISSE*. Wählen Sie im Listenfeld ***Gruppieren nach*** das Datenfeld ***Ort*** aus. Im Listenfeld ***Verwendung von*** wählen Sie ***Summe***, da Zwischensummen gebildet werden sollen. Im Feld Bezogen auf kreuzen Sie an, für welche Datenfelder die Zwischensummen gebildet werden sollen.

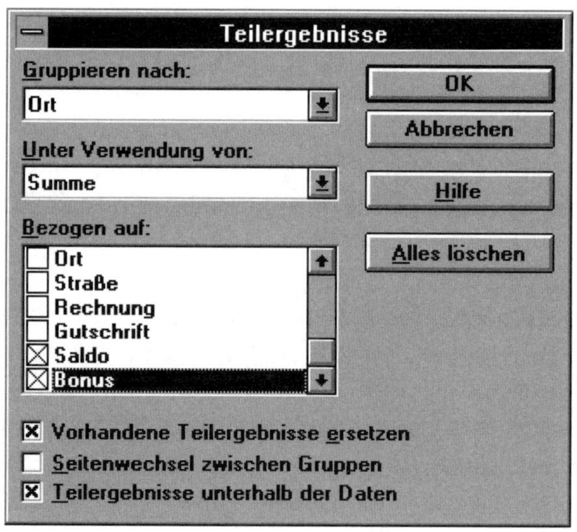

Die Option ***Vorhandene Teilergebnisse ersetzen*** ist nur relevant, wenn Sie ein zweites Mal Teilergebnisse bilden. Ist sie angekreuzt werden die bisherigen Teilergebnisse durch die neuen ersetzt, ansonsten werden die neuen Teilergebnisse den alten hinzugefügt.

Wird die Option ***Seitenwechsel zwischen den Gruppen*** angekreuzt, so wird jedes

EXCEL ÜBUNGEN

Teilergebnis auf einer separaten Seite ausgegeben. Die Option ***Teilergebnisse unterhalb der Daten*** schließlich bestimmt, ob die Teilergebnisse unter oder über den Daten eingetragen werden.

Bestätigen Sie das Dialogfenster. Sie erhalten folgendes Ergebnis:

1 2 3	A	B	C	D	E	F	G	H	I	J
10	Datenbank:									
12	***Kd-Nr***	***Name***	***Vorname***	***PLZ***	***Ort***	***Straße***	***Rechnung***	***Gutschrift***	***Saldo***	***Bonus***
13	B1000	Bauer	Christa	30333	Hannover	Querstr. 32	150	50	-100	0
14	D1000	Meier	Erna	30444	Hannover	Talstr. 7	500	0	-500	10
15	B2000	Schirm	Karla	30700	Hannover	Domweg 9	220	100	-120	0
16				**Hannover Ergebnis**					-720	10
17	C1000	Müller	Egon	80800	München	Mondstr. 8	650	0	-650	20
18	D2000	Bauer	Karl	80337	München	Maistr. 20	270	300	30	100
19				**München Ergebnis**					-620	120
20	E1000	Thal	Otto	70733	Weindorf	Waldweg 5	43	0	-43	20
21				**Weindorf Ergebnis**					-43	20
22				**Gesamtergebnis**					-1383	150

2. Die automatische Gliederung :

Excel hat nicht nur Zwischensummen und eine Gesamtsumme erstellt, sondern zudem eine Gliederung, die Sie am linken Tabellenrand sehen. Mit Hilfe der Gliederungssymbole können Sie die Ergebnis-Ebenen ein- und ausblenden:

Klicken Sie auf das Symbol mit der Ziffer 1, so wird nur noch das Gesamtergebnis angezeigt. Klicken Sie auf das Symbol mit der Ziffer 2, so werden zwei Ebenen, nämlich die Zwischensummen und die Gesamtsumme angezeigt. Klicken Sie auf das Symbol mit der Ziffer 3, so erscheinen wieder alle drei Ebenen, also auch die Daten selbst, am Bildschirm.

Mit den Minuszeichen können Sie jeweils alle Ebenen, die zum Ergebnis der nebenstehenden Zeile geführt haben, ausblenden. Daraufhin wird das Minuszeichen durch ein Pluszeichen ersetzt. Klicken Sie dieses an, so werden die Ebenen wieder eingeblendet.

Mit dem Befehl ***DATEN*** / *GLIEDERUNG* / ***ENTFERNEN*** können Sie die Gliederung aufheben.

NACHWORT UND AUSBLICK

Zum Abschluß

Der Tip-Assistent :

Ehe Sie die erworbenen Kenntnisse nun in der Praxis anwenden, soll noch auf eine Hilfe hingewiesen werden, die Microsoft Ihnen bietet - den Tip-Assistenten.

Der Tip-Assistent macht Sie darauf aufmerksam, wenn die zuletzt ausgeführte Aktion hätte effektiver vorgenommen werden können. Außerdem weist er auf neue Leistungsmerkmale von Excel hin.

Sie aktivieren den Tip-Assistenten mit einem Mausklick auf das Symbol . Die Tips werden oberhalb der Eingabezeile angezeigt. Hat Excel einen Tip zur zuletzt getätigten Aktion, so leuchtet die Lampe des Symbols gelb. Jeder Hinweis wird in der aktuellen Arbeitssitzung nur einmal gegeben und in der nächsten Arbeitssitzung erst wieder, nachdem dieselbe Aktion dreimal anders ausgeführt wurde, als Excel es vorgeschlagen hatte. Durch nochmaliges Anklicken des Symbols wird der Tip-Assistent wieder deaktiviert.

Im Menü ***EXTRAS*** / *OPTIONEN* / ***ALLGEMEIN*** können Sie mit der Option ***Tip-Assistent zurücksetzen*** den Speicher des Tip-Assistenten löschen, so daß er wieder alle Tips anzeigt.

Der Verfasser hat den Tip-Assistenten mit mehreren ineffektiven Handlungen mehrmals auf die Probe gestellt und hat relativ selten einen guten Tip erhalten. Doch der Leser mag sich selbst eine Meinung bezüglich dieses Werkzeuges bilden.

Mausaktionen :

Im Anhang finden Sie eine Übersicht über alle möglichen Mausaktionen. Einige Funktionen haben Sie bereits im Laufe der Übungen als zeitsparende Alternative zum Aufruf von Menü-Befehlen kennengelernt, so z.B. die Drag&-Drop-Funktion.

Die Anwendung sämtlicher Maus-Aktionen überfordert ggf. das Gedächtnis - daher sollten Sie sich die Mausfunktionen aneignen, die einfach zu handhaben und leicht zu merken sind, z.B. das Löschen ganzer Zeilen mit der Maus.

NACHWORT UND AUSBLICK

Ausblick auf den Fortgeschrittenen-Kurs :

Als Fortsetzung des Excel-Grundkurses wird Mitte 95' eine Fortgeschrittenen-Schulung erscheinen. Themen werden u.a. sein:

- ***Diagrammerstellung*:**

  Verschiedene Diagrammtypen wie Balkendiagramme, Kreisdiagramme, Verbunddiagramme usw., Drehen und Kippen dreidimensionaler Diagramme, Zuordnen von grafischen Elementen, Texten, Trends....

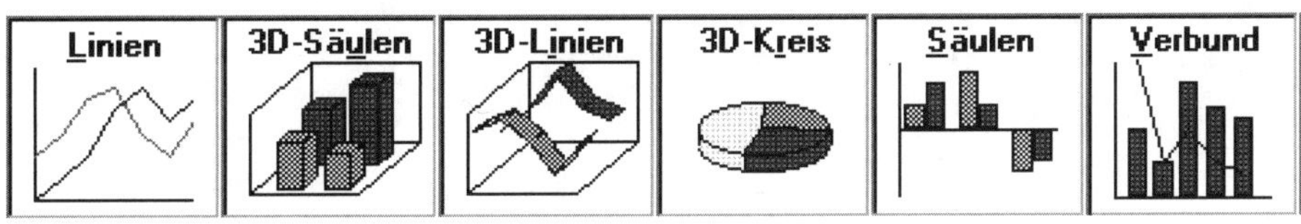

- ***Individuelle Anpassung des Arbeitsbereiches*:**

  Variation der Symbolleiste durch Aufnahme neuer oder benutzerdefinierter Symbole, Änderung der Farbpalette, Makros....

- ***Arbeiten mit mehreren Tabellen*:**

  Arbeitsmappen, Berechnungen und Auswertungen über mehrere Tabellen, Verknüpfung von Tabellen....

- ***Datenaustausch mit anderen Programmen*:**

  Einbinden von Grafiken und Texten aus anderen Programmen, Abfragen von Datensätzen anderer Datenbankformate wie beispielsweise MS Access, dBASE, Paradox

- ***Komplexe Auswertungen*:**

  Was-wäre-wenn-Analysen, Ermittlung von Zielgrößen und kritischen Werten....

- ***Und vieles mehr...***

Anhang

LÖSUNGEN

Übung 27, 1.:

Geben Sie in die Zelle ***E6*** die Formel **`=B6-C6`** ein und kopieren Sie die Formel mit der Autofill-Funktion in die darunterliegenden Zellen (die Zelle mit der Formel markieren, mit der Maus auf den Anfasser in der rechten unteren Ecke zeigen und mit gedrückter Maustaste nach unten ziehen).

Übung 31, 3.:

Die Formel in der Zelle ***G4*** muß lauten:
`=WENN(ODER(LINKS(A4;1)="B";(LINKS(A4;1)="D"));C4;0)`.

Übung 33, 2.:

Geben Sie in die Zelle ***J4*** die Formel **`=I4-H4`** und kopieren Sie sie in die darunterliegenden Zellen.

Übung 46, 5.:

Das Suchkriterium im Feld Gutschrift muß lauten **`>0`**:

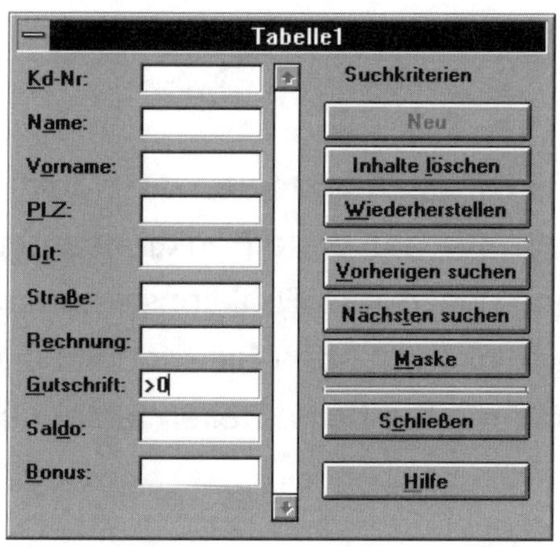

Übung 48, 7.:

Löschen Sie das Suchkriterium zu dem Feldnamen Berechnung und geben Sie die Formel **`=Bonus>Gutschrift`** ein:

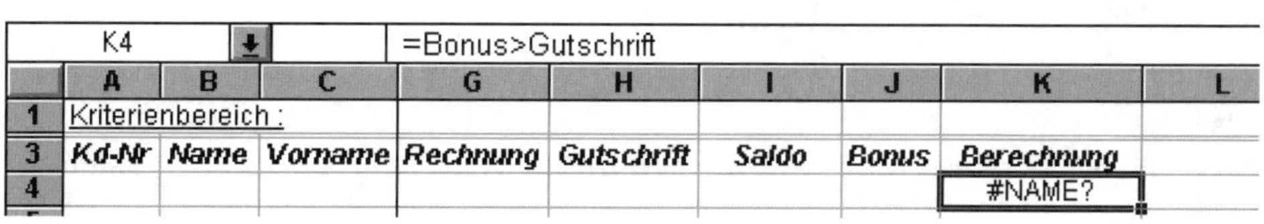

LÖSUNGEN

Wenn Sie den alten Eintrag nicht löschen möchten, können Sie den Kriterienbereich natürlich auch um einen weiteren Fantasie-Feldnamen erweitern und das Suchkriterium zu dem neuen Namen eintragen:

L4 =Bonus>Gutschrift

	A	B	C	H	I	J	K	L
1	Kriterienbereich :							
3	*Kd-Nr*	*Name*	*Vorname*	*Gutschrift*	*Saldo*	*Bonus*	*Berechnung*	*Vergleich*
4							#NAME?	#NAME?

Übung 48, 8.:

Es gibt verschiedene Lösungen für dieses Problem, z.B.:

- =Bonus+Gutschrift<Rechnung
- =Saldo+Bonus<0

M4 =Saldo+Bonus<0

	A	B	C	I	J	K	L	M
1	Kriterienbereich :							
3	*Kd-Nr*	*Name*	*Vorname*	*Saldo*	*Bonus*	*Berechnung*	*Vergleich*	*Mahnung*
4						#NAME?	#NAME?	#NAME?

Übung 49, 4.:

Fügen Sie mit Hilfe des Funktions-Assistenten die Funktion *DBMITTELWERT* in eine beliebige Zelle ein, ersetzen Sie das erste Funktionsargument durch den Bereich der Datenbank (markieren) und das zweite Funktionsargument durch den Bezug auf das Datenfeld ***Gutschrift*** (anklicken). Legen Sie für das Datenfeld ***Kd-Nr*** das Suchkriterium ***?1000*** fest, und definieren Sie beide Zellen als neuen Kriterienbereich.

E7 =DBMITTELWERT(A12:J18;H12;Suchkriterien)

	A	B	C	D	E	F	G	H	I	J
1	Kriterienbereich :									
3	*Kd-Nr*	*Name*	*Vorname*	*PLZ*	*Ort*	*Straße*	*Rechnung*	*Gutschrift*	*Saldo*	*Bonus*
4	?1000									
5										
6	Höchster Rechnungsbetrag :				650					
7	Durchschnitt Gutschriften :				12,5					
8										
9										
10	Datenbank :									
12	*Kd-Nr*	*Name*	*Vorname*	*PLZ*	*Ort*	*Straße*	*Rechnung*	*Gutschrift*	*Saldo*	*Bonus*
13	B1000	Bauer	Christa	30333	Hannover	Querstr. 32	150	50	100	0

MAUSAKTIONEN

Autofill-Funktion :

Erzeugt Zahlenreihen bzw. kopiert Formeln oder Funktionen unter Anpassung der Zellbezüge oder kopiert Texte.

Markieren Sie ein oder mehrere Zellen mit den Startwerten, zeigen Sie mit dem Mauszeiger auf den Anfasser in der unteren rechten Ecke - er verändert seine Form in ein Fadenkreuz - und ziehen Sie mit gedrückter Maustaste in die gewünschte Richtung.

Halten Sie bei dem Vorgang die [Strg]-Taste gedrückt, so werden die markierten Zellen kopiert, wenn Sie normalerweise hochgezählt würden bzw. hochgezählt, wenn sie normalerweise kopiert würden.

Drag&Drop-Funktion :

Verschiebt oder kopiert Zellinhalte.

Um ein oder mehrere Zellen zu verschieben, markieren Sie die Zellen, zeigen Sie mit dem Mauszeiger auf den Rand der Markierung - er ändert seine Form in einen Pfeil - und ziehen Sie die Zellen mit gedrückter Maustaste an die gewünschte Position.

Halten Sie bei dem Vorgang die [Strg]-Taste gedrückt, so werden die markierten Zellen nicht verschoben, sondern kopiert.

Halten Sie bei dem Vorgang die [⇧]-Taste gedrückt, so können Sie die markierten Zellen *zwischen* anderen Zellen einfügen - diese werden entweder nach oben, unten, links oder rechts verschoben.

Zellen und Zellinhalte löschen :

Diese Mausaktion hat die gleiche Wirkung wie der Befehl ***BEARBEITEN*** / *INHALTE LÖSCHEN* / ***FORMELN***.

Markieren Sie die zu löschenden Zellen und zeigen Sie mit dem Mauszeiger auf den Anfasser in der rechten unteren Ecke der Markierung - er verwandelt seine Form in ein Kreuz - und ziehen Sie den Anfasser mit gedrückter Maustaste ins Innere der Markie-

MAUSAKTIONEN

rung. So weit, wie Sie die Maus ins Innere der Markierung gezogen haben, werden die Zellen grau schraffiert dargestellt und gelöscht, sobald Sie die Maustaste loslassen.

	A	B	C	D	E	F	G	H	I	
12	Kd-Nr	Name	Vorname	PLZ	Ort	Straße	Rechnung	Gutschrift	Saldo	Bo
13	B1000	Bauer	Christa	30333	Hannover	Querstr. 32	150	50	-100	
14	D1000	Meier			Hannover	Talstr. 7	500	0	-500	
15	B2000	Schirm			Hannover	Domweg 9	220	100	-120	
16	C1000	Müller			München	Mondstr. 8	650	0	-650	
17	D2000	Bauer	Karl	80337	München	Maistr. 20	270	300	30	
18	E1000	Thal	Otto	70733	Weindorf	Waldweg 5	43	0	-43	

Halten Sie bei dem Vorgang die [Strg]-Taste gedrückt, so hat die Aktion dieselbe Wirkung, wie der Befehl ***BEARBEITEN*** / *INHALTE LÖSCHEN* / ***ALLES***.

Halten Sie bei dem Vorgang die [⇧]-Taste gedrückt, so hat die Aktion dieselbe Wirkung, wie der Befehl ***BEARBEITEN*** / *ZELLEN LÖSCHEN*. Haben Sie die Maus beispielsweise nach links gezogen, so sehen Sie ein senkrechtes Doppelpfeilsymbol und die Nachbarzellen rücken nach dem Loslassen der Maustaste von rechts nach. Haben Sie die Maus nach oben gezogen, so sehen Sie ein waagrechts Doppelpfeilsymbol und die Nachbarzellen rücken nach dem Loslassen der Maustaste von unten nach.

	A	B	C	D	E	F	G	H	I	
12	Kd-Nr	Name	Vorname	PLZ	Ort	Straße	Rechnung	Gutschrift	Saldo	Bo
13	B1000	Bauer	Christa	30333	Hannover	Querstr. 32	150	50	-100	
14	D1000				Hannover	Talstr. 7	500	0	-500	
15	B2000				Hannover	Domweg 9	220	100	-120	
16	C1000				München	Mondstr. 8	650	0	-650	
17	D2000	Bauer	Karl	80337	München	Maistr. 20	270	300	30	
18	E1000	Thal	Otto	70733	Weindorf	Waldweg 5	43	0	-43	

	A	B	C	D	E	F	G	H	I
12	Kd-Nr	Name	Vorname	PLZ	Ort	Straße	Rechnung	Gutschrift	Saldo
13	B1000	Bauer	Christa	30333	Hannover	Querstr. 32	150	50	-10
14	D1000	Hannover	Talstr. 7	500	0	-500	10		
15	B2000	Hannover	Domweg 9	220	100	-120	0		
16	C1000	München	Mondstr. 8	650	0	-650	20		
17	D2000	Bauer	Karl	80337	München	Maistr. 20	270	300	3
18	E1000	Thal	Otto	70733	Weindorf	Waldweg 5	43	0	-4

Schnell und einfach können Sie auf diese Weise auch ganze Zeilen oder Spalten

MAUSAKTIONEN

löschen! Haben Sie ganze Zeilen markiert, so befindet sich der Anfasser in der *linken* unteren Ecke der Markierung, haben Sie ganze Spalten markiert, so befindet sich der Anfasser in der rechten *oberen* Ecke der Markierung.

	A	B	C	D	E	F	G	H	I	
12	*Kd-Nr*	*Name*	*Vorname*	*PLZ*	*Ort*	*Straße*	*Rechnung*	*Gutschrift*	*Saldo*	*Bo*
13	B1000	Bauer	Christa	30333	Hannover	Querstr. 32	150	50	-100	
14	D1000	Meier	Erna	30444	Hannover	Talstr. 7	500	0	-500	
15	[illegible]	[illegible]	[illegible]	[illegible]	[illegible]	[illegible]	[illegible]	[illegible]	[illegible]	
16	[illegible]	[illegible]	[illegible]	[illegible]	[illegible]	[illegible]	[illegible]	[illegible]	[illegible]	
17	D2000	Bauer	Karl	80337	München	Maistr. 20	270	300	30	
18	E1000	Thal	Otto	70733	Weindorf	Waldweg 5	43	0	-43	

	A	B	C	D	E	F	G	H	I	
12	*Kd-Nr*	*Name*	*Vorname*	*PLZ*	*Ort*	*Straße*	*Rechnung*	*Gutschrift*	*Saldo*	*Bo*
13	B1000	Bauer	Christa	30333	Hannover	Querstr. 32	150	50	-100	
14	D1000	Meier	Erna	30444	Hannover	Talstr. 7	500	0	-500	
15	D2000	Bauer	Karl	80337	München	Maistr. 20	270	300	30	
16	E1000	Thal	Otto	70733	Weindorf	Waldweg 5	43	0	-43	

Zellen einfügen :

Diese Mausaktion hat die gleiche Wirkung wie der Befehl ***EINFÜGEN*** / *ZELLEN*.

Das Prinzip ist dasselbe, wie bei der Mausaktion zum Löschen von Zellen, d.h. Sie ziehen den Anfasser bei gedrückter ⇧-Taste in die Richtung, wo Zellen eingefügt werden sollen - nur ziehen Sie diesmal nicht ins Innere der Markierung, sondern über die Markierung hinaus.

Um Zellen oberhalb von der Markierung einzufügen, ziehen Sie den Anfasser so weit nach oben über die Markierung hinaus, wie Zellen eingefügt werden sollen:

	A	B	C	D	E	F	G	H	I	
12	*Kd-Nr*	*Name*	*Vorname*	*PLZ*	*Ort*	*Straße*	*Rechnung*	*Gutschrift*	*Saldo*	*Bo*
13	B1000	Bauer	Christa	30333	Hannover	Querstr. 32	150	50	-100	
14	D1000	Meier	Erna	30444	Hannover	Talstr. 7	500	0	-500	
15	B2000	Schirm	Karla	30700	Hannover	Domweg 9	220	100	-120	
16	C1000	Müller	Egon	80800	München	Mondstr. 8	650	0	-650	
17	D2000	Bauer	Karl	80337	München	Maistr. 20	270	300	30	
18	E1000	Thal	Otto	70733	Weindorf	Waldweg 5	43	0	-43	

MAUSAKTIONEN

Ergebnis:

	A	B	C	D	E	F	G	H	I	
12	*Kd-Nr*	*Name*	*Vorname*	*PLZ*	*Ort*	*Straße*	*Rechnung*	*Gutschrift*	*Saldo*	*Bo*
13	B1000	Bauer	Christa	30333			150	50	-100	
14	D1000	Meier	Erna	30444			500	0	-500	
15	B2000	Schirm	Karla	30700	Hannover	Querstr. 32	220	100	-120	
16	C1000	Müller	Egon	80800	Hannover	Talstr. 7	650	0	-650	
17	D2000	Bauer	Karl	80337	Hannover	Domweg 9	270	300	30	
18	E1000	Thal	Otto	70733	München	Mondstr. 8	43	0	-43	
19					München	Maistr. 20				
20					Weindorf	Waldweg 5				

Um Zellen unterhalb/ links/ rechts von der Markierung zu löschen, ziehen Sie den Anfasser mit gedrückter Maustaste so weit nach unten/ links/ rechts über die Markierung hinaus, wie Zellen eingefügt werden sollen.

Auf dieselbe Weise können Sie - wie beim Löschen von Zellen - auch wiederum ganze Zeilen oder Spalten einfügen.

	A	B	C	D	E	F	G	H	I	
12	*Kd-Nr*	*Name*	*Vorname*	*PLZ*	*Ort*	*Straße*	*Rechnung*	*Gutschrift*	*Saldo*	*Bo*
13	B1000	Bauer	Christa	30333	Hannover	Querstr. 32	150	50	-100	
14	D1000	Meier	Erna	30444	Hannover	Talstr. 7	500	0	-500	
15	B2000	Schirm	Karla	30700	Hannover	Domweg 9	220	100	-120	
16	C1000	Müller	Egon	80800	München	Mondstr. 8	650	0	-650	
17	D2000	Bauer	Karl	80337	München	Maistr. 20	270	300	30	
18	E1000	Thal	Otto	70733	Weindorf	Waldweg 5	43	0	-43	

	A	B	C	D	E	F	G	H	I	
12	*Kd-Nr*	*Name*	*Vorname*	*PLZ*	*Ort*		*Straße*	*Rechnung*	*Gutschrift*	*Sa*
13	B1000	Bauer	Christa	30333	Hannover		Querstr. 32	150	50	
14	D1000	Meier	Erna	30444	Hannover		Talstr. 7	500	0	
15	B2000	Schirm	Karla	30700	Hannover		Domweg 9	220	100	
16	C1000	Müller	Egon	80800	München		Mondstr. 8	650	0	
17	D2000	Bauer	Karl	80337	München		Maistr. 20	270	300	
18	E1000	Thal	Otto	70733	Weindorf		Waldweg 5	43	0	

ÜBERSICHT TABELLENFUNKTIONEN

Mathematische und trigonometrische Funktionen :

ABRUNDEN	Rundet eine Zahl auf Anzahl_Stellen ab.
ABS	Liefert den Absolutwert einer Zahl.
ARCCOSHYP	Liefert den umgekehrten hyperbolischen Kosinus einer Zahl.
ARCCOS	Liefert den Arkuskosinus einer Zahl.
ARCSINHYP	Liefert den umgekehrten hyperbolischen Sinus einer Zahl.
ARCSIN	Liefert den Arkussinus einer Zahl.
ARCTAN2	Liefert den Arkustangens ausgehend von einer x- und einer y-Koordinate.
ARCTANHYP	Liefert den umgekehrten hyperbolischen Tangens einer Zahl.
ARCTAN	Liefert den Arkustangens einer Zahl.
AUFRUNDEN	Rundet eine Zahl auf Anzahl_Stellen auf.
COSHYP	Liefert den hyperbolischen Kosinus einer Zahl.
COS	Liefert den Kosinus einer Zahl.
EXP	Potenziert die Basis e mit der als Argument angegebenen Zahl.
FAKULTÄT	Liefert die Fakultät einer Zahl.
GANZZAHL	Rundet eine Zahl auf die nächstkleinere ganze Zahl ab.
GERADE	Rundet eine Zahl auf die nächste gerade ganze Zahl.
GGT	Liefert den größten gemeinsamen Teiler.
GRAD	Wandelt Bogenmaß (Radiant) in Grad um.
KGV	Liefert das kleinste gemeinsame Vielfache.
KOMBINATIONEN	Liefert die Anzahl der Kombinationen ohne Wiederholung von k Elementen aus einer Menge von n Elementen.
KÜRZEN	Schneidet die Kommastellen einer Zahl ab, das Ergebnis ist eine ganze Zahl.
LN	Liefert den natürlichen Logarithmus einer Zahl.
LOG10	Liefert den Logarithmus einer Zahl zur Basis 10.
LOG	Liefert den Logarithmus einer Zahl zu der angegebenen Basis.
MDET	Liefert die Determinante einer Matrix.

ÜBERSICHT TABELLENFUNKTIONEN

MINV	Liefert die Inverse einer Matrix (die zu einer Matrix gehörende Kehrmatrix).
MMULT	Liefert das Produkt zweier Matrizen.
OBERGRENZE	Rundet eine Zahl betragsmäßig auf das kleinste Vielfache eines Wertes auf.
PI	Liefert den Wert pi.
POLYNOMIAL	Liefert den Polynomialkoeffizienten einer Gruppe von Zahlen.
POTENZREIHE	Liefert die Summe von Potenzen (zur Berechnung von Potenzreihen und dichotomen Wahrscheinlichkeiten).
POTENZ	Liefert als Ergebnis eine potenzierte Zahl.
PRODUKT	Multipliziert die Argumente.
QUADRATESUMME	Summiert die quadrierten Argumente.
QUOTIENT	Liefert den ganzzahligen Anteil einer Division.
RADIANT	Wandelt Grad in Bogenmaß (Radiant) um.
REST	Liefert den Rest einer Division.
RÖMISCH	Wandelt eine arabische Zahl in eine römische Zahl als Text um.
RUNDEN	Rundet eine Zahl auf eine bestimmte Anzahl an Dezimalstellen.
SINHYP	Liefert den hyperbolischen Sinus einer Zahl.
SIN	Liefert den Sinus einer Zahl.
SUMMENPRODUKT	Multipliziert die sich entsprechenden Komponenten der angegebenen Matrizen und gibt die Summe dieser Produkte zurück.
SUMMEWENN	Addiert Zahlen, die mit den Suchkriterien übereinstimmen.
SUMMEX2MY2	Summiert für zusammengehörige Komponenten zweier Matrizen die Differenzen der Quadrate.
SUMMEX2PY2	Summiert für zusammengehörige Komponenten zweier Matrizen die Summen der Quadrate.
SUMME	Summiert die Argumente.
SUMMEXMY2	Summiert für zusammengehörige Komponenten zweier Matrizen die quadrierten Differenzen.
TANHYP	Liefert den hyperbolischen Tangens einer Zahl.
TAN	Liefert den Tangens einer Zahl.

ÜBERSICHT TABELLENFUNKTIONEN

UNGERADE	Rundet eine Zahl auf die nächste ungerade ganze Zahl.
UNTERGRENZE	Rundet eine Zahl betragsmäßig auf das größte Vielfache eines Wertes ab.
VORZEICHEN	Liefert das Vorzeichen einer Zahl.
VRUNDEN	Liefert eine auf das gewünschte Vielfache gerundete Zahl.
WURZELPI	Liefert die Wurzel aus einer mit Pi multiplizierten Zahl.
WURZEL	Liefert die Quadratwurzel einer Zahl.
ZÄHLENWENN	Zählt die nichtleeren Zellen eines Bereichs, deren Inhalte mit den Suchkriterien übereinstimmen.
ZUFALLSBEREICH	Liefert eine ganze Zufallszahl aus dem festgelegten Bereich.
ZUFALLSZAHL	Liefert eine Zufallszahl zwischen 0 und 1.
ZWEIFAKULTÄT	Liefert die Fakultät zu einer Zahl mit der Schrittlänge 2.

Logische Funktionen :

FALSCH	Liefert den Wahrheitswert FALSCH.
NICHT	Negiert den Wert eines Argumentes.
ODER	Liefert WAHR, wenn eines der angegebenen Argumente wahr ist.
UND	Liefert WAHR, wenn alle angegebenen Argumente WAHR sind.
WAHR	Liefert den Wahrheitswert WAHR.
WENN	Gibt eine Wahrheitsprüfung an, die durchgeführt werden soll.

Textfunktionen :

CODE	Liefert die Codezahl des Zeichensatzes von dem ersten Zeichens in einem Text.
DM	Wandelt eine Zahl in einen Text im Währungsformat um.
ERSETZEN	Ersetzt eine bestimmte Anzahl Zeichen ab einer bestimmten Stelle innerhalb eines Textes.
FEST	Formatiert eine Zahl als Text mit einer festen Anzahl an Nachkommastellen.

ÜBERSICHT TABELLENFUNKTIONEN

FINDEN	Sucht eine Zeichenfolge innerhalb einer anderen (Groß-/ Kleinschreibung wird beachtet).
GLÄTTEN	Löscht Leerzeichen in einem Text.
GROSS2	Wandelt den ersten Buchstaben aller Wörter einer Zeichenfolge in Großbuchstaben um.
GROSS	Wandelt einen Text in Großbuchstaben um.
IDENTISCH	Prüft, ob zwei Zeichenfolgen identisch sind.
KLEIN	Wandelt einen Text in Kleinbuchstaben um.
LÄNGE	Liefert die Anzahl der Zeichen einer Zeichenfolge.
LINKS	Liefert die äußeren linken Zeichen einer Zeichenfolge.
RECHTS	Liefert die äußeren rechten Zeichen einer Zeichenfolge.
SÄUBERN	Löscht alle nicht druckbaren Zeichen aus einem Text.
SUCHEN	Sucht eine Zeichenfolge innerhalb einer anderen (Groß-/ Kleinschreibung wird nicht beachtet).
TEIL	Liefert eine bestimmte Anzahl Zeichen einer Zeichenfolge ab der von Ihnen bestimmten Stelle.
TEXT	Formatiert eine Zahl und wandelt sie in einen Text um.
T	Wandelt die Funktionsargumente in Text um.
VERKETTEN	Verknüpft einzelne Textelemente zu einer Zeichenkette.
WECHSELN	Tauscht einen alten Text durch einen neuen Text in einer Zeichenfolge aus.
WERT	Wandelt ein als Text angegebenes Argument in eine Zahl um.
WIEDERHOLEN	Wiederholt einen Text sooft wie angegeben.
ZEICHEN	Liefert das der Codezahl entsprechende Zeichen.

Datums- und Zeitfunktionen :

ARBEITSTAG	Liefert die serielle Zahl eines Datums, vor oder nach einer bestimmten Anzahl von Arbeitstagen.

ÜBERSICHT TABELLENFUNKTIONEN

BRTEILJAHRE	Wandelt die Anzahl der ganzen Tage zwischen Ausgangsdatum und Enddatum in Bruchteile von Jahren um.
DATUM	Liefert die serielle Zahl eines Datums.
DATWERT	Wandelt ein als Text vorliegendes Datum in eine serielle Zahl um.
EDATE	Liefert die serielle Zahl des Datums, das eine bestimmte Anzahl von Monaten vor bzw. nach dem Ausgangsdatum liegt.
HEUTE	Liefert die serielle Zahl des heutigen Datums.
JAHR	Wandelt eine serielle Zahl in eine Jahreszahl um.
JETZT	Liefert die serielle Zahl des aktuellen Datums und der aktuellen Uhrzeit.
MINUTE	Wandelt eine serielle Zahl in Minuten um.
MONATSENDE	Liefert die serielle Zahl des letzten Tages des Monats, der eine bestimmte Anzahl von Monaten vor bzw. nach dem Ausgangsdatum liegt.
MONAT	Wandelt eine serielle Zahl in einen Monat um.
NETTOARBEITSTAGE	Liefert die Anzahl der Arbeitstage in einem Zeitintervall.
SEKUNDE	Wandelt eine serielle Zahl in Sekunden um.
STUNDE	Wandelt eine serielle Zahl in Stunden um.
TAGE360	Berechnet, ausgehend von einem Jahr, das 360 Tage umfaßt, die Anzahl der zwischen zwei Tagesdaten liegenden Tage.
TAG	Wandelt eine serielle Zahl in einen Tag des Monats um.
WOCHENTAG	Wandelt eine serielle Zahl in einen Wochentag um.
ZEITWERT	Wandelt eine als Text vorliegende Zeitangabe in eine serielle Zahl um.
ZEIT	Liefert die serielle Zahl einer bestimmten Uhrzeit.

Datenbankfunktionen :

DBANZAHL2	Zählt die Zellen einer Datenbank, deren Inhalte mit den Suchkriterien übereinstimmen und die nicht leer sind.
DBANZAHL	Zählt die Zellen einer Datenbank, deren Inhalte mit den Suchkriterien übereinstimmen.

ÜBERSICHT TABELLENFUNKTIONEN

DBAUSZUG	Liefert den Datensatz in einer Datenbank, der mit den angegebenen Suchkriterien übereinstimmt.
DBMAX	Liefert den größten Wert aus den ausgewählten Datenbankeinträgen, die mit den angegebenen Suchkriterien übereinstimmen.
DBMIN	Liefert den kleinsten Wert aus den ausgewählten Datenbankeinträgen, die mit den angegebenen Suchkriterien übereinstimmen.
DBMITTELWERT	Liefert den Mittelwert aus den ausgewählten Datenbankeinträgen, die mit den angegebenen Suchkriterien übereinstimmen.
DBPRODUKT	Multipliziert alle Werte der ausgewählten Datenbankeinträge, die mit den Suchkriterien übereinstimmen.
DBSTDABWN	Berechnet die Standardabweichung, ausgehend von der Grundgesamtheit aus bestimmten Datenbankeinträgen, die mit den Suchkriterien übereinstimmen.
DBSTDABW	Schätzt die Standardabweichung, ausgehend von einer Stichprobe aus bestimmten Datenbankeinträgen, die mit den Suchkriterien übereinstimmen.
DBSUMME	Summiert alle Werte der ausgewählten Datenbankeinträge, die mit den Suchkriterien übereinstimmen.
DBVARIANZEN	Berechnet die Varianz, ausgehend von der Grundgesamtheit aus bestimmten Datenbankeinträgen, die mit den Suchkriterien übereinstimmen.
DBVARIANZ	Schätzt die Varianz, ausgehend von einer Stichprobe aus bestimmten Datenbankeinträgen, die mit den Suchkriterien übereinstimmen.
SQL.REQUEST	Fordert eine Verbindung an und führt eine SQL-Abfrage aus.

Finanzmathematische Funktionen :

AMORDEGRK	Liefert den für eine Abrechnungsperiode anzusetzenden Abschreibungsbetrag auf Basis des französischen Buchführungssystems.
AMORLINEARK	Liefert den für eine Abrechnungsperiode anzusetzenden Abschreibungsbetrag auf Basis des französischen Buchführungssystems.
AUFGELZINSF	Liefert die aufgelaufenen Zinsen (Stückzinsen) eines Wertpapiers, die bei Fälligkeit ausgezahlt werden.
AUFGELZINS	Liefert die aufgelaufenen Zinsen (Stückzinsen) eines Wertpapiers mit periodischen Zinszahlungen.

ÜBERSICHT TABELLENFUNKTIONEN

AUSZAHLUNG	Liefert den Auszahlungsbetrag eines voll investierten Wertpapiers am Fälligkeitstermin.
BW	Liefert den Barwert einer Investition.
DIA	Liefert die arithmetisch-degressive Abschreibung eines Wirtschaftsgutes für eine bestimmte Periode.
DISAGIO	Liefert den in Prozent ausgedrückten Abschlag (Disagio) eines Wertpapiers.
DURATION	Liefert die jährliche Duration eines Wertpapiers mit periodischen Zinszahlungen.
EFFEKTIV	Liefert die jährliche Effektivverzinsung.
GDA2	Liefert die geometrisch-degressive Abschreibung eines Wirtschaftsgutes für eine bestimmte Periode.
GDA	Liefert die degressive Doppelraten-Abschreibung eines Wirtschaftsgutes für eine bestimmte Periode.
IKV	Liefert den internen Zinsfuß einer Investition ohne Finanzierungskosten oder Reinvestitionsgewinne.
KAPZ	Liefert die Kapitalrückzahlung einer Investition für die angegebene Periode.
KUMKAPITAL	Berechnet die aufgelaufene Tilgung eines Darlehens, die zwischen zwei Perioden zu zahlen ist.
KUMZINSZ	Berechnet die kumulierten Zinsen, die zwischen zwei Perioden zu zahlen sind.
KURSDISAGIO	Liefert den Kurs pro 100 DM Nennwert eines unverzinslichen Wertpapiers.
KURSFÄLLIG	Liefert den Kurs pro 100 DM Nennwert eines Wertpapiers, das Zinsen am Fälligkeitsdatum auszahlt.
KURS	Liefert den Kurs pro 100 DM Nennwert eines Wertpapiers, das periodisch Zinsen auszahlt.
LIA	Liefert die lineare Abschreibung eines Wirtschaftsgutes pro Periode.
MDURATION	Liefert die modifizierte Macauley-Duration eines Wertpapiers mit 100 DM Nennwert
NBW	Liefert den Nettobarwert (Kapitalwert) einer Investition auf Basis eines Abzinsungsfaktors für eine Reihe periodischer Zahlungen.
NOMINAL	Liefert die jährliche Nominalverzinsung.
NOTIERUNGBRU	Konvertiert eine Notierung in dezimaler Schreibweise in einen gemischten Dezimalbruch.

ÜBERSICHT TABELLENFUNKTIONEN

NOTIERUNGDEZ	Konvertiert eine Notierung, die als Dezimalbruch ausgedrückt wurde, in eine Dezimalzahl.
QIKV	Liefert einen modifizierten internen Zinsfuß, bei dem positive und negative Cashflows mit unterschiedlichen Zinssätzen finanziert werden.
RENDITEDIS	Liefert die jährliche Rendite eines unverzinslichen Wertpapiers. Beispielsweise ein Schatzwechsel (Treasury Bill).
RENDITEFÄLL	Liefert die jährliche Rendite eines Wertpapiers, das Zinsen am Fälligkeitsdatum auszahlt.
RENDITE	Liefert die Rendite eines Wertpapiers, das periodisch Zinsen auszahlt.
RMZ	Liefert die konstante Zahlung einer Annuität pro Periode.
TBILLÄQUIV	Rechnet die Verzinsung eines Schatzwechsels (Treasury Bill) in die für Anleihen übliche einfache jährliche Verzinsung um.
TBILLKURS	Liefert den Kurs pro 100 DM Nennwert eines Schatzwechsels (Treasury Bill).
TBILLRENDITE	Liefert die Rendite eines Schatzwechsels (Treasury Bill).
UNREGER.KURS	Liefert den Kurs pro 100 DM Nennwert eines Wertpapiers mit einem unregelmäßigen ersten Zinstermin.
UNREGER.REND	Liefert die Rendite eines Wertpapiers mit einem unregelmäßigen ersten Zinstermin.
UNREGLE.KURS	Liefert den Kurs pro 100 DM Nennwert eines Wertpapiers mit einem unregelmäßigen letzten Zinstermin.
UNREGLE.REND	Liefert die Rendite eines Wertpapiers mit einem unregelmäßigen letzten Zinstermin.
VDB	Liefert die degressive Doppelraten-Abschreibung eines Wirtschaftsgutes für eine bestimmte Periode oder Teilperiode.
XINTZINSFUSS	Liefert den internen Zinsfuß einer Reihe nicht periodisch anfallender Zahlungen.
XKAPITALWERT	Liefert den Nettobarwert (Kapitalwert) einer Reihe nicht periodisch anfallender Zahlungen.
ZINSSATZ	Liefert den Zinssatz eines voll investierten Wertpapiers.
ZINSTERMNZ	Liefert das Datum des ersten Zinstermins nach dem Abrechnungstermin.
ZINSTERMTAGE	Liefert die Anzahl der Tage der Zinsperiode, die den Abrechnungstermin einschließt.

ÜBERSICHT TABELLENFUNKTIONEN

ZINSTERMTAGNZ	Liefert die Anzahl der Tage vom Abrechnungstermin bis zum nächsten Zinstermin.
ZINSTERMTAGVA	Liefert die Anzahl der Tage vom Anfang des Zinstermins bis zum Abrechnungstermin.
ZINSTERMVZ	Liefert das Datum des letzten Zinstermins vor dem Abrechnungstermin.
ZINSTERMZAHL	Liefert die Anzahl der Zinstermine zwischen Abrechnungs- und Fälligkeitdatum.
ZINS	Liefert den Zinssatz einer Annuität pro Periode.
ZINSZ	Liefert die Zinszahlung einer Investition für die angegebene Periode.
ZW2	Liefert den aufgezinsten Wert des Anfangskapitals für eine Reihe periodisch unterschiedlicher Zinssätze.
ZW	Liefert den zukünftigen Wert (Endwert) einer Investition.
ZZR	Liefert die Anzahl der Zahlungsperioden einer Investition.

Statistische Funktionen :

ACHSENABSCHNITT	Liefert den Schnittpunkt der Regressionsgeraden.
ANZAHL2	Berechnet, wie viele Werte eine Liste von Argumenten enthält.
ANZAHL	Berechnet, wie viele Zahlen eine Liste von Argumenten enthält.
BESTIMMTHEITSMASS	Liefert das Quadrat des Pearsonschen Korrelationskoeffizienten.
BETAINV	Liefert Quantile der Betaverteilung.
BETAVERT	Liefert Werte der Verteilungsfunktion einer betaverteilten Zufallsvariablen.
BINOMVERT	Liefert Wahrscheinlichkeiten einer binomialverteilten Zufallsvariablen.
CHIINV	Liefert Quantile der Chi-Quadrat-Verteilung.
CHITEST	Liefert die Teststatistik eines Chi-Quadrat-Unabhängigkeitstests.
CHIVERT	Liefert Werte der Verteilungsfunktion (1-Alpha) einer Chi-Quadrat-verteilten Zufallsgröße.
EXPONVERT	Liefert Wahrscheinlichkeiten einer exponentialverteilten Zufallsvariablen.
FINV	Liefert Quantile der F-Verteilung.
FISHERINV	Liefert die Umkehrung der Fisher-Transformation.

ÜBERSICHT TABELLENFUNKTIONEN

FISHER	Liefert die Fisher-Transformation.
FTEST	Liefert die Teststatistik eines F-Tests.
FVERT	Liefert Werte der Verteilungsfunktion (1-Alpha) einer F-verteilten Zufallsvariablen.
GAMMAINV	Liefert Quantile der Gammaverteilung.
GAMMALN	Liefert den natürlichen Logarithmus der Gammafunktion, G(x).
GAMMAVERT	Liefert Wahrscheinlichkeiten einer Gammaverteilten Zufallsvariablen.
GEOMITTEL	Liefert das geometrische Mittel.
GESTUTZTMITTEL	Liefert den Mittelwert einer Datengruppe, ohne seine Werte an den Rändern.
GTEST	Liefert die zweiseitige Prüfstatistik für einen Gausstest (Normalverteilung).
HARMITTEL	Liefert das harmonische Mittel.
HÄUFIGKEIT	Liefert eine Häufigkeitsverteilung als einspaltige Matrix.
HYPGEOMVERT	Liefert Wahrscheinlichkeiten einer hypergeometrisch-verteilten Zufallsvariablen.
KGRÖSSTE	Liefert den k-größten Wert einer Datengruppe.
KKLEINSTE	Liefert den k-kleinsten Wert einer Datengruppe.
KONFIDENZ	Ermöglicht die Berechnung des 1-Alpha Konfidenzintervalls für den Erwartungswert einer Zufallsvariablen.
KORREL	Liefert den Korrelationskoeffizient zweier Reihen von Merkmalsausprägungen.
KOVAR	Liefert die Kovarianz, den Mittelwert der für alle Datenpunktpaare gebildeten Produkte der Abweichungen.
KRITBINOM	Liefert den kleinsten Wert, für den die kumulierten Wahrscheinlichkeiten der Binomialverteilung größer oder gleich einer Grenzwahrscheinlichkeit sind.
KURT	Liefert die Kurtosis (Exzeß) einer Datengruppe.
LOGINV	Liefert Quantile der Lognormalverteilung.
LOGNORMVERT	Liefert Werte der Verteilungsfunktion einer lognormalverteilten Zufallsvariablen.
MAX	Liefert den größten Wert innerhalb einer Argumentliste.
MEDIAN	Liefert den Median der angegebenen Zahlen.
MIN	Liefert den kleinsten Wert innerhalb einer Argumentliste.

ÜBERSICHT TABELLENFUNKTIONEN

MITTELABW	Liefert die durchschnittliche absolute Abweichung einer Reihe von Merkmalsausprägungen und ihrem Mittelwert.
MITTELWERT	Liefert den Mittelwert der Argumente.
MODALWERT	Liefert den häufigsten Wert einer Datengruppe.
NEGBINOMVERT	Liefert Wahrscheinlichkeiten einer negativbinomialverteilten Zufallsvariablen.
NORMINV	Liefert Quantile der Normalverteilung.
NORMVERT	Liefert Wahrscheinlichkeiten einer normalverteilten Zufallsvariablen.
PEARSON	Liefert den Pearsonschen Korrelationskoeffizienten.
POISSON	Liefert Wahrscheinlichkeiten einer Poissonverteilten Zufallsvariablen.
QUANTILSRANG	Liefert den prozentualen Rang (Alpha) eines Wertes.
QUANTIL	Liefert das Alpha-Quantil einer Gruppe von Daten.
QUARTILE	Liefert die Quartile der Datengruppe.
RANG	Liefert den Rang, den eine Zahl innerhalb einer Liste von Zahlen einnimmt.
RGP	Liefert die Parameter eines linearen Trends.
RKP	Liefert die Parameter eines exponentiellen Trends.
SCHÄTZER	Liefert den Schätzwert für einen linearen Trend.
SCHIEFE	Liefert die Schiefe einer Verteilung.
STABWN	Berechnet die Standardabweichung ausgehend von der Grundgesamtheit.
STABW	Schätzt die Standardabweichung ausgehend von einer Stichprobe.
STANDARDISIERUNG	Liefert den standardisierten Wert.
STANDNORMINV	Liefert Quantile der Standardnormalverteilung.
STANDNORMVERT	Liefert Werte der Verteilungsfunktion einer standardnormalverteilten Zufallsvariablen.
STEIGUNG	Liefert die Steigung der Regressionsgeraden.
STFEHLERYX	Liefert den Standardfehler der geschätzten y-Werte für alle x-Werte der Regression.
SUMQUADABW	Liefert die Summe der quadrierten Abweichungen.
TINV	Liefert Quantile der t-Verteilung.

ÜBERSICHT TABELLENFUNKTIONEN

TREND	Liefert Werte, die sich aus einem linearen Trend ergeben.
TTEST	Liefert die Teststatistik eines Student'schen t-Tests.
TVERT	Liefert Werte der Verteilungsfunktion (1-Alpha) einer (Student) t-verteilten Zufallsvariablen.
VARIANZEN	Berechnet die Varianz, ausgehend von der Grundgesamtheit.
VARIANZ	Schätzt die Varianz, ausgehend von einer Stichprobe.
VARIATIONEN	Liefert die Anzahl der Möglichkeiten, um k Elemente aus einer Menge von n Elementen ohne Zurücklegen zu ziehen.
VARIATION	Liefert Werte, die sich aus einem exponentiellen Trend ergeben.
WAHRSCHBEREICH	Liefert die Wahrscheinlichkeit für ein von zwei Werten eingeschlossenes Intervall.
WEIBULL	Liefert Wahrscheinlichkeiten einer Weibullverteilten Zufallsvariablen.

Matrixfunktionen :

ADRESSE	Liefert einen Bezug auf eine Zelle einer Tabelle als Text.
BEREICH.VERSCHIEBEN	Liefert einen Bezug, der gegenüber dem angegebenen Bezug versetzt ist.
BEREICHE	Liefert die Anzahl der innerhalb eines Bezuges aufgeführten Bereiche.
INDEX	Verwendet einen Index, um aus einem Bezug oder einer Matrix einen Wert zu wählen.
INDIREKT	Liefert den Bezug eines Textwertes.
MTRANS	Liefert die transponierte Matrix der angegebenen Matrix.
SPALTEN	Liefert die Anzahl der Spalten eines Bezuges.
SPALTE	Liefert die Spaltennummer eines Bezuges.
SVERWEIS	Durchsucht die erste Spalte einer Matrix und durchläuft die Zeile nach rechts, um den Wert einer Zelle zurückzugeben.
VERGLEICH	Sucht Werte innerhalb eines Bezuges oder einer Matrix.
VERWEIS	Durchsucht die Werte eines Vektors oder einer Matrix.
WAHL	Wählt einen Wert aus einer Liste von Werten.

ÜBERSICHT TABELLENFUNKTIONEN

WVERWEIS	Durchsucht die erste Zeile einer Matrix und durchläuft die Spalte nach unten, um den Wert einer Zelle zurückzugeben.
ZEILEN	Liefert die Anzahl der Zeilen eines Bezuges.
ZEILE	Liefert die Zeilennummer eines Bezuges.

Technische Funktionen :

BESSELI	Liefert die modifizierte Besselfunktion In(x).
BESSELJ	Liefert die Besselfunktion Jn(x).
BESSELK	Liefert die modifizierte Besselfunktion Kn(x).
BESSELY	Liefert die Besselfunktion Yn(x).
BININDEZ	Wandelt eine binäre Zahl (Dualzahl) in eine dezimale Zahl um.
BININHEX	Wandelt eine binäre Zahl (Dualzahl) in eine hexadezimale Zahl um.
BININOKT	Wandelt eine binäre Zahl (Dualzahl) in eine oktale Zahl um.
DELTA	Überprüft, ob zwei Werte gleich sind.
DEZINBIN	Wandelt eine dezimale Zahl in eine binäre Zahl (Dualzahl) um.
DEZINHEX	Wandelt eine dezimale Zahl in eine hexadezimale Zahl um.
DEZINOKT	Wandelt eine dezimale Zahl in eine oktale Zahl um.
GAUSSFEHLER	Liefert die Gauss'sche Fehlerfunktion.
GAUSSFKOMPL	Liefert das Komplement zur Gauss'schen Fehlerfunktion.
GGANZZAHL	Überprüft, ob eine Zahl größer als ein gegebener Schwellenwert ist.
HEXINBIN	Wandelt eine hexadezimale Zahl in eine binäre Zahl (Dualzahl) um.
HEXINDEZ	Wandelt eine hexadezimale Zahl in eine dezimale Zahl um.
HEXINOKT	Wandelt eine hexadezimale Zahl in eine oktale Zahl um.
IMABS	Liefert den Absolutbetrag (Modul) einer komplexen Zahl.
IMAGINÄRTEIL	Liefert den Imaginärteil einer komplexen Zahl.
IMAPOTENZ	Potenziert eine komplexe Zahl mit einer ganzen Zahl.

ÜBERSICHT TABELLENFUNKTIONEN

IMARGUMENT	Liefert den Winkel im Bogenmaß zur Darstellung der komplexen Zahl in trigonometrischer Schreibweise.
IMCOS	Liefert den Kosinus einer komplexen Zahl.
IMDIV	Liefert den Quotient zweier komplexer Zahlen.
IMEXP	Liefert die algebraische Form einer in exponentieller Schreibweise vorliegenden komplexen Zahl.
IMKONJUGIERTE	Liefert die konjugiert komplexe Zahl zu einer komplexen Zahl.
IMLN	Liefert den natürlichen Logarithmus einer komplexen Zahl.
IMLOG10	Liefert den Logarithmus einer komplexen Zahl zur Basis 10.
IMLOG2	Liefert den Logarithmus einer komplexen Zahl zur Basis 2.
IMPRODUKT	Liefert das Produkt komplexer Zahlen.
IMREALTEIL	Liefert den Realteil einer komplexen Zahl.
IMSIN	Liefert den Sinus einer komplexen Zahl.
IMSUB	Liefert die Differenz zweier komplexer Zahlen.
IMSUMME	Liefert die Summe komplexer Zahlen.
IMWURZEL	Liefert die Qudratwurzel einer komplexen Zahl.
KOMPLEXE	Wandelt den Real- und Imaginärteil in eine komplexe Zahl um.
OKTINBIN	Wandelt eine oktale Zahl in eine binäre Zahl (Dualzahl) um.
OKTINDEZ	Wandelt eine oktale Zahl in eine dezimale Zahl um.
OKTINHEX	Wandelt eine oktale Zahl in eine hexadezimale Zahl um.
UMWANDELN	Wandelt eine Zahl von einem Maßsystem in ein anderes um.
WURZELPI	Liefert die Wurzel aus der mit Pi multiplizierten Zahl.

Informationsfunktionen :

ANZAHLLEEREZELLEN	Zählt die leeren Zellen in einem Zellbereich.
FEHLER.TYP	Liefert eine Zahl entsprechend dem vorliegenden Fehlertyp.
INFO	Liefert Informationen zu der aktuellen Betriebssystemumgebung.

ÜBERSICHT TABELLENFUNKTIONEN

ISTBEZUG	Liefert WAHR, wenn ein Wert ein Bezug ist.
ISTFEHLER	Liefert WAHR, wenn ein Wert ein Fehlerwert ist.
ISTFEHL	Liefert WAHR, wenn ein Wert ein Fehlerwert ungleich #NV ist.
ISTGERADE	Liefert WAHR, wenn eine Zahl gerade ist.
ISTKTEXT	Liefert WAHR, wenn ein Wert ein Element ist, das keinen Text enthält.
ISTLEER	Liefert WAHR, wenn ein Wert eine leere Zelle ist.
ISTLOG	Liefert WAHR, wenn ein Wert ein Wahrheitswert ist.
ISTNV	Liefert WAHR, wenn ein Wert der Fehlerwert #NV ist.
ISTTEXT	Liefert WAHR, wenn ein Wert ein Text ist.
ISTUNGERADE	Liefert WAHR, wenn eine Zahl ungerade ist.
ISTZAHL	Liefert WAHR, wenn ein Wert eine Zahl ist.
NV	Liefert den Fehlerwert #NV.
N	Liefert einen in eine Zahl umgewandelten Wert.
TYP	Liefert eine Zahl, die den Datentyp des angegebenen Wertes anzeigt.
ZELLE	Liefert Informationen zu der Formatierung, der Position oder dem Inhalt einer Zelle.

ÜBERSICHT OPERATOREN

Rechenoperatoren :

+	Addition	/	Division
-	Subtraktion	^	Potenzierung
*	Multiplikation	%	Umrechnung in Prozent
( )	Klammern		

Vergleichsoperatoren :

=	gleich	<>	ungleich
>	größer	<	kleiner
>=	größer oder gleich	<=	kleiner oder gleich

Textoperatoren :

&	Verkettung von Texten

Bezugsoperatoren :

:	Bereichsoperator
;	Vereinigungsoperator
Leerzeichen	Schnittmengenoperator
&	Absoluter Bezug

Beispiele :

A1:B4	Alle Zellen von A1 bis B4
A:A	Alle Zellen der Spalte A
A:C	Alle Zellen der Spalten A bis C
2:2	Alle Zellen der Zeile 2

ÜBERSICHT OPERATOREN

2:5	Alle Zellen der Zeilen 2 bis 5
A1;B4	Die Zellen A1 und B4
A1:B4; B2:C3; D9	Die Zellen von A1 bis B4 und die Zellen B2 bis C3 und die Zelle D9
A1:B4 B2:C3	Die Zellen, die zugleich im Bereich A1 bis B4 und im Bereich B2 bis C3 liegen (Schnittmenge).

Prioritäten der Operatoren :

Excel wertet Formeln in der folgenden Reihenfolge aus (die zuerst angeführten Operatoren haben die höhere Prioriät):

:	Bereichsoperator
Leerzeichen	Schnittmengenoperator
;	Vereinigungsoperator
-	Negation
%	Umrechnung in Prozent
^	Potenzierung
*	Multiplikation und / Division
+	Addition und - Subtraktion
&	Verkettung von Texten
=, <>, >, <, >=, <=	Vergleichsoperatoren

Bei gleicher Priorität wird die Formel von links nach rechts ausgewertet, so ergibt 3*4/2 den Wert 6, während =3*2/4 den Wert 1,5 erzeugt.

Werden Klammern gesetzt, so werden die Zahlen innerhalb der Klammern zuerst ausgewertet.

ZAHLENFORMATE UND PLATZHALTER

Standard-Zahlenformate :

Zahlenformate je Kategorie	1234	-1234	15,55
	Darstellung der Eingaben		
Zahl			
0	1234	-1234	16
0,00	1234,00	-1234,00	15,55
#.##0	1.234	-1.234	16
#.##0,00	1.234,00	-1.234,00	15,55
#.##0_D_M;-#.##0_D_M	1.234	-1.234	16
#.##0_D_M;[Rot]-#.##0_D_M	1.234	-1.234 *	16
#.##0,00_D_M;-#.##0,00_D_M	1.234,00	-1.234,00	15,55
#.##0,00_D_M;[Rot]-#.##0,00_D_M	1.234,00	-1.234,00 *	15,55
Währung			
#.##0 DM;-#.##0 DM	1.234 DM	-1.234 DM	16 DM
#.##0 DM;[Rot]-#.##0 DM	1.234 DM	-1.234 DM *	16 DM
#.##0,00 DM;-#.##0,00 DM	1.234,00 DM	-1.234,00 DM	15,55 DM
#.##0,00 DM;[Rot]-#.##0,00 DM	1.234,00 DM	-1.234,00 DM *	15,55 DM
Buchhaltung			
_-* #.##0 DM_-;-* #.##0 DM_-;_-* "-" DM_-;_-@_-	1.234 DM	- 1.234 DM	16 DM
_-* #.##0 _D_M_-;-* #.##0 _D_M_-;_-* "-" _D_M_-;_-@_-	1.234	- 1.234	16
_-* #.##0,00 DM_-;-* #.##0,00 DM_-;_-* "-"?? DM_-;_-@_-	1.234,00 DM	- 1.234,00 DM	15,55 DM
_-* #.##0,00 _D_M_-;-* #.##0,00 _D_M_-;_-* "-"?? _D_M_-;_-@_-	1.234,00	- 1.234,00	15,55
Wissenschaft			
0,00E+00	1,23E+03	-1,23E+03	1,56E+01
##0,0E+0	1,2E+3	-1,2E+3	15,6E+0
Bruch			
# ?/?	1234	-1234	15 5/9
# ??/??	1234	-1234	15 11/20
Prozent			
0%	123400%	-123400%	1555%
0,00%	123400,00%	-123400,00%	1555,00%
Text			
@	1234	-1234	15,55

* Die wiedergegebenen Zahlen erscheinen original in roter Farbe.

ZAHLENFORMATE UND PLATZHALTER

Standard-Zeitformate :

Format	Eingabe: 34677,9448
Datum	
TT.MM.JJJJ	09.12.1994
TT. MMM JJ	09. Dez 94
TT. MMM	09. Dez
MMM JJ	Dez 94
TT.MM.JJJJ hh:mm	09.12.1994 22:40

Format	Eingabe: 34677,9448
Uhrzeit	
h:mm AM/PM	10:40 PM
h:mm:ss AM/PM	10:40:30 PM
hh:mm	22:40
hh:mm:ss	22:40:30
TT.MM.JJJJ hh:mm	09.12.1994 22:40
mm:ss	40:30
mm:ss,0	40:30,3
[h]:mm:ss	832270:40:30

Platzhalter und Codes

Standard — Standardformat.
Die Zahl wird ohne Zahlenformat-Formatierung angezeigt.

0 — Platzhalter für eine Ziffer.
Hat eine Zahl weniger Ziffern vor oder hinter der Dezimalstelle, als 0-Zeichen im Format angegeben wurden, werden für die zusätzlichen 0-Zeichen Nullen angezeigt.
Hat eine Zahl hinter der Dezimalstelle mehr Stellen als 0-Zeichen im Format angegeben wurden, rundet Microsoft Excel den Wert auf die Anzahl der zur Rechten des Dezimalzeichens angegebenen 0-Zeichen.
Hat eine Zahl vor der Dezimalstelle mehr Stellen als 0-Zeichen im Format angegeben wurden, werden die Ziffern trotzdem angezeigt.

— Platzhalter für eine Ziffer außer für führende Nullen.
Das #-Zeichen hat die gleiche Wirkung wie das 0-Zeichen, nur daß nicht mit Nullen aufgefüllt wird, wenn die Zahl rechts oder links von der Dezimalstelle weniger Ziffern aufweist, als durch die Anzahl von #-Zeichen vorgesehen sind.

? — Platzhalter für eine Ziffer.
Das ?-Zeichen hat die gleiche Wirkung wie das 0-Zeichen, nur daß mit Leerzeichen statt mit Nullen aufgefüllt wird. Hiermit können Dezimalzahlen nach der Dezimalstelle ausgerichtet werden.

. — Tausender-Trennzeichen.
Wird im Format mindestens ein Tausender-Trennzeichen eingefügt, so werden alle Ziffern einer Zahl mit Tausender-Trennzeichen wiedergegeben, auch wenn die Ziffern die Zahl der Platzhalter übersteigen. So wird z.B. die Zahl 1000000 im Format #.### als 1.000.000 wiedergegeben.

ZAHLENFORMATE UND PLATZHALTER

	Werden zwei Punkte hintereinander gesetzt, so wird eine Zahl als Millioneneinheit dargestellt. So wird z.B. die Zahl 10.000.000 mit dem Format 0,0.. als 10,0 angezeigt.
,	Dezimalzeichen. Die Stellung des Kommas entscheidet, wieviele Vor- und Nachkommastellen im Format vorgesehen sind.
/	Bruchstrich. Der Bruchstrich wird angezeigt und veranlaßt Excel außerdem, die Nachkommastellen der Zahl nicht als Dezimalstellen sondern im Bruchformat darzustellen.
%	Prozentzeichen. Microsoft Excel multipliziert mit 100 und fügt das Prozentzeichen hinzu. Am Wert der Zahl ändert sich dadurch - wie bei allen Formaten - nichts.
E- E+ e- e+	Wissenschaftliches Zahlenformat. Die Angabe eines dieser vier Symbole bewirkt die Ausgabe in der Gleitkommadarstellung. Steht in einem Zahlenformat rechts neben E-, E+, e- oder e+ eine Null oder das #-Zeichen, zeigt Microsoft Excel die Zahl im Exponentialformat an und fügt ein E oder e hinzu. Die Anzahl der Nullen bzw. #-Zeichen zur Rechten legt die Anzahl der Stellen im Exponenten fest. Mit E- oder e- wird bei negativem Exponenten ein Minuszeichen angezeigt. Mit E+ oder e+ wird bei negativen Exponenten ein Minuszeichen und bei positiven Exponenten ein Pluszeichen angezeigt.
: - + ( ) $ DM Leerzeichen	Das betreffende Zeichen wird angezeigt. Wenn ein Zeichen angezeigt werden soll, das hier nicht aufgeführt ist, stellen Sie dem Zeichen einen umgekehrten Schrägstrich \ voran oder setzen Sie es in Anführungszeichen.
\	Ein beliebiges Zeichen wird angezeigt. Das Zeichen, das im Format dem umgekehrten Schrägstrich folgt, wird angezeigt. Der umgekehrte Schrägstrich selbst wird nicht angezeigt. Bei der Eingabe der folgenden Zeichen wird der umgekehrte Schrägstrich automatisch von Microsoft Excel eingefügt: ! ^ & ` (linkes Hochkomma) ' (rechtes Hochkomma) ~ { } = < > .
" "	Ein beliebiger Text wird angezeigt. Der im Format in Anführungszeichen eingeschlossene Text wird angezeigt.
*	Wiederholung eines Zeichens. Das nächste Zeichen im Format wird so oft wiederholt, daß die Spaltenbreite damit ausgefüllt wird. In jedem Formatabschnitt darf der Stern nur einmal vorkommen.
_	Einfügen einer Leerstelle. Der Unterstrich hält eine Stelle in der Breite des im Zahlenformat nachfolgenden Zeichens leer.

ZAHLENFORMATE UND PLATZHALTER

@	Textplatzhalter. Enthält eine Zelle keine Zahl, sondern Text, so wird der Platzhalter @ durch diesen Text ersetzt.
T TT TTT TTTT	Platzhalter für den Wochentag. Anzeige: 1-31 bzw. 01-31 bzw. Mo-So bzw. Montag-Sonntag.
M MM MMM MMMM	Platzhalter für den Wochentag. Anzeige: 1-12 bzw. 01-12 bzw. Jan-Dez bzw. Januar-Dezember.
JJ JJJJ	Platzhalter für das Jahr. Zweistellige bzw. vierstellige Anzeige.
h hh	Platzhalter für die Stunden. Anzeige: 0-23 bzw. 00-23.
m mm	Platzhalter für die Minuten. Anzeige: 0-59 bzw. 00-59. m muß unmittelbar nach dem Symbol h oder hh stehen, da Microsoft Excel sonst den Monat statt der Minuten anzeigt.
s ss	Platzhalter für die Sekunden. Anzeige: 0-59 bzw. 00-59.
[ ]	Zeigt Stunden, Minuten oder Sekunden mit mehr als 24 bzw. 60 Einheiten an. Normalerweise zeigt Excel Stunden bis 23 bzw. Minuten und Sekunden bis 59 an und beginnt dann wieder mit 0. Wird ein Platzhalter für Stunden, Minuten oder Sekunden in eckige Klammern gesetzt, zählt Excel weiter und zeigt beispielsweise nach 25 Stunden nicht die Zahl 1 sondern die Zahl 25 an.
AM/PM am/pm A/a P/p	Die Uhrzeit wird im 12-Stunden-Format angezeigt. Microsoft Excel zeigt für die Zeiten von Mitternacht bis Mittag AM, am, A oder a an und für Zeiten von Mittag bis Mitternacht PM, pm, P, oder p. Wenn keine Kennzeichnung mit AM/PM erfolgt, wird die Zeit im 24-Stunden-Format angezeigt.
[SCHWARZ]	Die Zeichen in der Zelle werden in Schwarz angezeigt.
[BLAU]	Die Zeichen in der Zelle werden in Blau angezeigt.
[ZYAN]	Die Zeichen in der Zelle werden in Zyan angezeigt.
[GRÜN]	Die Zeichen in der Zelle werden in Grün angezeigt.
[MAGENTA]	Die Zeichen in der Zelle werden in Magenta angezeigt.
[ROT]	Die Zeichen in der Zelle werden in Rot angezeigt.
[WEISS]	Die Zeichen in der Zelle werden in Weiß angezeigt.
[GELB]	Die Zeichen in der Zelle werden in Gelb angezeigt.

ZAHLENFORMATE UND PLATZHALTER

[FARBE n] Die Zeichen werden in der n-ten Farbe aus der Farbpalette angezeigt.

[Bedingung Wert] Ändert die Zuordnung der Formatabschnitte.

Normalerweise ordnet Excel dem ersten Formatabschnitt alle Zahlen>0 zu, dem zweiten Formatabschnitt alle Zahlen <0 und dem dritten Abschnitt alle Zahlen, die weder vom ersten noch vom zweiten Abschnitt erfaßt werden (in der Voreinstellung ist das nur die Null).

Diese Zuordnungen können für die ersten beiden Abschnitte durch Einsetzen der Vergleichsoperatoren <, >, =, >=, <=, <> in eine Bedingung geändert werden.

Beispiel: `[>2000][Rot]0,00; [<1000][Blau]0,00; [Grün]0,00`

Alle Zahlen über 2000 werden in der Farbe Rot, alle Zahlen unter 1000 in der Farbe Blau und alle anderen Zahlen in der Farbe Grün dargestellt.

Beachten Sie, daß die zweite Bedingung nicht in der ersten Bedingung enthalten sein darf - ansonsten ist die zweite Bedingung wirkungslos. Dies wäre beispielsweise der Fall, wenn die erste Bedingung [>1000] und die zweite Bedingung [>2000] lautet.

Wird für den ersten (zweiten) Abschnitt keine Bedingung angegeben, so gilt für diesen Abschnitt die Voreinstellung, d.h. der erste Abschnitt umfaßt dann alle positiven Zahlen (der zweite Abschnitt alle negativen Zahlen).

FEHLERMELDUNGEN

Nicht berechenbare Formeln :

Läßt sich eine Formel nicht einwandfrei berechnen, so zeigt Excel in der Zelle einen der folgenden Fehlerwerte an. Enthält eine Formel einen Bezug auf eine Zelle, in der ein Fehlerwert steht, dann erzeugt diese Formel ebenfalls einen Fehlerwert, sofern Sie nicht die speziellen Tabellenfunktionen ISTFEHL, ISTFEHLER oder ISTNV verwenden, die nach Fehlerwerten suchen. Sie müssen eventuell die Bezüge durch eine Reihe von Zellen zurückverfolgen, um die Fehlerquelle zu entdecken.

Fehlerwert	Bedeutung
######	Die Spalte ist zu schmal, um die Zahl oder die Zeitangabe anzuzeigen. Verbreitern Sie die Spalte!
#BEZUG!	Die Formel bezieht sich auf eine unzulässige Zelle.
#DIV/0!	In einer Formel wurde eine Division durch Null versucht.
#NAME?	Microsoft Excel erkennt einen Namen nicht, der in einer Formel verwendet wird.
#NULL!	Sie haben eine Schnittmenge von zwei Bereichen angegeben, die sich nicht überschneiden.
#NV	Es ist kein Wert verfügbar. Normalerweise geben Sie diesen Wert direkt in solche Zellen ein, die am Ende Daten enthalten werden, die im Moment noch nicht verfügbar sind. Formeln, die auf diese Zellen verweisen, berechnen dann keinen Wert, sondern geben #NV zurück.
#WERT!	Der Typ eines Arguments oder Operanden ist falsch.
#ZAHL!	Es besteht ein Problem mit einer Zahl.

ÜBERBLICK VOREINSTELLUNGEN

**Nullwerte*: Wird die Option deaktiviert, so werden Zellen mit Nullwerten als leere Zellen angezeigt.

**Horizontale Bildlaufleiste*: Zeigt die horizontale Bildlaufleiste an.

**Vertikale Bildlaufleiste*: Zeigt die vertikale Bildlaufleiste an.

**Arbeitsmappen-Register*: Zeigt das Arbeitsmappen-Register an.

*) Wird mit der Tabelle gespeichert und damit in die nächste Arbeitssitzung übernommen:

Bearbeiten :

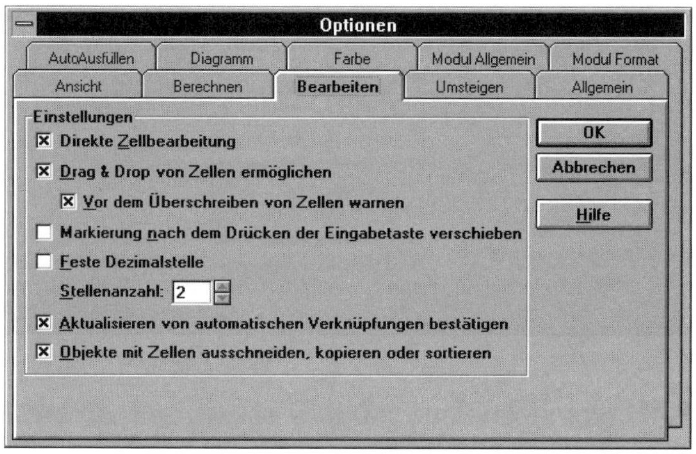

Einstellungen

Direkte Zellbearbeitung: Ermöglicht das direkte Bearbeiten innerhalb einer Zelle (durch Doppelklicken auf die Zelle) als Alternative zur Bearbeitung in der Bearbeitungsleiste.

Drag & Drop von Zellen ermöglichen: Ermöglicht das Verschieben und Kopieren von Zellen und Daten mit der Drag&Drop-Funktion.

Vor dem Überschreiben von Zellen warnen: Zeigt eine Warnmeldung an, bevor der Inhalt von Zellen in anderen Zellen abgelegt wird, die bereits Daten enthalten (z.B. beim Kopieren oder Verschieben).

Markierung nach dem Drücken der Eingabetaste verschieben: Verschiebt die aktive Zelle automatisch eine Zeile nach unten, nachdem die Returntaste betätigt wurde.

Feste Dezimalstelle: Fügt bei der Eingabe von Zahlen ohne Dezimalstellen automatisch die in der Option angegebenen Dezimalstellen ein (Beispiel: die Eingabe 198 wird als 1,98 dargestellt, sofern in der Option 2 Dezimalstellen eingestellt sind). Wird die Option nicht angegeben oder auf 0 gesetzt, muß das Dezimalzeichen manuell eingegeben werden. Ist die Option aktiviert und Sie geben trotzdem ein Dezimalzeichen ein, so wird die Zahl mit dem eingegebenen Dezimalzeichen dargestellt und die Option bleibt unberücksichtigt.

Objekte mit Zellen ausschneiden, kopieren oder sortieren: Beim Ausschneiden, Kopieren, Filtern oder Sortieren von Zellen verbleiben Objekte (Grafiken, Textfelder...) bei den Zellen. Ist die Option deaktiviert, so werden beispielsweise nur die markierten Zellen, nicht aber die Grafiken kopiert.

ÜBERBLICK VOREINSTELLUNGEN

Allgemein :

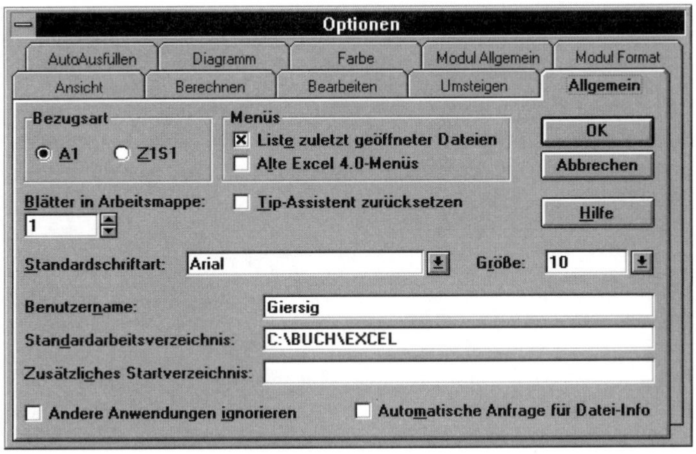

Bezugsart

A1: Spalten erhalten alphabetische und Zeilen numerische Bezeichnungen.

Z1S1: Sowohl Spalten als auch Zeilen erhalten numerische Bezeichnungen.

Menüs

Liste zuletzt geöffneter Dateien: Im Menü Datei wird eine Liste der zuletzt geöffneten Dateien angezeigt.

Microsoft Excel 4.0-Menüs: Zeigt die Excel-Menüs der Version 4.0 an.

Automatische Anfrage für Datei-Info: Zeigt beim Speichern jeweils das Dialogfeld Datei-Info an.

Tip-Assistent zurücksetzen: Stellt die Funktion des Tip-Assistenten, *alle* Tips anzuzeigen, wieder her.

Blätter in Arbeitsmappe: Bestimmt, wieviele Register Arbeitsmappen enthalten. Wenn Sie nur mit einer einem Register (einer Tabelle) je Arbeitsmappe arbeiten, können Sie die Anzahl auf 1 setzen oder die Anzeige der Register in der Kategorie *Ansicht* ganz ausblenden.

Standardschriftart: Gibt die Standardschriftart an, die ab dem nächsten Starten von Microsoft Excel für alle neuen Tabellen verwendet wird.

Größe: Gibt die Standardschriftgröße an, die ab dem nächsten Starten von Microsoft Excel für alle neuen Tabellen verwendet wird.

Standardarbeitsverzeichnis: Bestimmt, welches Arbeitsverzeichnis in den Menüs Datei/ Speichern und Datei/ Öffnen voreingestellt ist. Geben Sie den vollständigen Pfad ein!

Zusätzliches Startverzeichnis: Alle Dateien im angegebenen Startverzeichnis werden beim Starten von Excel automatisch geöffnet. Geben Sie den vollständigen Pfad ein!

Benutzername: Der Name, der in der Datei-Info angezeigt werden soll.

ÜBERBLICK VOREINSTELLUNGEN

Umsteigen :

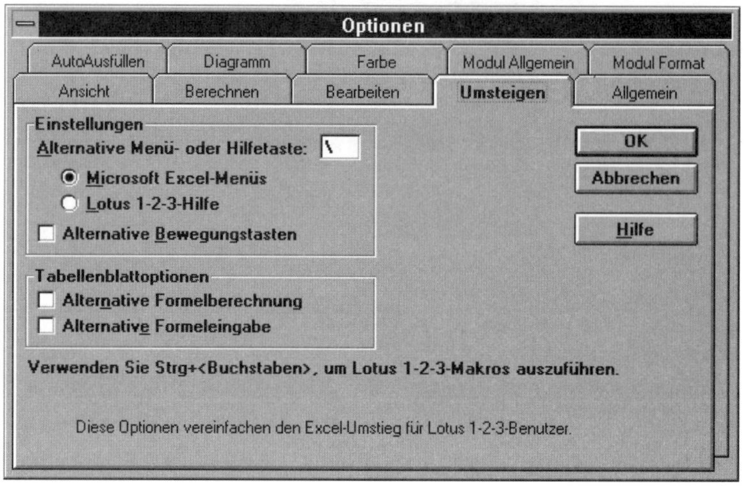

Enthält Optionen, die den Wechsel von einer anderen Tabellenkalkulation erleichtern.

Einstellungen

Alternative Menü- oder Hilfetaste: Zeigt die Taste an, mit der Sie die Microsoft Excel-Menüleiste oder die Lotus 1-2-3-Anwenderhilfe aktivieren. Sie können die vorgegebene Taste übernehmen oder in das Feld eine andere Taste eingeben. Wenn Sie die Option

Microsoft Excel-Menüs wählen, wird durch Drücken der Alternativen Menü- oder Hilfetaste die Microsoft Excel-Menüleiste angezeigt. Wenn Sie die Option

Lotus 1-2-3-Hilfe wählen, wird durch Drücken der Alternativen Menü- oder Hilfetaste die Lotus 1-2-3-Anwenderhilfe angezeigt.

Alternative Bewegungstasten: Stellt alternative Bewegungstasten für das Bewegen im Tabellenblatt, für Formel- und Beschriftungseingabe und andere Aktionen zur Verfügung. Z.B. bewirkt die Betätigung der Taste Position1 je nach Einstellung dieser Option *entweder*, daß die Markierung sich zum Tabellenanfang *oder* zum Zeilenanfang bewegt.

Tabellenblattoptionen

Alternative Formelberechnung: Wertet Zeichenfolgen als 0 aus, logische Ausdrücke als 0 oder 1 und Datenbankkriterien entsprechend der in Lotus 1-2-3 verwendeten Regeln. Dadurch können Sie Lotus- 1-2-3-Dateien öffnen, ohne Informationen zu verlieren oder unbeabsichtigt zu ändern.

Alternative Formeleingabe: Wandelt Formeln, die mit der Syntax von Lotus 1-2-3, Version 2.2, eingegeben wurden, in Formeln mit Microsoft Excel-Syntax um. In Microsoft Excel definierte Namen werden so behandelt, als wären sie in Lotus 1-2-3 definiert worden.

ÜBERBLICK VOREINSTELLUNGEN

Berechnen :

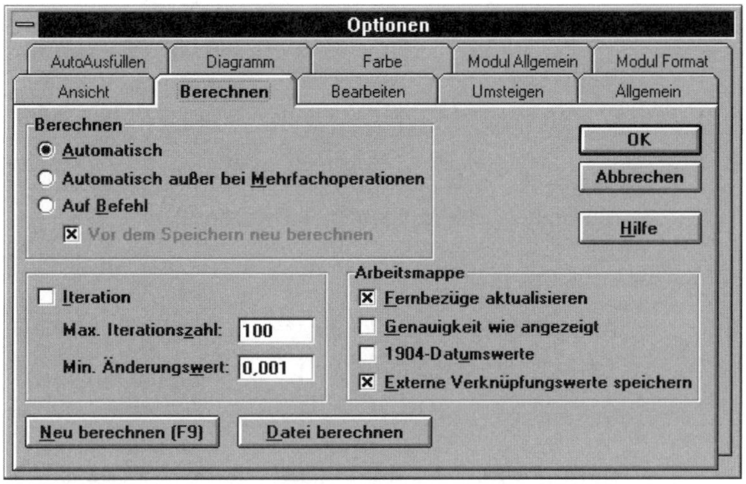

Berechnen

Automatisch: Berechnet alle Formeln neu, sobald sich ein Wert ändert.

Auf Befehl: Berechnet die Ergebnisse der Formeln nur nach dem Aktivieren der Schaltfläche "Neu berechnen" neu oder nach dem Betätigen der Funktionstaste F9 neu. Wenn Sie die Option "Auf Befehl" aktivieren, wird das Kontrollkästchen "Vor dem Speichern neu berechnen" automatisch aktiviert, so daß zumindest beim Speichern alle Formeln aktualisiert werden.

Arbeitsmappe

Genauigkeit wie angezeigt: Ändert die maximale Genauigkeit (15 Stellen) eingegebener Zahlen in die Genauigkeit des angezeigten Formates um. Die maximale Genauigkeit kann nachträglich nicht wieder hergestellt werden!

1904-Datumswerte: Ändert das Anfangsdatum für die Berechnung aller Datumsangaben vom 1. Januar 1900 auf den 2. Januar 1904 (Datumssystem in Excel für den Macintosh).

SONDERTASTEN

[⇧]	**Shift :** Schaltet Großschreibung für alle Tasten ein; Bei *gleichzeitigem* Betätigen mit einer Taste wird die *zweite* Tastenbelegung aktiviert.
[⇩]	**Feststell-Taste :** Schaltet Großschreibung für *alle* folgenden Zeichen ein (kann mit Shift wieder ausgeschaltet werden.)
[Alt Gr]	**Alternativ Gr :** Bei *gleichzeitigem* Betätigen mit einer Taste wird die *dritte* Tastenbelegung aktiviert.
[↵]	**Return (Enter; Eingabetaste) :** bestätigt Befehle
[Esc]	**Escape :** Abbruch von Menüs und Befehlen
[↑] [↓] [←] [→]	**Cursor-Tasten :** Bewegung die Markierung oder den Textcursor um eine Zelle bzw. um ein Zeichen nach oben, unten, links oder rechts
[Bild ↑] [Bild ↓]	**Bild :** Blättern eine Bildschirmseite zurück bzw. weiter
[Pos 1]	**Position1 :** Bewegt Markierung oder Textcursor an den Zeilenanfang
[Ende]	**Ende :** Bewegt den Textcursor an das Zeilenende *in der Eingabezeile oder in Eingabefeldern von Menüs oder Textfeldern*, **nicht jedoch in Tabellen!**
[Ende]+[↵]	**Ende+Return :** Bewegt die Markierung an das Zeilenende **in Tabellen** (bzw. an das Blockende, wenn anstelle von Return eine Cursortaste betätigt wird).
[Strg]+[Pos 1]	**Steuerung+Position1 :** Bewegt die Markierung bzw. den Textcursor an den Tabellen- oder Textanfang
[Strg]+[Ende]	**Steuerung+Ende :** Bewegt die Markierung bwz. den Textcursor an das Tabellen- oder Textende

SONDERTASTEN

[Entf]	**Entfernen :** Löscht das Zeichen rechts vom Cursor; sind ein oder mehrere Tabellenzellen markiert, werden deren Inhalte gelöscht
[←]	**Backspace :** Löscht das Zeichen links vom Cursor; sind ein oder mehrere Tabellenzellen markiert, werden deren Inhalte gelöscht
[Einfg]	**Einfügen :** Schaltet zwischen *Einfügemodus* (Zeichen werden beim Einfügen weiterer Zeichen überschrieben) und *Überschreibmodus* (Zeichen werden beim Einfügen weiterer Zeichen nach rechts gerückt)
[⇆]	**Tabulator :** Bewegt den Cursor in das nächste Feld bzw. in die nächste Zelle
[Strg]	**Steuerung :** Bewirkt, daß Zellinhalte mit der ***Drag&Drop-Funktion kopiert*** statt verschoben wird.
[Alt]	**Alternativ :** Bewegt die Markierung in die Menüleiste
[F 1], [F 2], ...	**Funktionstasten :** sind (können) mit Befehlen belegt (werden) [F 1] bietet Hilfe, [F 8] setzt eine Markierungserweiterung
[Druck]	**Druck :** Fügt eine Hardcopy des aktuellen Bildschirminhaltes in die Windows-Zwischenablage ein. Das Bild kann anschließend aus der Zwischenablage in eine Datei eingefügt werden
[Alt]+[Druck]	**Alternativ+Druck :** Fügt eine Hardcopy des aktuellen Fensterinhaltes in die Windows-Zwischenablage ein. Das Bild kann anschließend aus der Zwischenablage in eine Datei eingefügt werden
[Untbr]	**Unterbrechen :** Anhalten *mancher* Befehle bis zum Drücken einer Taste
[Strg]+[Untbr]	**Steuerung+Unterbrechen :** Abbruch *mancher* Befehle

SONDERTASTEN

[Num ⇩] **Numerisch :** Schaltet den numerischen Tastenblock ein und aus

[Rollen ⇩] **Rollen :** Schaltet zwischen zwei Modi um : Eine Betätigung der Cursortasten bewegt den Cursor weiter *oder* rollt den Bildschirminhalt weiter.

Spezielle Tasten für Textfelder und Grafiken:

[↵] **Return (Enter; Eingabetaste) :** Erzeugt einen Zeilenumbruch in einem Textfeld.

[Alt] **Alternativ :** Richtet Grafiken und Textfelder beim Verschieben, Kopieren oder Vergrößern an den Gitternetzlinien aus.

[⇧] **Shift :** Bewirkt ***beim Erstellen*** von Ellipsen, Vierecken und Textfeldern, daß ***Kreise*** und ***Quadrate*** entstehen,

beim Erstellen von Linien, daß diese ***senkrecht***, ***waagerecht*** oder im Winkel von ***45°*** erstellt werden,

beim Verschieben und Kopieren von Grafiken, daß diese ***waagerecht oder senkrecht*** verschoben bzw. kopiert werden,

beim Vergrößern oder Verkleinern, daß die ***Proportionen beibehalten*** werden.

[Strg] **Steuerung :** Bewirkt, daß Grafiken und Textfelder mit der ***Drag&Drop-Funktion kopiert*** statt verschoben wird.

Fügt beim Ändern von ***Polygonen neue Eckpunkte*** ein.

Spezielle Tasten für Zellen mit Zeilenumbruch :

[Alt]+[↵] **Alternativ+Return :** Erzeugt einen Zeilenumbruch in der Zelle.

STICHWORTVERZEICHNIS

STICHWORTVERZEICHNIS

D

STICHWORTVERZEICHNIS

STICHWORTVERZEICHNIS

G

STICHWORTVERZEICHNIS

STICHWORTVERZEICHNIS

STICHWORTVERZEICHNIS

STICHWORTVERZEICHNIS

T

STICHWORTVERZEICHNIS

STICHWORTVERZEICHNIS

Sollten beim Einsatz Ihres neuen Hanser-Produkts trotz intensiven Studiums des Handbuches Probleme bei Ihrer Anwendung auftreten, haben Sie die Möglichkeit, unseren Support in Anspruch zu nehmen. Sie können uns schriftlich oder telefonisch erreichen.

Bei Anfragen benötigen wir grundsätzlich folgende Angaben von Ihnen, um unnötige Rückfragen zu vermeiden:

- Produktname
- Programmversion oder -auflage
- möglichst genaue Rechner-Konfiguration
- möglichst genaue Problembeschreibung

Bei Installationsproblemen oder wenn das Programm gar nicht auf Ihrer Rechnerkonfiguration läuft, fügen Sie Ihrer Anfrage auf jeden Fall einen Systemreport bei, damit wir Ihnen bei der Lösung Ihres Problems schnell helfen können. Die Erstellung des Systemreports ist mit dem Programm MSD (befindet sich in Ihrem Windows-Verzeichnis) problemlos möglich. Starten Sie hierzu das Programm MSD und wählen hier den Menüpunkt "Print Report“. Sie können jetzt noch zwischen der Ausgabe in eine Datei und der Ausgabe auf den Drucker wählen.

So können Sie uns erreichen:

⇒ **Telefon**	**Hanser Software Kunden-Hotline**	**0 21 03 / 6 39 51**
⇒ **Brief**	**Klaus Petring Softwareservice** Carl Hanser Verlag **Kundensupport** Martin-Luther-Weg 14 40723 Hilden	
⇒ **FAX, Modem**	**Klaus Petring Softwareservice** Carl Hanser Verlag **Kundensupport**	**0 21 03 / 6 39 51**
⇒ **CompuServe**	**24 Stunden Service** Sie können Ihre Anfragen natürlich auch über CompuServe an uns richten.	**100445,1010**

Wir beantworten schriftliche Anfragen so schnell wie möglich. Sollte Ihre Anfrage nicht direkt bearbeitet werden können, weil z.B. das Problem an den Autor zur Bearbeitung weitergeschickt werden muß, oder weil das bei Ihnen aufgetretene Problem erst nach intensiven Tests gelöst werden kann, werden wir Ihnen dies kurz mitteilen.

Betatester

Ab sofort haben Sie die Möglichkeit, sich bei der Entwicklung neuer Carl Hanser Verlag-Software als Betatester zu beteiligen. Wir suchen den "normaler Anwender" genauso wie den "Computer-Freak", um unseren neuen Programmen den letzten Schliff zu geben.